中国特色社会主义政治经济学研究丛书

中国特色社会主义
政治经济学理论体系构建

ZHONGGUO TESE SHEHUI ZHUYI
ZHENGZHI JINGJIXUE LILUN TIXI GOUJIAN

洪银兴 著

中国财经出版传媒集团

经济科学出版社
Economic Science Press

图书在版编目（CIP）数据

中国特色社会主义政治经济学理论体系构建/洪银兴著．
—北京：经济科学出版社，2016.9
（中国特色社会主义政治经济学研究丛书）
ISBN 978 – 7 – 5141 – 7295 – 9

Ⅰ.①中…　Ⅱ.①洪…　Ⅲ.①中国特色社会主义 –
社会主义政治经济学 – 研究　Ⅳ.①F120.2

中国版本图书馆 CIP 数据核字（2016）第 233949 号

责任编辑：于海汛
责任校对：杨　海
版式设计：齐　杰
责任印制：李　鹏

中国特色社会主义政治经济学理论体系构建
洪银兴　著
经济科学出版社出版、发行　新华书店经销
社址：北京市海淀区阜成路甲 28 号　邮编：100142
总编部电话：010 – 88191217　发行部电话：010 – 88191522
网址：www. esp. com. cn
电子邮件：esp@ esp. com. cn
天猫网店：经济科学出版社旗舰店
网址：http://jjkxcbs. tmall. com
北京季蜂印刷有限公司印装
710 × 1000　16 开　22 印张　410000 字
2016 年 10 月第 1 版　2016 年 10 月第 1 次印刷
ISBN 978 – 7 – 5141 – 7295 – 9　定价：68.00 元
（图书出现印装问题，本社负责调换。电话：010 – 88191502）
（版权所有　侵权必究　举报电话：010 – 88191586
电子邮箱：dbts@ esp. com. cn）

丛书总序

习近平总书记 2016 年 5 月 17 日在全国哲学社会科学工作座谈会上就构建中国特色哲学社会科学的讲话中指出：我国哲学社会科学应该以我们正在做的事情为中心，从我国改革发展的实践中挖掘新材料、发现新问题、提出新观点、构建新理论。中国特色社会主义政治经济学是中国特色哲学社会科学的重要方面。

对构建中国特色社会主义政治经济学，习近平总书记在主持中央政治局第 28 次专题集体学习马克思主义政治经济学学习会时，明确要求：要立足我国国情和我国发展实践，揭示新特点新规律，提炼和总结我国经济发展实践的规律性成果，把实践经验上升为系统化的经济学说，不断开拓当代中国马克思主义政治经济学新境界。

构建中国特色社会主义政治经济学必须坚持以马克思主义为指导。马克思主义深刻揭示了自然界、人类社会、人类思维发展的普遍规律，为人类社会发展进步指明了方向。中国特色社会主义政治经济学的构建坚持马克思主义为指导，最为基本的是继承马克思主义政治经济学的基本范式并依据中国特色社会主义经济建设和改革开放的实践进行如下创新：第一，为什么人的问题，是为少数人服务还是为绝大多数人服务。马克思主义经济学代表无产阶级根本利益。无产阶级夺取政权以后，其阶级利益代表全体人民的根本利益，因此中国特色社会主义政治经济学以人民为中心，服从于人民的福祉和共同富裕。第二，基本任务是什么？马克思主义政治经济学的基本任务是阐述社会主义代替资本主义的必然性。进入社会主义社会后，政治经济学的基本任务由批判旧社会转向建设新社会。处于社会主义初级阶段的政治经济学，需要研究中国特色的社会主义的经济制度、发展道路，阐述社会主义初级阶段的经济规律，提供建设新社会的理论指导。第三，坚持问题导向是马克思主义的鲜明特点。问题是创新的起点，也是创新的动力源。只有聆听时代的声音，回应时代的呼唤，认真研究解决重大而紧迫的问题，才能真正把握住历史脉络，找到发展规律，推动理论创新。我国经济进入中等收入阶段后面临一系列重大发展问题，例如，市场决定资源配置和政府更好发挥作用问题；中高速增长的可持续问题；跨越"中等收入陷阱"；等等。中国特色社会主义政治经济学需要围绕我国发展的重大问题，着力提出能够体现中国立场、中国智慧、中国价值的改革和发展的理论和理念。

中国特色社会主义是马克思主义中国化时代化的成果。从时空观分析，马克思是在资本主义社会研究资本主义，当时还没有出现社会主义国家。他所预见的社会主义经济同资本主义经济是在时间上继起的两个社会。而现时代，社会主义和资本主义在空间中并存。在国际上是社会主义国家和资本主义国家并存，在国内是作为主体的社会主义经济与多种所有制经济并存。马克思主义经济学中国化的任务，不仅需要阐述社会主义经济制度的优越性，更要寻求增强社会主义经济的竞争力和影响力并最终战胜资本主义的途径。从物质基础分析，马克思当时认为，发达的资本主义是社会主义的入口。新中国脱胎于半殖民地和半封建社会。社会主义的物质基础没有完全建立起来，发展社会主义需要经过一个社会主义初级阶段。在社会主义初级阶段的社会主义不是完全消灭私有制，恰恰要在公有制为主体的前提下利用多种私有制经济发展生产力。从中国特色社会主义的成功实践分析，新中国成立65年，尤其是改革开放30多年是探索和建设中国特色社会主义的历史，中国从一个贫穷落后的农业大国一跃成为世界第二大经济体。经济改革的中国模式，经济发展的中国道路得到了实践的检验。因此，中国特色社会主义政治经济学是对中国特色社会主义经济建设的成功实践进行的理论概括，是用中国理论讲中国故事。

习近平总书记指出，构建中国特色哲学社会科学要把握好三方面资源：一是马克思主义的资源；二是中华优秀传统文化的资源；三是国外哲学社会科学的资源。构建中国特色社会主义政治经济学同样要把握好这些资源。以其中的经济发展理论体系为例，首先是继承性。在马克思主义经济学的理论宝库中挖掘其系统的发展生产力理论，使其成为经济发展理论建构的指导思想和方法论基础。其次是开放性，批判地吸收世界先进的发展理论。例如，二元结构现代化理论，中等收入陷阱理论，全要素生产率理论，可持续发展理论，知识经济理论，国家创新体系理论等。第三是创新性。中国的发展理论是在讲中国故事，体现中国智慧。例如，中国的新型工业化、信息化、城镇化和农业现代化"四化同步"社会主义现代化道路，中国的全面小康社会建设都是值得总结的发展理论。

习近平在主持政治局集体学习马克思主义政治经济学时，归纳了改革开放以来当代中国马克思主义政治经济学的重要理论成果，其中包括：关于社会主义本质的理论；关于社会主义初级阶段基本经济制度的理论；关于树立和落实创新、协调、绿色、开放、共享的发展理念的理论；关于发展社会主义市场经济、使市场在资源配置中起决定性作用和更好发挥政府作用的理论；关于我国经济发展进入新常态的理论；关于推动新型工业化、信息化、城镇化、农业现代化相互协调的理论；关于用好国际国内两个市场、两种资源的理论；关于促进社会公平正义、逐步实现全体人民共同富裕的理论；等等。这些重大理论成果都应该在中国特色社会主义政治经济学中进行系统化的阐述。

总的来说，进入新的历史时期后，时代赋予我们构建中国特色社会主义政治经济学的使命是加强对改革开放和社会主义现代化建设实践经验的系统总结，加强对发展社会主义市场经济的分析研究，加强对党中央治国理政新理念新思想新战略的研究阐释，提炼出有学理性的新理论，概括出有规律性的新实践。

2015年由我牵头的《中国特色社会主义政治经济学研究》被立项为马克思主义理论研究和建设工程重大项目和国家社科基金重大项目。经中央马克思主义理论研究和建设工程办公室批准，本项目研究的首席专家除我以外还有中央民族大学的黄泰岩教授，西南财经大学的刘灿教授，复旦大学的石磊教授和厦门大学的龙小宁教授。根据研究计划，我们编写中国特色社会主义政治经济学研究丛书，分别由各位首席专家领衔主持编写：《中国特色社会主义政治经济学理论体系构建》；《中国特色社会主义基本经济制度》；《中国特色社会主义市场经济体制建设和完善》；《新常态下中国经济发展》；《社会主义初级阶段的收入分配》；《全球化与中国对外开放经济》；《中国特色社会主义法治经济建设》，将陆续由经济科学出版社出版。

目　录

前言 构建中国特色社会主义政治经济学的几个问题

习近平总书记2016年5月17日在全国哲学社会科学工作座谈会上就构建中国特色哲学社会科学的讲话中指出：我国哲学社会科学应该以我们正在做的事情为中心，从我国改革发展的实践中挖掘新材料、发现新问题、提出新观点、构建新理论。中国特色社会主义政治经济学是中国特色哲学社会科学的重要方面。

一、构建中国特色社会主义政治经济学是构建中国特色哲学社会科学的重要方面

习近平总书记在哲学社会科学工作座谈会上的讲话提出了加快构建中国特色哲学社会科学的要求。其中包括构建中国特色社会主义政治经济学。其指导思想就是习近平总书记所指出的：要立足我国国情和我国发展实践，揭示新特点新规律，提炼和总结我国经济发展实践的规律性成果，把实践经验上升为系统化的经济学说，不断开拓当代中国马克思主义政治经济学新境界。

构建中国特色社会主义政治经济学的任务是由我国经济发展的实践提出的。中国经济发展的最大实践是中国特色社会主义经济建设。中国特色社会主义政治经济学是对中国特色社会主义经济制度、经济发展道路进行理论概括的系统性经济学说。构建中国特色社会主义政治经济学需要以改革和发展的重大问题为导向，既要坚持马克思主义基本原理和方法论，又要结合我国经济发展实际，不断形成充分体现中国特色、中国风格、中国气派的经济学理论成果。

构建中国特色社会主义政治经济学涉及为什么人的问题。就如习近平总书记所说，我国哲学社会科学为谁著书、为谁立说，是为少数人服务还是为绝大多数人服务，是必须搞清楚的问题。政治经济学具有鲜明的阶级性。马克思主义的经济学的基本立场代表无产阶级根本利益。无产阶级夺取政权以后，其阶级利益代表全体人民的根本利益，因此中国特色社会主义政治经济学以人民为中心。以人

民为中心与所谓的"普世价值"最大不同在于服从于人民的福祉和共同富裕。它是以发展生产力、增进人民福祉为目标的政治经济学；以共同富裕为目标的政治经济学；以人的全面发展为目标的政治经济学。

基于以上分析，对中国特色社会主义政治经济学的学科定位可作如下规定：它提供一种意识形态，分清社会主义和资本主义，但不仅仅是意识形态，它还提供基本的经济学理论；它提供思想教育教材，解决社会主义的制度自信、道路自信和理论自信，但不仅仅是思想教育教材，还要为我国的经济决策和政策制定提供经济理论指导；它要批判各种非马克思主义经济思潮，但不仅仅是当批判家，还要当中国特色社会主义经济的建设者。

二、中国特色社会主义政治经济学理论体系突破从生产力成为研究对象开始

生产力和生产关系的矛盾分析，是马克思主义政治经济学的基本方法论，也可以说是马克思主义经济学的基本范式。中国特色社会主义政治经济学应该坚持这个范式。

马克思主义经济学对资本主义的分析，任务是揭示资本主义被社会主义替代的客观规律，研究对象是生产关系，也就是研究资本主义生产关系对生产力发展的阻碍作用。无产阶级夺取政权以后，根据《共产党宣言》，任务是要"尽可能快地增加生产力的总量"。原因是社会主义最终取代资本主义的物质条件是其生产力水平达到并超过资本主义的水平，贫穷不是社会主义。我国进入社会主义社会时，生产力水平没有达到并超过发达的资本主义国家的水平。中国特色社会主义政治经济学的一个重大突破就是明确我国还处于社会主义初级阶段，并且明确这个阶段社会主义的本质就是解放和发展生产力，消灭剥削，消除两极分化，逐步达到共同富裕。特别是中国特色社会主义的实践不只是生产关系的改革和调整的实践，还是发展生产力的成功实践。这表明，处于社会主义初级阶段的中国特色社会主义政治经济学必须把对生产力的研究放在重要位置。

实践证明，在社会主义条件下，政治经济学的对象只是限于生产关系，而不进入生产力领域，会使政治经济学研究的范围和领域越来越窄，对中国经济的解释能力及指导作用越来越小。与此同时，形形色色的经济学都在抢夺发展生产力领域的话语权，中国特色社会主义政治经济学不占领这个领域，也就失去了这个领域的话语权和指导权。

生产力同生产关系一起成为中国特色社会主义政治经济学的研究对象，会牵

动中国特色社会主义政治经济学理论体系的一系列突破。

对生产力，研究什么？邓小平说：不能只讲发展生产力，一个是解放生产力，一个是发展生产力，应该把解放生产力和发展生产力两个方面讲全了。习近平说：牢固树立保护生态环境就是保护生产力、改善生态环境就是发展生产力的理念。这样，中国特色社会主义政治经济学理论体系的构建，就是要建立解放、发展和保护生产力的系统化的经济学说。

所谓解放生产力，就是根据我国所处的社会主义发展阶段的特征，推进改革开放，从根本上改变束缚生产力发展的经济体制。解放生产力属于生产关系层次的改革和完善。解放生产力是动力，发展生产力是目的。涉及基本经济制度的改革和完善，资源配置方式的改革，国有企业的改革，基本分配制度的改革和完善，宏观调控体系的改革和完善等。这方面已经取得了一系列的成果。

发展和保护生产力，涉及的是经济发展的两个方面：前者是增进物质财富，后者是增进生态财富。尽管解放生产力，是发展生产力的动力，但它不能代替对发展生产力从而经济发展的研究。原因是发展生产力有自身的规律，也有自身的理论体系。就如马克思所说：社会生产力的发展来源于三个方面，"归结为发挥着作用的劳动的社会性质，归结为社会内部的分工，归结为智力劳动特别是自然科学的发展"，这几个方面正是研究发展生产力的重要理论依据。不仅如此，中国在社会主义现代化建设的实践中创造的"中国奇迹"，也需要中国特色的经济发展理论进行总结和概括。

三、构建中国特色社会主义政治经济学的话语体系需要把握好多种资源

习近平总书记要求构建的中国特色哲学社会科学，在指导思想、学科体系、学术体系、话语体系等方面充分体现了中国特色、中国风格、中国气派。构建中国特色哲学社会科学要把握好三方面资源：一是马克思主义的资源，二是中华优秀传统文化的资源，三是国外哲学社会科学的资源。就构建中国特色社会主义政治经济学来说，如习近平总书记要求的：要以马克思主义政治经济学为指导，总结和提炼我国改革开放和社会主义现代化建设的伟大实践经验，同时借鉴西方经济学的有益成分。我国在改革中形成的基本经济制度理论、基本分配制度理论、社会主义市场经济理论就是从中国实际出发，依据马克思主义经济学的基本理论，借鉴西方经济学的有益成分创新和发展的。构建中国特色的经济发展理论话语体系也应体现这些要求。

　　首先，需要在马克思主义经济学的理论宝库中挖掘系统的发展生产力理论，使其成为经济发展理论话语体系建构的指导思想和方法论基础。马克思在《资本论》中阐述的劳动生产力要素的规定、经济发展方式的区分、科学技术作用、社会再生产的比例关系、人和自然的关系、生产和消费的关系等理论范畴和原理，构成中国特色经济发展理论的基本话语。

　　其次，借鉴西方经济学的有益成分。发展中国家的发展问题是世界性问题，以发展中国家发展为对象的发展经济学，以增长为对象的增长经济学（包括新增长理论）不乏有积极的成果可以为我所用。例如：二元结构现代化理论、中等收入陷阱理论、全要素生产率理论、可持续发展理论、知识经济理论、国家创新体系理论等。这些范畴和理论进入中国特色社会主义政治经济学就使中国的发展理论可以同世界流行的发展理论进行客观的比较并为我所用，但也有个中国化的问题。其中，最为重要的中国化要求就是人口大国的实际，刚刚由低收入进入中等收入的发展阶段，以及共同富裕的要求。

　　最后，讲中国故事，体现中国智慧。中国从一个贫穷落后的农业大国一跃成为世界第二大经济体；近十四亿人口即将一个不落地全面进入小康社会，这是世界经济奇迹；中国的新型工业化和城镇化道路完全是中国的创造。显然，经济发展的中国道路需要用中国的理论来进行总结和概括，而不可能用西方的那种经济学来说明的。由此产生的中国经济学将对世界作出贡献。习近平在主持中央政治局就马克思主义政治经济学基本原理和方法论进行集体学习时，列举的我国在探索社会主义建设道路过程中已经提出的独创性观点，如统筹兼顾、注意综合平衡，以农业为基础、工业为主导、农轻重协调发展等重要观点；关于树立和落实创新、协调、绿色、开放、共享的发展理念的理论；关于我国经济发展进入新常态的理论；关于推动新型工业化、信息化、城镇化、农业现代化相互协调的理论；关于用好国际国内两个市场、两种资源的理论；关于促进社会公平正义、逐步实现全体人民共同富裕的理论，等等。这些理论成果，是适应当代中国国情和时代特点的政治经济学，不仅有力指导了我国经济发展实践，而且开拓了马克思主义政治经济学新境界。

四、通过回应进入中等收入阶段后的重大经济发展问题实现理论创新

　　坚持问题导向是马克思主义的鲜明特点，问题是创新的起点，也是创新的动力源，只有聆听时代的声音，回应时代的呼唤，认真研究解决重大而紧迫的问

题，才能真正把握住历史脉络、找到发展规律，推动理论创新。

从发展的阶段性考虑，我国已经告别了低收入发展阶段，进入了中等收入发展阶段。与低收入阶段所面临的克服贫困为重点的发展问题不同，进入中等收入发展阶段后面临的重大发展问题主要涉及：发展方式转变问题；中高速增长的可持续问题；跨越"中等收入陷阱"问题；补齐发展的短板问题；人的发展问题。针对经济新常态下重大的发展问题，习近平总书记提出了创新、协调、绿色、开放、共享五大新发展理念。这是指导我国新阶段的经济发展的理念。相应的，系统化的中等收入阶段的经济发展理论创新主要涉及以下两个方面：

首先是创新系统的经济发展理论。中国特色经济发展理论是对经济发展规律性认识的总结，其中包括：一是创新经济发展目标理论：发展目标不可能是单一的增长，不仅是摆脱贫困，公平分配、增加社会福利都要进入发展目标。二是创新经济发展方式理论：不仅仅是转向集约型增长方式，还需要创新发展方式。三是创新保护生产力理论：人类的生产生活方式以最适宜的文明方式影响和介入自然，可以换取自然对生产力的最佳反馈。

其次是寻求新时期经济发展的动力。政治经济学研究经济关系着力点是研究经济动力。马克思主义政治经济学面对资本主义是要寻求推翻资本主义社会的动力，面对社会主义是要寻求建设新社会的动力。中国特色社会主义政治经济学的重要功能不仅是在生产关系层面上通过改革寻求发展动力，还要在生产力层面上寻求发展的新动力。针对曾经推动经济高速增长的物质要素和低成本劳动力的供给动力明显衰减的状况，经济增长的发动机需要转换，需要在供给和需求两侧寻求新的动力。在需求侧，总体上需要消费、投资和出口"三驾马车"共同发力，但更为重要的是培育消费力。而在供给侧突出需要通过结构性改革激发三方面动力：一是创新的驱动力，创新是引领发展的第一动力；二是提高全要素生产率，既要克服要素的结构性错配，又要降低要素配置的制度性交易成本。三是激励市场主体的活力，调动各个方面的积极性，尤其是激发企业活力。

总之，将解放、发展和保护生产力的三个层次问题结合起来研究，从而形成系统化的经济学说，是中国特色社会主义政治经济学的开创性研究，有重大的理论和现实意义。中国特色社会主义政治经济学在实践中丰富和发展，其功能就得到放大：不只是发挥思想教育功能，还是国家和企业经济决策和经济政策制定的指导。

（原文载于 2016 年 8 月 31 日《光明日报》）

第一编

中国特色社会主义政治经济学
理论体系建设

发展当代中国马克思主义政治经济学

提　要

马克思主义政治经济学在今天的社会主义经济实践中仍然具有旺盛生命力，是我国经济指导思想的理论基础，在经济学科中保持着主流地位。其根本原因是它坚持以人民为中心，以增进人民福祉为使命。并且随着实践的发展与时俱进、不断创新。对在改革开放中形成的当代中国马克思主义政治经济学的重要理论成果进行归纳和系统化，构建和发展中国特色社会主义政治经济学，是一项重要而紧迫的任务。

改革开放以来，我们党把马克思主义政治经济学基本原理同我国改革发展新的实践结合起来，不断丰富和发展马克思主义政治经济学，形成了当代中国马克思主义政治经济学的许多重要理论成果。系统梳理这些重要理论成果，把这些重要理论成果深入贯彻到教学和科研中，不断推进马克思主义政治经济学中国化、时代化、大众化，是当前马克思主义政治经济学研究者面临的首要任务。

一、马克思主义政治经济学具有旺盛生命力

马克思在约150年前创立的马克思主义政治经济学，在今天的社会主义经济实践中仍然具有旺盛生命力，是我国经济指导思想的理论基础，在经济学科中保持着主流地位。之所以如此，根本原因有两个：一是它坚持以人民为中心，以增进人民福祉为使命。这深刻反映了马克思主义政治经济学的阶级性。当代中国马克思主义政治经济学坚持把增进人民福祉、促进人的全面发展、朝着共同富裕方向稳步前进作为经济发展的出发点和落脚点，是得到人民拥护的经济学。二是它随着实践的发展与时俱进、不断创新。当代中国马克思主义政治经济学立足中国国情和发展实践，揭示新特点新规律，提炼和总结我国经济发展实践的规律性成果，把实践经验上升为系统化的经济学说。这些理论成果适应当代中国国情和时

代特点，深入回答了我国经济发展的重大理论和实践问题，有力地指导着我国经济发展实践。

学习和研究马克思主义政治经济学，是为了更好指导我国经济发展实践。这是由其学科特点决定的。政治经济学是一门研究经济关系及其运行规律的科学。政治经济学研究以社会生产关系为对象，以促使生产关系适应生产力发展为己任。尤其是当代中国马克思主义政治经济学，根据生产关系一定要适应生产力发展水平的基本经济规律，揭示实现科学发展和可持续发展的经济规律。因此，它是完善中国特色社会主义经济制度、推动经济改革和发展的理论武器。

学习和研究马克思主义政治经济学，需要把握好继承与发展的关系。当代中国马克思主义政治经济学，就是中国特色社会主义政治经济学，是中国化和时代化的马克思主义政治经济学，是马克思主义政治经济学基本原理同改革开放新实践相结合的产物。在当代中国学习和研究马克思主义政治经济学，既要学习《资本论》等马克思主义政治经济学原著，掌握马克思主义政治经济学的基本原理和方法论；又要学习当代中国马克思主义政治经济学，学习马克思主义政治经济学中国化、时代化的最新成果。应深入研究中国特色社会主义经济发展规律，在正确处理继承与发展的关系中推动当代中国马克思主义政治经济学持续发展。

二、深入研究当代中国马克思主义政治经济学最新成果

回顾我国 30 多年来的改革开放进程，马克思主义政治经济学领域的重大创新推动了经济改革和发展。对在改革开放中形成的当代中国马克思主义政治经济学的重要理论成果进行归纳和系统化，构建和发展中国特色社会主义政治经济学，是一项重要而紧迫的任务。在研究中应特别重视学习和掌握党的十八大以来马克思主义政治经济学的新发展，努力开拓当代中国马克思主义政治经济学新境界。

关于社会主义初级阶段基本经济制度理论。我国正处于并将长期处于社会主义初级阶段，是我们党对当代中国基本国情的科学判断。解放和发展社会生产力是社会主义初级阶段的根本任务，是中国特色社会主义政治经济学的重大原则。在社会主义初级阶段，与生产力发展水平相适应的基本经济制度就是公有制为主体、多种所有制经济共同发展的基本经济制度。党的十八大以来，基本经济制度的进一步完善突出表现在三个方面：首先，在毫不动摇坚持公有制经济主体地位方面，强调发挥国有经济主导作用。当然，这种主导作用要靠改革来实现，国有经济需要在改革中增强活力、控制力、影响力，以管资本为主加强国有资产管

理。其次，在毫不动摇鼓励、支持、引导非公有制经济发展方面，为了充分激发非公有制经济的活力和创造力，应为其创造同公有制经济平等竞争的市场环境，在负面清单基础上实行统一的市场准入制度。最后，明确国有资本、集体资本、非公有资本等交叉持股、相互融合的混合所有制经济是基本经济制度的重要实现形式。由此，在基本经济制度框架内形成各种所有制取长补短、相互促进、共同发展的所有制结构。

关于社会主义市场经济理论。1992 年，党的十四大明确提出建立社会主义市场经济体制的改革目标，并把社会主义市场经济定义为：市场在社会主义国家宏观调控下对资源配置起基础性作用。党的十八届三中全会将市场在资源配置中的作用从"基础性"改为"决定性"。这符合市场经济的本义。正如习近平同志所说："理论和实践都证明，市场配置资源是最有效率的形式。市场决定资源配置是市场经济的一般规律，市场经济本质上就是市场决定资源配置的经济。"所谓市场决定资源配置，是指市场规则、市场价格和市场竞争共同调节资源配置。社会主义市场经济理论的这一重大进展，推动了两方面改革：一是政府简政放权。凡是市场机制能有效调节的经济活动，一律取消审批；凡是能由市场形成价格的都交给市场，政府不进行不当干预。二是建设统一开放、竞争有序的市场体系。完善市场秩序和规范，建设有效市场。同时应看到，在市场经济前冠以社会主义是有实实在在内容的，指的是社会主义基本制度与市场经济有机结合，要求政府更好发挥作用：一方面是为市场决定资源配置营造法治化的营商环境；另一方面是针对市场机制本身的缺陷，弥补市场调节的不足，解决市场调节无力解决的宏观经济均衡问题，克服市场调节的负面效应，克服因垄断等原因而产生的效率下降问题。在此基础上，社会主义制度和市场经济的优势都能得到充分发挥。

关于社会主义基本分配制度理论。改革中形成的基本分配制度是按劳分配为主体、多种分配方式并存的分配制度。这种分配制度的特征是在坚持按劳分配为主体的同时，确立劳动、资本、技术和管理等生产要素按贡献参与分配的原则。党的十八届三中全会进一步提出："健全资本、知识、技术、管理等由要素市场决定的报酬机制。"随着改革的深入，收入差距扩大问题越来越突出。当前所面对的主要问题是多种生产要素参与收入分配后如何保证按劳分配的主体地位，在收入差距扩大的情况下如何处理好公平与效率的关系。这意味着完善基本分配制度是要在坚持市场决定性作用的基础上促进社会公平正义，提高劳动者收入，克服两极分化，逐步实现共同富裕。具体来说主要包括三个方面：一是维护权利公平，既要克服以权谋私，又要克服垄断收入。二是初次分配也要处理好公平和效率的关系，尤其是要提高劳动报酬在初次分配中的比重，使劳动报酬增长与劳动生产率提高同步。国民收入再分配更要讲公平，着力推进基本公共服务均等化。三是针对财产占有不公平产生的收入差距，创造条件让更多群众拥有财产性收入。

关于经济发展理论。在马克思主义政治经济学中，经济发展就是发展生产力。改革开放以来，我国经济发展理论的进展突出表现在：开创了新型工业化、信息化、城镇化、农业现代化和绿色化"五化"协同推进的中国特色现代化道路；提出转变经济发展方式的要求和目标；明确消费、投资和出口协调拉动经济增长。当前我国经济发展进入中等收入阶段，面临"中等收入陷阱"的风险，需要适应和引领经济发展新常态，加快经济转型升级。我们不仅要从经济规律上说明这种状态成为常态的客观性，更要寻求新常态下新的发展理念和思路，实现经济发展的新突破。习近平同志在党的十八届五中全会上系统论述了创新、协调、绿色、开放、共享的发展理念。为更好应对世界经济发展新趋势和解决我国经济社会发展中存在的突出问题，我国需要加快发展动力转换，使创新成为引领发展的第一动力；需要着力解决发展不平衡问题，推动协调发展，为经济结构整体优化和提升奠定基础；需要确立绿水青山就是金山银山的理念，加强环境治理和生态保护，建设生态文明，通过绿色发展促进人与自然和谐相处；需要通过开放发展建设更高层次的开放型经济，积极参与全球经济治理，提高我国在全球经济治理中的制度性话语权，着力实现合作共赢；需要使人民群众共享改革发展成果，增强其参与和支持发展的内在动力。当前，贯彻落实新的发展理念，破解经济发展难题，需要着力推进供给侧结构性改革，实现经济社会持续健康发展。经济发展新理念是对我们推动经济发展实践的理论总结、思想升华，为当代中国马克思主义政治经济学创新发展开辟了新空间。

（原文载于 2016 年 1 月 25 日《人民日报》）

中国特色社会主义政治经济学是创新的马克思主义政治经济学

提 要

中国特色社会主义政治经济学在研究对象方面有三个方面创新：一是生产力成为政治经济学研究的重要方面。二是研究多种生产关系和相应的经济制度。三是研究经济运行和相应的经济体制。中国特色社会主义政治经济学本质属性的创新表现为不仅有明确的阶级立场，而且公开声称以人民为中心的政治经济学。涉及三个方面内容：一是以发展社会生产力为目标建立建设新社会的经济学理论。二是建立以共同富裕为目标的共享发展的经济学理论。三是建立以人的全面发展为目标的以人为本的经济学理论。中国特色社会主义政治经济学的理论创新有两个方面：一是从生产关系上确认社会主义初级阶段理论出发创新的经济制度理论。二是从生产力上明确处于中等收入阶段出发创新经济发展理论。尤其是在经济进入新常态后产生了新发展理念。

马克思主义政治经济学是中国特色社会主义理论的理论基础。中国特色社会主义政治经济学是马克思主义政治经济学在新的历史条件和社会经济条件下的创新成果。社会主义实践、当代资本主义新变化和经济全球化都在推动着马克思主义政治经济学的当代发展。马克思主义政治经济学中国化的一系列重大理论创新，构建了中国特色社会主义政治经济学的理论体系。

一、政治经济学的研究对象的创新

中国特色社会主义政治经济学的理论创新是从研究对象开始的。政治经济学作为一门经典的经济学科，其研究对象在创立时就是明确的。由于生产力对生产关系的产生发展和灭亡起着决定性作用。因此以《资本论》为代表政治经济学对资本主义经济的分析以生产关系为对象。面对生产力和生产关系之间的社会基本矛盾，政治经济学致力于研究一定社会生产关系产生发展和灭亡的规律。应该说学术界对此是基本认可的。而在进入社会主义社会后，面对发展社会主义经济面临着的一系列经济问题，需要在基本理论上取得突破。经济改革和发展的实践推动政治经济学理论研究的深入。由改革开放的实践所推动，中国特色社会主义政治经济学研究首先需要突破的基本理论问题就是研究对象问题，主要有三个方面突破。

（一）生产力成为政治经济学研究的重要方面

生产关系作为研究对象的马克思主义政治经济学，虽然也会研究生产力，但一直处于被联系的地位，即联系生产力研究生产关系。在相当长的时期，政治经济学对社会主义经济的研究主要限于生产关系的研究，而不把生产力作为对象。这恐怕同当年斯大林的观点相关。他在《苏联社会主义经济问题》中针对当时关于社会主义政治经济学的研究对象的讨论中有人主张探讨和发展社会生产中生产力组织的科学理论的观点给予了严厉的批评，认为："在社会主义政治经济学中，用生产力组织问题来代替经济问题，这是什么意思呢？这就是取消社会主义政治经济学。""把经济政策问题压在政治经济学上，就是葬送这门科学。"受此影响，不仅苏联的政治经济学教科书，还是我国的政治经济学教科书长期都是回避对生产力的研究，只是限于生产关系的研究。实践证明，只是以生产关系为对象，不研究生产力，政治经济学就难以科学的指导中国的经济发展，最终把自己边缘化了。

中国特色社会主义政治经济学的重大创新是在研究对象上突出研究生产力，并从发展生产力的角度研究生产关系。这同马克思设想的进入社会主义社会后的发展任务是一致的。马克思恩格斯在《共产党宣言》中指出：无产阶级夺取政权以后，任务是要："尽可能快地增加生产力的总量"。其依据是社会主义最终取代资本主义的物质条件是其生产力水平达到并超过了资本主义的水平，贫穷不是社会主义。对我国来说，更为重要的是，当我国进入社会主义社会时，没有完成别的国家在资本主义下完成的生产的社会化、现代化的任务，生产力没有达到发达的资本主义国家水平，社会主义的物质基础没有建立起来。在此条件下，社会主义的本质就是发展生产力。这意味着只有发展生产力才能发展社会主义生产关系。由此决定，中国特色社会主义政治经济学把对生产力的研究放在重要位置，以增进国民财富作为目标和归宿。

中国特色社会主义政治经济学研究生产力，研究什么？邓小平说：一个是解放生产力，一个是发展生产力。需要把两个方面讲全了。习近平同志最近又提出

"牢固树立保护生态环境就是保护生产力、改善生态环境就是发展生产力的理念"。① 这样，中国特色社会主义政治经济学对生产力的研究就有三个层次的内容：一是解放生产力，二是发展生产力，三是保护生产力。这三个方面结合起来进行研究是政治经济学研究对象和内容的重大突破。中国特色社会主义政治经济学理论体系的构建，就是要建立解放、发展和保护生产力的系统化的经济学说。这样，经济发展理论就成为中国特色社会主义政治经济学的重要组成部分。

（二）政治经济学研究多种生产关系和相应的经济制度

马克思主义政治经济学所运用的抽象法的一个重要案例是面对同一个社会中有多种生产关系存在，经济分析抓住占支配地位的生产关系。这就是马克思所说的："在一切社会形式中都有一种一定的生产决定其他一切生产的地位和影响，因而它的关系也支配着其他一切关系的地位和影响。这是一种普照的光，它掩盖了一切其他色彩，改变着它们的特点。"② 因此在相当长的时期中政治经济学社会主义部分只是分析社会主义生产关系。而在社会主义初级阶段的所有制结构特点是公有制为主体，多种所有制经济共同发展。多种非公有制经济充满活力，而且多种所有制经济的混合也成为基本经济制度的实现形式。在此背景下，公有制经济不可能成为掩盖其他所有制色彩的"普照之光"。因此，中国特色社会主义政治经济学对生产关系的研究就不能限于对公有制的研究，其他非公有制经济和混合所有制经济也应成为政治经济学研究的对象。

现实的经济制度是生产关系的具体形式。因此作为经济改革理论指导的中国特色社会主义政治经济学所研究的生产关系就不能只是几个原则规定，更多的是生产关系的具体形式。最为典型的是社会主义初级阶段基本经济制度的分析，既要研究各种所有制反映的生产关系的基本属性，又要研究各种所有制的实现形式和相互关系。此外还有基本收入制度、土地制度等等。经济制度不可避免涉及上层建筑，由此提出的问题是上层建筑或者其中哪一部分成为政治经济学的研究对象问题。虽然上层建筑不是政治经济学的研究对象，但是根据马克思关于经济基础和上层建筑关系的分析，政治经济学研究生产关系的总和即经济基础时也会在一定范围联系上层建筑，特别是经济制度作为反映社会性质的根本性制度，很大部分属于上层建筑。尤其是当我国明确依法治国以后，许多经济问题的治理离不开法治。政治经济学需要研究影响生产关系的界定、保护产权和规范市场运行的

---

① 2013 年 5 月习近平总书记在中央政治局第六次集体学习时的讲话。
② 马克思：《〈政治经济学批判〉导言》，引自《马克思恩格斯选集》第 2 卷，人民出版社 1995 年版，第 24 页。

法律制度等。

（三）政治经济学研究经济运行和相应的经济体制

马克思主义政治经济学以生产关系为对象，属于经济本质的分析。相应的，与生产力发展相关的经济效率的高低都归结为生产关系的优劣，经济效率低就应该从生产关系的不适应来说明，相应的需要调整生产关系。实际情况是，经济效率并不都同生产关系相关，而是同经济运行效率和质量相关。资源配置的效率，经济运行的质量并不都反映生产关系的优劣，而是由经济运行方式来说明。经济运行方式不完全是某一社会生产关系的具体形式，不完全是围绕经济制度而建立的。例如市场经济作为资源配置方式，无论是在社会主义经济中还是资本主义经济中，都是作为经济运行方式而存在。再如宏观调控，面对高失业率和高通货膨胀率，都要采取逆周期的调控方式。像这样的微观经济运行和宏观经济运行并不都可以用生产关系的性质来说明的。但因处理不好所产生的低效率和宏观失控等问题会影响生产力发展并影响社会主义生产关系的发展。因此经济运行方式进入政治经济学的研究对象是十分必要的。

经济运行方式涉及经济体制，如市场经济体制、宏观调控体制、社会保障体制等。经济体制的设计和变革，既要反映经济制度的本质要求，还需要反映经济运行的效率和质量的要求。就反映经济制度的要求来说，必须根据社会主义初级阶段基本经济制度的要求改革经济体制。由于经济运行的质量和效率不完全出自经济制度，很大程度上是经济运行方式问题，因此，即使是建立了适应生产力发展的经济制度，但作为其现实形式的经济体制，并不一定都能适应生产力发展的要求，而需要适时根据经济运行规律调整和改革经济运行方式。由于经济体制不是孤立地运行的，总是在一定的生产关系框架内，在经济制度的框架内运行的，因此对经济运行及其方式的研究不能脱离生产关系和经济制度，例如对市场经济的研究，对宏观调控的研究不能脱离社会主义基本制度的本质要求。它们都是在坚持社会主义基本制度的前提下，在经济运行机制方面寻求合适的制度安排。

中国特色社会主义政治经济学在研究对象方面的上述突破，推进了各个方面的理论创新，所取得的重大理论成果，不仅有力指导了我国经济发展实践，而且开拓了马克思主义政治经济学新境界。

二、政治经济学本质属性的创新

经济学有没有阶级性？马克思的回答是明显的：存在代表无产阶级利益的马

克思主义政治经济学，代表资产阶级利益的经济学。而对当今的以社会主义经济为对象的经济学是否有阶级性则是有分歧的。有的受"普世价值"的影响，淡化经济学阶级性，强调其提供超阶级的一般经济学理论的一面。事实上在现阶段多种所有制经济存在的社会主义初级阶段，经济学只要涉及经济利益关系，其阶级立场是显然的。有的经济学就声称是富人的经济学，有的则声称是穷人的经济学。中国特色社会主义"既不走封闭僵化的老路，也不走改旗易帜的邪路。"因此，中国特色社会主义政治经济学秉承马克思主义政治经济学的传统，不仅有明确的阶级立场，而且公开声称是以人民为中心的政治经济学。这是与西方经济学的根本区别。

马克思在创立马克思主义政治经济学时，明确了政治经济学的阶级性。马克思指出，代表资产阶级利益的"政治经济学所研究的材料的特殊性质，把人心中最激烈、最卑鄙、最恶劣的感情，把代表私人利益的复仇女神召唤到战场上来反对自由的科学研究"①。马克思创立的政治经济学，公开主张和维护无产阶级利益，为无产阶级和全人类的解放事业服务。他依据劳动价值论，建立了科学的剩余价值理论，发现了资本主义剥削的秘密，由此找到资本主义社会的掘墓人，敲响了资本主义的丧钟。马克思主义政治经济学的阶级性，不仅表现在对资本主义批判，还在于为无产阶级揭示了理想社会。这就是被马克思称为"自由人联合体"的社会主义社会和共产主义社会。马克思在批判资本主义经济关系过程中，合乎逻辑的推导出未来社会的基本经济特征，反映无产阶级对未来社会的向往和为之奋斗的决心。在社会主义社会建立起来以后，马克思主义政治经济学又提供建设新社会的理论武器，反映广大人民群众的根本利益。

无产阶级夺取政权以后，政治经济学的阶级性如何体现？这同无产阶级所追求的根本利益相关。根据马克思主义经典作家的分析，无产阶级的利益代表最广大人民群众的利益。这样，政治经济学的阶级性就表现在，面对所要分析的资本主义经济，寻求这个社会的掘墓人——无产阶级。面对所要分析的社会主义经济，寻求这个社会的建设者——广大人民群众。因此，中国特色社会主义政治经济学的本质属性就是以人民为中心，服从于人民的福祉和共同富裕。这个属性体现了社会主义的本质要求。

以人民为中心，先要明确"人民"的范围。在不同的历史时期，人民这个概念有着不同的内容。在建设社会主义的时期，根据毛泽东同志的界定："一切赞

---

① 马克思：《资本论》第1卷，人民出版社2004年版，第10页。

成、拥护和参加社会主义建设事业的阶级、阶层和社会集团，都属于人民的范围。"① 按此定义，以人民为中心的经济学，既不只代表富人的利益，也不只代表穷人的利益，而是代表全体人民的根本利益，人民的福祉。这同最大限度地满足人民群众不断增长的物质和文化需要的社会主义生产目的是一致的。由此规定，中国特色社会主义政治经济学需要在以下三个方面取得突破：

1. 发展社会生产力。以发展社会生产力为目标建立建设新社会的经济学理论。社会主义初级阶段的主要矛盾是生产力发展水平满足不了人民群众的需要。克服这个矛盾的途径就是发展生产力。发展生产力固然需要不断完善生产关系及其与之相适应的上层建筑。实践中仅仅是调整生产关系是不够的。在半殖民地半封建社会基础上进入社会主义社会后，面对的现实问题是生产力发展水平没有达到社会主义的要求。因此，实践马克思关于社会主义规定性的基本途径，是创造实现这些规定性的经济条件，特别是依靠发展生产力建立实现社会主义规定性的物质基础。这样，政治经济学要由以阶级斗争为纲转向以经济建设为中心，成为经济建设的理论指导。解放和发展生产力，增进国民财富，达到共同富裕，就成为政治经济学研究的使命。

对生产力人们通常用马克思对劳动过程概括的三要素，即劳动者、劳动资料（生产工具）和劳动对象。这个概括不能说明当前发展生产力的路径。说明发展生产力的要素应该使用马克思关于劳动生产力的决定要素所概括的："工人的平均熟练程度，科学的发展水平和它在工艺上应用的程度，生产过程的社会结合，生产资料的规模和效能，以及自然条件。"② 与这个概括相一致，马克思还把社会生产力发展的来源概括为三个方面："归结于发挥着作用的劳动的社会性质，归结为社会内部的分工，归结为脑力劳动特别是自然科学的发展"③ 在现代生产力发展中，科学技术成为第一生产力，人力资源成为经济发展的第一资源。

2. 逐步实现共同富裕，建立以共同富裕为目标的共享发展的经济学理论。人民对美好生活的向往是中国特色社会主义的奋斗目标。这是以人民为中心的中国特色社会主义政治经济学的本质属性的具体体现。其中最重要的原则是公平正义和共同富裕。社会主义公平是建立在人民的主体地位的基础上的。共同富裕是目标，由于生产力发展水平的限制，实现共同富裕需要一个过程。在社会主义社会尤其是在其初级阶段，由于劳动还是谋生手段，各种生产要素参与分配，不可避免会存在先富和后富及富裕程度的差别。这是人们对改革和发展成果的分享存

---

① 《毛泽东选集》第 5 卷，人民出版社 1977 年版，第 182 页。
② 马克思：《资本论》第 1 卷，人民出版社 2004 年版，第 53 页。
③ 马克思：《资本论》第 3 卷，人民出版社 2004 年版，第 96 页。

在的差异。在新的发展阶段提出的公平正义，民生为本，突出需要解决低收入群体公平合理的分享经济发展的成果。人民群众能够分享发展的成果，就能支持发展。

3. 推进人的全面发展，建立以人的全面发展为目标的以人为本的经济学理论。中国特色社会主义是亿万人民自己的事业。人民是发展的动力源泉。人自身的发展水平直接决定经济和社会的发展水平。发展需要以人才为本，随着科技发展和社会进步，人才资源成为发展的第一资源。就像当前的创新和创业需要大众创新万众创业。以人为本的发展包括人自身的发展，即人的全面发展。人的发展涉及人的素质的提高，即身体素质、文化素质和道德素质的提高。这些人的发展的内容不仅依赖于经济发展水平，还依赖于社会发展水平和环境保护水平。

回顾 30 多年来的发展进程，经济改革和经济发展每前进一步都是政治经济学领域的重大创新推动的。马克思主义政治经济学领域的理论进展及其对中国改革和发展的贡献，也就是中国特色社会主义政治经济学的重大原则。以下分别从经济制度和经济发展两个方面说明中国特色社会主义政治经济学的理论创新。

三、经济制度理论的创新

马克思创立的政治经济学对未来社会基本特征的设想或基本规定性，对后来社会主义国家的实践起了方向性指导作用。但是有两个方面原因需要中国的创造。一方面，马克思当时预见的社会主义经济制度与现实的社会主义实践存在很大的差别。在半殖民地和半封建社会基础上建立起来的社会主义中国，在实践马克思关于社会主义的要求时，就不能教条式地搬用这些规定。另一方面马克思当时只是规定未来社会基本特征，并没有对未来社会的经济体制作具体规定，这也需要中国创造。这意味着在中国这样的发展中大国建设社会主义，没有现成的理论和经验。需要将马克思主义的基本理论与中国社会主义建设的实际结合，推进马克思主义的中国化，并以中国化的马克思主义来指导中国特色社会主义伟大事业。现实的社会主义经济制度和经济体制的中国创造过程，就是马克思主义关于社会主义的基本原理与中国的实践结合过程，也是马克思主义政治经济学的现代化和中国化。

中国特色社会主义经济制度理论的创新是从确认我国处于社会主义初级阶段开始的。发展中国特色社会主义需要依据中国的基本国情。这个国情就是中国长期处于社会主义初级阶段。在这个阶段，人民群众日益增长的需要同落后的社会生产之间的矛盾是社会的主要矛盾。社会主义初级阶段的历史任务是逐步摆脱不发达状态，基本实现社会主义现代化，由农业人口占很大比重、主要依靠手工劳动的农业国逐步转变为非农业人口占多数、包括现代农业和现代服务业的工业化国家。建设中国特色社会主义不是改变社会主义制度，也不是降低社会主义的要求，而是要使现阶段的社会主义制度安排适应现阶段的生产力发展水平，并有利于生产力的发展，从而推动社会主义事业的发展。社会主义初级阶段理论的提出，不仅明确了社会主义的本质是发展生产力，还为经济制度一系列突破打开了缺口。根据马克思主义政治经济学的制度分析方法，从生产、交换和分配三个维度来指出中国特色社会主义经济制度的重大理论突破：

一是社会主义初级阶段基本经济制度理论。本来，社会主义本质就是消灭私有制、消灭剥削。经典的社会主义经济制度是在发达的资本主义社会基础上建立起来的。而在社会主义初级阶段，为了发展生产力，需要从实际出发，寻求推动生产力发展从而推动社会主义初级阶段的社会主义发展的新的动力和新的要素，使各种创造社会财富的源泉充分涌流。因此，以公有制为主体多种所有制经济共同发展，作为社会主义初级阶段的基本经济制度提了出来。多种非公有制经济，如个体经济、私营经济、外商投资经济，与公有制经济在基本经济制度框架内处于平等地位。十八届三中全会把公有制为主体、多种所有制经济共同发展的基本经济制度，进一步明确为中国特色社会主义制度的重要支柱、社会主义市场经济体制的根基，并且明确国有资本、集体资本、非公有资本等交叉持股、相互融合的混合所有制经济是基本经济制度的重要实现形式。公有制与非公有制资本相互持股，从而使多种所有制经济在同一个企业内部共同发展。建立社会主义初级阶段的基本经济制度，是一种制度创新。既坚持了科学社会主义的基本原则，又根据我国的实际和时代特征赋予其鲜明的中国特色，体现了马克思主义基本原理同推进马克思主义中国化结合。

二是社会主义市场经济理论。1992 年党的十四大明确了建立社会主义市场经济体制的改革目标，并把社会主义市场经济定义为：市场在国家宏观调控下对资源配置起基础性作用。经过十五大、十六大、十七大直到 2012 年的十八大，这个理论界定一直是指导我国经济体制市场化改革的指导思想。十八届三中全会根据我国市场经济的发展程度，将市场对资源配置所起的作用改为决定性作用。这个修改，回归到了市场经济的本义。如习近平同志所说：理论和实践都证明，市场配置资源是最有效率的形式。市场决定资源配置是市场经济的一般规律，市场经济本质上就是市场决定资源配置的经济。在市场经济前面冠以社会主义，这是中国特有的，有实实在在的内容，指的是社会主义基本经济制度同市场经济的结合，更多地体现在政府作用，在市场起基础性作用时，强调国家对市场的宏观调控，在市场对资源配置起决定性作用时则要求更好发挥政府的作用。

三是社会主义基本分配制度理论。社会主义初级阶段基本经济制度确立以后，按劳分配为主多种分配方式并存的基本分配制度也就得到了确认。这是中国特色社会主义政治经济学的重大理论突破。多种分配方式是指多种生产要素参与收入分配。从党的十四大到党的十六大明确提出，确立劳动、资本、技术和管理等生产要素按贡献参与分配的原则。党的十七大报告和十八大报告都提出，健全劳动、资本、技术、管理等生产要素按贡献参与分配的制度。十八届三中全会在坚持上述生产要素按贡献参与分配的基础上，又提出：各种生产要素的报酬由各自的生产要素市场决定。这些表述意味着各种生产要素参与收入分配的份额，不只是取决于各自的投入，更要取决于各自的"贡献"和供求状况。这种基本收入制度从总体上说是符合发展社会生产力这个社会主义本质要求的。由于多种要素充分发挥作用而增加了社会财富，劳动者绝对收入也较前明显增加，这也是符合劳动者利益的。但是不同的人拥有的要素存在很大差别。允许一部分人先富起来意味着储蓄能力强的、技术水平高的、经营能力强的，致富能力也强。再加上这些要素的叠加，非劳动要素收入和劳动报酬的差距明显扩大。针对现阶段生产一线的劳动者的报酬在收入中所占比重呈明显的下降趋势的问题，为体现社会公平正义，提出缩小收入差距的要求。其主要路径有三个：一是在初次分配阶段就要根据社会主义要求处理好公平和效率的关系，劳动报酬与劳动生产率提高同步增长。二是考虑到劳动收入的差距主要由各自拥有的包括技术等方面的要素差异所致，通过教育公平等途径缩小各个分配主体所拥有的要素差异，坚持机会的公平，从而缩小分配结果的差距。三是再分配更讲公平，尤其是完善覆盖城乡的社会保障制度。

四、经济发展理论的创新

经济发展进入当代马克思主义政治经济学的研究领域本身就是政治经济学的重大进展。研究中国的经济发展，必须明确所处的发展阶段。发展阶段不仅是指在生产关系上所处的社会主义初级阶段，还是指生产力上所处的低收入阶段还是中等收入阶段。当我国由低收入阶段进入中等收入阶段以后，经济发展理论也就需要随之创新。

经济发展理论创新的基本要求就是遵循经济发展规律。如习近平同志所要求的："实现我们确定的奋斗目标，必须坚持以经济建设为中心，坚持发展是党执政兴国的第一要务，不断推动经济持续健康发展。发展必须是遵循经济规律的科学发展，必须是遵循自然规律的可持续发展。"

改革开放以来，中国特色社会主义政治经济学在经济发展理论方面的突破性进展主要表现在以下几个方面：

一是中国特色的社会主义现代化道路理论。其中包括：将全面小康社会建设包含在现代化的进程中，并作为现代化的具体阶段来推进理论。科学技术是第一生产力理论。包括新型工业化、信息化、城镇化和农业现代化的"四化同步"的现代化道路。

二是科学发展观。其内容包括：发展是第一要义，以人为本是核心，全面协调可持续是基本要求，统筹兼顾是根本方法；资源节约型和环境友好型社会建设。

三是开放型经济理论。其内容包括社会主义国家需要借鉴资本主义发达国家的先进技术和管理经验，需要积极参与国际经济合作和竞争，以增强自身的国际竞争力。需要利用国际和国内两种资源和两个市场，建立互利共赢的开放型经济新体制。

四是转变经济发展方式理论。其内容包括：增长不等于发展；把推动发展的立足点转到提高质量和效益上来，使经济发展更多依靠内需特别是消费需求拉动，更多依靠现代服务业和战略性新兴产业带动，更多依靠科技进步、劳动者素质提高、管理创新驱动，更多依靠节约资源和循环经济推动，更多依靠城乡区域发展协调互动，不断增强长期发展后劲。

十八大以后我国经济发展进入新阶段，其特征是：一方面，中国的经济发展摆脱了低收入阶段进入中等收入阶段，面临的发展问题已不是摆脱贫困问题，而是跨越"中等收入陷阱"，在实现全面小康基础上向现代化迈进的问题。另一方面，经济发展进入新常态，需要适应新常态，引领新常态，需要有新的发展理念，创新、协调、绿色、开放、共享的发展理念是对我们推动经济发展实践的理论总结，也是中国特色社会主义经济发展理论的重大进展。与此相关，经济发展理论取得了新的突破。

一是关于经济新常态的描述。其内容包括速度变化：增长速度要从高速转向中高速，发展方式要从规模速度型转向质量效率型。结构优化：经济结构调整要从增量扩能为主转向调整存量、做优增量并举。动力转换：发展动力要从主要依靠资源和低成本劳动力等要素投入转向创新驱动。

二是创新驱动经济发展理论。其内容包括：第一，创新驱动是新的发展方式。在资源环境供给和低成本劳动力供给严重不足的条件下提出由要素和投资驱动转向创新驱动。其中科技创新起引领作用。第二，科技创新突出自主创新。长期以来我国的技术创新以引进和模仿创新为主，属于跟踪性。跟在发达国家后面模仿创新不可能实现现代化。转向创新驱动需要突出自主创新，并且与发达国家进入同一创新起跑线，与之并跑，甚至领跑，在科技和产业上占领世界制高点。第三，科技创新与产业创新对接，推动产业转向中高端。一方面需要创新绿色技术，创新战略性新兴产业，另一方面进行存量调整，化解过剩产能、淘汰污染和落后产能。调整可能带来阵痛，但是凤凰涅槃，可以带来腾笼换鸟的效果，使服务业和高科技产业有更快的增长。第四，产学研协同研发和孵化新技术。

三是需求拉动理论。其内容包括：第一，发展的引擎由外转内。其背景是经济总量达到世界第二，国内市场规模进入世界前列，实现经济的持续增长需要足够的总量需求。随着经济增长和全球经济环境的变化，那种主要依靠出口和国外直接投资来推动经济增长的战略的重要性将降低，国内经济成为增长和平等的发动机。第二，发展方式转变的重要方面：经济增长由主要依靠投资、出口拉动转向依靠消费、投资、出口协调拉动。其内容是：发挥消费对增长的基础作用，发挥投资对增长的关键作用，发挥出口对增长的促进作用。第三，扩大消费需求成为经济增长的新的动力，但需要培育。其途径包括培育消费力，发展消费经济，发展满足消费需求的新产业和新服务。

四是供给侧结构性改革理论。实践证明，在发展中国家，即使转向市场经济，只是靠需求并不能有效地拉动经济增长。在多年的需求侧改革并取得明显成效基础上，要实现质量效率型发展，就需要在供给侧推动经济增长。其内容包括：第一，推动有效供给，克服结构性供给短缺和过剩的无效和低端供给。供给侧改革的目标就是增强供给结构对需求变化的适应性和灵活性，提高供给体系的质量和效率。第二，在供给侧提供增长的动力。增长的动力，不仅有需求拉动，也有供给推动。在供给要素中，除了物质要素投入外，还有技术、结构、效率、制度等要素。全要素生产率的提高可以在很大程度上弥补要素投入的不足，创新驱动，结构调整，提高效率都可以成为新的供给推动力。实现路径就是结构性改革，主要涉及科技创新体制，精细化管理体制和激励性制度等。第三，激励各个方面的积极性，如果说需求侧突出的是市场选择，提供发展压力；而供给侧则突出经济激励，提供发展的动力。例如针对无效供给和低端供给，去产能、去库存、去杠杆、降成本，需求侧靠的是优胜劣汰的市场机制，供给侧则采取化解和优化重组的方式。再如对速度下行压力，需求侧采取的是扩张性货币政策，供给侧则是采取给实体经济企业减税减息减负，调动积极性的办法，目的是释放企业活力。

综上所述，中国特色社会主义政治经济学是马克思主义中国化的伟大成果。如习近平总书记所说，我们党把马克思主义政治经济学基本原理同改革开放新的实践结合起来，不断丰富和发展马克思主义政治经济学，形成了当代中国马克思主义政治经济学的许多重要理论成果，这些理论成果，是适应当代中国国情和时代特点的政治经济学，不仅有力指导了我国经济发展实践，而且开拓了马克思主义政治经济学新境界。中国特色社会主义政治经济学是对中国特色社会主义经济制度和经济发展道路的理论概括。也就是以中国的理论讲中国的故事，并且指导中国的实践。在它的指引下，我国的经济体制实现了向社会主义市场经济的转型，国民经济转向又好又快发展的科学发展轨道，人民生活水平正在由总体小康转向全面小康。所有这些转型产生了明显的解放和发展生产力的效应。用中国化的马克思主义政治经济学指导中国的经济建设，必将取得更加辉煌的成就。

主要参考文献：

1. 卫兴华：《中国特色社会主义经济理论体系研究》，中国财政经济出版社 2015 年版。
2. 洪银兴主编：《马克思主义经济学经典选读·当代价值》，高等教育出版社 2012 年版。

（本文原载于《红旗文稿》2016 年第 7 期）

以创新的理论构建中国特色
社会主义政治经济学的理论体系

提要

　　中国特色社会主义政治经济学是当代中国的马克思主义政治经济学，在阶段性上的学科定位：在生产关系上属于社会主义初级阶段的政治经济学，在生产力上属于中等收入发展阶段的政治经济学。中国特色社会主义政治经济学的对象扩展到生产力，其任务是建立关于解放、发展和保护生产力的系统性经济学说。基本经济制度和基本收入制度是社会经济制度的基本方面。这方面的系统性经济学说构成中国特色社会主义政治经济学的核心内容。中国的市场化改革推动了政治经济学的研究扩展到经济运行领域。社会主义市场经济理论的确立和演进，反映了中国特色社会主义政治经济学的理论进展。对供求关系转向需求侧和供给侧的体制及相应的改革分析，开拓了中国特色社会主义政治经济学研究的新空间。

　　中国特色社会主义事业正在建设中，中国特色社会主义政治经济学理论体系也在构建中。根据习近平同志在主持中共中央政治局第二十八次集体学习时的讲话精神，建设中国特色社会主义政治经济学，要立足我国国情和我国发展实践，揭示新特点新规律，提炼和总结我国经济发展实践的规律性成果，把实践经验上升为系统化的经济学说，不断开拓当代中国马克思主义政治经济学新境界。这就对构建中国特色社会主义政治经济学理论体系提出了明确的要求。改革开放的实践与政治经济学理论的创新是互动的。这就需要把成功的实践和理论创新的成果系统化，构建中国特色社会主义政治经济学理论体系。

一、中国特色社会主义政治经济学是当代中国的马克思主义政治经济学

　　中国特色社会主义政治经济学是马克思主义政治经济学中国化和时代化的成果，是基于中国特色社会主义经济建设的实践提炼和概括的系统化的经济学说。

构建中国特色社会主义政治经济学的学科体系首先需要明确其学科定位。

学科定位一：中国特色社会主义政治经济学属于马克思主义政治经济学，表现在继承了马克思主义政治经济学的范式。所谓理论范式，涉及理论体系的基本结构、基本功能、基本范畴和基本方法。当今世界的经济学范式大体上包括马克思主义经济学与西方经济学两大体系。以马克思的《资本论》为代表的马克思主义政治经济学的范式，概括地说，包括五个方面内容：第一，基本立场代表无产阶级根本利益。第二，研究对象是在一定生产力水平基础上的生产关系。第三，基本任务是阐述经济规律，尤其是社会主义代替资本主义的必然性。第四，研究方法是唯物辩证法和历史唯物主义。第五，话语体系以《资本论》的基本原理和基本范畴为基础。中国特色社会主义政治经济学，之所以属于马克思主义政治经济学，根本原因是其继承性，马克思主义政治经济学的范式贯穿到了中国特色社会主义政治经济学的构建中。

但是，中国特色社会主义政治经济学不是简单地复制马克思主义政治经济学的理论，而是依据中国特色社会主义经济建设和改革开放的实践进行了理论创新，在继承其范式的基础上发展：第一，就基本立场来说，无产阶级夺取政权以后，其阶级利益代表全体人民的根本利益，因此中国特色社会主义政治经济学以人民为中心，服从于人民的福祉和共同富裕。第二，就研究对象来说，仍然是研究在一定生产力水平基础上的生产关系，但注重研究处于社会主义初级阶段的生产关系。第三，就基本任务来说，仍然是阐述经济规律，但更多的是阐述社会主义初级阶段的经济规律。第四，就方法论基础来说，坚持唯物辩证法和历史唯物主义，尤其是突出两点论和重点论。但不排除对当代新方法的应用（如数学和模型分析方法）。第五，经济学的话语体系仍然以马克思主义政治经济学话语为基础，但是开放的：一是向改革和发展的实践开放。以新的话语概括新实践。二是对当今世界人类发展的积极的理论成果开放，包括对西方经济学有用成分的吸收，特别是在中国转向市场经济以后，先行发展市场经济的国家所概括的现代市场经济理论是人类共同的知识财富，批判地吸收进当代中国马克思主义政治经济学，就使其更具有科学的先进性。

学科定位二：中国特色社会主义政治经济学是马克思主义经济学中国化的成果。马克思创立的经济学对未来社会的经济制度和经济发展破了题，发展中国特色社会主义的实践正在解这个题。面对所要建设和发展的社会主义经济，中国特色社会主义政治经济学需要根据时代赋予的使命研究新问题，发现新规律，概括新理论，不断进行理论创新。这个过程是马克思主义经济学中国化时代化的过程，突出表现在以下三个方面：

第一，从时空观分析，马克思是在资本主义社会研究资本主义，当时还没有出现社会主义国家。他所预见的社会主义经济同资本主义经济是在时间上继起的两个社会。而现时代，社会主义和资本主义在空间中并存。在国际上是社会主义国家和资本主义国家并存，在国内是作为主体的社会主义经济与多种所有制经济并存。这样，马克思主义经济学中国化面对的课题是：一方面两种不同性质的经济有共同的经济活动背景，许多经济组织、方式、规则和秩序在形式上有相同之处；另一方面共存的不同性质的经济彼此间存在着矛盾和竞争。在此背景下，中国特色社会主义政治经济学的任务，不仅需要阐述社会主义经济制度的优越性，更要寻求增强社会主义经济的竞争力和影响力的途径。

第二，从物质基础分析，马克思当时认为，发达的资本主义是社会主义的入口，这与发达的生产力水平相关。而新中国脱胎于半殖民地和半封建社会。虽然经过国家工业化建设，但生产力水平还落后于发达的资本主义国家，因此社会主义的物质基础没有完全建立起来，发展社会主义需要经过一个社会主义初级阶段。在这个阶段完成其他国家在资本主义条件下完成的生产的社会化、市场化和现代化的任务。这个阶段发展社会主义的根本任务是发展生产力，与此相应，在社会主义初级阶段的社会主义不是完全消灭私有制，恰恰要在公有制为主体的前提下利用多种私有制经济发展生产力。

第三，从中国特色社会主义的成功实践分析，新中国建国 65 年，尤其是改革开放 30 多年是探索和建设中国特色社会主义的历史。中国从一个贫穷落后的农业大国一跃成为世界第二大经济体。经济改革的中国模式，经济发展的中国道路得到了实践的检验。伟大的实践推动了理论创新。中国特色社会主义政治经济学是对中国特色社会主义经济建设的成功实践进行的理论概括，是用中国理论讲中国故事。

学科定位三：中国特色社会主义政治经济学是新的历史时期创新的经济学说。中国特色社会主义发展的新实践会推动从经济学理论上提炼和总结经济发展实践的规律性成果，把实践经验上升为系统化的经济学说。现在我国成为世界第二大经济体；人均 GDP 进入上中等收入国家行列；城市化率进入了城市化中期阶段。在这个历史起点上所要解决的发展问题就不是在低收入阶段单纯追求 GDP 增长的发展要求，而是要追求经济社会的全面发展。其任务包括：跨越"中等收入陷阱"；支撑经济发展新常态；实现"两个一百年"奋斗目标。实现新时期的新任务不能犯颠覆性错误，需要科学的理论指导。这就要求中国特色社会主义政治经济学以问题为导向，既要坚持马克思主义基本原理和方法论，又要结合我国经济发展实际，不断形成并认同新的理论成果。

这样，中国特色社会主义政治经济学在阶段性上的学科定位就是：在生产关系上属于社会主义初级阶段的政治经济学，在生产力上属于中等收入发展阶段的政治经济学。正因为如此，它保持了在经济学中的主流地位，并且保持了对中国改革和发展的指导思想的理论基础地位。

上述学科定位决定了研究层面。通常马克思主义经济学的分析层面限于经济关系本质层面，即生产关系层面的分析。理论依据是，发展生产力靠的是调整和改变生产关系。而在社会主义现阶段所面对的发展生产关系和生产力问题，不只是生产关系的完善和发展这个层面，还涉及经济运行和经济发展两个层面。这两个层面同生产关系一起，进入政治经济学的研究视野是中国特色社会主义政治经济学对研究领域的拓展。

二、构建解放、发展和保护生产力的系统性经济学说

同其他学科一样，中国特色社会主义政治经济学也有特定的对象和任务，与马克思主义政治经济学有联系，又有新的拓展。主要表现是不仅研究生产关系，还研究生产力。

根据马克思的界定，马克思主义政治经济学以生产作为研究的出发点。它所研究的生产不是一般的生产，而是社会生产。既涉及生产关系，又涉及生产力，两者相互作用。基本原理就是马克思所说的："无论哪一个社会形态，在它所能容纳的全部生产力发挥出来以前，是决不会灭亡的；而新的更高的生产关系，在它的物质存在条件在旧社会的胞胎里成熟以前，是决不会出现的。"[①] 这说明了某种生产关系存在和改变对生产力的依赖性。马克思主义政治经济学联系生产力来研究生产关系。原因是，一定的生产关系总是与一定的社会生产力水平相联系的。生产技术及其生产组织形式的历史发展，对于社会占主导的生产关系的选择产生决定性的作用。对生产力发展水平的研究也为一定阶段的生产关系提供评价标准。

生产力和生产关系的矛盾分析，是马克思主义政治经济学的基本方法论。研究对象不同，任务也不同。在资本主义经济中，生产力和生产关系的矛盾表现在其生产关系阻碍生产力的发展，因此马克思主义政治经济学的任务是揭示资本主义被社会主义替代的客观规律。而在无产阶级夺取政权以后，任务就不同了，是

---

① 《马克思恩格斯选集》第 2 卷，人民出版社 1995 年版，第 33 页。

要"尽可能快地增加生产力的总量"①，"生产将以所有人的富裕为目的"②。其依据是社会主义最终取代资本主义的物质条件是其生产力水平达到并超过资本主义的水平，贫穷不是社会主义。特别是经济落后的国家在进入社会主义社会后，生产力和生产关系的矛盾主要表现在生产力的相对落后，社会主义最终战胜资本主义的最大的制约性是生产力落后，而不是生产关系的落后。基于我国进入社会主义社会时，生产力水平没有达到并超过发达的资本主义国家的水平的现实，中国特色社会主义政治经济学的一个重大突破就是明确我国还处于社会主义初级阶段，并且明确这个阶段社会主义的本质就是解放和发展生产力，消灭剥削，消除两极分化，逐步达到共同富裕。在这里，把发展生产力作为社会主义的本质要求和根本任务提了出来。这个阶段的主要矛盾被界定为，人民日益增长的物质文化需要同落后的社会生产之间的矛盾。由此决定，社会主义初级阶段的根本任务就是发展生产力，以满足人民群众物质文化需要，建设社会主义的物质基础。这样，中国特色社会主义政治经济学把对生产力的研究放在重要位置，以增进国民财富作为目标和归宿。可以说，中国特色社会主义政治经济学就是基于这个研究对象和任务的理论突破而逐步建立的。

对生产力，研究什么？根据社会主义初级阶段社会主义的本质要求，邓小平强调不能只讲发展生产力，一个是解放生产力，一个是发展生产力。应该把解放生产力和发展生产力两个方面讲全了。2013年5月24日，习近平总书记在主持中共中央政治局第六次集体学习时强调："牢固树立保护生态环境就是保护生产力、改善生态环境就是发展生产力的理念。"这样，中国特色社会主义政治经济学对生产力有三个层次的内容：一是解放生产力，二是发展生产力，三是保护生产力。中国特色社会主义政治经济学理论体系的构建，就是要建立解放、发展和保护生产力的系统化的经济学说。

第一个层次是解放生产力，所谓解放生产力，就是根据我国所处的社会主义发展阶段的特征，推进改革开放，从根本上改变束缚生产力发展的经济体制。在这里，解放生产力是动力，发展生产力是目的。解放生产力所涉及的生产关系的调整，是中国特色社会主义经济制度的自我改革和完善，包括基本经济制度的改革和完善，资源配置方式的改革，国有企业的改革，基本分配制度的改革和完善，宏观调控体系的改革和完善等。这些内容会在后面详细分析。

第二个层次是发展生产力，涉及的是经济发展。尽管解放生产力是发展生产

---

① 马克思：《共产党宣言》，引自《马克思恩格斯文集》第2卷，人民出版社2009年版，第52页。
② 马克思：《经济学手稿（1857～1858）》，引自《马克思恩格斯全集》第46卷（下），人民出版社1980年版，第222页。

力的动力，但它不能代替对发展生产力从而经济发展的研究。原因是发展生产力有自身的规律，也有自身的理论体系。根据马克思的概括，社会生产力的发展来源于三个方面："归结为发挥着作用的劳动的社会性质，归结为社会内部的分工，归结为智力劳动特别是自然科学的发展。"① 这几个方面正是研究发展生产力的重要理论依据。

第三个层次是保护生产力。这涉及经济发展同生态环境保护的关系。就如马克思所说："劳动生产率是同自然条件相联系的。这些自然条件都可以归结为人本身的自然（如人种等等）和人的周围的自然。"② 土壤自然肥力越大，气候越好，劳动生产率越高。这正是保护生产力产生的生产力效果。从这一意义上说，环境和生态本身就是财富，青山绿水就是金山银山。保护生产力与绿色发展的理念相一致。绿色发展方式和生活方式，是永续发展的必要条件和人民对美好生活追求的重要体现。资源环境和生态在得到有效保护的条件下才能实现人与自然和谐共生，并实现可持续发展。

对发展和保护生产力的研究可以归结为经济发展理论研究。30 多年以来，中国特色社会主义政治经济学对经济发展作出了重大理论贡献。其中包括：中国特色社会主义现代化理论；经济发展方式及其转变理论；科学技术是第一生产力理论；新型工业化和城镇化理论，用好国际国内两个市场、两种资源的开放理论，等等。

十八大以后我国经济发展进入新阶段，其特征是：一方面，中国的经济发展摆脱了低收入阶段进入中等收入阶段，面临的发展问题已不是摆脱贫困问题，而是跨越"中等收入陷阱"，在实现全面小康基础上向现代化迈进的问题。另一方面，经济发展进入新常态。其表述就是习近平总书记在关于《中共中央关于制定国民经济和社会发展第十三个五年规划的建议》的说明中总结的：一是速度变化：增长速度从高速转向中高速，发展方式要从规模速度型转向质量效率型。二是结构优化：经济结构调整从增量扩能为主转向调整存量、做优增量并举。三是动力转换：发展动力从主要依靠资源和低成本劳动力等要素投入转向创新驱动。适应新常态就形成新发展理念，即创新、协调、绿色、开放、共享的发展理念。这是对经济新常态下推动经济发展实践的理论总结，成为中国特色社会主义政治经济学最新理论成果。

在经济新常态下，需要寻求发展生产力的新动力，中国特色社会主义政治经

---

① 马克思：《资本论》第 3 卷，人民出版社 2004 年版，第 96 页。
② 马克思：《资本论》第 1 卷，人民出版社 2004 年版，第 586 页。

济学指出了以下两个新动力。

一是创新的驱动力。最早提出创新思想的是马克思。① 最早直接提出创新概念的是熊彼特。但是即使在西方经济学中，如斯蒂格利茨所说，标准的市场经济模型"忽视了创新的作用"②。中共十八大提出创新驱动经济发展，十八届五中全会则明确提出"创新发展"的概念，并把他看做是引领发展的第一动力，发展的基点。其理论贡献在于，所谓转变发展方式，目标的发展方式是什么？不只是集约型，而是需要创新发展方式。内容包括：第一，创新发展是新的发展方式。其中科技创新起引领作用。第二，科技创新突出自主创新。科技创新从以跟踪为主转向跟踪和并跑、领跑并存的新阶段。第三，科技创新与产业创新对接，推动产业转向中高端。第四，产学研协同研发和孵化新技术，需要大众创新万众创业。显然，创新作为新的发展方式提出是中国发展理论的创新，也是中国特色社会主义政治经济学的理论创造。

二是消费的拉动力。政治经济学不能只是研究生产，还要研究消费；不能只是研究生产力，还要研究消费力，没有消费力的提高就没有生产力的提高。消费力是马克思在《资本论》中提出的重要概念。十八大明确提出要牢牢把握扩大内需这一战略基点，并把消费放在三驾马车协同拉动经济增长的首位，中共中央关于十三五规划建议又明确提出加快建立扩大消费需求长效机制，释放居民消费潜力。消费和消费力进入中国特色社会主义政治经济学的研究领域出于以下三方面考虑：第一，经济发展方式转变需要突出消费对增长的基础作用。经济增长由主要依靠投资、出口拉动转向消费、投资、出口协调拉动。其中排在第一位的消费需求是可靠的可持续的动力。第二，宏观经济的均衡关系实际上是生产力和消费力的均衡关系；第三，以人民为中心的经济学需要提高人民的消费水平。影响消费力的要素，如收入、就业水平和社会保障程度，反映分配关系和分配制度的性质，积累和消费的比例关系是发展方式的综合反映。因此，中国特色社会主义政治经济学对生产力的研究不能脱离对消费力的研究。

基于社会主义初级阶段的社会主义本质要求，将解放、发展和保护生产力的三个层次问题结合起来研究，从而形成系统化的经济学说，可以说是中国特色社会主义政治经济学的开创性研究，有重大的理论和现实意义。它表明马克思主义政治经济学不只是谈姓社姓资的问题，仅仅是谈生产关系问题，还有丰富的解放、发展和保护生产力的内容。在此基础上形成的经济发展的新理念是对我们推

---

① 弗里曼（C. Freeman）："马克思（1848 年）恐怕领先于其他任何一位经济学家把技术创新看作经济发展与竞争的推动力。"《新帕尔格雷夫经济学大辞典》第 2 册，经济科学出版社 1996 年版，第 925 页。

② 斯蒂格利茨：《社会主义向何处去》，吉林人民出版社 1998 年版，第 159 页。

动经济发展实践的理论总结。用新的发展理念来引领和推动我国经济发展，破解经济发展难题，必然能够开创经济发展新局面。这样，政治经济学不只是发挥思想教育功能，还是国家和企业经济决策和经济政策制定的指导。

三、关于经济制度分析的创新理论

基本经济制度和基本收入制度是社会经济制度的基本方面。这方面理论创新的系统性经济学说构成中国特色社会主义政治经济学的核心内容。

所有制理论是马克思主义政治经济学的基本理论。社会主义基本经济制度一直被明确为社会主义公有制。而在社会主义初级阶段，为了发展生产力，需要从实际出发，寻求推动生产力发展从而推动社会主义初级阶段社会主义发展的新的动力和新的要素，使各种创造社会财富的源泉充分涌流。因此，以公有制为主体多种所有制经济共同发展，作为社会主义初级阶段的基本经济制度提了出来。

改革开放以来，在基本经济制度改革和完善中产生了一系列重大的理论成果，突出在以下三个方面：一是长期处于"制度外"的多种非公有制经济，如个体经济、私营经济、外商投资经济，进入了"制度内"，成为基本经济制度的组成部分。它们同公有制经济不是谁战胜谁的关系，而是平等竞争的关系。二是公有制经济实现形式的突破。过去的理论强调公有资产只能在公有制企业中经营。现在明确公有制经济是资产和资本的概念，并且明确公有制经济不完全是指公有制企业（包括国有企业和集体企业），而是指公有资产（国有资产和集体资产）。这意味着公有资产可以在各种类型的企业中经营，公有制可以有多种实现形式，包括股份制在内的混合所有制可以成为公有制的实现形式。三是公有制为主体的含义的突破。过去的理论把公有制为主体定义为公有企业在数量上为主体。现在公有制为主体也有了新的含义：公有资产在社会总资产中占优势；国有经济控制国民经济命脉，对经济发展起主导作用。按此理论，国有经济进行了有进有退的战略性调整，保持了国有经济对国民经济的控制力。

根据十八届三中全会精神，基本经济制度的改革和完善，既坚持"两个毫不动摇"，又坚持"两个不可侵犯"：毫不动摇地巩固和发展公有制经济并保证其主体地位，毫不动摇地鼓励、支持、引导非公有制经济发展；公有制经济财产权不可侵犯，非公有制经济财产权同样不可侵犯。在此基础上主要在四个方面推进具有重大理论突破意义的改革：

一是对各种所有制经济在负面清单基础上实行统一的市场准入制度，废除对非公有制经济各种形式的不合理规定，消除各种显性和隐性壁垒，制定非公有制企业进入特许经营领域具体办法。这样非公有制在市场进入方面取得了与公有制经济的同等地位。

二是国有资本、集体资本和私人资本相互融合所形成的混合所有制成为基本经济制度的实现形式。允许更多国有经济和其他所有制经济发展成为混合所有制经济。国有资本投资项目允许非国有资本参股，鼓励发展非公有资本控股的混合所有制企业。由此公有制为主体多种所有制经济共同发展，从企业外部发展到在同一个企业内部。

三是农村集体所有的土地实行所有权、承包权和经营权三权分置，集体所有的承包土地的经营权可以流转。农民由此获得土地财产权收入。这是我国农村土地制度理论的重大突破。

四是在混合所有制中公有制为主体有了新的体现。国有企业区分为公益类和商业类。商业类的公有制企业主要身处竞争性领域，更要关注公有资本运行效益。因此不追求在所在企业中控股，但要追求所在企业的增殖能力。这样，总体数量仍然较大的公有资本分布在增殖能力强的企业中，哪怕不控股，总体数量还是居主体地位。公益类的公有制企业不可能独霸天下，其投资项目允许非国有资本参股，其企业允许非国有资本入股。公有制在这里的主体地位就表现在混合所有制中的控股地位。公有资本实际上所支配的资本就不只是自己的资本，还能支配参股和入股的非国有资本。当然，其控制力和支配力不只在其控股地位，更重要的是平等对待其他所有制经济并共享利益的吸引力。

总的来说，基本经济制度的改革和完善，解决了既能充分释放多种非公有制经济活力，又能坚持公有制的主体地位的重大理论和实践问题，是中国特色社会主义政治经济学取得的重大成果。

分配关系是生产关系的反面，随着公有制为主体多种所有制经济共同发展的基本经济制度的逐步形成，按劳分配为主多种分配方式并存的基本收入分配制度也就相应建立。

在马克思主义政治经济学中，对社会主义基本收入制度有两个规定：第一，消灭剥削，共同富裕是社会主义的基本要求。第二，按劳分配是社会主义分配原则，这是因为社会主义条件下生产资料是公有的，只有劳动力属于私人所有。在现实的社会主义初级阶段基于以下两方面客观条件进行了理论突破：

首先，承认多种所有制经济的存在，意味着劳动以外要素如资本、技术和企业家等要素的所有权（全部或部分）属于私人的现实得到了确认。与此相应，所要建立的收入分配制度，不仅要刺激劳动效率，还要刺激资本、技术、管理等要素所有者的各种要素的投入；不仅需要尊重劳动，还要尊重创造和创业，尊重知识和人才。让劳动、资本、技术和管理等各种要素创造财富的活力充分迸发。

其次，在物质财富相对缺乏的社会主义初级阶段如何实现共同富裕？过去相当长的时期中共同富裕被理解为平均主义，其结果是共同贫困。邓小平明确提出共同贫困不是社会主义，并且提出允许一部分人先富起来的大政策。共同富裕被理解为富裕程度有先有后，以及先富帮后富的过程。各种非劳动要素按市场原则参与收入分配，也就提供了一部分人先富起来的机制。这种分配制度的形成充分体现了收入分配的效率原则。

多种生产要素参与收入分配的理论是随着改革的深入而不断进展的。重大的理论成果主要有以下几个方面：

一是多种生产要素按什么原则参与分配。从党的十四大到党的十六大都明确提出，确立劳动、资本、技术和管理等生产要素按贡献参与分配的原则。党的十七大报告和十八大报告都提出，健全劳动、资本、技术、管理等生产要素按贡献参与分配的制度。十八届三中全会又进一步提出：各种生产要素的报酬由各自的生产要素市场决定。这样，各种生产要素参与收入分配的份额，不只是取决于各自的投入，更要取决于各自的"贡献"和供求状况，也就是以市场原则进行分配，这是市场经济体制的现实体现。要素按贡献和市场原则参与分配，可以充分激发各种要素的活力，从总体上说是符合发展社会生产力这个社会主义本质要求的。由于多种要素充分发挥作用而增加了社会财富，劳动者绝对收入也较以前明显增加。这也是符合劳动者利益的。

二是在各种非劳动要素参与收入分配的背景下如何体现按劳分配为主体。不同的人拥有的要素存在很大差别不可避免会产生收入差距。储蓄能力强的、技术水平高的、经营能力强的，致富能力也强。但是正如生产资料所有权可能混合一样，生产要素的所有权也可能混合。就是说，劳动投入不仅涉及直接生产过程中的劳动者的劳动，也包括不在生产现场但对生产起作用的技术人员、管理人员的劳动，还包括企业经营者从事的经营活动，这部分劳动根据马克思理论也是生产性劳动。即使是直接劳动者，也不完全只是简单的劳动力支出，也可能拥有技术要素，也就是相当于人力资本的复杂劳动的支出。显然，如果把技术人员和经营管理人员的劳动报酬都计入劳动报酬，按劳分配为主体还是能够得到体现的。其前提是坚持三个原则，一是复杂劳动得到更高的报酬，以体现技术和管理劳动的贡献。二是劳动报酬增长与劳动生产率提高同步。三是不能忽视劳动的复杂程度不高的劳动者在企业效率提高中的贡献。如果这三个原则能够得到贯彻就可能在收入分配总量上体现按劳分配为主体。

三是在生产一线的劳动者的报酬在收入中所占比重呈明显下降的趋势下如何

克服贫富差距。撇开技术、管理等因素，单纯提供劳动的劳动者的报酬占比确实存在下降的趋势。十八届三中全会明确提出要体现公平正义，逐步实现共同富裕的要求。共享发展是中国特色社会主义的本质要求，体现以人民为中心。按此要求，需要完善基本收入制度，人民群众在民生改善中能够共享改革发展的成果，得到看得见的利益，有更多的"获得感"。涉及以下几个方面：第一，突出权利的公平。其中包括：从体制上堵塞以权谋私的漏洞；反垄断行为，在公平竞争的市场上实现收入；创造条件让更多的群众拥有财产性收入。基本公共服务均等化，不仅要横向公平还要纵向公平，使低收入群体能平等地享用基本公共服务。第二，完善初次分配和再分配，提高居民收入在国民收入分配中的比重。改变长期认为的初次分配讲效率，再次分配讲公平的状况，明确初次分配和再分配都要处理好公平和效率的关系，再分配更加注重公平。第三，根据马克思经济学原理，实行按劳分配的原因是劳动还是谋生的手段。① 作为谋生手段，劳动报酬的增长不只是限于劳动者的劳动贡献，还应该包含其谋生要求的内容。谋生的范围就是必要劳动的范围。必要劳动的范围有历史的和道德的因素。随着社会的进步，文化的发展，劳动者的必要劳动范围也在扩大，相应的劳动报酬也有增长的趋势。第四，从社会主义的公平观考虑，劳动收入的差距主要由各自拥有的包括技术等方面的要素差异所致。因此通过教育公平等途径缩小各个分配主体所拥有的要素差距，从而使普通劳动者也能得到复杂劳动的收入，分配结果的差距也可能进一步缩小。

可见中国特色社会主义政治经济学的经济制度分析的任务，虽然也要分析和界定各种所有制经济的性质，但是着眼点不是不同所有制之间的斗争，而是服从于建设新社会的使命，寻求不同所有制经济平等竞争合作发展的有效路径，寻求劳动、知识、技术、管理和资本等各种要素的所有者各尽其能，各得其所，和谐相处的路径。目的是要使一切创造社会财富的源泉充分涌流，以造福于人民。

四、关于经济运行分析的创新理论

经济运行层面主要涉及资源配置方式和供求关系的分析。其目标：一是效率；二是协调发展。这是经济持续健康发展的内在要求。在相当长的时期中，经济运行分析的话语权一直在西方经济学那里。中国的市场化改革推动了政治经济学的研究扩展到经济运行领域。尤其是社会主义市场经济理论的确立，就夺回了

---

① 《马克思恩格斯选集》第 3 卷，人民出版社 2012 年版，第 365 页。

经济运行分析的话语权。这是中国特色社会主义政治经济学的重大贡献。

最初的理论进展是明确社会主义市场经济是市场在国家的宏观调控下对资源配置起基础性作用，并在理论和实践上解决了社会主义公有制同市场经济的结合问题。国有企业产权制度改革，多种所有制经济发展，指令性计划的取消，市场价格的放开，外资的进入，等等一系列改革都有力地推动了社会主义市场经济的发展，其明显的效应是增强了经济活力，提高了资源配置的效率。

进一步的理论进展是，针对我国社会主义市场经济体制已经初步建立，对市场规律的认识和驾驭能力不断提高，十八届三中全会明确市场决定资源配置并要求更好发挥政府作用。这是社会主义市场经济理论的新突破。明确市场对资源配置的决定性作用，实际上是回归到了市场经济的本义。市场决定资源配置突出的是市场的自主性。这种自主性不仅表现为市场自主地决定资源配置的方向，同时也表现为市场调节信号即市场价格自主地在市场上形成，不受政府的不当干预。在实践中大力度推进了各级政府取消和下放行政审批权的改革。

新的资源配置格局对政治经济学提出的新课题是社会主义的要求如何体现？政府如何更好发挥作用？新自由主义理论把政府和市场对立起来，以为搞市场经济就不能有政府作用，政府作用强大就不会有充分作用的市场。社会主义市场经济运行的实践对此作出了科学的回答。在市场经济前面冠以社会主义，这是中国特有的，不是标签，有实实在在的内容。其标志就是政府积极发挥作用。强政府不一定是弱市场，强政府和强市场的协同恰恰是社会主义市场经济的运行特征。所谓政府更好发挥作用主要体现在两个方面：

一是政府和市场有明确的作用边界。对政府作用的领域，在不同的经济学家那里有不同的规定。有的主张政府在市场失灵的领域发挥作用。其中包括克服贫富两极分化，克服环境污染之类的外部性。有的指出，政府（国家）作为制度变迁的重要基石，其基本功能是保护有利于效率的产权结构。有的强调政府干预宏观经济，克服高失业和高通货膨胀之类的宏观失控。毫无疑问，政府的这些作用社会主义市场经济中都需要，除此以外，根据中国国情，政府还需要发挥如下作用：第一，主导市场体系和市场机制建设和完善。我国的市场经济由计划经济转型而来，市场体系和市场秩序的混乱现象更为严重，难以实现市场配置资源的有效性。市场配置资源是否有效，前提是市场机制是否完善。完善的市场经济不能自发形成，不能一放了之，政府必须承担起建设和完善市场的职能。包括建设完善的市场体系，建立统一开放的竞争秩序，公平透明市场规则，同时还要承担好监管市场秩序的职能。第二，配置公共资源。市场对资源配置的决定性作用不能放大到市场决定公共资源的配置。公共资源配置是要满足公共需求，遵循公平原则，只能由政府决定。涉及国家安全和生态安全的，涉及环境保护方面的，涉及全国重大生产力布局、战略性资源开发和重大公共利益等项目，以及基本公共服务的配置，政府不只是进入，而且应该充分并且强有力的发挥作用。第三，推动发展。对于仍然处于社会主义初级阶段的发展中国家来说，发展仍然是硬道理。推动发展理应是政府的重要职能。例如，推动城乡发展一体化和城镇化，发展创新驱动型经济，经济结构调整，生态和环境建设，发展开放型经济，等等，都需要政府的规划和引导。

二是政府作用机制同市场机制有效衔接。政府作用不但不能与市场的决定性作用相冲突，还要相配合。一方面政府提供公共服务要尊重市场规律，利用市场机制；另一方面必须由政府提供的公共服务，并非都要由政府部门生产和运作，有许多方面私人部门生产和营运更有效率。政府通过向私人部门购买服务的方式可以使公共服务更为有效更有质量，如保护环境可利用排污收费和排污权交易之类的市场方式。再一方面政府配置公共资源主要是政策路径，其中包括利用收入分配政策促进社会公平主义；通过产业政策和负面清单引导产业结构转型升级；通过财政和货币政策调节宏观经济运行。政府调节宏观经济不是直接调节市场，而是对市场调节的宏观效应即价格总水平、就业总水平进行监控，在明确宏观经济的合理区间范围内国家不要随意出手调控，给市场的自主作用留出更大的空间。

显然，市场对资源配置起决定性作用是同政府更好发挥作用作为有机整体运行的。这是社会主义市场经济运行方式的成功创造，既解决了经济运行的活力和效率，又能实现社会主义的发展目标。将这种经济运行方式上升为系统性经济学说，就成为中国特色社会主义政治经济学的标志性重大成果。

供求关系分析也是经济运行的重要方面。已有的经济学对供求关系的分析，政治经济学关注价值规律作用机制的分析，西方经济学关注供给、需求同价格之间的平衡和不平衡关系分析。我国近期更为重视需求侧和供给侧的体制及相应的改革分析，也就为经济运行的政治经济学分析开拓了新境界。

30多年来，转向市场经济体制实际上是在需求侧进行改革。其内容包括：在微观体制上强化市场竞争机制，突出市场需求导向，取消指令性计划等；在宏观体制上明确转向消费需求、投资需求和出口需求三驾马车协同拉动经济增长，宏观调控也转向财政和货币政策的总量需求调控。在此基础上，需求侧的着力点是完善需求管理，尤其是突出消费需求的拉动作用。实践中暴露的新问题是，转向了市场经济，只是靠需求并不能有效地拉动经济增长。这表明经济增长还需要供给侧发力。原因是与发达国家不同，发展中国家转向市场经济实现经济增长还需要解决供给侧的问题。

首先是推动有效供给。结构性供给短缺和过剩并存是发展中国家的特征。产品的质量问题、技术档次问题、效率问题、服务问题、食品卫生问题、产品安全问题都反映结构性短缺。与此同时又存在无效和低端的产能过剩。这些供给侧的问题不能因为转向市场经济就能自动解决，需求也拉不动有效供给。因此供给侧改革的目标就是增强供给结构对需求变化的适应性和灵活性，提高供给体系的质量和效率。去库存、去产能就是腾出被无效和低端供给占用的资源增加有效供给。

其次是供给侧提供增长的动力。人们往往以为转向市场经济相应的经济增长的动力就由供给推动力转换为需求推动力。因而供给侧的动力作用被轻视。实际上增长的动力，不仅有需求拉动，也有供给推动。在需求侧缺乏充分的拉动力时，更要供给侧形成推动经济增长的动力。在供给要素中，除了物质要素投入外，还有技术、结构、效率、制度等要素。在物质资源和低成本劳动力方面的供给推动力消退时，不至于在供给侧就没有其他动力。全要素生产率的提高可以在很大程度上弥补要素投入的不足，创新驱动、结构调整、提高效率都可以成为新的供给推动力。实现路径就是结构性改革，主要涉及科技创新体制、精细化管理体制和激励性制度等。

最后是激励各个方面积极性，调动各方面积极性是中国特色社会主义政治经济学的重大原则，主要体现在供给侧的激励性体制机制。在一般情况下，需求侧突出的是市场选择，提供发展压力；而供给侧则突出经济激励，提供发展的动力。例如针对无效供给和低端供给，去产能、去库存、去杠杆、降成本，需求侧靠的是优胜劣汰的市场机制，供给侧则采取化解和优化重组的方式。再如对速度下行压力，需求侧采取的是扩张性货币政策，供给侧则是采取给实体经济企业减税减息减负，调动积极性的办法，目的是释放企业活力。

从体制及改革的角度分别研究需求侧和供给侧的运行效率，反映中国关于经济运行理论研究的深入，将其成果上升为系统化的经济学说，也是中国特色社会主义政治经济学重大进展。

综上所述，理论来源于实践，中国特色社会主义经济建设的伟大实践取得了成功。其中包括了经济制度、经济运行和经济发展等领域一系列重大理论创新，将这些成功实践和创新理论系统化就构成中国特色社会主义政治经济学的理论体系。这个理论体系是动态的，中国特色社会主义事业在发展中，新的实践及创新的理论会不断丰富这个理论体系。

主要参考文献：

1. 《习近平谈治国理政》，外文出版社 2014 年版。

2. 习近平：《发展当代中国马克思主义政治经济学》，新华社，北京 2015 年 11 月 24 日电。

3. 卫兴华：《中国特色社会主义经济理论体系研究》，中国财政经济出版社 2015 年版。

4. 洪银兴主编：《马克思主义经济学经典选读·当代价值》，高等教育出版社 2012 年版。

（本文原载于《经济研究》2016 年第 4 期）

以创新的经济发展理论丰富
中国特色社会主义政治经济学

提要

中国特色社会主义政治经济学理论体系创新的重要方面是生产力成为研究对象。这样，经济发展理论就成为中国特色社会主义政治经济学的重要组成部分。从当代中国所处的发展阶段出发建立中国特色的经济发展理论要能说明中国经济的成功发展。现在我国经济已具明显的中等收入阶段特征。在此新的历史起点上，新的发展任务也随之提出。依据新发展理念创新发展理论包括：创新经济发展目标理论；创新经济发展方式理论；创新现代化理论；创新保护生产力理论。中国特色社会主义政治经济学的一个重要功能是寻求新时期经济发展的动力。除了在生产关系层面上寻求发展动力外，在生产力层面上寻求发展动力涉及供给侧和需求侧两个方面。在需求侧明确消费、投资和出口三驾马车协同拉动经济增长，尤其要培育消费力。在供给侧的动力：一是创新的驱动力。二是提高全要素生产率。三是激励市场主体活力。寻求和培育每个发展阶段的增长点，既是供给侧的动力，又是需求侧的动力。

习近平总书记在全国哲学社会科学工作座谈会上就构建中国特色哲学社会科学的讲话中指出：我国哲学社会科学应该以我们正在做的事情为中心，从我国改革发展的实践中挖掘新材料、发现新问题、提出新观点、构建新理论。其中的一个重要方面就是，加强对改革开放和社会主义现代化建设实践经验的系统总结。显然，对我国社会主义现代化建设实践经验的系统总结并形成系统化的经济发展新理论，也就成为中国特色社会主义政治经济学的创新部分。

一、生产力成为中国特色社会主义政治经济学的研究对象

经济发展理论要成为中国特色社会主义政治经济学的重要组成部分，首先需要解决生产力成为其研究对象问题。

政治经济学的对象是什么？大家都喜欢用马克思在《资本论》第一卷序言中

的表述："我要在本书研究的，是资本主义生产方式以及和它相适应的生产关系和交换关系。"① 其实，研究者对其中的"生产方式"的理解一直是有争议的。一种理解指的是生产力，另一种理解指的是生产力和生产关系的统一。根据前一种理解，政治经济学的对象是生产力和生产关系；根据后一种理解，政治经济学只是研究生产关系，生产力只是处于被联系的地位，即联系生产力研究生产关系。

现在看来，生产力在政治经济学中处于何种地位，同政治经济学的研究任务相关。马克思主义政治经济学创立时，以《资本论》为代表，任务是揭示资本主义被社会主义替代的客观规律。由此决定，研究对象很明确，以生产关系为对象，揭示资本主义生产关系对生产力的发展的阻碍作用，也就是生产关系同生产力的矛盾。

在相当长的时期，政治经济学对社会主义经济的研究也限于生产关系的研究，而不把生产力作为对象。不仅苏联的政治经济学教科书，还是我国的政治经济学教科书都是这样。生产力只是在"被联系"进入研究视野。实践证明，只是以生产关系为对象，不研究生产力，政治经济学就难以科学地指导中国的经济发展，最终把自己边缘化了。实践证明，在社会主义条件下，政治经济学的对象只是限于生产关系，而不进入生产力领域，会使政治经济学研究的范围和领域越来越窄，对中国经济的解释能力及指导作用越来越小。与此同时，形形色色的经济学都在抢夺发展生产力领域的话语权，中国特色社会主义政治经济学不占领这个领域，也就失去了这个领域的话语权和指导权。

经济改革和发展的实践推动政治经济学理论研究的深入。发展社会主义经济面临着的一系列经济问题，需要在基本理论上取得突破。中国特色社会主义政治经济学研究首先需要突破的基本理论问题就是研究对象问题。其突破的方向就是提升生产力在政治经济学中的地位。其必要性在于以下方面：

第一，由社会主义的发展任务决定。根据马克思主义经典作家的界定，无产阶级夺取政权以后的任务是要："尽可能快地增加生产力的总量"②。高于资本主义条件下的劳动生产率是社会主义战胜资本主义的条件。特别是经济落后的国家在进入社会主义社会后，生产力和生产关系的矛盾主要表现在生产力的相对落后，社会主义替代资本主义的最大的制约性是生产力落后，而不是生产关系的落后。

第二，由社会主义所处阶段决定。我国进入社会主义社会时，生产力水平没

---

① 马克思：《资本论》第 1 卷，人民出版社 2004 年版，第 8 页。
② 马克思：《共产党宣言》，引自《马克思恩格斯文集》，人民出版社 2009 年版，第 52 页。

有达到并超过发达的资本主义国家的水平的现实，中国特色社会主义政治经济学的一个重大突破就是明确我国还处于社会主义初级阶段，并且明确这个阶段社会主义的本质就是解放和发展生产力，消灭剥削，消除两极分化，逐步达到共同富裕。在这里，把发展生产力作为社会主义的本质要求和根本任务提了出来。这个阶段的主要矛盾被界定为，人民日益增长的物质文化需要同落后的社会生产之间的矛盾。由此决定，社会主义初级阶段的根本任务就是发展生产力，以满足人民群众物质文化需要，建设社会主义的物质基础。

第三，由中国特色社会主义的实践决定。理论是对实践的概括。中国用不太长的时间从贫穷落后的农业大国一跃成为世界第二大经济体；近十四亿人口不仅摆脱了贫困而且即将一个不落的全面进入小康社会；中国的经济增长率即使进入中高速增长的新常态仍然处于世界前列，已经成为世界经济的动力源。中国经济成功的原因：一是中国特色社会主义的经济制度解放了生产力；二是创造和选择的中国特色社会主义经济发展道路发展了生产力。显然，只有以解放和发展生产力为视角的经济学才能准确解释中国经济的现实。

因此，处于社会主义初级阶段的政治经济学的研究对象，不仅要研究生产关系，也要研究生产力，而且要把对生产力的研究放在重要位置，以增进国民财富作为目标和归宿。这也是以人民为中心的经济学自身的要求。可以说，中国特色社会主义政治经济学就是基于这个研究对象和任务的理论突破而逐步建立的。

中国特色社会主义政治经济学研究生产力，研究什么？邓小平说：一个是解放生产力，一个是发展生产力。需要把两个方面讲全了。习近平同志最近又提出"牢固树立保护生态环境就是保护生产力、改善生态环境就是发展生产力的理念"。[①] 这样，中国特色社会主义政治经济学对生产力的研究就有三个层次的内容：一是解放生产力；二是发展生产力；三是保护生产力。这三个方面结合起来进行研究是政治经济学研究对象和内容的重大突破。中国特色社会主义政治经济学理论体系的构建，就是要建立解放、发展和保护生产力的系统化的经济学说。这样，经济发展理论就成为中国特色社会主义政治经济学的重要组成部分。

解放生产力涉及的是生产关系的完善和改革。其基本要求是根据我国所处的社会主义初级阶段的特征，推进改革开放，从根本上改变束缚生产力发展的经济体制机制。包括基本经济制度的改革和完善，资源配置方式的改革，基本分配制度的改革和完善，宏观调控体系的改革和完善等。在这里，解放生产力是动力，发展生产力是目的。如果说解放生产力基本上属于生产关系层面，那么发展生产

---

① 2013 年 5 月习近平总书记在中央政治局第六次集体学习时的讲话。

力和保护生产力则属于生产力层面，发展生产力和保护生产力有自身的发展规律，不能仅仅靠解放生产力的途径。发展生产力和保护生产力合起来就是经济发展问题。

中国特色社会主义政治经济学理论体系包含体现发展和保护生产力的系统性经济发展学说有重大的理论和现实意义。这是中国特色社会主义政治经济学理论体系的重大拓展，不只是谈姓社姓资的问题，不仅仅谈生产关系问题。在社会主义初级阶段，只有在经济发展的基础上实现了生产力的发展和保护，社会主义经济制度才能稳定发展，社会主义生产关系才能不断完善。在此基础上建立的中国特色社会主义政治经济学，不只是发挥思想教育功能，还是国家和企业经济决策和经济政策制定的指导。

习近平总书记要求构建的中国特色哲学社会科学，在指导思想、学科体系、学术体系、话语体系等方面充分体现中国特色、中国风格、中国气派。就构建中国特色社会主义政治经济学来说，如习近平总书记要求的：要以马克思主义政治经济学为指导，总结和提炼我国改革开放和社会主义现代化建设的伟大实践经验，同时借鉴西方经济学的有益成分。按此要求，构建中国特色的经济发展理论的学术体系和话语体系主要涉及以下三个方面：

首先是继承性。在马克思主义经济学的理论宝库中挖掘其系统的发展生产力理论，使其成为经济发展理论建构的指导思想和方法论基础。以《资本论》为代表的马克思主义政治经济学联系生产力研究生产关系时所阐述的一系列关于生产力的原理，也就成为中国特色社会主义政治经济学体系中的经济发展理论的话语体系的基础。概括起来涉及五个方面：第一是劳动生产力的要素，包括："工人的平均熟练程度、科学的发展水平和它在工艺上应用的程度，生产过程的社会结合，生产资料的规模和效能，以及自然条件。"[1] 基于此，社会生产力发展的来源有三个方面："归结于发挥着作用的劳动的社会性质，归结为社会内部的分工，归结为脑力劳动特别是自然科学的发展"[2]。其中，"智力劳动特别是自然科学的发展"是生产力发展的重要来源。第二，经济发展方式区分为外延的扩大再生产和内涵的扩大再生产，农业经营区分为粗放经营和集约化耕作。第三，社会再生产的中心问题是社会总产品的市场实现问题，涉及各个部门的比例关系。两大部类平衡理论要求部门之间在全面协调的基础上实现按比例发展。第四，在人和自然的关系上涉及三个方面：一是适应自然。自然条件的差异性和它的自然产品的

---

[1]　马克思：《资本论》第 1 卷，人民出版社 2004 年版，第 53 页。卫兴华认为：这几个方面才是生产力要素，而不是传统的包括劳动者、生产工具和劳动对象的生产力三要素。

[2]　马克思：《资本论》第 3 卷，人民出版社 2004 年版，第 96 页。

多样性，形成社会分工的自然基础，并且通过人所处自然环境的变化，促使他们自己的需要、能力、劳动资料和劳动方式趋于多样化。二是控制自然。"社会地控制自然力，从而节约地利用自然力，用人力兴建大规模的工程以便占有或驯服自然力。"① 三是依靠科学实现循环经济。"化学的每一个进步不仅增加有用物质的数量和已知物质的用途，从而随着资本的增长扩大投资领域。同时，它还教人们把生产过程和消费过程中的废料投回到再生产过程的循环中去，从而无须预先支出资本，就能创造新的资本材料。"② 第五，在生产和消费的关系上，提出社会消费力概念与生产力相对应。在资本主义条件下，社会消费力"取决于以对抗性的分配关系为基础的消费力；这种分配关系，使社会上大多数人的消费缩小到只能在相当狭小的界限以内变动的最低限度。然后，这个消费力还受到追求积累的欲望扩大资本和扩大剩余价值生产规模的欲望的限制"。因此，"生产力越发展，它就越和消费关系的狭隘基础发生冲突"③。这些论述反过来就是要求社会主义条件下的经济发展目的是满足人民群众日益增长的物质和文化需要，既要从根本上改变对抗性分配制度，又要克服"为生产而生产"和片面追求高积累的发展理念。

其次是开放性，批判地吸收世界先进的发展理论。发展中国家的发展问题是世界性问题，以发展中国家发展为对象的发展经济学，以增长为对象的增长经济学（包括新增长理论）不乏有积极的成果可以为我所用。例如，二元结构现代化理论、中等收入陷阱理论、全要素生产率理论、可持续发展理论、知识经济理论、国家创新体系理论等。这些研究成果同中国实际结合，进入中国特色的经济发展理论体系，就使中国的发展理论同世界先进的发展理论比肩。

最后是创新性。中国的发展理论是在讲中国故事，体现中国智慧。经济发展的中国道路需要用中国的理论来进行总结和概括，而不可能用西方的那种经济学来说明。由此产生的中国经济学将对世界做出贡献。习近平在主持中共中央政治局就马克思主义政治经济学基本原理和方法论进行第二十八次集体学习时，列举了我们党在探索社会主义建设道路过程中提出的独创性的观点，如统筹兼顾、注意综合平衡，以农业为基础、工业为主导、农轻重协调发展等重要观点。尤其是在党的十一届三中全会以来，我们党把马克思主义政治经济学基本原理同改革开放新的实践结合起来，不断丰富和发展马克思主义政治经济学，形成的当代中国马克思主义政治经济学的许多重要理论成果，例如，关于树立和落实创新、协

---

① 马克思：《资本论》第1卷，人民出版社2004年版，第587~588页。
② 马克思：《资本论》第1卷，人民出版社2004年版，第698~699页。
③ 马克思：《资本论》第3卷，人民出版社2004年版，第273页。

调、绿色、开放、共享的发展理念的理论，关于我国经济发展进入新常态的理论，关于推动新型工业化、信息化、城镇化、农业现代化相互协调的理论，关于用好国际国内两个市场、两种资源的理论，关于促进社会公平正义、逐步实现全体人民共同富裕的理论，等等。这些理论成果，是适应当代中国国情和时代特点的政治经济学，不仅有力指导了我国经济发展实践，而且开拓了马克思主义政治经济学新境界。

以上三个方面不仅明确了创新、协调、绿色、开放、共享的新发展理念的理论渊源，而且指出了新发展理念有其中国经济发展的实践基础。

二、建立中等收入发展阶段的系统化经济发展理论

发展当代中国的马克思主义经济学的一个重要方面就是从当代中国所处的发展阶段出发建立中国特色的经济发展理论。

恩格斯指出："我们的理论是发展着的理论。"[①] 每一个时代的理论思维，都是一种历史的产物，"它在不同的时代具有完全不同的形式，同时具有完全不同的内容。"[②] 政治经济学理论更要关注所面对的经济处于什么发展阶段。中国特色社会主义政治经济学在生产关系层面上明确了处于社会主义初级阶段的生产关系，由此创新的理论正确地指导了我国 30 多年的改革开放。在生产力层面上同样需要明确我国当前所处的经济发展阶段以创新发展理论。原因是处于什么阶段就有什么样的发展目标、什么样的发展方式、什么样的发展环境以及什么样的发展动力。

已有的发展经济学教材，大都是谈低收入国家的发展（摆脱贫困）问题，我国长期流行的发展理论大都是基于所处的低收入阶段提出的。最为突出的是，片面追求 GDP 的增长，高积累低消费，以高投入追求高速度，粗放型发展方式，农业剩余劳动力转移，等等。应该说，这些发展理论对我国摆脱贫困，由低收入阶段进入中等收入阶段有着重要的理论指导意义。问题是当我国进入中等收入阶段后，继续延续这些发展理论指导，没有发展理论的创新，难以指引新的发展阶段的发展，甚至可能陷入"中等收入陷阱"。

现在我国经济已具明显的中等收入阶段特征。一是我国的经济总量已经成为世界第二大经济体；二是我国人均 GDP 过了 7000 美元，已经达到上中等收入国

---

① 《马克思恩格斯选集》第 4 卷，人民出版社 1995 年版，第 681 页。
② 《马克思恩格斯选集》第 4 卷，人民出版社 1995 年版，第 284 页。

家的水平；三是农业增加值比重降到 10% 以下，我国已经由农业国变为工业国；四是城镇人口过了 50%，我国已经进入了城市化国家。在此新的历史起点上，随着小康社会的全面建成，发展任务是要由中等收入国家向高收入国家迈进。必须注意到与过去的低收入阶段相比，中等收入阶段的经济已经和正在发生重大转型，新的发展任务也随之提出。概括起来进入中等收入发展阶段后面临的重大发展问题主要涉及以下几个方面：

第一是中高速增长的可持续问题。进入中等收入阶段，经济就进入新常态。其主要表现是速度变化，增长速度从高速转向中高速。最主要的原因有：一是物质资源和环境资源的供给到了极限。二是随着农业劳动力转移速度放慢，低成本劳动力供给也到了极限。三是供求结构严重失衡。进入中等收入阶段后，解决了温饱问题后居民的消费需求开始转型，更为关注健康、安全、卫生、档次方面的需求。而生产和服务还停留在低收入阶段的供给，追求数量，不重视质量，为生产而生产，势必产生有效供给不足与无效供给和低端供给所产生的库存和过剩问题。显然，我国的增长速度转向中高速是不可避免的，但中高速得以可持续尚需努力。要使中高速增长得以持续，需要发展方式从规模速度型转向质量效益型，需要推进供给侧的结构性改革，寻求新的发展动力。

第二是要跨越"中等收入陷阱"。"中等收入陷阱"是发展中国家进入中等收入阶段后普遍遇到的。"中等收入陷阱"首先是指发展模式问题。进入中等收入阶段后难以摆脱低收入阶段的发展模式，后果是，既无法在收入方面与低收入国家竞争，又无法在尖端技术研制方面与富裕国家竞争。其次是面临的中等收入陷阱的三大威胁：一是收入差距达到了库兹涅茨倒"U"型曲线的顶点，尚未出现向下的态势；二是腐败案频发，腐败问题也到了库兹涅茨倒"U"型曲线的顶点；三是环境污染问题也到了库兹涅茨倒"U"型曲线的顶点，也还没出现向下的态势。最后是随着文明程度的提高，居民的维权意识也大大增强。实践证明，并不是所有的国家和地区都会陷入这个陷阱的。像新加坡、韩国等国家靠现代化的过程跨过了这个陷阱，我们有这个威胁，不等于我们一定要进入这个陷阱。我们意识到了这个陷阱，就需要在正确的发展理论指导下通过发展来跨越它。

第三是补齐发展的短板。我国的经济发展开创了中国特色新型工业化、信息化、城镇化、农业现代化四化同步的现代化道路。全面建成的小康社会是惠及全体人民的小康。而且全面小康涉及经济、社会、文化、政治和生态各个方面的协调发展。在低收入阶段为迅速摆脱贫困，追求 GDP 的快速增长，允许一部分地区一部分人先富起来，实际上实行不平衡发展战略。进入中等收入阶段以后，不平衡问题突出，短板也显露。全面建成小康社会并推进现代化需要根据共享和协调的要求补齐短板。其中包括：第一，要补齐农业现代化这个短板。第二，补齐农村发展的短板以克服城乡二元结构。第三，补齐贫困地区和贫困人口的短板。第四，补齐生态文明的短板。第五，补齐人的发展的短板。这些短板不补齐，很难说进入高收入阶段。

问题导向是马克思主义的鲜明特点。上述进入中等收入阶段后面对的一系列新的重大的发展问题正是创新发展理论的起点和动力源。回应这些重大发展问题的理念，就是习近平总书记提出的创新、协调、绿色、开放、共享五大新发展理念。在资源和低成本劳动力等要素供给能力逐渐衰竭的背景下，发展动力要转向创新驱动，创新发展成为发展的第一动力，决定发展的速度、效能和可持续性。协调既是发展的手段也是发展的手段，还是评价发展的标准和尺度。国民经济发展存在整体性，在存在多个短板的背景下，需要以协调发展实现平衡发展，实现经济结构的整体优化和提升。绿色发展的要义是人和自然和谐共生。面对资源和环境供给正在达到极限的不可持续发展状况，确立绿水青山就是金山银山的理念，环境治理和生态保护成为新时期发展的着力点。开放发展要求主动顺应经济全球化潮流。在已有的利用国际市场和引进外资基础上的开放发展即发展更高层次的开放型经济。通过"一带一路"、亚投行和自由贸易区等路径积极参与全球经济治理，提高我国在全球经济治理中的制度性话语权。共享发展体现逐步实现共同富裕的要求。在长时期实施允许一部分地区一部分人先富起来的大政策背景下转向让大多数人富起来，人民群众共享改革和发展成果，就能产生参与和支持发展的内在动力。经济发展的新理念是对我们推动经济发展实践的理论总结，是我国经济进入中等收入阶段后的系统化的指导思想。用新发展理念来构建经济发展理论必然涉及一系列的理论创新：

一是创新经济发展目标理论。在低收入阶段的发展问题实际上只是增长问题，目标单一。而在进入中等收入阶段以后，发展就不只是增长问题，增长不等于发展。经济发展比经济增长有更广泛的含义。它涉及经济社会的各个层面，因此发展目标不可能单一，不仅是摆脱贫困，公平分配、增加社会福利都要进入发展目标。经济增长了，环境破坏了，人民的健康受损了，这种增长是无意义的。经济发展所关心的是生产的长期持续增长。这就涉及产出能力的提高问题，不仅涉及数量和规模的增长，还包括实现持续经济增长所依赖的技术的进步、制度的优化和文化的创新。

二是创新经济发展方式理论。转变经济发展方式的目标，概括起来就是习近平讲的："发展必须是遵循经济规律的科学发展，必须是遵循自然规律的可持续发展。"显然，创新经济发展方式，不仅仅是转向集约型增长方式，还需要创新发展方式。主要涉及以下方面：①产业结构的优化升级，也就是改变低收入阶段依赖禀赋资源比较优势的低端产业结构，依靠科技进步转向中高端的产业结构。②发展驱动力转换，经济发展由主要依靠物质资源和低成本劳动力驱动转向创新驱动。③追求经济增长的最小成本。经济增长不只是得益，也会付出代价，诸如资源投入、污染环境等。只有在资源得到有效的利用、环境污染得到有效的控制、社会福利增加的基础上实现的增长才是有价值的。

三是创新现代化理论。发展中国家追赶发达国家就是现代化。尽管发达国家走过的现代化道路对后发国家可以借鉴，但国际环境的改变和发展中国家的特殊国情决定了各个国家的现代化道路的特殊性。中国特色的现代化是新型工业化、信息化、城镇化和农业现代化"四化"同步的现代化。不仅是"四化"同步是中国的创造，其中的每一个"化"都有中国的创造。特别是在即将全面建成小康社会后，现代化更为重视人的现代化。人的现代化在马克思看来就是人的全面发展。马克思设想未来社会人的全面发展，指的是人的知识全面发展，人的能力全面发展，人的才能全面发挥。其基本条件是，生产力高度发展，消灭了旧的社会分工，教育和文化事业高度发达。人的现代化与人的受教育程度相关。发展教育，提高全民族的文化水平，是推动人的现代化的必要过程。在现代社会条件下，人只有全面提高自身素质，全面发展各种能力，才能适应复杂多变的社会发展，掌握现代工具。按此要求，当前推进的新型城镇化的核心是人的城镇化。

四是创新保护生产力理论，也就是绿色发展理论。根据习近平总书记关于保护生态环境就是保护生产力、改善生态环境就是发展生产力的理念，保护生态环境从而保护生产力应该成为中等收入阶段的经济发展理论的重要组成部分。在低收入阶段所推进的工业化、城市化、重工业化，不可避免的可能造成资源的耗竭及不可持续供给，由此形成发展的代价。这种状况就是习近平总书记所指出的：人类社会在生产力落后、物质生活贫困的时期，由于对生态系统没有大的破坏，人类社会延续了几千年。而从工业文明开始到现在仅三百多年，人类社会巨大的生产力创造了少数发达国家的西方式现代化，但已威胁到人类的生存和地球生物的延续。发展下去，人类文明就将崩溃。生态和环境是指人类进行劳动和生活的空间。环境吸收污染的容量十分有限，污染吸收不了便会危及人类健康，还会影响生产。生态和环境也是财富，干净的水，清新的空气，绿色的环境是宝贵财富。人类不仅需要通过现代化获取更多的物质财富和精神财富，还要获取更多的生态财富。保护生产力，实际上也是可持续发展问题。生态文明作为一种发展理念体现在尊重自然、顺应自然、保护自然。根据这种发展理念，人们不仅拒绝对大自然进行野蛮与粗暴的掠夺，而且积极改善与优化人与自然的关系，从而形成人与自然和谐共生、良性循环、持续繁荣的生态环境。人类的生产生活方式以最适宜的文明方式影响和介入自然，可以换取自然对生产力的最佳反馈。

三、在供给和需求两侧寻求经济发展新动力

政治经济学研究的重要功能是寻求经济动力。经济动力与经济利益相关。马克思主义政治经济学面对资本主义是要寻求推翻资本主义社会的动力。中国特色社会主义政治经济学面对社会主义是要寻求建设新社会的动力，涉及两个层面：一是在生产关系层面上寻求发展动力；二是在生产力层面上寻求发展动力。

在生产关系层面上寻求发展动力也就是推进改革解放生产力。主要表现在，改革和完善基本经济制度寻求多种所有制经济的发展动力；发展市场经济和市场对资源配置起决定性作用，以市场机制激发活力；改革收入分配体制，通过要素报酬机制促使资本、劳动、技术和管理等各种要素迸发活力。

经济发展理论则是在生产力层面上寻求发展动力，涉及供给和需求两侧。在低收入阶段，或者说在前 30 多年，我国经济发展的动力主要是在供给方面的推动力，即发展初期宽松的物质资源供给和低成本劳动力的供给。改革开放充分动员这些动力，支持了我国 30 多年的快速增长。现在曾经推动经济高速增长的要素的供给能力开始明显衰减。由此决定，经济增长的发动机需要转换，需要在供给和需求两侧寻求新的动力。

先看需求侧的拉动力。需求侧的拉动力是在改革所发展起来的市场经济基础上产生的。党的十八大明确提出要牢牢把握扩大内需这一战略基点，明确消费、投资和出口"三驾马车"协同拉动经济增长。与此同时国家的宏观调控也注重利用财政和货币政策调控总需求。

需求侧的"三驾马车"对拉动经济增长各有所长，但其中的基础是消费需求。中共中央关于"十三五"规划建议明确提出加快建立扩大消费需求长效机制，释放居民消费潜力。马克思在《资本论》中明确提出了社会消费力的概念。在社会再生产中消费力和生产力同等重要。现在突出消费需求的拉动作用，不只是因为过去不重视消费，更重要的是消费对拉动经济发展具有不可替代的作用：第一，转变经济发展方式需要突出消费对增长的基础作用。消费属于最终需求。对经济发展来说，消费需求是可靠的可持续的动力。就如马克思所说，在再生产中，消费是终点，也是起点，消费停止，生产也会停止。第二，消费需求拉动经济发展是以人民为中心的经济学的必然要求。决定消费需求的人民的消费水平，反映分配关系和分配制度的性质。第三，宏观经济的均衡关系实际上是生产力和

消费力的均衡关系；积累和消费的比例关系是发展方式的综合反映。因此，中国特色社会主义政治经济学对发展生产力的研究不能脱离对消费力的研究。政治经济学不能只是研究生产，还要研究消费；不能只是研究生产力，还要研究消费力，没有消费力的提高就没有生产力的提高。从发展生产力考虑，加大消费需求对经济发展的拉动作用，关键是培育消费力。其路径包括增加居民收入，扩大就业和完善社会保障制度。

再看供给侧的推动力。对我国由高速增长转向中高速增长的一个重要解释是资源和低成本劳动力方面的供给推动力消退，因此需求的拉动力尤其是消费需求的拉动力得到了高度重视，但不能就此以为今后经济增长的动力只是在需求侧，从而轻视供给侧的动力。实际上，影响经济增长的要素，不仅有需求要素，也有供给要素。在需求拉动没有充分的力量阻止经济下行的压力时，不能忽视在供给侧寻求推动经济增长的动力。影响实际增长率的潜在经济增长率的供给要素，除了物质和劳动力要素投入外，还有技术、结构、效率等方面的要素。现阶段消退的供给侧的推动力只是物质资源和低成本劳动力。而在供给侧还有其他动力可以开发，如创新驱动、结构调整、提高效率都是供给侧推动经济增长的动力。相比需求的拉动力，供给侧的推动力更为长期。

一是创新的驱动力。最早提出创新思想的是马克思。[1] 最早直接提出创新概念的是熊彼特。但是即使在西方经济学中，如斯蒂格利茨所说，标准的市场经济模型"忽视了创新的作用"[2]。中共十八大提出创新驱动经济发展，十八届五中全会则明确提出"创新发展"的理念，并把它看做是引领发展的第一动力、发展的基点。其内容包括：第一，创新发展是新的发展方式。就是说，经济发展所涉及的转方式、调结构、绿色化都需要创新来驱动。第二，科技创新是核心，起引领作用。科技创新突出自主创新。科技创新从以跟踪为主转向跟踪和并跑、领跑并存的新阶段。第三，科技创新与产业创新对接，培育新经济，推动产业转向中高端。第四，突出科技成果向生产力的转化，要求产学研协同创新，注重研发和孵化新技术，形成"大众创新、万众创业"氛围。第五，人才是创新的第一驱动力。显然，创新作为新的发展方式提出是中国发展理论的创新，也是中国特色社会主义政治经济学的理论创造。

二是提高全要素生产率。在马克思主义经济学中有要素生产率概念，即劳动生产率、资本生产率、土地生产率。诺贝尔经济学奖得主索罗提出全要素生产率

---

① 弗里曼（C. Freeman）："马克思（1848 年）恐怕领先于其他任何一位经济学家把技术创新看作为经济发展与竞争的推动力。"《新帕尔格雷夫经济学大辞典》第 2 册，经济科学出版社 1996 年版，第 925 页。

② 斯蒂格利茨：《社会主义向何处去》，吉林人民出版社 1998 年版，第 159 页。

概念。指的是各种要素集合所产生的生产率之和大于各单个要素投入的生产率之和，其中的差额就是全要素生产率。涉及投入要素质量提高，资源配置效率提高，技术进步，规模效益等。提高全要素生产率的关键在"集合"各种要素的要素的作用。在资本作为集合要素时，提高全要素生产率的着力点是提高资本要素配置的效率。投资投在物质资本、人力资本、土地、技术等要素上的比例，形成要素配置结构。投资较多的投在地产和虚拟经济上，而不是投在与新产业相关的物质资本和技术要素上；投资偏重物质资本，忽视人力资本投资。这种要素的结构性错配是全要素生产率不高的症结。因此重视高新产业投资，重视人力资本投资就能提高全要素生产率。现阶段特别要重视企业家在集合各种要素，从而提高全要素生产率的重要。企业家的创新所推动的要素的新组合，对全要素生产率提高起着决定性作用。供给侧的结构性改革就是要推动经营者成为企业家，放手让企业家在市场决定资源配置的条件下集合要素，在提高供给体系的质量和效率中提高全要素生产率。

　　三是激励市场主体的活力。经济学的核心问题可以概括为"选择"和"激励"。一般来说，需求侧的经济学关注的是选择问题：在市场决定资源配置的条件下市场选择资源流向，进入哪个地区、哪个行业、哪个企业，由充分竞争的市场进行优胜劣汰的选择，这种选择对企业产生外部压力。供给侧的经济学则关注激励问题。中国特色社会主义政治经济学的一个重大原则，就是坚持调动各个方面积极性。这也应该成为供给侧结构性改革的重大原则。从经济发展的角度分析，激励主要涉及三个方面：一是激励创新。创新与其他经济活动不同。其一，创新的知识和技术具有外溢性和公共性，社会也可以从新知识和新技术中得益；其二，创新的技术可以被复制，复制成本之低，会使创新成本得不到补偿；其三，知识产品市场比物质产品市场的信息不对称更严重，其真正的价值往往被严重低估。因此创新不能只是靠市场压力，需要通过激励形成内在动力，其中包括在严格的知识产权保护下获取创新收益，政府提供激励性政策和引导性投资激励等。二是激励克服机会主义行为。在信息不完全条件下，建立激励性体制，克服影响供给质量和效率的道德风险之类的机会主义行为，并从机制上克服劣币驱逐良币状况。三是激励企业活力。针对微观经济的主体，减轻企业负担，减少对企业的行政干预，从而激发企业活力。由于经济运行的细胞是企业，因此特别需要激励企业活力。需要处理好国民收入分配中国家、企业和职工三者的利益关系。一方面在职工和企业的关系上要突出企业利益。职工既要共享企业发展的成果，也要分担企业风险，如果企业承担不了不切企业实际的职工负担而关门或裁减员工，最终受损的还是职工。另一方面在政府和企业的关系上也要突出企业利益。

政府要给企业让利，在体制上为实体经济企业大力度减税、降息、减费（如五险一金问题）、降低企业债务负担。让更多企业轻装上阵。

四是寻求和培育每个发展阶段的增长点。在发展理论中，新的增长点既可能产生新的需求，又会增加供给。就如现阶段，城市现代化和城乡发展一体化，既是供给侧的动力，也是需求侧的动力。只要还是发展中国家，所有发展理论都离不开城乡关系的内容。在低收入阶段，城市化以农民进城为动力，既推动农业剩余劳动力转移，又支持工业化和非农产业发展。进入中等收入阶段以后，新型城镇化包括两个方面：一方面是城市现代化；另一方面是城乡发展一体化。这两个方面蕴藏着巨大的需求和增加供给的空间：城市的发展要素向农村扩散，在农村尤其是各类城镇增加城市要素及设施的供给，促进处于广大农村的城镇具有产业发展、公共服务、吸纳就业、人口集聚功能。推进人的城镇化，不但使进入城市的农村转移人口市民化，形成对城市住房和福利的新需求，还使农民在农村城镇市民化，享受市民的权利，形成对城镇住房和福利的需求。很显然，城乡发展一体化将是中等收入阶段经济发展的强大动力。

概括以上分析，在生产力层面上的经济发展动力，包括：消费力，创新力，全要素生产率、激励力和城镇化。对这些发展动力的研究是经济发展理论的新空间。

基于社会主义初级阶段的社会主义本质要求，基于中等收入阶段的发展目标将发展和保护生产力结合起来形成系统化的经济发展学说，可以说是中国特色社会主义政治经济学的开创性研究，有重大的理论和现实意义。由此构建的经济发展理论可以充分体现中国特色、中国风格、中国气派。

第二编

社会主义经济理论溯源

《资本论》和中国特色社会主义经济学的话语体系

提要

理论经济学的话语体系包括经济学的范式和所使用的经济学范畴。中国特色社会主义政治经济学话语体系要以《资本论》提供的马克思主义经济学范式为基础。其中包括《资本论》中建立的系统的经济学范畴，阐述的经济学基本原理，对未来社会的预见和规定，某些在《资本论》中明确认为到未来社会中不再存在的，而在社会主义初级阶段的实践中仍然起作用的经济范畴。中国特色社会主义政治经济学包含了马克思主义经济学中国化和时代化的话语。其创新和发展是马克思主义经济学范式和话语体系内的创新。其中包括：以生产力和生产关系的话语体系说明社会主义初级阶段及其基本经济制度；以商品经济和价值规律的话语体系说明社会主义市场经济；以生产关系和分配关系的话语体系说明社会主义初级阶段的分配制度；以发展生产力和扩大再生产的话语体系建立经济发展理论。

建设中国特色社会主义政治经济学是构建中国特色哲学社会科学体系和学术话语体系的重要组成部分。既要坚持马克思主义的理论指导，又要用中国理论阐释中国实践，立足中国实践升华中国理论。中国特色社会主义政治经济学作为马克思主义经济学中国化、时代化的成果，是创新的理论，但不是凭空创造的。对中国经济改革和发展的实践进行理论概括的经济学话语体系就是马克思《资本论》提供的马克思主义经济学范式。

一、《资本论》提供中国特色社会主义经济学话语体系的范式

任何一个学科都有自己的话语体系。一般来说，理论经济学的话语体系包括经济学的范式和所使用的经济学范畴。所谓经济学范式涉及基本立场、基本原理和基本方法。

当今的经济学范式主要有两种：西方经济学范式和马克思主义经济学范式。这两种范式的经济学虽然都是研究经济问题，但两者的研究对象、层次和任务不尽相同。马克思主义政治经济学与西方经济学的区别在于：（1）后者偏重于经济现象的描述，着重研究微观和宏观经济运行中各种经济变量之间的关系；前者偏重于经济关系本质的分析，研究人与人之间的社会关系，它建立的各种经济范畴都反映一定的社会生产关系。（2）后者注重经济运行分析，也会涉及经济制度的分析，但它把制度作为经济运行分析的前提；前者注重经济制度（包括经济体制）的分析，也会涉及经济运行，但对经济运行分析的重点是各种生产关系在经济运行中的配置和调整。这两个理论体系对分析经济过程有不同的理论和现实意义，不可替代，不能简单排斥，甚至可以相互学习。但就其成为何种经济学的话语体系，则是由某种经济学的特定的研究对象和任务决定的。

中国特色社会主义政治经济学，首先是政治经济学，其研究对象是由生产力发展水平决定的处于社会主义初级阶段的生产关系。其研究任务是在生产力发展基础上发展和完善公有制为主体多种所有制经济共同发展的基本经济制度，涉及的是经济的本质层次、制度层次的分析。由此决定，其话语体系要以马克思主义经济学范式为基础。

马克思主义经济学的范式，是由马克思的《资本论》建立的，概括地说，包括四个方面内容：第一，基本立场代表无产阶级根本利益；第二，研究对象是在一定生产力水平基础上的生产关系；第三，基本任务是阐述经济规律，尤其是社会主义代替资本主义的必然性；第四，研究方法是唯物辩证法和历史唯物主义。这种经济学范式必须贯穿到中国特色社会主义政治经济学的构建中，是中国特色社会主义政治经济学的世界观方法论基础。就话语体系来说，《资本论》为构建中国特色社会主义政治经济学话语体系的贡献主要有以下三个方面：

一是《资本论》中建立的系统的经济学范畴。这些范畴在政治经济学教科书中得到了广泛的使用，即使是在现代流行的西方经济学教材中也在一定程度上得到使用。尤其是《资本论》关于生产关系的话语系统，涉及社会主义和资本主义经济的规定性，包括公有制和私有制在内的各种所有制形式及其特征，各类经济规律，工资、地租、利息等分配范畴，涉及马克思主义经济学的基本规定，它们是中国特色社会主义经济理论体系中的核心范畴。

某些在《资本论》中被马克思所批判的产生资本主义罪恶的范畴在社会主义初级阶段不一定要全盘否定。例如，竞争、积累等造成两极分化，但在市场经济条件下，对资源配置效率提高的作用则是需要充分肯定的。再如私人资本、剩余价值在资本主义分析中，在肯定其历史作用的同时，对其剥削劳动而被诅咒。而在社会主义初级阶段的经济分析中，有无个人财产和个人财产的多少都不能成为政治上先进和落后的标准，私人资本及其剩余价值作为多种所有制经济的一部分得到肯定。

二是《资本论》阐述的经济学基本原理。《资本论》在一定程度上说就是市场经济论。我国的经济体制在转向社会主义市场经济后，许多经济现象与《资本论》分析的经济现象相近。商品货币理论、竞争理论、资本积累理论、资本有机构成理论、资本循环和周转理论、社会总产品实现条件理论、平均利润率规律理论、流通费用理论、地租理论、信用经济理论、经济周期理论，等等，都可以成为中国特色社会主义经济学的话语体系的基础。

某些在《资本论》中分析资本主义的原理可以用于分析现阶段的社会主义经济，如资本原理。在相当长的时期中在社会主义经济分析中不使用资本范畴，试图用资产、资金甚至社本等概念去代替它。如国有资产、国有资金。这些替代概念实践证明是不科学的。在马克思的原理中，资本有三个方面定义：首先，资本是一种生产关系，是资本雇佣劳动的关系；其次，资本的本性是实现价值增殖；最后，资本是作为生命体的运动，资本在运动中实现资本的增值。在现阶段，私人资本的这三个定义是完整的。而公有资本虽不包含其第一个定义，但后两个定义是不可或缺的。资本价值不增殖，不在运动中增值，何谓资本。不仅如此，公有的不称为资本，如何同私人资本合资或建立混合所有制。尤其是国资改革，国家对国有企业由管资产转为管资本，《资本论》关于资本原理的分析，更成为中国特色社会主义政治经济学的重要话语。而且，一旦资本在社会主义经济分析中得到确认，与资本相关的范畴，如固定资本、流动资本、虚拟资本等范畴自然进入中国特色社会主义经济学的话语体系。这表明，即使是分析资本主义的范畴在抽去其资本主义关系后也能成为分析中国特色社会主义的话语。

三是《资本论》对未来社会的预见和规定。马克思身处资本主义社会，对替代资本主义社会后的未来社会作出了合乎逻辑的预测，其中有对社会主义经济制度的规定，如公有制、按劳分配、有计划按比例分配社会劳动等。这些都应成为中国特色社会主义政治经济学的话语。问题是某些在《资本论》中明确认为到未来社会中不再存在的经济范畴，而在社会主义初级阶段的实践中仍然起作用的经济范畴，仍然需要进入中国特色社会主义政治经济学的话语体系。例如当时马克思设想未来社会可以社会直接分配社会劳动，不需要"价值"插手期间。而在现实中还存在商品货币，还需要由市场和价值规律来调节社会劳动分配。再如马克思当时设想未来社会中个人收入分配只存在按劳分配。原因是其他生产要素都是公有的。而在现实中并不只是劳动要素私有，资本、技术、管理等要素都属于不同的所有者。在分配上不仅要坚持按劳分配，还需要确认各种生产要素参与收益分配。于是就需要《资本论》中所阐述的要素所有权参与收入分配的话语体系。这意味着中国特色社会主义经济学的话语体系不仅包括马克思对未来社会的预想，还包括《资本论》中不属于对未来社会预想的经济学的基本原理。这属于马克思主义经济学的中国化和时代化。

现实的经济学话语体系中有一种现象，许多本来就能用马克思主义经济学话语说明的问题，硬要用西方经济学来说明，似乎只有西方经济学才能说明，这是不公平的。如果不加偏见，可以发现一些西方经济学的概念和原理不仅可以在《资本论》中可以找到，而且《资本论》的话语对现实的解释更为准确。略举几例：关于市场配置资源的分析。西方经济学基本上是用帕累托改进来说明资源配置。而马克思在《资本论》中用价值规律作用来说明市场机制对社会劳动时间的分配。明确指出"商品的价值规律决定社会在它所支配的全部劳动时间中能够用多少时间去生产每一种特殊商品。"① 再如产权理论，现在一讲产权人们便讲科斯理论。其实，在《资本论》中多处讲的所有权问题就涉及产权问题。第一卷第2章分析交换过程时就指出，交换关系实际是所有权的让渡，彼此承认对方是私有者的这种具有契约形式的"法的关系，是一种反映着经济关系的意志关系。"②《资本论》第一卷第23章分析的资本集中及其并购形式实际上就是企业代替市场和产权调整的理论。再如企业治理。西方经济学运用队生产理论和委托—代理理论。《资本论》在分析协作中的监督管理时就全面分析了现在所讲的"队生产"理论中所分析的特点和监督的必要性："一切规模较大的直接社会劳动或共同劳动，都或多或少地需要指挥，以协调个人的活动"，"一旦从属于资本的劳动成为协作劳动，这种管理、监督和调节的职能就成为资本的职能。""在同一资本指挥下共同工作的大量工人也需要工业上的军官（经理）和军士（监工），在劳动过程中以资本的名义进行指挥。监督工作固定为他们的专职。"③

当然，实践在发展，经济学的话语体系也在实践的发展中越来越丰富。马克思在100多年前写《资本论》时，社会主义经济及相关的话语体系只是在他合乎逻辑的推导中。实践中的社会主义需要面对新时代研究新问题，发现新规律，概括新理论。中国的实践需要用中国理论阐释，中国理论需要立足中国实践升华。尤其是需要科学说明，在一个经济文化都相对落后的国家中发展什么样的社会主义，如何建设社会主义。这意味着需要有产生于中国实践的话语体系，体现经济

---

① 马克思：《资本论》第1卷，人民出版社2004年版，第412页。
② 马克思：《资本论》第1卷，人民出版社2004年版，第103页。
③ 马克思：《资本论》第1卷，人民出版社2004年版，第384、385页。

学理论的创新和发展。当前立足于中国改革发展的实践创造了一系列的经济学话语，如社会主义初级阶段、社会主义市场经济、国有资本、新发展理念等。这些话语都可以从马克思主义经济学尤其是《资本论》中找到渊源，属于马克思主义经济学范式和话语体系内的创新，体现马克思主义经济学的中国化和时代化。

二、以生产力和生产关系的话语体系说明社会主义初级阶段及其基本经济制度

生产力和生产关系及两者的统一，是马克思主义经济学的基本话语。生产力和生产关系的矛盾分析，是马克思主义经济学的基本方法论。每一个社会中的生产力和生产关系是一个统一的整体。生产关系是一定社会经济系统的内核，也是社会经济制度的本质属性。政治经济学是说明社会基本经济制度及其变动发展规律的经济学。

中国的社会主义发展存在一个初级阶段，是由生产力水平决定的。在这个阶段需要完成其他国家在资本主义条件下完成的生产的社会化、市场化和现代化的任务。社会主义初级阶段是中国经济学的新话语。但不是凭空提出的，可以在马克思经济学的话语体系中找到理论渊源。可以说，关于社会主义初级阶段话语的提出，是马克思主义经济学中国化、时代化的成果。

根据《资本论》的论述，发达的资本主义是社会主义的入口，资本主义社会生产力所达到的最高水平是："规模不断扩大的劳动过程的协作形式日益发展，科学日益被自觉地应用于技术方面，土地日益被有计划地利用，劳动资料日益转化为只能共同使用的劳动资料，一些生产资料因作为结合的社会劳动的生产资料使用而日益节省，各国人民日益被卷入世界市场网，从而资本主义制度日益具有国际的性质。"[①] 这些可以说是社会主义最终取代资本主义的物质条件。新中国脱胎于半殖民地和半封建社会。经过几十年的发展，我国的生产力水平还没有达到发达的资本主义国家的水平，这意味着社会主义物质基础还没有完全建立起来。建立社会主义的物质基础，"这需要有一定的社会物质基础或一系列物质生存条件，而这些本身又是长期的、痛苦的历史发展的自然产物。"[②]

在《资本论》中有一处关于中国社会生产方式的论述：资本主义以前的、民族的生产方式具有的内部的坚固性和结构，可从英国人同印度和中国的交往中明

---

① 马克思：《资本论》第 1 卷，人民出版社 2004 年版，第 874 页。
② 马克思：《资本论》第 1 卷，人民出版社 2004 年版，第 97 页。

显地看出来。在中国，"小农业和家庭工业的统一形成了生产方式的广阔基础"。①其原因是农业和手工业的直接结合而造成的巨大的节约和时间的节省，对大工业产品进行了最顽强的抵抗。这意味着市场经济不发达和小农经济的强大造成了旧的生产方式稳固地保留下来。这也可以说是在社会主义初级阶段还存在自然经济生产方式的历史原因的话语。

正因为我国还处于社会主义初级阶段，是由生产力发展水平决定的，在这个阶段的主要任务就是发展生产力。相应的处于初级阶段的社会主义的本质就是解放和发展生产力，消灭剥削，消除两极分化，逐步达到共同富裕。这个判断直接影响基本经济制度的选择和确立。

在马克思主义经济学范式中，社会的所有制结构构成社会基本经济制度。社会主义就是消灭私有制。这是社会主义发展目标。而在社会主义初级阶段被确认后，理论创新的一个重要方面就是明确：处于初级阶段的社会主义的根本任务不是完全消灭私有制，而是发展生产力。相应的所有制结构就不能只是公有制，还应该包括各种类型的所有制，形成以公有制为主体多种所有制经济共同发展的基本经济制度。其中公有制为主体是社会主义特征，多种所有制经济共同发展则是中国特色。

多种所有制经济共同发展同样可以在马克思《资本论》中发现理论渊源。马克思当时发现，西欧大陆与资本主义较为发达的英国相比，"不仅苦于资本主义生产的发展，而且苦于资本主义生产的不发展。除了现代的灾难外，压迫着我们的还有许多遗留下来的灾难，这些灾难的产生，是由于古老的陈旧的生产方式以及伴随着它们的过时的社会关系和政治关系还在苟延残喘。"②虽然这里指的是资本主义社会初期阶段的状况。这些话语用到社会主义初级阶段说明，在社会主义初级阶段，不可避免保留着前社会主义的各种生产方式。其原理就是马克思所说的："无论哪一个社会形态，在它所能容纳的全部生产力发挥出来以前，是决不会灭亡的；而新的更高的生产关系，在它的物质存在条件在旧社会的胞胎里成熟以前，是决不会出现的。"③

中国特色社会主义在基本经济制度方面不仅坚持了马克思主义的基本原理，还以中国的实践进行了理论和制度创新。这就是，多种非公有制经济，如个体经济、私营经济，外商投资经济从"制度外"进入了"制度内"，成为社会主义初级阶段基本经济制度的重要组成部分。在公有制为主体的条件下，着眼点不是公

---

① 马克思：《资本论》第3卷，人民出版社2004年版，第372页。
② 马克思：《资本论》第1卷，人民出版社2004年版，第9页。
③ 《马克思恩格斯全集》第31卷，人民出版社1998年版，第413页。

有制同非公有制之间的斗争，而是服从于建设新社会的使命，寻求不同所有制经济和谐合作发展的有效路径，创造平等竞争的市场环境，其中包括在负面清单基础上实行统一的市场准入制度，废除对非公有制经济各种形式的不合理规定，消除各种隐性壁垒，不仅准许民资进入竞争性领域，还要进入过去认为必须由国有制经济垄断的领域。中共十八届三中全会又进一步明确：国有资本、集体资本、非公有资本等交叉持股、相互融合的混合所有制经济，是基本经济制度的重要实现形式。

马克思的《资本论》没有提出"混合所有制"的话语，但提出了股份公司的概念和作用。其主要内容包括：第一，股份公司是私人资本社会化的途径，因而是社会主义入口。"资本主义的股份企业，也和合作工厂一样，应当被看作是由资本主义生产方式转化为联合的生产方式的过渡形式。"① 第二，在股份公司内，"职能已经同资本所有权相分离。为单个资本家或被当作资本家的人，提供在一定界限内绝对支配他人资本的权利。劳动也已经完全同生产资料的所有权和剩余劳动的所有权相分离。资本主义生产极度发展的这个结果，是资本再转化为生产者的财产所必需的过渡点，不过这种财产不再是各个互相分离的生产者的私有财产，而是联合起来的生产者的财产，即直接的社会财产。另一方面，这是所有那些直到今天还和资本所有权结合在一起的再生产过程中的职能转化为联合起来的生产者的单纯职能，转化为社会职能的过渡点。"② 第三，股份公司提供更为有效的治理机制。"很大一部分社会资本为社会资本的非所有者所使用。这种人办起事来和那种亲自执行职能、小心谨慎地权衡其私人资本的界限的所有者完全不同。"③ 马克思在这里对股份制是作为向社会主义的过渡形式而提出来的。我国现阶段建立的混合所有制基本上都采取股份制形式，而且股份制还可以成为公有制的实现形式。马克思关于股份制的话语体系可以用来说明现阶段的股份制经济的产权特征、功能及运行。

三、以商品经济和价值规律的话语体系说明社会主义市场经济

社会主义市场经济理论是中国特色社会主义经济学的重要部分，也是社会主义经济理论的重大创新。习近平总书记在说明市场对资源配置起决定性作用时指出："理论和实践都证明，市场配置资源是最有效率的形式。市场决定资源配置

---

① 马克思：《资本论》第3卷，人民出版社2004年版，第499页。
② 马克思：《资本论》第3卷，人民出版社2004年版，第495页。
③ 马克思：《资本论》第3卷，人民出版社2004年版，第500页。

是市场经济的一般规律，市场经济本质上就是市场决定资源配置的经济。"对社会主义市场经济及其运行需要一系列的话语来说明。

有些人认为，市场经济理论只能用西方经济学的话语体系去说明，理由是在马克思的《资本论》中没有市场经济的概念，而且马克思经济学是说明经济关系本质的，不是说明经济运行的。实际情况不是这样。马克思在《资本论》使用最多的是"商品生产"、"商品交换"、"流通过程"、"市场"等概念。实际上《资本论》提供了较为完整的市场经济理论。我们现在所运用的市场经济的话语大都出自《资本论》，既有市场经济制度方面的话语，又有市场经济运行方面的话语。这对社会主义市场经济的话语体系有直接的影响。

第一是关于市场经济制度特征的话语。根据马克思的思路，商品经济在原始社会后期就已存在，而市场经济作为在全社会范围配置资源的经济只是在进入资本主义时代后才产生。其制度特征就是在《资本论》中论述劳动力市场时指出的："这个领域确实是天赋人权的真正伊甸园。那里占统治地位的只是自由、平等、所有权和边沁。"具体地说，一是自由的契约经济。"他们是作为自由的、在法律上平等的人缔结契约的。契约是他们的意志借以得到共同的法律表现的最后结果。"二是平等。"用等价物交换等价物"。三是所有权。"他们必须彼此承认对方是私有者。这种具有契约形式的（不管这种契约是不是用法律固定下来的）法的关系，是一种反映着经济关系的意志关系。"① 这三个特征，不论是资本主义市场经济还是社会主义市场经济，作为市场经济都应该是共同的。

第二是关于市场决定资源配置的话语。市场经济的本义就是市场配置资源。市场如何配置资源。在马克思的《资本论》话语体系中，资源配置也就是社会所支配的劳动时间以这种或那种方式调整生产。资源有效配置的标准是社会必要劳动时间，有两个含义：一是每种商品的生产消耗的劳动时间是社会必要劳动时间；二是每个部门生产的商品总量消耗的劳动时间是社会必要劳动时间。"在私人劳动产品的偶然的不断变动的交换比例中，生产这些产品的社会必要劳动时间作为起调节作用的自然规律强制地为自己开辟道路，就像房屋倒在人的头上时重力定律强制地为自己开辟道路一样。"② 这个规律就是价值规律。"要使一个商品按照它的市场价值来出售，也就是说，按照它包含的社会必要劳动来出售，耗费在这种商品总量上的社会劳动的总量，就必须同这种商品的社会需要的量相适应，即同有支付能力的社会需要的量相适应。"③

---

① 马克思：《资本论》第1卷，人民出版社2004年版，第204页。
② 马克思：《资本论》第1卷，人民出版社2004年版，第92页。
③ 马克思：《资本论》第3卷，人民出版社2004年版，第214页。

第三是关于市场机制的话语。在马克思的理论中，市场机制是价值规律的作用机制。与计划调节不同，市场调节资源配置"只是在事后作为一种内在的、无声的自然必然性起着作用，这种自然必然性可以在市场价格的晴雨表的变动中觉察出来，并克服着商品生产者的无规则的任意行动"。"独立的商品生产者互相对立，他们不承认任何别的权威，只承认竞争的权威，只承认他们互相利益的压力加在他们身上的强制。"① 在这里，市场机制就包括了市场价格的晴雨表、竞争的权威对独立的商品生产者的影响。市场决定资源配置的基本条件和前提是充分竞争，具体表现在两个方面：一是"资本有更大的活动性，也就是说，更容易从一个部门和一个地点转移到另一个部门和另一个地点"。其前提：社会内部已有完全的贸易自由，消除了自然垄断以外的一切垄断。小农经营农业已被改造。二是"劳动力能够更迅速地从一个部门转移到另一个部门，从一个生产地点转移到另一个生产地点"。其前提：废除了妨碍劳动力流动的法律。工人抛弃了一切职业的偏见，对自己劳动的内容不关心。②

第四是关于信用和金融活动的话语。金融是现代经济的核心。在马克思那个时代，金融制度远没有现在这样发达。但在《资本论》中对信用和金融的论述还是为理解当今发达的金融体系奠定了基础。《资本论》关于金融的话语体系主要涉及两个方面。一方面从四个角度说明信用和金融的功能：一是从货币的职能尤其是支付手段和贮藏手段的职能来说明金融功能。二是从资本积聚的角度说明信用对资本集中的杠杆作用。信用制度的发展把大量分散的可供支配的资本集中起来。因此资本可以自由地在部门之间流动。三是从商业信用和银行信用的角度说明信用对社会再生产的扩展作用。由于信用的中介作用，信用制度可以使社会再生产的流通和政府突破时间和空间的限制，从而伸缩的再生产过程强化到极限。四是从信用形式上产生虚拟资本角度说明金融的扩张作用。一类是商业信用和银行信用使同一笔货币资本可以反复使用，同一些货币可以充当不知多少次存款的工具，同一货币能够执行多少次借贷资本的职能。另一类是债券、股票等证券形式在收入资本化形式上产生虚拟资本。就如马克思所说："人们把虚拟资本形成叫作资本化，人们把每一个有规则的会反复取得收入按利息率计算，把它算作是按这个利息率贷出的资本会提供的收入，这样就把这个收入资本化了。"③ 另一方面说明信用和金融所产生的市场和宏观问题。信用制度具有助长买空卖空和投机交易的功能。信用会成为生产过剩和商业过度投机的主要杠杆。在宏观经济

① 马克思：《资本论》第 1 卷，人民出版社 2004 年版，第 412 页。
② 马克思：《资本论》第 3 卷，人民出版社 2004 年版，第 218 页。
③ 马克思：《资本论》第 3 卷，人民出版社 2004 年版，第 528 页。

中，也就是在再生产过程的全部联系都是以信用为基础的生产制度中，信用与经济周期性波动密切相关。"只要信用突然停止，只有现金支付才有效，危机显然就会发生"①。而且经济危机的重要表现形式是货币危机。"在信用收缩或完全停止的紧迫时期，货币会突然作为唯一的支付手段和真正的价值存在，绝对的商品相对立。"② 货币危机就是不可避免的。

第五是关于虚拟经济和实体经济的话语。现代市场经济分析离不开对虚拟经济和实体经济相关性的分析。尤其是近年来发生的金融危机大都是由虚拟经济的过度膨胀造成的，因此，正确处理虚拟经济和实体经济的关系是中国特色社会主义经济学不可或缺的内容。马克思的《资本论》关于虚拟资本和现实资本的分析提供了分析虚拟经济和实体经济的话语。一是虚拟资本运行和现实资本运行的分离。这种分离有两个方面：一方面，在资本最低限额提高的条件下，达不到投入实体经济最低资本限额的资本往往会进入资本市场或信用渠道。一种情况是，"以信用形式交给大产业部门的指挥人去支配"；另一种情况是，"大量分散的小资本被迫走上冒险的道路：投机、信用欺诈、股票投机、危机。"③ 另一方面，证券所筹集的资本进入企业运行，形成现实资本的运行。但证券作为所有权证书存在，实际上代表对于未来收益的索取权，因此可以进入市场流通。"一方面它们的市场价值会随着它们有权索取的收益的大小和可靠程度而发生变化。"另一方面他们的"市场价值部分的有投机性质，因为它不是由现实的收入决定的，而是由预期得到的、预先计算的收入决定的。"④ 利息率变化、进入市场的证券数量、投机心理、虚假信息、操纵市场等等因素都会导致其市场价值远远脱离其现实资本的价值。二是证券市场实际上是投机性市场。在股份制中，由于财产是以股票的形式存在的，所以它的运动和转移纯粹变成了交易所赌博的结果。"在创立公司、发行股票和进行股票交易方面再生产出了一整套投机和欺诈活动。"⑤ "随着投机和信用事业的发展，它还开辟了千百个突然致富的源泉。"⑥ 三是虚拟资本投机过度就产生金融危机。《资本论》指出了证券买卖远远超过社会需要的限度，是信用和货币危机的基础，原因是在膨胀的虚拟资本中，"有惊人巨大的数额，代表那种现在已经败露和垮台的纯粹欺诈营业；其次，代表利用别人的资本进行的已告失败的投机；最后，还代表已经跌价或根本卖不出去的商品资本，

---

① 马克思：《资本论》第 3 卷，人民出版社 2004 年版，第 555 页。
② 马克思：《资本论》第 3 卷，人民出版社 2004 年版，第 584 页。
③ 马克思：《资本论》第 3 卷，人民出版社 2004 年版，第 279 页。
④ 马克思：《资本论》第 3 卷，人民出版社 2004 年版，第 530 页。
⑤ 马克思：《资本论》第 3 卷，人民出版社 2004 年版，第 497 页。
⑥ 马克思：《资本论》第 1 卷，人民出版社 2004 年版，第 651 页。

或者永远不会实现的资本回流。"① 马克思在 100 多年前揭示的这些问题在现代的虚拟经济领域中比比皆是，因此党中央提出了加强金融监管尤其是对虚拟资本市场加强监管的必要性。

党的十八届三中全会通过的全面深化改革的决定所指出的市场对资源配置起决定性作用的论断，以及与此相应的建设统一开放竞争有序的市场体系，建立公平开放透明的市场规则和改革市场监管体系，实行统一的市场监管等改革内容，都可以从以上《资本论》关于市场经济的一系列论述中得到科学的论证。

四、以生产关系和分配关系的话语体系说明社会主义初级阶段的分配制度

在马克思关于未来社会的话语体系中，社会主义社会的个人消费品分配只是实行按劳分配。而我国的改革实践中已经明确在社会主义初级阶段的分配制度是按劳分配为主体多种分配方式并存，尤其是从党的十四大起，与确认社会主义市场经济同步，提出允许属于个人的资本等生产要素参与收益分配。党的十六大提出，确立劳动、资本、技术和管理等生产要素按贡献参与分配的原则。十八届三中全会在坚持上述生产要素按贡献参与分配基础上，又提出了新的要求：各种生产要素的报酬由各自的生产要素市场决定。对此，有的学者认为，这种生产要素按贡献取得报酬的话语是源自西方经济学中的克拉克的边际生产力理论。研究马克思的《资本论》，可以发现，即使马克思当时预想的未来社会中只有按劳分配，没有其他分配方式，也不可否认现阶段的多种分配方式仍然属于《资本论》的话语体系。

首先是关于生产与分配相互关系的话语。《资本论》用专章考察分配关系和生产关系，明确指出"一定的分配关系只是历史地规定的生产关系的表现。"分配关系的历史性质就是生产关系的历史性质，"分配关系不过表现生产关系的一个方面"②。按此原理，既然社会主义初级阶段公有制为主体多种所有制经济共同发展的基本经济制度得到确认，按劳分配为主体多种分配方式并存的分配制度就是自然而然的了。

其次是关于要素分配是所有权实现的话语。凡是生产都需要劳动者与各种生产要素结合。马克思的劳动价值论认为，劳动是价值创造的唯一源泉，但"劳动

---

① 马克思：《资本论》第 3 卷，人民出版社 2004 年版，第 555 页。
② 马克思：《资本论》第 3 卷，人民出版社 2004 年版，第 998、1000 页。

并不是它所生产的使用价值即物质财富的唯一源泉，真像威廉·配第所说，劳动是财富之父，土地是财富之母。"① 参与生产的各种要素参与生产成果的分配的必要性是由要素的所有权决定的。所谓要素参与分配，实际上是要素所有权在经济上的实现，也就是新创造的价值在不同要素所有者之间的分配。"这个价值的一部分属于劳动力的所有者，另一部分属于或归于资本的所有者，第三部分属于或归于地产的所有者。因此，这就是分配的关系或形式，因为它们表示出新生产的总价值在不同生产要素的所有者之间进行分配的关系。"② 显然，工资、利息、地租分别是劳动力、资本和土地所有权在经济上的实现。这就同克拉克的要素的边际生产力理论有了原则的区别。在马克思的设想中，未来社会的生产资料公有，只有劳动力是劳动者所有的，其他要素如资金、劳动、技术、管理等都是公有的。相应的就只存在按劳分配。而在现实中的社会主义初级阶段，不仅是劳动力属于私人所有，而且资本、技术、管理等要素都属于不同的所有者（包括私人）所有。收入分配就是各种要素的所有权的实现。为了足够的动员各种要素投入经济发展过程并迸发出创造财富的活力，就要在收入分配体制上承认要素报酬。不仅要刺激劳动效率，还要刺激资本、技术、管理等要素所有者的各种要素的投入。其路径就是根据资本、劳动、资源、技术和管理等要素在生产过程中的投入和贡献取得相应的报酬。至于劳动与各种生产要素按贡献参与分配的路径，根据《资本论》的话语体系，可分配的部分为新创造价值（v + m），劳动要素的报酬为 v，其中不仅包括在生产现场的劳动者的报酬，也包括属于"总体工人"的管理者和技术人员的劳动报酬。非劳动生产要素则是参与 m 的分配，它们的贡献也主要在剩余产品的增加上。至于十八届三中全会所作出的要素报酬由各自的生产要素市场决定，出处也在《资本论》："利润分割为利息和本来意义的利润是由供求，从而由竞争来调节的，这完全和商品的市场价格是由它们来调节的一样。"③ 经理的薪金，"同任何别种劳动的价格一样，是在劳动市场上调节的。"④

最后是关于按劳分配和劳动报酬的话语。社会主义初级阶段的按劳分配与马克思的设想一致性在于劳动还是谋生手段，多劳多得，少劳少得。但按劳分配的现实方式和环境与马克思设想有一定的距离，最为突出的是，在市场经济条件下，分配还要采取货币形式，而不是发劳动券，同时还存在多种非劳动生产要素参与收入分配。这种状况在许多方面与《资本论》的分析非常接近。相应的

---

① 马克思：《资本论》第 1 卷，人民出版社 2004 年版，第 57 页。
② 马克思：《资本论》第 3 卷，人民出版社 2004 年版，第 993 页。
③ 马克思：《资本论》第 3 卷，人民出版社 2004 年版，第 398 页。
④ 马克思：《资本论》第 3 卷，人民出版社 2004 年版，第 495 页。

《资本论》中关于收入分配的话语可以用于现实的按劳分配分析。一是按劳分配所采取的货币工资形式有两种：一种是计时工资；另一种是计件工资。两者相比，计件工资可以提供十分确定的计算劳动强度的尺度，因此，马克思指出："既然劳动的质量和强度是由工资形式本身来控制的，那么对劳动的监督大部分就成为多余的了。"① 我国现实中的承包制就是这种思想的体现。二是工资水平的决定因素。在多种非劳动生产要素参与收入分配的条件下，如何保证按劳分配为主体，如何保证劳动报酬的必要增长。马克思关于劳动力价值的分析尽管是对资本主义分配而言的，但抽去其生产关系，作为必要劳动（必要产品）的内涵对社会主义初级阶段的收入分配还是有重要指导意义的。马克思在比较国民工资时所指出的，决定工资水平的必要劳动因素包括："自然的和历史的发展起来的首要的生活必需品的价格和范围，工人的教育费用、妇女劳动和儿童劳动的作用，劳动生产率，劳动的外延量和内涵量。"② 很显然，随着社会的进步劳动报酬有增长的趋势。三是复杂劳动创造的价值多倍于简单劳动，因此其劳动报酬也高于简单劳动。马克思不仅承认这种差别，还要求适应大工业的技术基础，加强对劳动者及其子女的教育而成为"全面发展的个人"。③ 这也是我国现阶段解决现实中由劳动者的技术和受教育程度差别所产生的分配的不公平问题的重要路径。

五、以发展生产力和扩大再生产的话语体系说明新阶段的经济发展

经济发展就是发展生产力。人们一般认为马克思主义经济学是研究生产关系的，即使研究生产力也主要是指生产关系适应生产力水平，通过调整生产关系来适应和促进生产力发展。因此讲到社会主义初级阶段的经济发展，话语体系只能来自西方发展经济学。实际上，马克思关于生产力和生产关系的分析，既有生产关系的内容，又有生产力的内容，尤其是在《资本论》中揭示的资本主义生产关系同生产力的矛盾所包含的社会生产力发展的话语体系可以成为社会主义初级阶段经济发展理论的基础。

首先是关于社会生产力的话语。对于经济增长要素，西方经济学以经济增长模型来说明，马克思所指出的生产力要素更为全面。马克思在《资本论》中指出了决定劳动生产力的要素包括："工人的平均熟练程度，科学的发展水平和它在

① 马克思：《资本论》第 1 卷，人民出版社 2004 年版，第 636 页。
② 马克思：《资本论》第 1 卷，人民出版社 2004 年版，第 644 页。
③ 马克思：《资本论》第 1 卷，人民出版社 2004 年版，第 561 页。

工艺上应用的程度，生产过程的社会结合，生产资料的规模和效能，以及自然条件。"① 基于此，他将社会生产力发展的来源概括为三个方面："归结于发挥着作用的劳动的社会性质，归结为社会内部的分工，归结为脑力劳动特别是自然科学的发展"②。马克思《资本论》从简单协作到工场手工业分工再到机器大工业，对每一种生产方式都进行了细致的包含技术层面和社会分工层面的分析。所有关于生产力要素和生产力发展来源的话语可以成为当今发展经济的话语的基础。近年来经济发展理论的重大进展是，明确科学技术是第一生产力，人才是第一资源。这些提法都是有马克思主义经济学的话语基础的。

其次是关于经济发展方式的话语。马克思在《资本论》中所明确区分的扩大再生产的两种方式就是对经济发展方式的最早区分。一种区分是外延的扩大再生产和内涵的扩大再生产之分。"如果生产场所扩大了，就是在外延上扩大；如果生产资料效率提高了，就是在内涵上扩大。"③ 另一种区分是将农业中的耕作方法区分为粗放经营和集约化耕作两种："一个家庭可以粗放耕作比如100英亩，每英亩的产量虽然不大，但100英亩将提供相对多的剩余产品。"而集约型耕作，"无非是指资本集中在同一块土地上，而不是分散在若干毗连的土地上。"④ 现在的经济发展方式的内涵比马克思当时的区分和规定更为丰富和广泛，但对现阶段经济发展方式的研究与当时《资本论》的话语仍然有着明显的延续性。

第三是关于创新发展的话语。在当前的经济新常态下，经济发展需要转向创新驱动，其中科技创新起着引领作用。对创新的话语，人们一般归功于熊彼特，其实最早的创新思想可追溯到马克思的《资本论》。⑤ 一是关于管理和制度创新的话语。包括协作所产生的生产力及相应的管理，工场手工业分工所产生的生产力及社会分工。二是关于科技创新的话语。《资本论》中多处提到"智力劳动特别是自然科学的发展"是生产力发展的重要来源。主要涉及以下方面：首先是科学技术对生产力的决定作用。劳动生产力的决定要素中包含科学的发展水平和它在工艺上应用的程度。大工业的基础是革命的，表现为，"科学日益被自觉地应用于技术方面"⑥。在机器生产中，每个分工环节"由力学、化学等等在技术上

---

① 马克思：《资本论》第1卷，人民出版社2004年版，第53页。理论界对生产力要素有两要素和三要素之说，卫兴华教授不认同，他认为生产力要素应该用这里引用的劳动生产力的内容。

② 马克思：《资本论》第3卷，人民出版社2004年版，第96页。

③ 马克思：《资本论》第2卷，人民出版社2004年版，第192页。

④ 马克思：《资本论》第3卷，人民出版社2004年版，第756、760页。

⑤ 弗里曼（C. Freeman）在解释"创新"词条时，明确指出："马克思（1848年）恐怕领先于其他任何一位经济学家把技术创新看作经济发展与竞争的推动力。"《新帕尔格雷夫经济学大辞典》第2册，经济科学出版社1996年版，第925页。

⑥ 马克思：《资本论》第1卷，人民出版社2004年版，第874页。

的应用来解决。"三是科技创新及应用科技创新成果需要足够的投入。制度创新，如"由协作和分工产生的生产力，不费资本分文。它是社会劳动的自然力。"可是，科技创新，"正像人呼吸需要肺一样，人要在生产上消费自然力，就需要一种人的手的创造物。要利用水的动力，就要有水车，要利用蒸气的压力，就要有蒸汽机。利用自然力是如此，利用科学也是如此。电流作用范围内的磁针偏离规律，或电流绕铁通过而使铁磁化的规律一经发现，就不费分文了。但要在电报等方面利用这些规律，就需要有极昂贵的和复杂的设备。"①

第四是关于协调发展的话语体系。协调发展是新常态下经济发展的新理念。其中的重要方面结构协调。马克思的社会再生产理论可以归结为协调发展理论。社会再生产的中心问题是社会总产品的市场实现问题，涉及各个部门的比例关系。两大部类平衡理论就是要求部门之间在全面协调的基础上实现按比例发展。针对资本主义条件下社会再生产比例失调所产生周期性经济危机必然性，马克思提出了集体理性和共同控制的话语。这就是"在资本主义生产内部，各个生产部门之间的平衡表现为由不平衡形成的一个不断的过程，因为在这里，全部生产联系是作为盲目的规律强加于生产当事人，而不是作为由他们的集体的理性所把握，从而使这种理性支配的规律来使生产过程服从于他们共同的控制。"② 这句话倒过来，就是说，自觉实现各个生产部门的平衡，需要集体理性的规律来使生产过程服从于共同的控制。因此，在未来社会中，"社会必须预先计算好，能把多少劳动、生产资料和生活资料用在这样一些产业部门而不致受任何损害，这些部门，如铁路建设，在一年或一年以上的较长时间内不提供任何生产资料和生活资料，不提供任何有用效果，但会从全年总生产中取走劳动、生产资料和生活资料。"③ 后来建立的社会主义社会普遍试图通过计划经济来实现这个要求，付出了效率低下的代价。现在由计划经济转向市场经济，不意味着放弃各个部门按比例发展的要求，而是需要解决在市场经济背景下实现全面协调发展的新路径。这正是马克思主义经济学中国化的重要课题。

第五是关于绿色发展的话语。绿色发展就是要求建立资源节约型和环境友好型社会，涉及人和自然的和谐。马克思从经济上将外界自然条件分为两大类：一类是生活资料的自然富源，例如土壤的肥力、鱼产丰富的水，等等；另一类是劳动资料的自然富源，如奔腾的瀑布、可以航行的河流、森林、金属、煤炭，等等。这两类自然富源在不同的发展阶段上起着不同的决定性作用。"在文化初期，

---

① 马克思：《资本论》第 1 卷，人民出版社 2004 年版，第 444 页。
② 马克思：《资本论》第 3 卷，人民出版社 2004 年版，第 286 页。
③ 马克思：《资本论》第 2 卷，人民出版社 2004 年版，第 349 页。

第一类自然富源具有决定性的意义；在较高的发展阶段，第二类自然富源具有决定性的意义。"① 这也可以解释处于不同发展阶段的地区差别的自然条件原因。在其他条件不变的情况下，"剩余劳动量随劳动的自然条件，特别是随土壤的肥力而变化。"② 但是，自然资源的"丰饶度往往随着社会条件所决定的生产率的提高而相应地减低。……例如，我们只要想一想决定大部分原料产量的季节的影响，森林、煤矿、铁矿的枯竭等等，就明白了。"③ 马克思批判资本主义农业的任何进步，"都不过是掠夺劳动者的技巧的进步，而且是掠夺土地的技巧的进步，在一定时期内提高土地肥力的任何进步，同时也是破坏土地肥力持久源泉的进步"④。马克思在人和自然的关系上使用了人支配自然的概念，其内涵涉及三个方面：一是适应自然。自然条件的差异性和它的自然产品的多样性，形成社会分工的自然基础，并且通过人所处自然环境的变化，促使他们自己的需要、能力、劳动资料和劳动方式趋于多样化。二是控制自然。"社会地控制自然力，从而节约地利用自然力，用人力兴建大规模的工程以便占有或驯服自然力。——这种必要性在产业史上起着最有决定性的作用。"⑤ 三是依靠科学实现循环经济。"化学的每一个进步不仅增加有用物质的数量和已知物质的用途，从而随着资本的增长扩大投资领域。同时，它还教人们把生产过程和消费过程中的废料投回到再生产过程的循环中去，从而无须预先支出资本，就能创造新的资本材料。"⑥ 虽然马克思在关于人和自然关系的分析中较为突出人的作用，但他在这里关于人与自然的经济分析的话语对我们今天研究可持续发展是有重要价值的。

第六是关于共享发展的话语。可以从《资本论》对资本主义生产方式的批判中得到人民群众共享发展成果的思想和话语。涉及为什么而发展，以什么为发展动力。资本主义产生经济危机的直接原因是生产和消费的矛盾，根本原因还在于其生产目的不是为了人民。"因为资本的目的不是满足需要，而是生产利润，因为资本达到这个目的所用的方法，是按照生产的规模来决定生产量，而不是相反，所以，在立足于资本主义基础的有限的消费范围和不断地力图突破自己固有的这种限制的生产之间，必然会不断发生冲突。"⑦ 这里不仅指出了生产目的问题，还提出了消费力概念。在资本主义条件下，社会消费力"取决于以对抗性的

① 马克思：《资本论》第1卷，人民出版社2004年版，第586页。
② 马克思：《资本论》第1卷，人民出版社2004年版，第587页。
③ 马克思：《资本论》第3卷，人民出版社2004年版，第289页。
④ 马克思：《资本论》第1卷，人民出版社1975年版，第553页。
⑤ 马克思：《资本论》第1卷，人民出版社2004年版，第587~588页。
⑥ 马克思：《资本论》第1卷，人民出版社2004年版，第698~699页。
⑦ 马克思：《资本论》第3卷，人民出版社2004年版，第285页。

分配关系为基础的消费力；这种分配关系，使社会上大多数人的消费缩小到只能在相当狭小的界限以内变动的最低限度。其次，这个消费力还受到追求积累的欲望扩大资本和扩大剩余价值生产规模的欲望的限制"。因此，"生产力越发展，它就越和消费关系的狭隘基础发生冲突"。① 其结果是爆发生产过剩的危机。《资本论》的这些论述反过来就是要求社会主义条件下的经济发展目的是满足人民群众日益增长的物质和文化需要，既要从根本上改变对抗性分配制度，又要克服"为生产而生产"和片面追求高积累的发展理念。同时也表明，消费拉动经济增长，消费力同生产力概念同等重要。共享发展提高人民群众的消费力，本身就是经济发展的动力源泉。

当然，中国特色社会主义经济的实践比当年马克思创作《资本论》的时代更为丰富多彩。中国特色社会主义经济学作为其理论概括的话语体系必然有许多创新和创造。这些创新的理论和话语不是凭空臆造的，而是基于马克思主义经济学的基本原理和分析工具，结合当代中国社会主义经济发展的实践所形成的科学认识，既有马克思主义经济学的基本理论支撑，又能准确地反映客观现实，还同马克思主义经济学所指明的发展方向一致。正因为如此，保持了马克思主义经济学在我国经济改革和经济建设领域的指导思想的理论基础地位。

主要参考文献：

1. 习近平：关于《中共中央关于制定国民经济和社会发展第十三个五年规划的建议》的说明。

2. 马克思：《资本论》第 1～4 卷，人民出版社 2004 年版。

3. 洪银兴：《资本论的现代解析（修订版）》，经济科学出版社 2011 年版。

（原载于《经济学家》2016 年第 1 期）

---

① 马克思：《资本论》第 3 卷，人民出版社 2004 年版，第 273 页。

社会主义经济理论经典著作导读

提要

　　中国特色社会主义理论体系与马克思主义经典理论之间存在渊源关系。科学的社会主义经济理论的创立大致上可分为三个阶段：社会主义经济的基本思想形成阶段，社会主义经济的理论体系的创立阶段和社会主义经济理论的完善阶段。《资本论》在揭示资本主义历史命运的同时，对未来社会的经济特征和经济运行作了一系列科学的预见。《哥达纲领批判》和《反杜林论》进一步阐发了马克思主义的经济理论。列宁在直接领导俄国无产阶级革命和向社会主义过渡的实践中发展了马克思主义政治经济学。《帝国主义是资本主义最高阶段》一书。全面揭示了资本主义发展到帝国主义阶段的基本特征。列宁在十月革命胜利以后发表的著作，创立了完整系统的向社会主义社会过渡的经济理论，丰富和发展了马克思、恩格斯关于社会主义经济的学说。斯大林领导了苏联的社会主义工业化和农业的社会主义改造。在实践的基础上斯大林又亲自主持编写苏联版的政治经济学教科书，试图将其领导建立的苏联社会主义经济体制模式和建设道路理论化。所有这些探索在一定程度上推动了马克思主义政治经济学在社会主义社会最初实践条件下的发展。以毛泽东为核心的中国共产党中央领导集体领导中国人民夺取了新民主主义革命的胜利，建立了社会主义制度。在这个过程中产生的毛泽东思想是马克思列宁主义的基本原理同中国革命实际结合的产物。毛泽东思想提供在半殖民地半封建条件下推翻旧社会并向社会主义社会过渡的政治经济学。其主要贡献在两个方面，一是在半殖民地半封建的中国向社会主义过渡的经济理论，二是对社会主义经济建设的最初探索。从1978年党的十一届三中全会召开起中国开始了改革开放大业，也就走上了发展中国特色社会主义的道路。伟大的实践活动，必然产生伟大的理论创新。伴随着改革开放和社会主义现代化建设的深入，产生的邓小平理论、"三个代表"重要思想、科学发展观是马克思主义中国化的重大理论成果，也是指引中国特色社会主义伟大实践的指导思想。

　　社会主义经历了由空想到科学的发展，又经历了从社会主义运动到社会主义实践的发展。现在社会主义还在实践和发展中。因此，学习中国特色社会主义经济理论，不仅要了解马克思主义经典作家对社会主义经济的最初设想，还要了解马克思主义的社会主义理论的发展脉络。当代坚持和发展马克思主义重要方面是推进马克思主义的中国化时代化和大众化。中国特色的社会主义理论体系就是其理论成果。根据这个思路，解读马克思、恩格斯、列宁、斯大林和毛泽东等经典作家关于社会主义经济的经典选文，可发现中国特色社会主义理论体系与马克思主义经典作家之间的渊源关系和创新，表明中国特色社会主义理论是马克思主义的社会主义经济理论宝库中的重要组成部分。

一、社会主义经济的科学预见

科学的社会主义经济理论是无产阶级革命导师马克思和恩格斯在领导国际共产主义运动中，运用历史唯物主义的基本观点，深入地剖析社会经济（尤其是资本主义经济）的历史发展规律、科学地预见人类发展的必然趋势，并严厉地批判各种貌似社会主义理论的基础上创立的。为了创立科学社会主义理论，马克思和恩格斯呕心沥血、奉献了自己的毕生精力。

科学的社会主义经济理论的创立历时半个多世纪，大致上可分为三个阶段：社会主义经济的基本思想形成阶段、社会主义经济的理论体系的创立阶段和社会主义经济理论的完善阶段。

19世纪40年代，是社会主义经济的基本思想的形成时期。在短短的数年内，马克思把自己的研究领域从哲学转向了经济学、从思辨王国转向了现实革命运动，取得了一系列具有划时代意义的研究成果。1843～1844年，马克思先后发表了《论犹太人问题》、《〈黑格尔法哲学批判〉导言》等论文，恩格斯先后发表了《政治经济学批判大纲》和有关英国状况的论文，它们标志着马克思和恩格斯最终完成了从唯心主义向唯物主义、从革命民主主义向共产主义的转变。在这些论文和随后写作的《关于费尔巴哈的提纲》、《德意志意识形态》等论著中，马克思和恩格斯深刻地指出：革命者的任务并不只在于解释世界，更重要的还在于改变世界。在认识世界中必须充分注意："一定的生产方式或一定的工业阶段始终是与一定的共同活动的方式或一定的社会阶段联系着的，而这种共同活动方式本身就是'生产力'；由此可见，人们所达到的生产力的总和决定着社会状况，因而，始终必须把'人类的历史'同工业和交换的历史联系起来研究和探讨。"① 在改造世界中必须充分注意，无产阶级革命是解放人类的事业，"这个解放的头

---

① 《马克思恩格斯选集》第1卷，人民出版社1972年版，第34页。

脑是哲学，它的心脏是无产阶级。"① 因此，必须将革命的理论与革命的实践结合。由此出发，马克思、恩格斯得出了共产主义的基本任务是消灭私有制的最初思想。马克思、恩格斯深刻地指出："共产主义和所有过去的运动不同的地方在于：它推翻了一切旧的生产关系和交换关系的基础，并且破天荒第一次自觉地把一切自发产生的前提看作是先前世世代代的创造，消灭这些前提的自发性，使它们受联合起来的个人的支配。因此，建立共产主义实质上具有经济的性质，这就是为这种联合创造各种物质条件，把现存的条件变成联合的条件。"② 简言之，共产主义就是要实现"联合起来的个人对全部生产力总和的占有，消灭着私有制。"③ 阶级对立和阶级斗争，城乡分离，脑力劳动和体力劳动的分离，等等，是社会经济关系在一定发展阶段上的必然产物，不是人的观念的产物；同样，它们也将随着社会经济关系的进一步发展而被消灭，基本条件是消灭私有制和改变个人屈从于分工的状况。马克思的《1844 年经济学—哲学手稿》阐述了他最早的经济学思想。他在揭示未来社会发展的趋势时指出，真正的共产主义是废除私有制的高级形式。"要消灭私有财产的思想，有共产主义思想就完全够了。而要消灭现实的私有财产，则必须有现实的共产主义运动。"④

19 世纪 40 年代末至 70 年代初，是科学的社会主义经济的系统理论创立时期。在这 20 多年时间内，马克思运用历史唯物主义理论，深入地解剖了资本主义经济机体，揭示了资本主义产生、发展与灭亡的规律和社会主义战胜资本主义的客观必然性。

1848 年，为了领导国际共产主义运动，统一各国共产党人的认识，马克思、恩格斯系统地总结了工人运动的经验和理论研究的成果，公开地说明了共产党人的观点、目的和意图，发表了《共产党宣言》这一纲领性文献。在《共产党宣言》中，马克思、恩格斯精辟地指出，自有文字记载以来的社会历史都是阶级斗争的历史。在资本主义社会中，它直接表现为资产阶级和无产阶级的斗争。资本主义代替封建主义是生产方式和交换方式的一系列变革的必然产物。资产阶级在历史上曾起过非常革命的作用，它打碎了封建等级关系、斩断了束缚人们的种种封建羁绊、用开拓进取的行为机制取代了封建的懒散怠惰的行为机制，从而，在短短的时间内创造了巨大的生产力。但是，资本主义制度也将在生产力的进一步发展中走向灭亡。实现这种变革的社会力量就是无产阶级。无产阶级革命只有经过共产党的领导才能取得胜利。共产党人的根本任务在于消灭私有制、解放全人

---

① 《马克思恩格斯选集》第 1 卷，人民出版社 1972 年版，第 15 页。
② 《马克思恩格斯选集》第 1 卷，人民出版社 1972 年版，第 77～78 页。
③④ 《马克思恩格斯选集》第 1 卷，人民出版社 1972 年版，第 75 页。

类。《共产党宣言》的发表标志着马克思主义的诞生，也标志着科学的社会主义经济的基本思想的形成。

《政治经济学批判1857～1858年手稿》是后来出版的《资本论》的初稿。在这本论著中，马克思首次对唯物主义历史观作了系统完整的精辟概括。马克思批判地继承了英国古典政治经济学的劳动价值论，对商品货币关系进行认真系统的分析，在经济学史上第一次明确指出，经济关系不是物与物的关系，而是在物的外壳掩盖下的人与人的关系。在这本著作中，马克思第一次提出在资本主义社会内部创造巨大的生产力和剩余劳动是消灭资本主义经济建立共产主义生产方式的物质基础的理论。马克思还第一次提出时间节约规律。时间节约规律在商品经济中表现为价值规律，而在消灭了商品经济的共产主义社会中时间节约规律仍然是生产的调节者。"时间的节约，以及劳动时间在不同生产部门之间有计划的分配，在共同生产的基础上仍然是首要的经济规律。"[1] 在这本著作中，马克思第一次提出了科学是生产力，并且指出了科学转化为直接生产力的趋势：随着资本主义生产的扩展，"科学因素第一次被有意识地和广泛地加以发展，应用并体现在生活中，其规模是以往的时代根本想象不到的"[2]。

1867年，《资本论》第1卷出版，标志着科学社会主义经济理论已作为一个完整的系统而形成。在《资本论》第1卷和以后由恩格斯整理发表的《资本论》第2卷、第3卷中，马克思提出了劳动两重性学说，创立了科学的劳动价值论和剩余价值理论。在此基础上，马克思首次区分了劳动和劳动力，深入研究了资本主义生产过程的两重性，揭露了剩余价值生产的秘密，精辟地指出："生产剩余价值或赚钱，是这个生产方式的绝对规律"[3]；为剩余价值规律和竞争规律所决定，资本家必然要进行资本积累，资本积累的实质是资本家的财富和无产阶级贫困两极的积累。无产阶级夺取政权后剥夺资本家的财产不过是收回曾经被资产阶级无偿剥夺去的财富而已。马克思深刻分析了资本主义经济运行的内在矛盾性，尖锐地指出，生产的社会化与生产资料的资本主义私人占有制之间的矛盾是资本主义生产方式的根本矛盾，为这一矛盾所决定，在资本主义经济运行中，必然要发生单个企业有组织、有计划生产和整个社会生产无政府状态的矛盾、生产的无限扩大趋势和有支付能力的需求相对狭小的矛盾、资本的相对过剩和人口的相对过剩的矛盾，等等。尽管在资本主义生产关系允许的范围内资产阶级也可能采取某些措施来暂时地缓和这些矛盾，但他们不可能消除这些矛盾，这样，在资本主

---

[1] 《马克思恩格斯全集》第46卷上，人民出版社1979年版，第120页。
[2] 《马克思恩格斯文集》第8卷，人民出版社2009年版，第358～359页。
[3] 马克思：《资本论》第1卷，人民出版社2004年版，第679页。

义经济发展中，随着各种矛盾的加深，"生产资料的集中和劳动的社会化，达到了同它们的资本主义外壳不能相容的地步。这个外壳就要炸毁了。资本主义私有制的丧钟就要响了。剥夺者就要被剥夺了。"①

在揭示资本主义历史命运的同时，马克思对未来社会的经济特征和经济运行也作了一系列科学的预见。《资本论》所阐述的社会主义经济理论，概括起来有以下方面：首先，未来社会是一个自由人联合体，每个成员不再彼此孤立分散，而是在社会性结合中成为真正的自由人，生产资料归联合起来的每个社会成员共同占有，因而是"在协作和对土地及靠劳动本身生产的生产资料的共同占有的基础上，重新建立个人所有制。"② 其次，社会可以自觉地有意识地运用各种经济规律和经济机制来调节各方面的关系。社会可以通过有计划地分配劳动时间来调节各种劳动职能同各种需要之间的比例关系，通过对劳动时间的计量来进行个人消费品的分配；另一方面，劳动时间的节约又是缩短工作日、增加自由时间、使每个社会成员能够全面发展自己的自由个性的必要条件。第三，自由不在于摆脱必然、凭主观偏好行事，只在于自觉地运用必然来达到自己的目的，"自由王国只有建立在必然王国的基础上，才能繁荣起来。"③ 这就是尊重并自觉利用客观经济规律。第四，《资本论》论的是资本，由于它面对的是市场经济，因此从一定意义上说，论的是市场经济，《资本论》可以说是市场经济论。《资本论》没有直接使用市场经济的概念，但马克思在其中对商品经济、价值规律和市场调节的分析则构成其对市场经济的完整规定。第五，社会主义替代资本主义必然性在于其物质基础："这需要有一定的社会物质基础或一系列物质生存条件，而这些本身又是长期的、痛苦的历史发展的自然产物。"④ 马克思当时就发现相对落后的国家，"不仅苦于资本主义生产的发展，而且苦于资本主义生产的不发展。除了现代的灾难而外，压迫着我们的还有许多遗留下来的灾难，这些灾难的产生，是由于古老的陈旧的生产方式以及伴随着它们的过时的社会关系和政治关系还在苟延残喘。"⑤

19 世纪 70 年代以后，科学社会主义经济理论进一步发展完善。在这一时期，马克思和恩格斯把大量的精力投入到指导国际共产主义运动的实践，在与形形色色"社会主义"思潮进行坚决斗争中系统地阐述了对未来社会经济关系的科学预

---

① 马克思：《资本论》第 1 卷，人民出版社 2004 年版，第 831～832 页。
② 马克思：《资本论》第 1 卷，人民出版社 2004 年版，第 832 页。
③ 马克思：《资本论》第 3 卷，人民出版社 2004 年版，第 927 页。
④ 马克思：《资本论》第 1 卷，人民出版社 2004 年版，第 97 页。
⑤ 马克思：《资本论》第 1 卷，人民出版社 2004 年版，第 11 页。

见。1875 年，为了指导德国的工人运动、纠正德国社会民主党的理论错误，马克思写下了《哥达纲领批判》一文。在这部经典性著作中，马克思明确地阐述了下列理论：第一，共产主义社会的发展也有两个阶段——低级阶段和高级阶段，低级阶段即社会主义社会。第二，在共产主义的低级阶段，为社会经济结构以及由经济结构所制约的社会文化发展的特点所决定，个人消费品的分配只能实行"各尽所能、按劳分配。"只有在共产主义的高级阶段才能实现"各尽所能、按需分配"。第三，按劳分配并不意味着要把生产者所创造的一切产品以个人消费品的形式全部分配给个人。在进行个人消费品分配之前，必须进行必要的扣除，以保证社会的再生产和其他方面的公共需要。

　　1876～1878 年，为了回击杜林对马克思主义的攻击、纠正德国社会民主党内的思想混乱，恩格斯写下了《反杜林论》。在这部经典性著作中，恩格斯从哲学、政治经济学和科学社会主义三个方面全面系统地批驳了杜林对马克思主义的歪曲和攻击，进一步阐发了马克思主义的经济理论。首先，恩格斯运用历史唯物主义的基本理论，系统地论证了社会主义代替资本主义是社会历史发展的必然结果；其次，恩格斯全面论证了社会主义条件下实行计划调节的客观必然性，提出了实行计划调节所应具备的经济条件，系统地描述了运用计划机制调节经济活动的过程；再次，恩格斯严厉批判了杜林的"全部劳动所得"的观点，他指出，一旦全部产品都分配给个人，社会的最重要的进步职能即积累就被剥夺了，这样，公有制将被瓦解，社会主义将名存实亡。最后，恩格斯指出："价值是生产费用对效用的关系。价值首先是用来解决某种物品是否应该生产的问题，即这种物品的效用是否能抵偿生产费用的问题。只有在这个问题解决之后才谈得上运用价值来进行交换的问题。如果两种物品的生产费用相等，那么效用就是确定它们的比较价值的决定性因素。"[①] 在私有制经济中，价值不仅要解决生产问题，还要解决交换问题。"而在私有制消灭之后，就无须再谈现在这样的交换了。到那个时候，价值这个概念实际上就会愈来愈只用于解决生产的问题，而这也是它真正的活动范围。"[②] 这意味着，在未来社会中，价值还要用于解决生产问题，即社会劳动的按必要的比例在各个生产部门分配问题。

　　随着国际共产主义运动的深入发展，如何解决好工人与农民的关系成为共产党人在理论上必须予以回答的重大问题。为了指导法德两国共产党的实践，恩格斯于 1894 年写下了《法德农民问题》一文。在这部经典著作中，恩格斯系统地

---

①　《马克思恩格斯全集》第 1 卷，人民出版社 1956 年版，第 605 页。
②　《马克思恩格斯全集》第 1 卷，人民出版社 1965 年版，第 605 页。

阐述了马克思主义在农民问题上的立场、原则和策略，明确提出："我们对于小农的任务，首先是把他们的私人生产和私人占有变为合作社的生产和占有，但不是采用暴力，而是通过示范和为此提供社会帮助。"①

马克思、恩格斯生活于资本主义的自由竞争时代和自由竞争向垄断竞争转变的时代。他们虽然对未来社会的主要经济关系作了科学的预见，但受具体的历史条件的限制，这些预见不可能是十分详尽周密，只能是粗线条的、框架性的。在批评空想社会主义者的错误时，马克思、恩格斯明确说过，在经济关系尚不存在或尚不发达的条件下，过于详尽地设想未来社会的经济运行态势，只能陷入纯粹的幻想。从这个意义上说，要实现马克思、恩格斯的设想，有赖于在社会主义运动的实践中，用新的实践经验去丰富和发展理论。

二、向社会主义社会过渡的经济理论

19 世纪末 20 世纪初，资本主义进入帝国主义和无产阶级革命阶段，列宁在直接领导俄国无产阶级革命和向社会主义过渡的实践中发展了马克思主义政治经济学。其历史贡献就如毛泽东所说："马克思不能在自由资本主义时代就预先具体地认识帝国主义时代的某些特异的规律，因为帝国主义这个资本主义最后阶段还未到来，还无这种实践，只有列宁和斯大林才能担当此项任务"②。

列宁 1916 年发表的《帝国主义是资本主义最高阶段》一书。全面揭示了资本主义发展到帝国主义阶段的基本特征。他科学地发现了，"帝国主义这一高度发达的、成熟的而且过度成熟的最新资本主义关系体系的基本特征和趋势"③。垄断资本主义的五大特征表现为：生产和资本的集中必然走向垄断，垄断组织成为经济生活的基础；银行作用急剧加强，并与工业资本融合而形成金融资本，金融寡头在经济、政治上建立起统治地位；资本输出有了特别重要的意义；瓜分世界的资本家国际垄断同盟已经形成；国际垄断同盟（列强）经济上分割世界已经完毕。在该书中，列宁科学地揭示了帝国主义的历史趋势。首先，垄断资本主义在五大特征基础上，加剧了社会经济矛盾：垄断必然产生腐朽和停滞；金融资本和金融寡头的产生意味着资本更为集中，导致与生产的社会化更为尖锐的矛盾；资本输出和列强分割世界完毕，不可避免产生重新分割世界的矛盾，不仅导致帝国主义国家与殖民地之间的矛盾，也导致帝国主义列强之间的矛盾。其次，资本

---

① 《马克思恩格斯选集》第 4 卷，人民出版社 1972 年版，第 310 页。
② 《毛泽东著作选读》上册，人民出版社 1986 年版，第 125 页。
③ 《列宁全集》第 27 卷，人民出版社 1990 年版，第 141 页。

主义发展到垄断阶段，特别是国家垄断阶段，生产社会化程度更高，资本更为集中，因此国家垄断资本主义是社会主义的"入口"和"阶梯"，为社会主义准备了物质基础，帝国主义是资本主义的最高阶段。第三，列宁揭示了"经济和政治发展的不平衡是资本主义的绝对规律。由此就应得出结论：社会主义可能首先在少数甚至在单独一个资本主义国家内获得胜利。"①

列宁1917年8~9月写成的名著《国家与革命》把由资本主义到共产主义的历史发展过程分为三个阶段：第一阶段是从资本主义向共产主义的过渡阶段；在这个过渡时期，无产阶级专政的任务除了把民主大规模地扩大，使民主第一次成为供穷人享受、供人民享受而不是供富人享受的民主之外，还要对压迫者、剥削者实行镇压。第二阶段是共产主义社会的第一阶段，即低级阶段。在这一阶段上，生产资料已经不是个人的私有财产，它已归整个社会所有。社会的每个成员都完成社会所必需的某一部分劳动，并从社会方面领得一张证书，证明他完成了多少劳动量。根据这张证书，他从消费品的社会储存中领取相当数量的产品。这样，除去作为社会基金的一部分劳动之外，每个劳动者从社会方面领取的，也就相当于他对社会所做出的贡献。第三阶段即共产主义的高级阶段。在这个阶段上，生产力会随着个人的全面发展而增长起来，社会财富也会充分地涌流出来，这时，人们才可能完全超出资产阶级权利的狭隘眼界，做到各尽所能，按需分配，即到那个时候，人们已经十分习惯于遵守公共生活的基本规则，劳动生产率已经大大提高，每个人都自愿地尽其所能来工作的时候，国家才会完全消亡。列宁在这里特别指出，社会主义社会所能达到的平等还只是生产资料占有上的平等，即使是按劳分配这种平等权利也还存在事实上的不平等。"这个社会最初只能消灭私人占有生产资料这一'不公平'现象，却不能立即消灭另一个现象：'按劳动'（而不是按需要）分配消费品。""一旦社会全体成员在占有生产资料方面的平等即劳动平等、工资平等实现以后，在人类面前不可避免地立即就会产生一个问题：要更进一步，从形式平等进到事实上的平等，即实现'各尽所能，按需分配'的原则。"②

1917年，列宁领导了伟大的十月社会主义革命，并取得胜利。从此，俄国开始了从资本主义向社会主义社会过渡的时期。列宁亲自领导了无产阶级夺取政权后向社会主义社会过渡的实践。整个过渡时期就如列宁所说，是衰亡着的资本主义和生长着的共产主义激烈斗争的时期，同时也是无产阶级及其政党勇于实

---

① 《列宁全集》第26卷，人民出版社1988年版，第367页。
② 《列宁专题文集》（论社会主义），人民出版社2009年版，第33、39页。

践，积极进行政治和经济理论的创新时期。在短短的 8 年中，列宁对过渡时期的国家，经济结构与阶级斗争，经济计划与管理，商品与货币关系，小农经济的改造等重要问题进行了崭新的理论概括，形成了系统完整的过渡时期的经济理论。在《苏维埃政权当前任务》等著作中提出了如下思想：首先，社会主义经济基础的形成必须通过大力发展生产力和不断提高劳动生产率来实现。社会主义最终战胜资本主义的条件是其生产力水平超过资本主义。其次，资本主义向社会主义有直接过渡和间接过渡两条途径：所谓直接过渡是指以西欧、北美发达的资本主义向社会主义过渡的方式，即直线模式。间接过渡则是解决资本主义发展程度低或殖民地半殖民地国家（特别是东方国家）如何向社会主义过渡的问题。间接过渡意味着需要通过保留商品货币关系，借以形成和发展壮大社会主义经济基础。第三，1920 年底至 1921 年初在俄国实施新经济政策，可以说是对过渡时期经济理论的最早探索。列宁认为："'新经济政策' ＝我们掌握了命脉；土地归国家所有；农民经济活动的自由；大工业（和大农业）掌握在我们手里；私人资本主义——它有可能同国家资本主义竞争；国家资本主义是这样的，它意味着我们把私人资本同我们的资本一并吸收起来。"[①] 新经济政策所提出的国家资本主义，不仅包括鼓励国内发展私人资本，还包括积极引进外国资本。当时列宁还认为，新经济政策的实施大约需要几十年时间。

列宁的直接过渡思想大体上有两个阶段。第一个阶段是在十月革命胜利后，苏维埃政府实行了"赤卫队进攻资本"的经济措施，没收的主要生产资料转为国有，外贸实行垄断。1918 年春，由于"布列斯特和约"的签订，赢得了一段极其宝贵的暂时和平时期。社会主义改造和建设的任务被提上了议事日程。在这段时间，列宁强调的主要经济措施有：强行建立生产消费公社，以有计划、有组织的分配来完全彻底地取代商品贸易；实行粮食垄断制；贯彻不劳动者不得食的原则；利用资产阶级专家；利用旧的合作社形式；加强劳动纪律，开展劳动竞赛，提高劳动生产率。1918 年夏天，内战爆发，苏维埃政府宣布："社会主义祖国在危急中"。俄国走上了战时共产主义的道路。列宁的直接过渡思想进入第二阶段。其推行的"战时共产主义"的政策，涉及下列经济措施：在粮食上，实行余粮征集制；在交换领域，私人贸易被禁止；同时，还准备消灭货币，形成经济实物化；在全社会普遍推行劳动义务制等等。这一阶段所表现出来的直接过渡的基本特点是想由国家对产品的生产与分配直接控制来实现向社会主义的直接过渡。

从 1921 年春到 1924 年 1 月，是列宁创立向社会主义社会过渡理论的辉煌时

---

① 《列宁文稿》第 4 卷，人民出版社 1978 年版，第 446 页。

期。1921 年春，外部的帝国主义武装干涉和内部的叛乱被粉碎以后，列宁及时地修改了"直接过渡"的原有计划，领导布尔什维克党"从战时共产主义"的经济政策向新经济政策转变。1921 年 2 月列宁研究了农民问题，4 月又研究了诸如粮食税、租让制、租借制问题。在《论粮食税》、《新经济政策和政治教育委员会的任务》等著作中指出，"战时共产主义"政策是有局限性的，国家垄断制对社会主义来说不一定是最好的东西。从小农占优势的国家向社会主义社会过渡需要走特殊道路。在此基础上，论证了实行新经济政策的必要性、意义和发展的前景。当时列宁还没有打算一下子退到国家调节商业和货币流通这一步，但设想由国营企业和各种国家资本主义企业生产产品，然后通过合作社等交换机构，同农民实行有组织的而不是无政府主义的产品交换。列宁发现国家提供的工业品无论是数量还是品种都是有限的，在这种情况下，农民会把产品交换变为商品买卖，商业和货币流通问题被尖锐地提出来。列宁意识到光有第一步的退却还不行，必须退够。他说："我们必须认识到，我们所作的退却是不够的，必须再退却，再向后退，从国家资本主义转到国家调节商业和货币流通"，即用通常的买卖，贸易来代替产品交换。[①] 在列宁看来，商业是无产阶级的国家政权，是居于领导地位的共产党必须全力抓住的环节，没有商品和商业，就建不成社会主义社会经济关系的基础。在这一思想的指导下，国营企业也迅速实行了新经济政策的原则，贯彻了经济核算制，并直接参与了市场贸易；私人商业的发展也得到了许可。一旦找到了市场、商业、货币流通，俄国向社会主义社会过渡的关键与渠道就找到了、找准了。只有到这一阶段，直接过渡的理论才在实践上被纠正过来。

1922 年春，列宁在党的十一大上宣布：退却已经够了，应当停止退却了。对商品买卖和贸易，对私人资本主义所作的让步决不能破坏社会主义的根本方向。要保证向社会主义顺利过渡，就必须在已经退却的阵地上认真地重新配置党的力量，让更多的党员、干部学会经商，学会管理，坚持社会主义的道路，以无产阶级的根本利益为准绳，防止资本主义的复辟。列宁毫不讳言地指出，在市场、商品经济和货币流通的情况下，不可避免地会使资本主义有某种程度的恢复与发展。但是，只要无产阶级掌握着国家政权，掌握着大工业、运输业、对外贸易，资本主义就不可怕。

在晚年，列宁研究了对农民进行社会主义改造的步骤和形式。他认为对农民所作的改造工作必须同农民的切身利益和迫切需要密切地结合起来，"采用尽可

---

① 《列宁选集》第 4 卷，人民出版社 1978 年版，第 73 页。

能使农民感到简便易行和容易接受的方法。"① 列宁的具体设想是从流通领域入手，首先通过批发商业在经济上将千百万小农联合起来，进而引导他们在生产中用各种形式联系和联合起来。在留给全党的最后"政治遗嘱"中，他还将合作社作为建立工农之间的经济联系和组织小生产者的主要形式。

经过十月革命胜利以后 6 年多时间的摸索，到 1922 年底 1923 年初，列宁对向社会主义社会过渡的理论进行了全面、系统的概括，他明确地宣布："我们对社会主义的整个看法根本改变了"。② 这一论断，既包含着对以往实践与理论中失误与挫折的反思，也包含着对从 1922 年春天以后开辟出的新道路的肯定。列宁所讲的"根本改变"主要包括以下几个方面：

首先，改变了过去那种认为社会主义革命在欧洲几个主要资本主义发达国家同时胜利的看法，证明了俄国无产阶级在布尔什维克党的领导下，不仅能夺取政权，而且只要实行无产阶级专政，掌握住一切大的生产资料，依靠牢固的工农联盟，就能在一国之内过渡并建成社会主义。

其次，改变了过去那种认为可能一下子进入马克思和恩格斯所说的共产主义社会的第一阶段，一下子实行单一的全民所有制的看法，认识到在一个起点较低，生产力水平落后，小农占有优势的民族中，向共产主义第一阶段的发展其间要经过特殊的过渡环节，在全民所有制存在的同时，与之并列的还会有像农村合作社这样的"集体企业"，另外还会有小生产与私人资本主义。

第三，改变了过去那种认为靠消灭商品、货币而代之以直接的产品交换分配就可以完成向社会主义社会过渡的想法，清醒地看到必须允许市场、商品交换和货币流通的存在与发展，并且要把它们作为过渡时期的中心环节，通过对这些环节的控制来防止资本主义复辟，坚持社会主义方向。

第四，改变了过去那种以政治和军事斗争作为党的工作的重心的看法，认识到在无产阶级夺得了政权之后，光靠政治斗争和高举红旗奋勇进军的方式是建不成社会主义的，要过渡到社会主义就必须及时将工作重心转移到发展生产力，和平地组织"文化"工作上面去。

从 1917 年春到 1924 年初，列宁在探索俄国这么一个资本主义很不发达，小农占优势的国家建设社会主义道路的过程中，创立了完整系统的向社会主义社会过渡的经济理论，丰富和发展了马克思、恩格斯关于社会主义经济的学说。这些理论不仅在苏联的社会主义革命和建设的实践中得到了检验，而且已经成为十月

---

① 《列宁选集》第 4 卷，人民出版社 1978 年版，第 682 页。
② 《列宁选集》第 4 卷，人民出版社 1978 年版，第 687 页。

革命以后走上社会主义道路的民族发展经济的指导原则。特别需要指出的是，十月革命胜利后，列宁对社会主义的发展阶段曾提出过"初级形式的社会主义"、社会主义的"初级发展阶段"和"发达的社会主义"、"完备形式的社会主义"等概念，这表明列宁当时考虑过社会主义发展是分阶段的。当然，在当时的条件下，列宁不可能明确提出进入社会主义后还有一个初级阶段的问题。

三、社会主义经济建设道路的最新探索

列宁逝世之后，斯大林亲自领导了苏联进入社会主义社会后的社会主义经济建设的实践。这个时期，如何建设社会主义，建成一个什么样的社会主义，没有前人经验可以借鉴，只能是进行探索。整个探索是在斯大林的领导下进行的，斯大林领导了苏联的社会主义工业化和农业的社会主义改造。在实践的基础上斯大林又亲自主持编写苏联版的政治经济学教科书，试图将其领导建立的苏联社会主义经济体制模式和建设道路理论化。所有这些探索在一定程度上推动了马克思主义政治经济学在社会主义社会最初实践条件下的发展。

第一，关于社会主义国家工业化及其实现的思想。首先，在一个农业国建成社会主义的前提是实现工业化，否则就谈不上社会主义，社会主义国家就不能保持经济上独立。工业化速度是事关社会主义政权生死存亡的大问题。其次，关于工业化资金的积累，在当时的条件下只能依靠国内积累。当时斯大林试图通过暂时牺牲农业即通过工农业产品价格剪刀差的途径让农业向工业化提供"贡税"。这一做法遭到了布哈林的反对。他主张工业化不能依靠剥夺农民，必须坚持等价交换，要在工农联盟的基础上推进工业化。这场争论本身体现了对社会主义工业化途径的探索。最后，社会主义工业化的具体道路是优先发展重工业，特别是机器制造业。这条道路在苏联当时可能有现实必要性，但由此付出的轻工业长期落后，农轻重比例失调，人民消费需求长期得不到满足的代价也是不可忽视的。斯大林领导的社会主义工业化以优先发展重工业为中心。斯大林认为资本主义工业化的道路是优先发展轻工业，社会主义工业化的道路则应是发展重工业。诚然，苏联的这种工业化道路为反法西斯战争的胜利准备了物质基础，但是这种工业化道路不能说是成功的，它不仅给苏联后来的经济结构的形成产生了不利的影响，也给其他一些照搬苏联工业化模式的社会主义国家的经济建设产生了不利影响。

第二，关于农业集体化的思想。无产阶级夺取政权以后，面对汪洋大海的小生产和个体经济，必然会提出将它们引入社会主义道路的要求。斯大林通过"自上而下"的运动来实现全盘集体化，把千百万分散的中小农户组织成为集体农

庄。这场运动当时就有较大的争论，后来又有不同的评价。这些争论和评价同样可以看作是对社会主义的探索。首先，通过集体化运动，把个体农民经济转变为集体经济，也就找到一条建立社会主义集体所有制的途径，应该说，这是创造。而且，把小农转变为大农庄，有利于采用集约耕作和利用农业机械，应该说，符合生产力发展的方向。其次，斯大林全盘集体化的教训是深刻的。苏联的全盘集体化过程犯了斯大林后来所认识到的违反"自愿原则"和"胜利冲昏头脑"的错误。造成了生产力的较大破坏。尽管如此，在斯大林领导下建立的集体农庄毕竟是首创的社会主义集体所有制形式。它开创了在社会主义条件下两种公有制形式并存的局面。当然，在斯大林看来，集体所有制是公有制的低级形式，需要采取"过渡"办法，把集体所有制提高到全民所有制的水平，人们从失误中认识到：生产关系的调整不能以破坏生产力为代价；对小生产的改造是长期过程，农业集体化必须坚持自愿原则，不能采取行政强制的办法；集体化要以生产力为基础，集体化必须和机械化结合进行。这些教训同样也是社会主义政治经济学发展的宝贵财富。

第三，关于马克思主义政治经济学教科书的编写。斯大林亲自主持编写的《苏联社会主义经济问题》一书可以说是对社会主义经济理论和经济模式的重要探索。概括起来斯大林在该书中阐述的关于社会主义经济发展和经济体制的理论包括以下六方面内容。

1. 社会主义经济条件下作用的各种经济规律具有客观性。人们不能创造规律、改造规律，但能发现规律、认识规律，掌握和利用规律。国民经济有计划按比例发展规律是社会主义经济规律，但不能把国民经济计划同这个规律混为一谈，计划必须反映经济规律的要求。

2. 社会主义条件下的基本经济规律。社会主义基本经济规律既不是国民经济有计划按比例发展规律，也不是价值规律。其主要特点和要求是：用在高度技术基础上使社会主义生产不断增长和不断完善的办法，来保证最大限度地满足整个社会经常增长的物质和文化的需要。

3. 社会主义条件下存在两种公有制形式，存在商品流通。要实现向共产主义过渡，就要把集体农庄所有制提高到全民所有制的水平，用产品交换制逐渐代替商品流通，使中央政权或别的社会经济中心能够掌握社会生产的全部产品以利于社会。

4. 由于两种公有制形式的存在，社会主义条件下也存在商品生产和商品流通，在两种公有制形式之间存在着商品联系。而全民所有制内部不存在商品联系，生产资料不是商品，只是在计算、核算等方面保持着商品的外壳。

5. 价值规律是在流通领域中起调节作用，而在生产领域不起调节作用，在这里起调节作用的是计划。对生产的计划调节包括三个方面内容，第一，产品价格固定，由计划规定；第二，产品生产规模，由计划决定；第三，生产工具集中在国家手中。显然，这种计划体制是马克思的整个社会像一座工厂的思想的实践。

6. 在社会主义制度下，社会的生产关系和生产力之间也有矛盾。生产关系的发展落后于并且将来也会落后于生产力的发展。

概括起来，斯大林的政治经济学贡献突出在两个方面：一是对社会主义条件下关于经济规律的表述，在现在看来，有的是正确的，有的不能称为客观规律，但其理论意义是为马克思主义政治经济学的研究开辟了方向。二是关于社会主义经济体制的模式，即计划经济的苏联模式。斯大林系统揭示和概括了实践中的社会主义经济制度的基本特征及社会主义经济发展的规律性，全面描述了世界上最早的社会主义经济体制模式和社会主义经济发展模式的特点。这个模式曾经被许多社会主义国家所仿效，现在基本上被抛弃。但这种探索还是为日后政治经济学的创新提供借鉴。

四、中国社会主义革命和建设道路的探索

中国的社会主义社会脱胎于半殖民地半封建社会。在这个基础上进行社会主义革命和建设更是前无古人的。

以毛泽东为核心的中国共产党中央领导集体领导中国人民夺取了新民主主义革命的胜利，建立了社会主义制度。在这个过程中产生的毛泽东思想是马克思列宁主义的基本原理同中国革命实际结合的产物。如果说马克思当时创立的是在资本主义条件下推翻旧社会的政治经济学，那么毛泽东思想则是提供在半殖民地半封建条件下推翻旧社会并向社会主义社会过渡的政治经济学。其主要贡献在两个方面：一是在半殖民地半封建的中国向社会主义过渡的经济理论；二是对中国特色社会主义经济的最初探索。

（一）毛泽东思想关于向社会主义过渡的理论

我国的新民主主义革命包括两个阶段：一是民主革命阶段；二是社会主义改造阶段。毛泽东思想在民主革命阶段的经济思想突出反映在新民主主义革命"三大经济纲领"，这就是：大银行、大工业、大商业收归国家所有，允许和保护民族资本主义经济的存在和发展，没收地主的土地归农民所有。

民主革命取得胜利以后进入了社会主义改造时期。进行社会主义改造，以毛泽东为核心的党中央领导集体的思想是一致的，但对具体的路径、进程和所需要的时间存在不同的意见。后来的实践所证明的正确的观点可以说是对马克思主义政治经济学的新贡献。

1949 年 9 月新中国成立前夕党中央主持制定的《共同纲领》提出了新民主主义社会的经济任务，这就是：发展新民主主义经济，稳步地变农业国为工业国；发展工农业生产，促进经济繁荣；实行公私兼顾、劳资两利、分工合作，各得其所，以促进整个社会经济的发展。

中华人民共和国成立以后经过 3 年的经济恢复，1952 年党中央明确我国进入向社会主义社会过渡的时期。过渡时期的总路线是国家工业化和实现国家对农业、手工业和资本主义工商业的社会主义改造。毛泽东同志亲自领导了国家工业化和社会主义改造。

毛泽东同志将马克思主义普遍原理同中国的实际结合，创立了有中国特色的社会主义改造的道路。对资本主义工商业，没有采取无偿剥夺的办法，而是通过一系列由低级到高级的国家资本主义的过渡形式，即委托加工、统购包销、经销代销、公私合营等从低级到高级的国家资本主义过渡形式。最终实现了马克思和列宁曾经设想过的对资产阶级的和平赎买。对个体农业，按毛泽东同志的思想，也没有采取苏联那种带有强制性的自上而下的全盘集体化的办法，而是遵循自愿互利、典型示范和国家帮助的原则，通过互助组、初级社、高级社等过渡形式完成了农业的社会主义改造。对个体手工业，也采取了类似的社会主义改造的办法。

尽管中国在社会主义改造的后期工作中出现了要求过急、改变过快、改造面过宽、形式过于单一等问题，但是不可否认，在这场涉及几亿人口的、大规模的、极其复杂和深刻的社会变革中，我们避免了通常难以避免的生产力下降，避免了社会的震荡。这个成功得力于毛泽东同志当时所强调的两个联盟：一个是同农民的联盟；另一个是同民族资产阶级的同盟。依靠同民族资产阶级的同盟，"搞到更多的工业品去满足农民的需要"。"依靠同农民的同盟，取得粮食和工业原料去制约资产阶级"，迫使他们接受国家资本主义。

毛泽东同志当时还指出了社会革命和技术革命结合问题，社会革命即社会制度方面由私有到公有制的革命；技术革命即在技术方面由手工业生产到现代化机器生产的革命。毛泽东同志认为这两种革命是结合在一起的，但完成的时间有先后。毛泽东同志当时设想，全国范围内完成农业社会主义改造需要 3 个五年计划时间；全国范围内完成农业方面的技术改革需要 4~5 个五年计划。尽管事实的发展超出了毛泽东的计划，农业改造用了不到 1 个五年计划的时间，农业的技术变革直到现在还没有完成，但是毛泽东关于两种革命结合进行的理论对现阶段的改革和建设都有指导意义。

在毛泽东思想的指引下，1956 年我国基本完成了社会主义改造任务，建立了社会主义基本制度，为当代中国的发展进步奠定了制度基础。当然这个过程中产生的社会主义改造的范围过宽、速度过快问题也导致了后来发展的困难。

（二）社会主义经济建设道路的探索

在社会主义改造基本完成、社会主义制度基本建立以后，以毛泽东为核心的党中央开始了对社会主义建设道路和社会主义经济规律的思考和探索，所取得的成果发展了马克思主义政治经济学。在 1956 年以前我国所建立的经济体制基本上是仿效苏联，随着社会主义制度基本建立，苏联模式的计划经济体制也基本形成。1956 年以后随着国内外政治经济环境的变化，毛泽东等中央领导集体成员开始对苏联模式产生怀疑，并结合中国实际探索中国的社会主义发展道路。

首先，1956 年党的八大提出社会主义社会的主要矛盾是先进的社会主义制度同落后的社会生产力之间的矛盾。相应的，国家的主要任务是发展生产力。可惜的是紧接着的总路线、"大跃进"和人民公社化运动使八大路线没有得到贯彻。

其次，毛泽东在 1956 年 4 月发表了"论十大关系"一文，该文所分析的十大关系中与经济相关的有五个，如重工业和轻工业、农业的关系；沿海工业和内地工业的关系；经济建设和国防建设的关系；国家生产单位和生产者个人的关系；中央和地方的关系等。报告的中心是调动国内外一切积极因素，多快好省地建设社会主义。其主要内容包括：（1）不学苏联片面发展重工业的办法，用多发展一些农业和轻工业的办法推动重工业的发展。（2）更多地利用和发展沿海工业老底子，以便支持内地工业的发展。（3）以多发展经济建设的办法推动国防建设。（4）兼顾国家、集体和个人三者的利益。反对把个人物质利益看得高于一切，同时也提倡关心群众生活。要在统一领导下给工厂一点权力、一点机动的余地、一点利益。（5）对农民不能像苏联那样，把农民挖得很苦。要兼顾国家和农民的利益，要缩小工农业产品价格的剪刀差。要在增加农业生产的基础上争取农民每年收入比上年有所增加。（6）不能像苏联那样对地方统得过死。应当在巩固中央统一领导的前提下，扩大一点地方的权力，给地方更多的独立性。让地方办更多的事情，这就是调动中央和地方两个积极性。（7）外国资产阶级的腐朽制度和思想作风，我们要坚决抵制和批判。但是，这并不妨碍我们去学习资本主义国家的先进的科学技术和科学的企业管理方法。（8）针对苏联优先发展重工业之类的单纯追求速度的发展战略，提出部门之间、地区之间协调发展和统筹兼顾各方面利益关系的思想。目的是要在中国开辟一条同苏联道路有所不同的社会主义工业化道路。

从 1957 年起，党中央对中国社会主义建设道路的探索发生了偏差，在总路线、"大跃进"和人民公社"三面红旗"的指引下刮起了共产风，紧接着又发生三年自然灾害，导致国民经济濒临崩溃。为克服三年困难和纠正"左"倾错误，从而确定国民经济调整的思想，毛泽东在 20 世纪 60 年代组织中央领导同志集中学习斯大林的《苏联社会主义经济问题》和苏联《政治经济学》教科书。毛泽东自己写下了读书笔记，记录了他对社会主义经济及其规律的新认识。针对"大跃进"时期刮共产风、否认商品货币关系等"左"倾思想及其产生的后果，毛泽东特别重视对社会主义经济规律性的探讨。毛泽东明确认为我国还存在商品生产，价值规律还起作用，虽然他不承认价值规律对生产的调节作用，但强调在等价交换和经济核算方面利用价值规律。

五、结束语：构建中国特色社会主义经济理论的新课题

在中国这样的发展中大国建设社会主义，没有现成的理论和经验。需要将马克思主义的基本理论与中国社会主义建设的实际结合，推进马克思主义的中国化，从而以中国化的马克思主义来指导中国特色社会主义的伟大事业。

从 1978 年党的十一届三中全会召开起中国开始了改革开放大业，也就走上了发展中国特色社会主义的道路。伟大的实践活动，必然产生伟大的理论创新。伴随着改革开放和社会主义现代化建设的深入，产生的邓小平理论、"三个代表"重要思想、科学发展观是马克思主义中国化的重大理论成果，也是指引中国特色社会主义伟大实践的指导思想。

社会主义的基本原则是任何一个实行社会主义制度的国家都要遵守的。但是在不同的国家由于国情的不同建设社会主义的道路则是各有特色的。中国特色社会主义，一方面表明我国已进入了社会主义社会，需要坚持科学社会主义的基本原则，另一方面表明中国国情赋予社会主义制度的中国特色。

发展中国特色社会主义实际上是依据中国的基本国情建设社会主义。这个国情就是中国长期处于社会主义初级阶段。我国改革开放 30 多年来，虽然现代化建设取得举世瞩目的成就，人民生活总体达到小康水平，但是生产力还不发达，自主创新能力不强，城乡区域发展不平衡，生态环境自然资源和经济社会发展矛盾日益突出。这意味着，在我国，社会主义尚未从根本上建成，仍然处于初级阶段。在这个阶段，人民群众日益增长的需要同落后的社会生产之间的矛盾是社会

的主要矛盾。社会主义初级阶段的历史任务是逐步摆脱不发达状态，基本实现社会主义现代化，由农业人口占很大比重、主要依靠手工劳动的农业国逐步转变为非农业人口占多数、包括现代农业和现代服务业的工业化国家。

提出中国特色社会主义不是改变社会主义制度，也不是降低社会主义的要求，而是要使现阶段的社会主义制度安排适应现阶段的生产力发展水平，并有利于生产力的发展，从而推动社会主义事业的发展。具体地说，原有的社会主义经济制度有一部分是超越了社会主义发展阶段的，过早地实行成熟阶段的社会主义经济制度是不成功的，现在退回到社会主义初级阶段，也是一种制度创新。建立社会主义初级阶段的基本经济制度的目的，不仅仅是基本经济制度由成熟阶段到初级阶段的"退"，更为重要的是寻求推动生产力发展从而推动社会主义发展的新的动力和新的要素。这就是存在于社会主义初级阶段的多元化经济和多种要素，使各种创造社会财富的源泉充分涌流。由此形成的公有制为主体多种所有制经济共同发展的社会主义初级阶段的基本经济制度既坚持了科学社会主义的基本原则，又根据我国实际和时代特征赋予其鲜明的中国特色，体现了马克思主义基本原理同推进马克思主义中国化结合，坚持社会主义基本制度同市场经济的结合，提高效率同促进社会公平的结合。

中国特色社会主义作为当代社会发展进步的旗帜，既规定了我国发展的目标，又指引了发展的道路。我国的改革开放和全面小康社会建设是中国特色社会主义的伟大实践。

在一个经济落后的国家发展中国特色社会主义需要解决发展问题，需要以经济建设为中心。在农业国基础上建设社会主义必然要推进以工业化、城市化为主要内容的现代化。经济发展从而实现现代化的中国特色突出反映在两个方面：一是明确全面小康阶段。将全面小康社会建设包含在现代化的进程中，并作为现代化的具体阶段来推进，可以说是中国特色的现代化道路。其重要意义是，现代化的每个具体发展阶段都能使人民群众得到看得见的利益。二是科学发展观。一般的发展观都突出"快"。我国的发展观经过了从追求快到追求又快又好到又好又快的演变。由此产生的科学发展观的具体内容包括：发展是要义，以人为本是核心，全面协调可持续是基本要求，统筹兼顾是根本方法。在科学发展观的指引下，我国的经济发展实践创造了中国特色的新型工业化道路、中国特色的农业现代化道路、中国特色的城镇化道路。这些都成为中国特色社会主义的重要内容。

在一个长期实行计划经济体制的国家发展中国特色社会主义需要解放思想，推进改革。通过改革解放和发展社会生产力，创新充满活力富有效率的体制机制。与其他转型国家不同，中国的改革不是完全放弃公有制、全盘私有化。在明确社会主义初级阶段以后，改革的目标就设定在建立社会主义市场经济体制，让市场对资源配置起基础性调节作用上，与此相应牵动基本经济制度的改革。这就是发展多种所有制经济，形成公有制为主体多种所有制经济共同发展的基本经济制度。在此基础上公有制可以有多种实现形式，资本、技术、管理等要素按照贡献参与收入分配，允许居民取得财产性收入，以股票市场为代表的各类要素市场得以开放并趋向完善。所有这些，不仅成为发展生产力的强大动力，而且丰富了中国特色社会主义的内容。

在一个长期处于封闭和半封闭的国家发展中国特色社会主义需要建立开放型经济。发展生产力，需要利用国际资源和国际市场。服从于发展社会生产力特别是先进社会生产力的目标，社会主义国家需要借鉴资本主义发达国家的先进技术和管理经验，需要积极参与国际经济合作和竞争，以增强自身的国际竞争力。需要通过对外开放吸引外国资本的进入，需要采用一切有利于发展生产力的经济形式，哪怕是在资本主义经济中采取的经济形式。

综上所述，中国特色社会主义是马克思主义中国化的伟大成果。在它的指引下我国已经和正在推进经济体制由计划经济转向市场经济的转型，全面小康社会的建设。国民经济转向又好又快发展的科学发展的轨道。所有这些转型产生了明显的解放和发展生产力特别是先进生产力的效应。实践证明，中国特色社会主义经济理论，是指引社会主义市场经济进一步完善和发展的指导思想和根本保障。用中国化的马克思主义政治经济学指导中国特色社会主义伟大建设事业，必将取得更加辉煌的成就。

（本文原为我主编的《马克思主义经济学经典选读·当代价值》（高等教育出版社 2012 年版）序言，正式出版时没有采用。本文在写作过程中吸收了参与本书有关章节写作的作者张宇、邱海平、杨志、何自力、严法善、葛杨、任保平、秦兴方等教授的思想）

《共产党宣言》关于消灭私有制理论

提要

　　《共产党宣言》标志着马克思主义理论体系的形成，其中包括唯物主义历史观，科学社会主义和政治经济学，从而为世界各国共产党人奠定了科学世界观。本文重点研究《共产党宣言》所阐述的消灭所有制理论。消灭先前存在的所有制关系，并不是共产主义的特征。共产主义的特征是要废除资产阶级所有制。共产主义消灭私有制，并不剥夺任何人占有社会产品的权力，它只剥夺利用这种占有去奴役他人劳动的权力。无产阶级夺取政权后有两大行动目标：一是夺取资产阶级的全部资本，把一切生产资料变为国家财产。二是发展生产力，尽可能快地增加生产力的总量。

一、写作背景和基本思想

　　《共产党宣言》是马克思、恩格斯受 1847 年 11 月召开的《共产主义者同盟》第二次代表大会委托起草的大会宣言。1848 年 2 月发表。《共产党宣言》的发表，标志着马克思主义理论体系的诞生。

　　《共产党宣言》的发表，有着深刻的社会历史背景。以 1765 年瓦特发明蒸汽机为标志爆发了产业革命，19 世纪三四十年代，英、法、德等几个资本主义国家先后过渡到机器大工业阶段。机器的采用，化学在工业和农业中的应用，轮船的行驶，铁路的通行，电报的使用，河川的通航……标志着人类工业文明的到来。在生产力大发展的同时，资本主义的基本矛盾，即生产的社会化和资本主义私人占有的矛盾日益尖锐化。1825 年、1836 年、1847 年的资本主义世界的经济大危机，贫富差距的不断扩大，再加上民族国家之间日益激化的矛盾标志着资本主义的发展也给人类带来巨大的灾难。面对日益激化的社会矛盾，新兴的工人阶级不断发起反对资产阶级的斗争，工人阶级革命运动空前发展。主要是 1831 年和 1834 年法国里昂工人起义，1836 年至 1848 年英国工人掀起的宪章运动，1844

年6月法国西里西亚纺织工人起义。这三次工人阶级运动是世界上第一次广泛的、真正群众性的、政治性的无产阶级革命运动。

革命的工人运动需要革命理论的指导。当时产生了多种社会主义思潮，包括空想社会主义和小资产阶级社会主义等。虽然这些社会主义思潮对资本主义的弊端进行了猛烈的抨击，但没有抓住资本主义的基本矛盾，也没有找到实现无产阶级美好理想的道路和社会力量。在此背景下，无产阶级的革命运动迫切需要科学的社会主义理论来指引方向和道路。1847年11月国际性的工人组织"共产主义同盟"召开第二次代表大会，大会委托马克思和恩格斯起草的《共产党宣言》便应运而生。

《共产党宣言》在科学总结工人运动斗争经验的基础上，既肯定了资产阶级的历史功绩，又指出了资本主义发展走向灭亡的历史趋势；既批判了当时流行的各种"社会主义"思潮，又明确了共产党人的最终目标和当前的行动纲领。

《共产党宣言》开篇指出："共产主义的幽灵在欧洲游荡。""欧洲一切反动势力都为反对这个幽灵而联合起来了。"为此，"现在是共产党人向全世界公开说明自己的观点、自己的目的时候了。"

《共产党宣言》全文共分四章。正文前边有一篇引言和七篇序言。第一章标题为"资产者和无产者"，分析资本主义社会两大基本阶级——无产阶级和资产阶级的产生、发展及其相互斗争的过程，揭示了资本主义必然灭亡和社会主义必然胜利的客观规律，阐明了无产阶级的历史使命。第二章标题为"无产者和共产党人"，阐明共产党的性质、特点和基本纲领，明确共产主义的特征是废除资产阶级所有制。彻底批判了各种诬蔑共产党和共产主义的谬论，论述了共产主义最高理想。第三章标题为"社会主义和共产主义的文献"，主要是批判当时流行的各种假社会主义和空想社会主义，将它们与科学社会主义作明确区分。第四章标题为"共产党人对各种反对党派的态度"，主要讲共产党的策略原则。强调共产党人在为工人阶级的最近目的和利益而斗争时，不能忘记无产阶级的革命原则和最终目标。

贯穿《共产党宣言》的基本思想，就是恩格斯在1883年德文版序言（此时马克思已逝世）中指出的："每一历史时代的经济生产以及必然由此产生的社会结构，是该时代政治的和精神的历史的基础；因此（从原始土地公有制解体以来）全部历史都是阶级斗争的历史，即社会发展各个阶段上被剥削阶级和剥削阶级之间、被统治阶级和统治阶级之间斗争的历史；而这个斗争现在已经达到这样一个阶段，即被剥削被压迫的阶级（无产阶级），如果不同时使整个社会永远摆脱剥削、压迫和阶级斗争，就不再能使自己从剥削它、压迫它的那个阶级（资产阶级）下解放出来，——这个基本思想完全是属于马克思一个人的。"①

《共产党宣言》标志着马克思主义理论体系的形成，其中包括唯物主义历史观，科学社会主义和政治经济学，从而为世界各国共产党人奠定了科学世界观。本书重点解读其中包含的马克思主义经济学理论。

二、解读

（一）资产阶级的历史地位

自阶级社会产生以来一切社会的历史都是阶级斗争的历史。奴隶社会中的奴隶和奴隶主，封建社会中的农民和地主，压迫者和被压迫者之间始终处于相互对立的地位，并进行不断的斗争，每一次斗争的结局都是整个社会受到革命改造或者斗争的各阶级同归于尽。资产阶级社会分裂为资产阶级和无产阶级两大相互直接对立的阶级，同时产生新的压迫条件和新的斗争方式。恩格斯在注释中对资产阶级和无产阶级作了如下定义：资产阶级是指占有社会生产资料并使用雇佣劳动的现代资本家阶级。无产阶级是指没有自己的生产资料，因而不得不靠出卖劳动力来维持生活的现代雇佣工人阶级。

现代资产阶级是一个长期发展过程的产物。

最初的资产阶级分子在西欧的封建社会内部产生。1492 年意大利人哥伦布率领的船队发现美洲大陆，1498 年葡萄牙人达·伽马率领的船队绕过非洲航行开辟了通往印度的航线。这两大发现给新兴的资产阶级开辟了新的活动场所。由此带来的东印度和中国的市场，美洲的殖民化，以及对殖民地的贸易和交换手段的增加。新大陆的开发和世界市场的扩大使商业、航海业和工业空前高涨，因而使正在崩溃的封建社会的革命因素迅速发展。在生产方式方面，随着市场及其需求的扩大，工场手工业及其分工代替了封建制的行会的工业经营方式。紧接着，随着蒸汽和机器引起的工业革命，产生了现代大工业并代替了工场手工业，与此相应产生整批整批的现代资产者。大工业的发展与世界市场的扩展相互促进，导致工业、商业、航海业和铁路迅速扩展。其结果是资产阶级及其资本迅速积累。因此，现代资产阶级是生产方式和交换方式的一系列变革的产物。

资产阶级在历史上曾经起过非常革命的作用。

第一，资产阶级把人与人之间的一切社会关系变成了赤裸裸的金钱关系。一

---

① 《马克思恩格斯文集》第 2 卷，人民出版社 2009 年版，第 9 页。

切前资本主义的封建的、宗法的、田园诗般的关系，以及束缚于首长的形形色色的封建等级关系，甚至温情脉脉的家庭关系被无情的金钱关系破坏了。它使人和人之间除了赤裸裸的利害关系，除了冷酷无情的"现金交易"，就再也没有任何别的联系了。

第二，资产阶级第一次证明了人的活动能够取得什么样的成就。在封建制中好勇斗狠同懒散怠惰是相互补充的。而在资本主义社会由于竞争规律的作用，来不得半点懈怠，人的能力能够尽到极致，因而能创造出超过埃及金字塔、罗马水道之类的奇迹。

第三，资产阶级的生存方式是不断地使生产工具和生产关系革命化。生产的不断变革，一切社会状况不停地动荡，永远的不安定和变动，这就是资产阶级时代不同于过去一切时代的地方。在这里，创新是不停顿的，一切新形成的关系等不到固定下来就陈旧了。

第四，资产阶级挖掉了工业脚下的民族基础，创造了从属于自己的世界经济。为了扩大市场，资产阶级奔走于全球各地，到处落户、到处创业、到处建立联系。资产阶级开拓了世界市场，使一切国家的生产和消费都成为世界性的了。资产阶级以新的工业消灭了古老的民族工业，摧毁了地方的和民族的自给自足和闭关自守的经济。它按照自己的面貌创造的世界经济具有如下特征：这些工业加工的原料，不是本地的，而是来自遥远地区的；本国需要满足的产品不是国产品，而是来自遥远的国家和地区。各个民族的各个方面互相往来并相互依赖。不仅是物质的生产，精神的生产也是这样，各民族的精神产品成了公共的财产。由于生产工具的迅速改进和交通的便利，资产阶级以低廉价格的商品作为重炮摧毁了一切万里长城，迫使一切民族采用资产阶级的生产方式和文明制度。

第五，资产阶级推动了城市化。它成立了巨大的城市，推动很大一部分农村居民脱离乡村进入城市，使城市人口大大增加，并使乡村屈服于城市。同样，它使落后的农业国家从属于工业国家。

第六，资产阶级推动了国家政治的集中统一。资产阶级日甚一日地消灭生产资料、财产和人口的分散状态，使人口密集，生产资料集中，财产聚集在少数人手里。其必然产生的后果是政治的集中，形成拥有统一的政府、统一的法律、统一的民族阶级利益和统一关税的国家。

基于以上革命性的作用，资产阶级在它的不到一百年的阶级统治中所创造的生产力，比过去一切世代创造的全部生产力还要多、还要大。自然力的征服，机器的采用，化学在工业和农业中的应用，轮船的行驶，铁路的通行，电报的使用，整个大陆的开垦，河川的通航，等等。所有这些潜伏在社会劳动里的生产力，超过了过去任何一个世纪。

归结起来，在封建社会内部产生的资产阶级赖以生存的生产资料和交换手段发展到一定阶段，封建的所有制关系，就不再适应已经发展的生产力了。这种关系已经在阻碍生产而不是促进生产了，它变成了束缚生产的桎梏，它必须被炸毁，而且已经被炸毁了，取而代之的是自由竞争以及与自由竞争相适应的资本主义社会制度和政治制度。

以上对资产阶级从而资本主义制度产生和资产阶级处于上升时期所起的历史作用的分析，也是马克思唯物主义历史观的应用。

资产阶级的灭亡和无产阶级的胜利是同样不可避免的。

进入现代资本主义社会后，曾经创造了巨大生产力的资产阶级的生产关系开始阻碍生产力的发展。资本主义社会工业和商业的历史，就是现代生产力反抗资本主义所有制关系的历史。其突出表现是危及整个资产阶级社会生存的周期性商业危机。危机造成很大一部分生产力被破坏掉。其根本原因是，生产力和生产关系的矛盾。社会所拥有的生产力不能再促进资产阶级所有制关系的发展。这种生产关系已经阻碍生产力的发展。狭窄的资本主义生产关系容纳不了它本身造成的财富了。这样，资产阶级用来推翻封建制度的武器（生产力），现在却对准了资产阶级自己了。不仅如此，它还产生了运用这种武器的人——现代工人，即无产阶级。

基于对资本主义社会工人阶级状况的分析，以及工人反对资产阶级运动的经验总结，马克思得出结论：随着大工业的发展，资产阶级赖以生产和占有产品的基础本身（雇佣劳动）也就从它的脚下被挖掉了。它首先生产的是它自身的掘墓人——无产阶级。资产阶级的灭亡和无产阶级的胜利是同样不可避免的。这是资本主义的历史命运。

（二）消灭私有制

所有制关系是生产关系的核心。一切所有制关系都经历了经常的历史更替和变更。例如封建的所有制被资产阶级的所有制代替。因此，消灭先前存在的所有制关系，并不是共产主义的特征。共产主义的特征是要废除资产阶级所有制。

共产主义理论概括为消灭资产阶级私有制。

共产党人之所以要提出消灭资产阶级私有制的任务。是因为，它是建筑在阶级对立上面，建筑在一些人对另一些人的剥削上的生产关系。何为消灭私有制？针对当时对消灭私有制的各种污蔑和责难，《共产党宣言》在批判这些污蔑和责难中阐述了共产党人消灭私有制的内涵。

针对个人挣得的、自己劳动的财产，《共产党宣言》指出，这种小资产阶级的、小农的财产，大工业的发展就把它消灭了，无须共产主义去消灭它。

针对资产阶级的私有财产，《共产党宣言》指出，这种财产是在资本和雇佣劳动的对立中运动的。依靠雇佣劳动创造的资本是集体的产物，只有通过社会全体成员的共同活动，才能被运用起来。资本家只是靠其资本雇佣劳动的权力占有了它。因此，消灭资本主义所有制，把资本变为属于社会全体成员的公共财产，并不是把个人财产变为社会财产。改变的是财产的社会性质，失掉的是其资产阶级的属性。

针对劳动者个人占有的劳动产品，《共产党宣言》指出，雇佣劳动者得到的工资是他的劳动力价值，是劳动者自己生产的，为维持自己的生活所必需的生活资料的数额。共产主义绝不打算消灭这种供劳动力再生产的劳动产品的个人占有，消灭的是工人仅仅为增殖资本而生活的资本占有制度。在这种资本主义占有制度下过去劳动（资本）支配现在的活劳动。活劳动只是增殖资本的一种手段。到了共产主义社会，现在的活劳动支配过去劳动（生产资料），后者作为已经积累起来的劳动只是扩大、丰富和提高工人的生活的一种手段。

实际上，资本的原始积累，资本积累和资本集中，既有小生产者被剥夺，也有小资本被剥夺，因此在现存的资本主义社会里，十分之九的社会成员的私有财产已经被剥夺、被消灭了。现在是要剥夺剥夺者，消灭那种以社会的绝大多数人没有财产为必要条件的资产阶级所有制。这时，个人财产不再变为资产阶级的财产。

针对关于消灭了私有制，懒惰之风就会盛行的责难，《共产党宣言》反驳说，在资产阶级社会里是劳者不获，获者不劳，因此，资产阶级社会早就应该因懒惰而灭亡了。

概括地说，共产主义消灭私有制，并不剥夺任何人占有社会产品的权力，它只剥夺利用这种占有去奴役他人劳动的权力。

共产主义革命不仅要同传统的所有制关系实行最彻底的决裂，而且在自己的发展进程中要同传统的观念实行最彻底的决裂。

变革生产方式的手段。

无产阶级夺取政权后有两大行动目标：一是夺取资产阶级的全部资本，把一切生产资料变为国家财产。二是发展生产力，尽可能快地增加生产力的总量。要做到这一点，首先必须对资本主义生产关系尤其是其所有制实行强制性的干涉。

《共产党宣言》针对当时最先进的国家（即发达的资本主义国家）提出了十

条措施。其基本思路概括为四个方面：一是国有化，包括剥夺地产，把地租用于国家支出；把信贷集中在国家手里；把全部运输业集中在国家手里；增加国营工厂和生产工具。二是解决农业和农村问题，包括：把农业和工业结合起来，逐步消灭城乡对立；按照总的计划开垦荒地和改良土壤。三是教育问题，包括：对一切儿童实行公共的和免费的教育；把教育同物质生产结合起来。四是公平分配问题，包括：征收高额累进税；废除继承权。等等。

《共产党宣言》在提出上述措施的同时，又明确指出，这些措施在不同的国家里当然会是不同的。这就给各个夺取政权后的社会主义国家所要采取的变革生产方式的措施提供了更大的空间。

原来意义上国家的政治权力，是一个阶级压迫另一个阶级的有组织的暴力。无产阶级通过革命使自己成为统治阶级，并用暴力消灭旧的生产关系，也就消灭了阶级对立和阶级本身的存在条件。这个时候全部生产集中在联合起来的个人手里，公众的权力就失去政治性质。由此形成新的社会制度，即自由人联合体，在这里，每个人实现全面的自由发展。

三、理论价值和现实意义

《共产党宣言》没有称为社会主义宣言，恩格斯在英文版和德文版序言中都有说明。在马克思和恩格斯起草《共产党宣言》时，所谓的社会主义者，一方面是指信奉各种空想社会主义的分子，另一方面是指打着社会主义旗号的社会庸医。为了与之相区别，马克思和恩格斯使用共产主义的名称。但他们一再强调，"丝毫没有怀疑究竟应该在这两个名称之间选定哪一个名称。"我们现在是在社会主义社会学习和研究《共产党宣言》，完全有理由把把它看做是社会主义宣言，对当今的社会主义社会的发展起着指导作用。

《共产党宣言》依据唯物主义历史观，科学论证了人类社会发展的各个历史阶段发展规律，深刻阐明了"资产阶级必然灭亡和无产阶级的胜利是同样不可避免"的科学论断。这就是我们现在讲的社会主义代替资本主义的必然性。不仅如此，《共产党宣言》还明确指出了无产阶级夺取政权以后向以"自由人联合体"为特征的共产主义社会迈进的历史进程。《共产党宣言》将此明确为共产党人的奋斗目标。今天学习《共产党宣言》，需要不断加深对人类历史发展趋势的认识，坚定共产主义的理想和信念。这就是《共产党宣言》所要求的："共产党人为工人阶级的最近的目的和利益而斗争，但是他们在当前的运动中同时代表运动的未来。"①

《共产党宣言》创立的科学社会主义原理，深刻阐明了共产党的最低纲领和最高目的。最低纲领是无产阶级夺取政权。最高纲领是消灭私有制，消灭阶级差别，实现共产主义。我国进入社会主义社会意味着完成了第一步，现在开始了全面变革生产方式，以实现共产主义目标的阶段。马克思和恩格斯在指出消灭私有制，变革生产方式的具体措施时特别强调，这些措施在不同的国家里当然会是不同的。特别是恩格斯在德文版序言中明确指出，这些基本原理的实际运用，"随时随地都要以当时的历史条件为转移"②。这就为在中国密切结合中国实际发展中国特色社会主义留下了空间。

《共产党宣言》实事求是地阐述了资产阶级在其处于上升时期所起的重大的历史作用。其中包括：生产的不断变革，破坏一切封建的、宗法的关系，科学在工业和农业中的应用，迅速改进一切生产工具和交通运输工具，加快推进城市化，等等。资产阶级在产生不到一百年中创造的生产力，比过去一切世代创造的生产力还要多。这种生产力水平不仅支持了资本主义生产关系代替封建制度，而且随着生产力的进一步发展为社会主义取代资本主义提供了生产力基础。我国的社会主义不是脱胎于发达的资本主义社会，而是半殖民地半封建社会。资产阶级在发达国家所起的那种重大历史作用在我国基本上没有发生。因此当我国进入社会主义社会时，还有许多没有被资本主义扫荡的旧的封建的生产关系被保留了下来，落后农业和农村的比重还很大，尤其是生产方式缺少不断变革的动力，因此生产力水平明显落后于发达的资本主义国家。在此背景下，我国在进入社会主义社会后必然有个初级阶段，去完成别的国家在资本主义条件下完成的发展生产力和改造并消灭旧的生产关系的任务。

《共产党宣言》根据其提出的生产力决定生产关系的科学原理，明确认为，社会主义代替资本主义的决定性因素是，生产力强大到资本主义生产关系所不能适应的地步。而在无产阶级夺取政权后，在夺取资产阶级全部资本的同时，还必须尽可能快地增加生产力的总量。从中我们可以明确消灭私有制尤其是消灭资产阶级私有制所需要的生产力基础。我国在社会主义初级阶段，主要矛盾是生产力水平落后。发展生产力就成为这个阶段的中心任务，目标是以先进的社会生产力来巩固和完善社会主义制度。

---

① 马克思恩格斯：《共产党宣言》，引自《马克思恩格斯文集》第2卷，人民出版社2009年版，第65页。

② 马克思恩格斯：《共产党宣言》，引自《马克思恩格斯文集》第2卷，人民出版社2009年版，第5页。

　　《共产党宣言》阐述了当时资产阶级开拓世界市场后所出现的"一切国家的生产和消费都成为世界性"的景象，发现了各个国家的自给自足和闭关自守状态被打破以后出现的相互间互相往来和相互依赖的关系，并且明确指出，物质的生产是如此，精神的生产也是如此。这是当时对经济全球化的科学预见。现在经济全球化的时代已经到来，既给我们提供了发展的机遇，也带来了新的挑战和风险。我们要认清经济全球化的发展趋势，既要利用好对外开放的机遇，又要增强抵御经济全球化风险的能力。

（本文原载于我主编的《马克思主义经济学经典精读·当代价值》，高等教育出版社 2012 年版）

《资本论》对社会主义经济特征的科学预见

提要

　　《资本论》面对资本主义社会是阶级斗争的武器，而在当今的社会主义社会则是经济建设的理论指导。研究《资本论》，要从批判转向建设，要从研究如何推翻资本主义社会转向如何建设好社会主义社会，如何调整生产关系、提高社会生产率、增加社会财富、增进社会福利。《资本论》对社会主义经济的科学预见主要包括：（1）关于发达的资本主义是社会主义的入口，主要涉及：在资本主义条件下高度发展的科学技术、生产力和社会财富，是社会主义经济制度得以建立的重要物质基础。在资本主义制度下发展起来并日臻完善的信用制度是转到一种新生产方式的过渡形式。在资本主义制度下发展起来的股份经济及所形成的垄断，是进入社会主义的重要"入口"。（2）未来社会的公有制形式是公有制的完备形式、成熟形式，也可以说是作为发展方向的公有制形式。马克思在《资本论》中不仅逻辑推演提出了公有制的完备形式，而且还联系当时的实际提出了公有制的过渡形式。（3）按劳分配理论的内容是：按劳分配是社会主义社会个人消费品的分配制度；劳动是分配劳动者个人消费品的唯一尺度，这里的劳动不是个别劳动，而是得到社会承认的社会必要劳动；按劳分配的对象不是社会总产品的全部，而是扣除耗费掉的生产资料、积累资料和社会消费后剩余的部分；等量劳动互换是一种比例相等的关系，分配给劳动者的是与其劳动在社会总平均劳动中所占比例相等的报酬。（4）未来社会的一个重要特征是人的自由的全面发展。劳动者真正实现自由是在消灭资本主义社会以后所建立的社会主义社会中。在这一形态中，自由个性不仅在形式上而且在实质上都已成为现实。其基本原因是社会财富已成为人们共同使用、共同发展的物质条件。人的全面发展是人们在认识自然、改造自然、征服自然的过程中解放自己、发展自己的历史产物。（5）计划经济特征是"社会生活过程即物质生产过程的形态，作为自由联合的人的产物，处于人的有意识、有计划的控制之下"。所谓有计划控制，就是"劳动时间的社会的有计划的分配，调节着各种劳动职能同各种需要的适当的比例"。在公有制的条件下，整个社会保持高度的集体理性，能够依靠自我力量实行经济活动的自觉控制。

《资本论》的基本思路是以阶级斗争为纲，其目标是推翻旧制度。今天我们处在社会主义初级阶段，我们的目标是建设新社会。在这样的条件下学习和研究《资本论》，固然有坚定社会主义代替资本主义信念的要求，但不能局限于此。为适应我们面临的中心任务和经济背景的特点，学习和研究《资本论》的思路也应相应转变。其基本要求是由以阶级斗争为纲转向以经济建设为中心。《资本论》面对资本主义社会是阶级斗争的武器，而在当今的社会主义社会则是经济建设的理论指导。研究《资本论》，要从批判转向建设，要从研究如何推翻资本主义社会转向如何建设好社会主义社会，如何调整生产关系、提高社会生产率、增加社会财富、增进社会福利。

一、资本主义被社会主义替代的必然性

资本主义是人类历史发展和进步的必然阶段，但资本主义又具有暂时性。它必然要向新的更高级的社会形态发展。马克思从人类发展的整体逻辑关系中，论证了资本主义私有制产生、发展以及将被社会主义公有制替代的历史命运。从某种意义上说，《资本论》不仅是对资本主义私有制本质及其运行的深刻揭示，也是对社会主义公有制历史必然性的逻辑论证。

（一）剥夺者被剥夺是历史的必然

马克思从资本原始积累出发研究资本主义生产方式的产生、发展和被社会主义代替的历史趋势。资本主义生产方式是一种特殊的、具有独特历史规定性的生产方式，它和任何其他生产方式一样，社会生产力及其发展形式的一定阶段，是自己存在的历史条件和现成基础。同样也是社会生产力发展的一定阶段。

资本主义私有制是从小生产个人所有制内部产生的。一方面是由小商品生产者的分化而来的，另一方面则是通过高利贷和商业的货币资本转化而来的。随着商品市场的形成及市场竞争的日趋激烈，贫富差别拉大，财富逐步集聚到少数人手里。在竞争中发展起来的小商品生产者，逐渐开始雇用工人，进而发展成为资本家，而在竞争中失利的小生产者，则逐渐衰落为一无所有的雇佣工人。资本主义私有制对小生产个人所有制的否定是借助于原始积累完成的，资本原始积累是资本家剥夺小农。原始积累把个人分散的生产资料集中起来，变成了资本家个人占有的社会化形式的生产资料，用剥夺广大劳动者的土地、生产工具和生活资料的手段，否定了依靠自己劳动取得私有财产的个人所有制，代之以雇佣劳动为基础的资产阶级的私有制。

资本家采取剥夺本国小生产者和掠夺殖民地的方式把生产资料集中起来之后，所获得的新的生产条件，是小生产者不可比拟的。"只有大工业才用机器为资本主义农业提供了牢固的基础，彻底地剥夺了极大多数农村居民，使农业和农村家庭工业完全分离，铲除了农村家庭工业的根基——纺纱和织布。这样，它才为工业资本征服了整个国内市场。"① 因此，资本主义的社会化大生产和市场经济实现了对自然经济的小生产方式的否定。

生产的社会化是一把"双刃剑"，它战胜了众多的个体小生产者，集中了能够集中到的生产资料，推动了机器的发展和作用，创造了过去无法达到的劳动生产率。"只有资本主义的商品生产，才成为一个划时代的剥削方式，这种剥削方式在它的历史发展中，由于劳动过程的组织和技术的巨大成就，使社会的整个经济结构发生变革，并且不可比拟地超越了以前的一切时期。"② 资本主义私有制榨取剩余劳动的方式和条件，"同以前的奴隶制、农奴制等形式相比，都更有利于生产力的发展，有利于社会关系的发展，有利于更高级的新形态的各种要素的创造。"③

"一旦资本主义生产方式站稳脚跟，劳动的进一步社会化，土地和其他生产资料的进一步转化为社会地使用的即公共的生产资料，从而对私有者的进一步剥夺，就会采取新的形式。现在要剥夺的已经不再是独立经营的劳动者，而是剥削许多工人的资本家了。"通过资本集中，大资本剥夺小资本，一个资本家打倒许多资本家。与此相关，"规模不断扩大的劳动过程的协作形式日益发展，科学日益被自觉地应用于技术方面，土地日益被有计划地利用，劳动资料日益转化为只能共同使用的劳动资料，一些生产资料因作为结合的社会劳动的生产资料使用而日益节省，各国人民日益被卷入世界市场网，从而资本主义制度日益具有国际的性质。"④ 这样资本的垄断成了社会化的生产方式的桎梏。生产资料的集中和劳动的社会化，达到了同它们的资本主义外壳不能相容的地步。

资本主义生产中的资本积累，不仅意味着生产规模的扩大，而且意味着新技术的采用、新产品的开发、新市场的开拓，它既促进了生产力在量上的扩张，又促进了生产力在质上的提高。资本积累与生产力发展相互推动，在这种互动关系中，社会生产力以前所未有的速度跳跃式地前进。因此，资本主义生产关系的历史责任在于"迫使人类去为生产而生产，从而去发展社会生产力，去创造生产的

---

① 马克思：《资本论》第 1 卷，人民出版社 2004 年版，第 858 页。
② 马克思：《资本论》第 2 卷，人民出版社 2004 年版，第 44 页。
③ 马克思：《资本论》第 3 卷，人民出版社 2004 年版，第 927～928 页。
④ 马克思：《资本论》第 1 卷，人民出版社 2004 年版，第 873～874 页。

物质条件；而只有这样的条件，才能为一个更高级的、以每一个个人的全面而自由的发展为基本原则的社会形式建立现实基础"①。资本主义生产方式无限制地发展生产力必然陷入了新的矛盾。它的历史使命是无所顾忌地按照几何级数推动人类劳动的生产率的发展。如果人民群众的消费能力和范围受到制度限制，就阻碍生产率的发展，它就背叛了这个使命。"它由此只是再一次证明，它正在衰老，越来越过时了。"②

由此可见，生产的社会化是资本主义私有制走向否定的内在动因。这表明，资本主义占有方式暴露了自己无法继续驾驭这种生产力。而且，这种生产力本身以日益增长的威力要求消除这种矛盾，要求摆脱它作为资本的属性，要求在事实上承认它作为社会生产力的那种性质。在这种情况下，资本主义占有制需要在其内部进行调整。"一旦生产关系达到必须蜕皮的地步，这种权利的和一切以他为依据的交易的物质的、在经济上和历史上有存在理由的、从社会生活的生产过程中产生的源泉，就会消失。"③

除了上述资本主义社会的基本矛盾外，资本主义经济还有一系列它自身无法克服的社会矛盾。

首先是资本主义生产企业内的严格管理同社会生产的无政府状态产生尖锐矛盾。马克思发现，"对于直接生产者大众来说，他们的生产的社会性质是以实行严格管理的权威的形式，并且是以劳动过程的完全按等级组织的社会机制的形式出现的……但是，在这种权威的执掌者中间，在只是作为商品所有者互相对立的资本家本身中间，占统治地位的却是极端无政府状态，在这种状态中，生产的社会联系只是表现为对于个人随意性起压倒作用的自然规律。"④ 社会范围的经济危机便不可避免。

其次是在资本所有权与经营权分离的条件下，资本家成为多余，这为消灭资本主义制度提供了条件，同时也为建立社会主义经济形式提供了入口。马克思从企业中监督指挥劳动交给专人承担中发现了指挥劳动与资本所有权的分离。"随着信用制度而发展起来的股份企业，一般地说也有一种趋势，就是使这种管理劳动作为一种职能越来越同自有资本或借入资本的占有权相分离。"⑤ 这样，"这种指挥劳动就无须资本家亲自进行了。一个乐队指挥完全不必就是乐队的乐器的所

① 马克思：《资本论》第 1 卷，人民出版社 2004 年版，第 683 页。
② 马克思：《资本论》第 3 卷，人民出版社 2004 年版，第 292 页。
③ 马克思：《资本论》第 3 卷，人民出版社 2004 年版，第 877 ~ 878 页。
④ 马克思：《资本论》第 3 卷，人民出版社 2004 年版，第 997 ~ 998 页。
⑤ 马克思：《资本论》第 3 卷，人民出版社 2004 年版，第 436 页。

有者"，"资本家作为生产上的执行职能的人员已经成为多余的了"①。

第三是随着信用的发展，不仅生产社会化了，连资本也具有了社会性质。由银行贷出的货币资本不再是由它的直接所有者贷出。随着生产社会化和各企业间经济联系的发展，信用制度大大完善，金融组织的作用日益突出。马克思在研究信用在资本主义经济中的作用时，从对股份公司的分析中提出了与私人资本相对立的社会资本。在股份经济中，"那种本身建立在社会生产方式的基础上并以生产资料和劳动力的社会集中为前提的资本，在这里直接取得了社会资本（即那些直接联合起来的个人的资本）的形式，而与私人资本相对立，并且它的企业也表现为社会企业，而与私人企业相对立。这是作为私人财产的资本在资本主义生产方式本身范围内的扬弃。"②

概括以上分析，一方面资本具有社会性质；另一方面一些应由职能资本家执行的职能由经理来执行，留下来的只有管理人员，资本家则作为多余的人从生产过程中消失了。由此，马克思得出结论："只要这种劳动是由作为社会劳动的劳动的形式引起，由许多人为达到共同结果而形成的结合和协作引起，它就同资本完全无关，就像这个形式本身一旦把资本主义的外壳炸毁，就同资本完全无关一样。"③

恩格斯在对马克思关于信用在资本主义经济中的作用部分的增补中，根据当时垄断的发展，发现生产社会化的进一步提高，自由竞争日暮途穷。"在每个国家里，一定部门的大工业家会联合成一个卡特尔，以便调节生产。一个委员会确定每个企业的产量，并最后分配接到的订货"，他从中发现一种趋势："竞争已经为垄断所代替，并且已经最令人鼓舞地为将来由整个社会即全民族来实行剥夺做好了准备。"④

当然，马克思所指出的导致上述矛盾的股份制和信用形式，属于资本主义生产关系允许的范围内的扬弃。"这种向股份形式的转化本身，还是局限在资本主义界限之内；因此，这种转化并没有克服财富作为社会财富的性质和作为私人财富的性质之间的对立，而只是在新的形态上发展了这种对立。"⑤ 要从根本上克服这种对立，途径是消灭资本主义私有制。

归结起来，资本主义经济的发展为社会主义经济制度的建立创造了必要的条

---

① 马克思：《资本论》第 3 卷，人民出版社 2004 年版，第 434~435 页。
② 马克思：《资本论》第 3 卷，人民出版社 2004 年版，第 494~495 页。
③ 马克思：《资本论》第 3 卷，人民出版社 2004 年版，第 435 页。
④ 马克思：《资本论》第 3 卷，人民出版社 2004 年版，第 496~497 页。
⑤ 马克思：《资本论》第 3 卷，人民出版社 2004 年版，第 498~499 页。

件。(1) 在资本主义条件下高度发展的科学技术、生产力和社会财富，是社会主义经济制度得以建立的重要物质基础。(2) 在资本主义制度下发展起来并日臻完善的信用制度是转到一种新生产方式的过渡形式。(3) 在资本主义制度下发展起来的股份经济及所形成的垄断，是进入社会主义的重要"入口"。

由此，马克思在《资本论》全书的最后做出结论：资本主义"这个一定的历史形式达到一定的成熟阶段就会被抛弃，并让位给较高级的形式"。① 这个高级形式不是别的，就是社会主义。

（二）建立新社会的物质基础

社会主义代替资本主义的必然性可以用生产力和生产关系的矛盾来说明，同样，社会主义社会的完善和发展也要以社会生产力的发展来说明。这就提出马克思当年设想的新社会的物质基础问题。这就是马克思的著名的两个"决不会"的论断："无论哪一个社会形态，在它所能容纳的全部生产力发挥出来以前，是决不会灭亡的；而新的更高的生产关系，在它的物质存在条件在旧社会的胞胎里成熟以前，是决不会出现的。"②

马克思在《资本论》中对未来社会的基本特征作出预见性规定后，紧接着就指出，这些规定性的实现，"需要有一定的社会物质基础或一系列物质生存条件，而这些条件本身又是长期的、痛苦的发展史自然产物。"③ 这里既指出了新社会需要一定的物质基础，又指出这些物质基础的形成需要长期的历史发展。

所谓新社会的物质基础，根据马克思的思想，必须是高于资本主义条件下所达到的生产力水平。原因是未来社会是对资本主义社会的积极扬弃，它应该是建立在资本主义制度已经容纳不了自身生产力的物质基础之上，使"新生产形式的物质基础发展到一定的高度，是资本主义生产方式的历史使命"。④

社会主义经济制度与资本主义经济制度是前后相继的两个社会。资本主义生产方式是公有制借以产生的制度基础。在资本主义的充分发展中，已经孕育着公有制的生成成分。否则，公有制不可能作为一个系统和完整的世界性的体系出现在人类社会。这就是马克思说的："在物质生产力和与之相适应的社会生产形式的一定的发展阶段上，一种新的生产方式怎样会自然而然地从一种生产方式中发

---

① 马克思：《资本论》第3卷，人民出版社2004年版，第1000页。
② 《马克思恩格斯选集》第2卷，人民出版社1995年版，第33页。
③ 马克思：《资本论》第1卷，人民出版社2004年版，第97页。
④ 马克思：《资本论》第3卷，人民出版社2004年版，第500页。

展并形成起来。"① 不过,"一个社会即使探索到了本身运动的自然规律","还是既不能跳过也不能用法令取消自然的发展阶段",但是"它能缩短和减轻分娩的痛苦。"②

马克思在《资本论》中,批判了资本主义制度,但充分肯定了在资本主义社会发展起来的社会生产力及其历史作用。马克思说:"发展社会劳动的生产力,是资本的历史任务和存在理由。资本正是以此不自觉地创造着一种更高级的生产形式的物质条件。"③ 资本不仅是资本主义社会中一切矛盾的集中体现,又是资本主义社会物质财富积累的助推器。力求无限地增加生产力是资本无限追求发财致富的逻辑结果。资本是通过驾驭生产来实现对利润追求的。资本的成长与国民财富的日益增进是互为条件的。没有国民财富的日益增长就不可能培育出更多的资本,而没有资本的增长和大量存在,国民财富就难以大幅度地实现持续的增进。马克思对资本的肯定在于:"资本的文明面之一是,它榨取剩余劳动的方式和条件,同以前的奴隶制、农奴制等形式相比,都更有利于生产力的发展,有利于社会关系的发展,有利于更高级的新形态的各种要素的创造。"④

社会主义社会的物质基础更为重要的要从人民群众的物质需要得到充分满足中得到体现。"一方面,社会的个人的需要将成为必要劳动时间的尺度,另一方面,社会生产力的发展将如此迅速,以致尽管生产将以所有的人富裕为目的,所有的人可以自由支配的时间还是会增加。因为真正的财富就是所有个人的发达的生产力。"⑤ 自由人联合体的经济活动以促进每个人全面而自由地发展为基本目的。因此,不应只考虑到某些人、某个群体的利益要求,而必须重视每个人从而社会全体成员的利益要求,否则,将违背自由人联合体的"基本原则"。为了满足人民群众多方面的并且日益增长的需要,要求由生产力的充分发展所创造出来的物质财富绝对充裕。"充裕既包括使用价值的量,也包括使用价值的多样性,这又决定作为生产者的人的高度发展,决定他的生产能力的全面发展。"⑥

二、社会主义社会的基本特征

马克思是在他当时所处的资本主义社会的条件下预测未来的社会主义社会

---

① 马克思:《资本论》第3卷,人民出版社2004年版,第499页。
② 马克思:《资本论》第1卷,人民出版社2004年版,第9~10页。
③ 马克思:《资本论》第3卷,人民出版社2004年版,第288页。
④ 马克思:《资本论》第3卷,人民出版社2004年版,第925~926页。
⑤ 《马克思恩格斯全集》第46卷下,人民出版社1980年版,第222页。
⑥ 《马克思恩格斯全集》第26卷Ⅲ,人民出版社1974年版,第54页。

的。许多对社会主义的规定是在批判资本主义经济的矛盾时合乎逻辑地推导出来的。马克思在《资本论》中对未来社会的生产关系基本特征做了科学预见和规定。

（一）生产资料公有制

马克思以当时发达和比较发达的资本主义国家为背景，针对资本主义社会的生产社会化和资本主义私人占有制之间的矛盾，依据生产关系一定要适合生产力性质的规律，得出了剥夺剥夺者，建立生产资料全社会所有制的结论。这就是他说的，原始积累是剥夺小生产者，资本集中是剥夺中小资本家，"最后是要剥夺一切个人的生产资料，这些生产资料随着社会生产的发展已不再是私人生产的资料和私人生产的产品，它们只有在联合起来的生产者手中还能是生产资料，因而还能是他们的社会财产，正如它们是他们的社会产品一样。"① 因此，社会主义社会应该将资产阶级的全部生产资料转变为"联合起来的生产者的财产，即直接的社会财产"②。直接的社会主义公有制，实际上是劳动者与生产资料的直接结合。"是劳动条件成为直接社会的、社会化的劳动的条件，或成为生产过程内直接协作的条件的结果。"③

对未来的社会主义所有制的形式，马克思最初规定为生产资料归社会占有的"社会的所有制"④。恩格斯在《反杜林论》中将此解释为："社会一旦占有生产资料并且以直接社会化的形式把它们应用于生产。"⑤ 在《资本论》中，马克思把未来社会设想为"自由人联合体，他们用公共的生产资料进行劳动，并且自觉地把他们许多个人劳动力当作一个社会劳动力来使用"。"这个联合体的总产品是社会的产品。这些产品的一部分重新用作生产资料。这一部分依旧是社会的。而另一部分则作为生活资料由联合体成员消费。"⑥ 根据马克思的表述，生产资料公有制，也就是对土地及靠劳动本身生产的生产资料的共同占有。

按马克思关于商品货币产生的条件的分析，全社会占有生产资料，就没有商品和货币关系存在的条件。劳动者的个别劳动不必通过价值形式间接地表现为社会劳动，个别劳动具有社会劳动的经济假定已成为生产的一般前提，这样，"在社会的生产中，货币资本不再存在了。社会把劳动力和生产资料分配给不同的生产部门。生产者也许会得到纸的凭证，以此从社会的消费品储备中，取走一个与

---

① 马克思：《资本论》第 3 卷，人民出版社 2004 年版，第 498 页。
② 马克思：《资本论》第 3 卷，人民出版社 2004 年版，第 495 页。
③ 马克思：《资本论》第 3 卷，人民出版社 2004 年版，第 118 页。
④ 《马克思恩格斯全集》第 19 卷，人民出版社 1963 年版，第 130 页。
⑤ 《马克思恩格斯全集》第 20 卷，人民出版社 1971 年版，第 334 页。
⑥ 马克思：《资本论》第 1 卷，人民出版社 2004 年版，第 96 页。

他们的劳动时间相当的量。这些凭证不是货币。它们是不流通的。"① 由于劳动时间的有计划的分配可以调节着各种劳动职能同各种需要的适当的比例，这样就使劳动者的个别劳动在生产开始时就表现为社会劳动。

马克思以土地所有权为例说明了未来社会中生产资料的所有和占有关系：在未来社会中，"个别人对土地的私有权，和一个人对另一个人的私有权一样，是十分荒谬的。甚至整个社会，一个民族，以至一切同时存在的社会加在一起，都不是土地的所有者。他们只是土地的占有者，土地的受益者，并且他们应当作为好家长把经过改良的土地传给后代。"②

"重新建立个人所有制"是马克思关于公有制设想的又一种表述。马克思说："从资本主义生产方式产生的资本主义占有方式，从而资本主义的私有制，是对个人的、以自己劳动为基础的私有制的第一个否定。但资本主义生产由于自然过程的必然性，造成了对自身的否定。这是否定的否定。这种否定不是重新建立私有制，而是在资本主义时代的成就的基础上，也就是说，在协作和对土地及靠劳动本身生产的生产资料的共同占有的基础上，重新建立个人所有制。"③ 理论界对马克思在这里讲的个人所有制有不同的解释，有的认为指的是消费资料的个人所有，有的则直接理解为生产资料的个人所有。根据马克思的一系列经典性论述，对此可以做如下理解：第一，代替资本主义私有制不是要重新建立以自己劳动为基础的私有制，而是消灭生产资料的私有制，建立生产资料的公有制，因此不可能理解为重建生产资料的个人所有制。第二，这里的"个人"不是指彼此分散的、利益相互对立的个人，而是联合起来的根本利益一致的个人。这就是马克思在另一处讲的"非孤立的单个人的所有制，也就是改造为联合起来的社会个人的所有制"④。第三，讲到所有制，一般指的是生产资料的所有制，因此尽管在未来社会中消费资料属于个人所有是确定的，但这里不可能指的是重建消费资料个人所有制。据此可以将社会主义生产资料公有制概括为联合起来的劳动者共同占有生产资料的个人所有制。这种个人所有制实际上是社会主义公有制的同义语。可见，与资本主义私有制相对立的"重新建立个人所有制"，是马克思对公有制的又一种表述。在这里，全社会占有全部生产资料，人人都是生产资料的所有者。此时的社会就是"自由人联合体"。

上述马克思所讲的未来社会的公有制形式，可以说是公有制的完备形式、成

① 马克思：《资本论》第 2 卷，人民出版社 2004 年版，第 397 页。
② 马克思：《资本论》第 3 卷，人民出版社 2004 年版，第 878 页。
③ 马克思：《资本论》第 1 卷，人民出版社 2004 年版，第 874 页。
④ 《马克思恩格斯全集》第 48 卷，人民出版社 1985 年版，第 21 页。

熟形式，也可以说是作为发展方向的公有制形式。其实，马克思在《资本论》中不仅逻辑推演提出了公有制的完备形式，而且还联系当时的实际提出了公有制的过渡形式。马克思在《资本论》中曾经论述到合作工厂、消费合作社等，认为这是对资本主义占有方式的积极的扬弃。在这些合作工厂和组织中证明资本家作为单纯的资本的所有者已成为多余的，资本家可以被改造为单纯的经理。马克思还把股份制看作是对资本主义私人所有制的消极扬弃。马克思说，资本主义生产极度发展的这个结果，既是资本再转化为联合起来的生产者的财产，即直接的社会财产"所必需的过渡点"；同时也是"所有那些直到今天还和资本所有权结合在一起的职能转化为联合起来的生产者的单纯职能，转化为社会职能的过渡点"①。

　　马克思关于公有制的设想，从理论逻辑上讲是合理的、科学的。正因为如此，这些设想对于人们正确认识和把握公有制的基本规定性，无疑具有重要的启示。至于"在将来某个特定的时刻应该做些什么，应该马上做些什么，这当然完全取决于人们将不得不在其中活动的那个特定的历史环境"②。

（二）按劳分配

　　马克思认为："所谓的分配关系，是同生产过程的历史规定的特殊社会形式，以及人们在他们生活的再生产过程中互相所处的关系相适应的，并且是由这些形式和关系产生的。这些分配关系的历史性质就是生产关系的历史性质，分配关系不过表示生产关系的一个方面。"③ 根据他对生产资料公有制的设想，自然地推导出社会主义社会个人消费品分配的方式是按劳分配。在公有制条件下劳动者共同占有社会的生产资料，因而实现了劳动者在生产资料上的平等，劳动者个人除了自己的劳动，谁都不能提供其他任何东西。这就既消除了劳动者靠个人劳动之外的手段来谋求个人消费品的可能，也消除了剥削的可能。

　　马克思将未来社会称为自由人联合体。在这一社会形态下，社会的全部产品，一部分用作生产消费，一部分用作个人的消费，个人消费品的分配原则是按劳分配。马克思认为，消费资料联合体成员之间的"分配方式会随着社会生产机体本身的特殊方式和随着生产者的相应的历史发展程度而改变。仅仅为了同商品生产进行对比，我们假定每个生产者在生活资料中得到的份额是由他的劳动时间决定的"。因此"劳动时间就会起双重作用。劳动时间的社会的有计划的分配，调节着各种劳动职能同各种需要的适当的比例。另一方面，劳动时间又是计量生

---

① 马克思：《资本论》第 3 卷，人民出版社 2004 年版，第 495 页。
② 《马克思恩格斯全集》第 35 卷，人民出版社 1971 年版，第 154 页。
③ 马克思：《资本论》第 3 卷，人民出版社 2004 年版，第 999～1000 页。

产者个人在共同劳动中个人所占份额的尺度，因而也是计量生产者个人在共同产品的个人可消费部分所占份额的尺度。"① 在这里实际上提出了按劳分配的思想。

关于未来社会系统的收入分配的理论是在《哥达纲领批判》中完成的。马克思一方面区分了共产主义的两个阶段，即共产主义的第一阶段和共产主义的高级阶段，并分别揭示了两个阶段的基本特征；另一方面他在批判拉萨尔"不折不扣"理论的基础上，揭示了未来社会两个阶段的不同分配模式及其依据。马克思认为，在未来社会的第一阶段即社会主义社会，由于它是刚刚从资本主义社会中产生的，在经济、道德和精神方面都还带着它脱胎出来的那个社会的痕迹，所以，必须实行按劳分配原则。只有到了共产主义社会的高级阶段，在迫使人们奴隶般地服从分工的情形已经消失，从而脑力劳动和体力劳动的对立也随之消失后；在劳动已经不仅仅是个人谋生的手段，而且本身成了生活的第一需要之后；在随着个人的全面发展生产力也增长起来，而集体财富的一切源泉都充分涌流之后——只有这个时候，才能完全超出资产阶级法权的狭隘眼界，社会才能在自己的旗帜上写上：各尽所能，按需分配。

在《哥达纲领批判》中，马克思对社会主义社会实行按劳分配的根源以及按劳分配实现形式等问题，进行了科学的分析。

首先，公有制是按劳分配的前提经济条件。马克思说，只有"在一个集体的、以共同占有生产资料为基础的社会里"，才能实现"一种形式的一定量的劳动同另一种形式的同量劳动相交换"②。换言之，在其他非公有制社会形态中，按劳分配是不可能存在的。这一经济条件的存在使社会主义的分配原则与资本主义社会的分配原则区别开来。

其次，旧的社会分工的存在，是按劳分配的直接经济条件。社会主义社会在经济、道德和精神等方面都还带着它脱胎出来的那个社会的痕迹。特别是，劳动者尚处在固定的社会分工之中；劳动存在着巨大的差别，而且具有一定的强制性；劳动还只是一种谋生的手段。这样的经济条件决定了按劳分配成为必要。

马克思指出的按劳分配实际上限定在社会范围的分配之后，这就是他所揭示的"社会产品扣除原理"：社会总产品在进入个人消费品分配以前，必须进行两大类六个方面的扣除。一方面，在作为个人消费资料加以分配前，一要扣除补偿消费掉的生产资料的部分；二要扣除用于扩大生产的追加部分；三要扣除用来应付不幸事故、自然灾害等的后备基金或保险基金。社会总产品经过第一项扣除，

---

① 马克思：《资本论》第 1 卷，人民出版社 2004 年版，第 96 页。
② 《马克思恩格斯选集》第 3 卷，人民出版社 1995 年版，第 304 页。

余下的相当于国民收入；扣除的第二、三项的内容，相当于积累基金；社会总产品经过上述三项扣除，余下的部分属于消费基金。另一方面，消费基金在进入个人之间的分配前，还要进行三项扣除：一是扣除和生产有直接关系的一般管理费用，这一部分费用将会随着社会的发展而日益减少；二是用来满足共同需要的部分，如学校、保健设施等，这一部分费用将会随着社会的发展而日益增加；三是为丧失劳动能力的人等设立的基金，也就是所谓官办济贫事业的部分①。

对作为按劳分配尺度的劳动的界定，马克思在《哥达纲领批判》中做了一般性的描述。他指出："每一个生产者，在作了各项扣除之后，从社会领回的，正好是他所给予社会。他所给予社会的，就是他个人的劳动量。例如，社会劳动日是由全部个人劳动小时构成的；各个生产者的个人劳动时间就是社会劳动日中他所提供的部分，就是在社会劳动日中他的一份。"② 这里，对作为按劳分配尺度的"个人劳动量"或"个人劳动时间"的含义，学术界有不同的观点。根据马克思的分析框架，按劳分配中的"劳"，是一种经过换算的具有社会平均性质的劳动时间——"社会平均劳动时间"，即剔除生产资料优劣因素的影响后按社会平均的劳动强度、熟练程度和复杂程度计量的劳动时间。每个劳动者的个别劳动时间必须经过社会平均劳动时间这一统一尺度的换算后，才能作为分配其个人消费品的尺度。人们不能凭借占有较优的生产资料实现自己的特殊利益，在个人消费品分配时，必须扣除这种客观因素的影响。

按劳分配实际上属于个人消费品的分配，是等量劳动获取等量个人消费品。劳动者在提供一定量的劳动后，从社会方面领得一张劳动证书，"他根据这张凭证从社会储存中领得一份耗费同等劳动量的消费资料。他以一种形式给予社会的劳动量，又以另一种形式领回来。"③ 马克思在此所说的"相当"及"全部领回来"是什么含义呢？是不是劳动者付出了 X 小时的社会劳动就领回物化了的 X 小时的个人消费品呢？根据马克思的分析，在社会总产品中，作为按劳分配对象的，只是个人消费资料的部分，也就是做了各项社会扣除后余下的部分；在社会总劳动中，除了参与劳动过程的物化劳动外，真正的活劳动是剩余劳动与必要劳动之和，尽管与实物形态相对应的形成个人消费品的是必要劳动，但作为个人消费品分配依据的却是社会总劳动中扣除物化劳动以后的活劳动的部分。对于每个劳动者来说，也不存在付出 X 小时的劳动就领回物化了 X 小时的个人消费品这样的相等关系。等量劳动互换中的"相等"，或马克思所说的"相当"，实际上

---

① 参见《马克思恩格斯选集》第 3 卷，人民出版社 1995 年版，第 303 页。
②③ 《马克思恩格斯选集》第 3 卷，人民出版社 1995 年版，第 304 页。

指的是一种比例相等，即每个劳动者应得的个人消费品在社会总的个人消费品中所占的比例，应该与该劳动者为社会提供的劳动量在社会总平均劳动中所占的比例相等，或者说，不同的劳动者等量劳动获得等量报酬，是按劳分配的实质内容。

归纳起来，马克思的按劳分配理论的内容是：按劳分配是社会主义社会个人消费品的分配制度；劳动是分配劳动者个人消费品的唯一尺度，这里的劳动不是个别劳动，而是得到社会承认的社会必要劳动；按劳分配的对象不是社会总产品的全部，而是扣除耗费掉的生产资料、积累资料和社会消费后剩余的部分；等量劳动互换是一种比例相等的关系，分配给劳动者的是与其劳动在社会总平均劳动中所占比例相等的报酬。

最后必须注意到马克思所揭示的趋势：随着社会生产力越来越快的发展，总的变化趋势是劳动量对分配的影响和作用不断减少，而劳动者的需要对分配的支配作用不断增强。

（三）人的自由的全面发展

马克思明确指出未来社会的一个重要特征是人的自由的全面发展。马克思对自由人联合体社会的人的自由的全面发展作了如下描述："像野蛮人为了满足自己的需要，为了维持和再生产自己的生命，必须与自然搏斗一样，文明人也必须这样做；而且在一切社会形式中，在一切可能的生产方式中，他都必须这样做。这个自然必然性的王国会随着人的发展而扩大，因为需要会扩大；但是，满足这种需要的生产力同时也会扩大。这个领域内的自由只能是：社会化的人，联合起来的生产者，将合理地调节他们和自然之间的物质变换，把它置于他们的共同控制之下，而不让它作为一种盲目的力量来统治自己；靠消耗最小的力量，在最无愧于和最适合于他们的人类本性的条件下来进行这种物质变换。"①

在资本主义条件下的雇佣劳动者相比于过去时代的劳动者所获得的自由概括为三个方面的内容：一是法律上的自由，即工人是受法律保护的自由人；二是选择雇主，选择劳动地点、劳动条件、职业以及收入水平的自由；三是选择自身的技能发展的自由。这种自由仍比以往社会前进了一大步，对促进社会物质的普遍变换、人的需求的全面发展和能力的全面发展，起着积极的作用。当然，由于生产资料仍掌握在少数人手中，劳动力再生产仍从属于资本，所以，这些自由只具有形式的意义。"形式变得比较自由了，因为这种形式还只具有物的性质，在形

---

① 马克思：《资本论》第 3 卷，人民出版社 2004 年版，第 928～929 页。

式上是自愿的，纯经济的。"①

　　劳动者真正实现自由是在消灭资本主义社会以后所建立的社会主义社会中。在这一形态中，自由个性不仅在形式上而且在实质上都已成为现实。其基本原因是社会财富已成为人们共同使用、共同发展的物质条件。人的全面发展是人们在认识自然、改造自然、征服自然的过程中解放自己、发展自己的历史产物。

　　关于未来社会自由人的定义，马克思认为，自由人是"自由联合、自觉活动并且控制自己的社会运动的人们"。② 自由人不是一个个彼此独立分散的个人，而是已实现社会性的个人。就是说，每个人的自由都只存在于社会性结合时。在这社会性结合中，每个人的才能和智慧都得到全面发展，人与人之间的经济地位和社会地位是完全平等的，一切等级差别已消失。就是马克思说的："只有在集体中，个人才能获得全面发展其才能的手段，也就是说，只有在集体中才可能有个人自由。"③

　　关于自由人形成的条件，根据马克思的分析有四个方面：第一，社会生产力高度发展，人们提供的劳动有足够的剩余，从而有条件缩短工作日，相应地每个人从而整个社会可自由支配的时间的增加。"创造可以自由支配的时间，也就是创造产生科学、艺术等等的时间。"④ 这将为人的自由选择、发展提供时间保障。如果人们还要把主要的精力和时间用于解决生存问题，还严重依赖着自然产物，那么，自由就只能是一句空话。第二，生产资料已归社会占有，任何人都不能再通过劳动以外的手段谋得消费资料。第三，理论教育与实践的工艺教育有机地结为一体。因此，"未来教育对所有已满一定年龄的儿童来说，就是生产劳动同智育和体育相结合，它不仅是提高社会生产的一种方法，而且是造就全面发展的人的唯一方法。"⑤ 第四，劳动的普遍化。"在劳动强度和劳动生产力已定的情况下，劳动在一切有劳动能力的社会成员之间分配得越平均，一个社会阶层把劳动的自然必然性从自身上解脱下来并转嫁给另一个社会阶层的可能性越小，社会工作日中必须用于物质生产的必要部分就越小，从而用于个人的自由活动，脑力活动和社会活动的时间部分就越大。"⑥

　　在自由人联合体的经济活动中，时间规定仍具有极其重要的意义。自由人的经济活动也需要讲究效率，也要进行投入产出关系的分析和核算。因为，

---

① 《马克思恩格斯全集》第49卷，人民出版社1982年版，第88页。
② 马克思：《资本论》第1卷，中国社会科学出版社1983年法文版中译本，第60页。
③ 《马克思恩格斯选集》第1卷，人民出版社1972年版，第82页。
④ 《马克思恩格斯全集》第46卷上，人民出版社1979年版，第381页。
⑤ 马克思：《资本论》第1卷，人民出版社2004年版，第556～557页。
⑥ 马克思：《资本论》第1卷，人民出版社2004年版，第605页。

"社会发展、社会享用和社会活动的全面性，都取决于时间的节省。"① 社会为生产小麦、牲畜等等所需要的时间越少，它所赢得的从事其他生产、物质的或精神的生产的时间就越多。时间的节约状况直接决定着自由人自身的全面发展程度。

自由时间对人的全面发展的基础性作用表现在以下方面。

第一，自由时间是每个人分享历史上遗留下来的科学、艺术、交际方式等文化成果，从而发展自由个性的保证。"个性得到自由发展，因此，并不是为了获得剩余劳动而缩减必要劳动时间，而是直接把社会必要劳动缩减到最低限度，那时，与此相适应，由于给所有的人腾出了时间和创造了手段，个人会在艺术、科学等等方面得到发展。"②

第二，自由时间是衡量未来社会财富的重要尺度。马克思认为，以劳动时间作为财富的尺度表明财富还建立在贫困的基础上，而当自由时间成为财富增长的决定性因素时，表现为生产和财富的宏大基石的，既不是人本身完成的直接劳动，也不是人从事劳动的时间，而是对人本身的一般生产力的占有。那时，衡量财富的价值尺度将由劳动时间转变为自由时间，增加自由时间"即增加使个人得到充分发展的时间，而个人的充分发展又作为最大的生产力反作用于劳动生产力"③。

第三，自由时间的增加是建立自由王国的根本条件。马克思指出：物质领域始终是一个必然王国。"自由王国只是在必要性和外在目的规定要做的劳动终止的地方才开始；因而按照事物的本性来说，它存在于真正物质生产领域的彼岸。……在这个必然王国的彼岸，作为目的本身的人类能力的发展，真正的自由王国，就开始了。但是，这个自由王国只有建立在必然王国的基础上，才能繁荣起来。工作日的缩短是根本条件。"④ 在此，物质生产活动的"此岸"和"彼岸"的对立，实质上就是劳动时间和自由时间的对立。

第四，更多的自由时间从而每个人的全面而自由的发展是未来理想社会的基本特征和基本内容。"整个人类的发展，就其超出对人的自然存在直接需要的发展来说，无非是对这种自由时间的运用，并且整个人类发展的前提就是把这种自由时间的运用作为必要的基础。"⑤

---

① 《马克思恩格斯全集》第 46 卷上，人民出版社 1979 年版，第 120 页。
② 《马克思恩格斯全集》第 46 卷下，人民出版社 1980 年版，第 218~219 页。
③ 《马克思恩格斯全集》第 46 卷下，人民出版社 1980 年版，第 225 页。
④ 马克思：《资本论》第 3 卷，人民出版社 2004 年版，第 928~929 页。
⑤ 《马克思恩格斯选集》第 47 卷，人民出版社 1979 年版，第 216 页。

（四）计划经济

马克思针对资本主义条件下社会生产无政府状态，合乎逻辑地推导出未来社会应该在全社会范围内建立计划经济。自由人联合体经济的一个重要特征就是"社会生活过程即物质生产过程的形态，作为自由联合的人的产物，处于人的有意识有计划的控制之下"。所谓有计划控制，就是"劳动时间的社会的有计划的分配，调节着各种劳动职能同各种需要的适当的比例"①。

计划经济即对经济活动的自觉调节与控制。在公有制的条件下，整个社会保持高度的集体理性，能够依靠自我力量实行经济活动的自觉控制。"社会必须合理地分配自己的时间，才能实现符合社会全部需要的生产。因此，时间的节约，以及劳动时间在不同的生产部门之间有计划的分配，在共同生产的基础上仍然是首要的经济规律。这甚至在更加高得多的程度上成为规律。"② 就是说，通过对劳动时间的有计划的分配，使整个社会的劳动职能及其产品的供给正好与社会对各种劳动职能及其产品的需要相适应。

在马克思看来，资本主义社会的理智总是在事后起作用，而社会主义社会的理智则是在事前起作用，"社会必须预先计算好，能把多少劳动、生产资料和生活资料用在这样一些产业部门而不致受任何损害"③。社会只有对生产过程进行自觉的控制，才能实现直接的计划生产。

三、科学认识实践中的社会主义

政治经济学对社会主义分析的任务，固然有坚定社会主义代替资本主义信念的要求，但不局限于此。为适应我国改革开放和现代化建设的需要，政治经济学的任务应该以改革和完善社会主义经济制度、促进发展先进社会生产力、增加国民财富为目标。与此相适应，对政治经济学的研究和教学思路应有两个方面转变：一方面是，要由以阶级斗争为纲转向以经济建设为中心。政治经济学面对资本主义社会是阶级斗争的武器，而在当今的社会主义社会则是经济建设的理论指导。另一方面是，要由把政治经济学理论作为教条转向作为行动的指南。马克思在一百多年前批判资本主义时，合乎逻辑地推导出社会主义社会的某些特征，这些不应成为今天建设社会主义的教条，而应该成为行动的指南。我们不应固守马

① 马克思：《资本论》第 1 卷，人民出版社 2004 年版，第 96～97 页。
② 《马克思恩格斯全集》第 46 卷上，人民出版社 1979 年版，第 120 页。
③ 马克思：《资本论》第 2 卷，人民出版社 2004 年版，第 349 页。

克思当时提出的某些个别结论，而应该根据社会主义社会发展的实践发展马克思关于社会主义的理论。

应该说，马克思在《资本论》中推导出的关于替代资本主义后的未来社会的规定是合乎逻辑的、是科学的。根据马克思的逻辑，这些规定是在发育成熟的资本主义社会基础上建立起来的成熟的社会主义社会的经济特征。而在我国是在经济相对落后的半殖民地半封建社会基础上进入社会主义社会的。马克思当时在分析英国以外的国家的生产关系时指出：这些国家"不仅苦于资本主义生产的发展，而且苦于资本主义生产的不发展。除了现代的灾难而外，压迫着我们的还有许多遗留下来的灾难，这些灾难的产生，是由于古老的、陈旧的生产方式以及伴随着它们的过时的社会关系和政治关系还在苟延残喘。"① 马克思在分析商人资本的历史作用时有一段关于中国的论述：资本主义以前的、民族的生产方式具有的内部的坚固性和结构，对于商业对封建生产方式的解体作用造成了多大的障碍呢，这从英国人同印度和中国的交往中可以明显地看出来。在中国，"小农业和家庭工业的统一形成了生产方式的广阔基础"。商业对这种生产方式的解体进程极其缓慢，除了因为在这里没有直接政治权力的帮助外，就是因为农业和手工业的直接结合而造成的巨大的节约和时间的节省，对大工业产品进行了最顽强的抵抗。"因为在大工业产品的价格中，会加进大工业到处都要经历的流通过程的各种非生产性费用。"② 这段分析也表明，市场经济不发达和小农经济的强大造成了旧的生产方式稳固地保留下来，直至进入社会主义社会的初级阶段。

因此，我国在进入社会主义社会时同样也存在这样的生产关系，既有资本主义的生产关系，还有多种前资本主义的生产关系。即使经过了社会主义改造，各种前资本主义生产方式的残余和影响还存在。这些都可以说是我国的社会主义还处于初级阶段的重要说明因素。

以《资本论》体系为代表的马克思主义政治经济学是以资本主义为对象的，其对社会主义经济关系的某些预测和规定，也是包含在其分析资本主义的框架中的。因此以马克思主义政治经济学作为指导思想的理论基础分析社会主义经济关系时需要进行理论创新。

《资本论》为现实的社会主义经济发展提供的指导思想，不仅是其关于社会主义经济特征的论述，更为重要的是其一般经济理论。其一般经济理论最重要的是市场经济理论。尽管《资本论》是在资本主义经济形式中阐述市场经济理论

---

① 马克思：《资本论》第 1 卷，人民出版社 2004 年版，第 9 页。
② 《马克思恩格斯文集》第 7 卷，人民出版社 2009 年版，第 372 页。

的，其中的许多理论在抽去资本主义经济关系的规定性后，对现阶段的社会主义经济的指导作用也非常明显。我国改革开放的实践所面临的调整经济关系的许多方面，如所有制结构调整、企业制度建设、分配结构和分配制度的调整、市场经济体制建设、国家与企业关系的调整，等等。《资本论》中的原理和方法对所有这些方面的研究和分析都能起到指导作用。

根据马克思的分析，生产力充分发展所创造出来的坚实的物质条件和精神条件，是公有制社会功能借以发挥的前提。"如果我们在现在这样的社会中没有发现隐蔽地存在着无阶级社会必需的物质生产条件和与之相适应的交往关系，那么一切炸毁的尝试都是唐·吉诃德的荒唐行为。"① 当人类社会还不完全具备这样的条件时，或者说，公有制在经济上还不能获得自由时，它的社会各种职能的运用与发挥必然是残缺不全的，那么，公有制的效率也就不可能充分体现。

马克思在《资本论》中用了很大篇幅研究生产力。例如从简单协作到工场手工业分工到机器大工业，马克思对每一种生产方式都进行了细致的包含技术层面的分析。同样，分析社会主义经济关系也要依据这个科学的方法。发展社会主义的经济关系归根到底也要依赖生产力的发展。虽然我国尚处于社会主义初级阶段是由较低的生产力水平决定的，但绝不意味着当前所发展的生产力是落后的生产力，而是应该以先进的社会生产力标准来发展生产力。

马克思在说明自由人联合体中实现对物质生产有意识、有计划的控制时特别补充说："这需要有一定的社会物质基础或一系列物质生存条件，而这些条件本身又是长期的、痛苦的发展史的自然产物。"② 显然，我们当前所要做的，不是放弃社会主义的基本规定性，而是要为实现这些社会主义规定性创造物质基础。进一步说，当前发展社会主义经济的着重点，不是追求制度上如何先进，而是追求社会生产力的先进，以此来推动制度的发展。

经济学都是代表一定利益集团的。以《资本论》被称为工人阶级的"圣经"。长期以来，人们往往是从阶级分析和阶级斗争的角度认识《资本论》和政治经济学的，这在阶级斗争的年代是完全可以理解的。在建设新社会的年代，政治经济学就是要为形成与社会主义初级阶段基本经济制度相适应的思想观念和创业机制做出理论贡献。政治经济学对社会主义经济的分析，不是提供阶级斗争的理论，而是要提供建设和谐社会的理论。面对资本主义的政治经济学，是要寻求资本主义的掘墓人。面对社会主义社会政治经济学是要寻求这个社会的建设者，

---

① 《马克思恩格斯全集》第46卷上，人民出版社1979年版，第106页。
② 马克思：《资本论》第1卷，人民出版社2004年版，第97页。

从根本上解决建设新社会的发展先进社会生产力的基本力量。

建设新社会，最根本的是推动生产力的发展，特别是发展先进生产力。根据马克思的思路，生产资料特别是生产工具是区别经济时代的标志。这就是他说的："各种经济时代的区别，不在于生产什么，而在于怎样生产，用什么劳动资料生产。"① 根据马克思的历史分析，资本主义经济关系所依存的社会生产力，以简单协作为起点，经过工场手工业分工，只是到机器大工业才建立起自己的物质技术基础。大工业的特征是机器生产机器。"大工业必须掌握它特有的生产资料，即机器本身，必须用机器来生产机器。这样，大工业才建立起与自己相适应的技术基础，才得以自立。"机器所产生的生产力作用根据马克思的分析就在于两个方面："劳动资料取得机器这种物质存在方式，要求以自然力来代替人力，以自觉应用自然科学来代替从经验中得出的成规。"② 显然，机器大工业的这两个方面要求正是我国当前所要发展的先进社会生产力的参照系，概括地说，先进社会生产力，就是建立在现代科学技术基础上的生产力。其实，先进社会生产力是动态的概念。就像马克思所说，大工业的技术基础是革命的。现在我国达到的生产力水平可能已经大大超过马克思当年所处的资本主义国家的水平，但仍然不能说我国的社会主义的物质基础已经建立起来，原因是发达的资本主义国家依赖其机器大工业的基础，不断地创新技术，创新产业，由此其生产力达到了更高的水平。在这样条件下我们所讲的代表先进社会生产力就不能局限于《资本论》中所描述的机器大工业水准，应该以现阶段发达国家所达到的生产力水平作为先进社会生产力的参照系。先进社会生产力每一时期有其新的内容，产业结构是社会生产力发展水平的综合反映。一百多年前讲先进社会生产力是机器大工业，现在是以信息产业为代表的新兴的高科技产业。

现在无论是资本主义所处的阶段，还是生产力的发展水平和企业制度都不同于马克思在一百多年前写《资本论》时的时代，社会主义社会的发展实践也与马克思当时预测的状况不完全相同。所有这些都要求政治经济学的原理适应实践的发展而发展。例如：劳动价值论。在马克思那个时代，劳动对经济增长起着决定性作用，而且这时的劳动主要是工人的劳动。经济发展到现代阶段，知识、技术对经济增长的作用远远超过了劳动。劳动的内容和范围也进一步扩大了，不仅工人提供劳动，技术人员、管理人员、服务人员等都在提供劳动，甚至私营企业主在从事管理工作时也在提供劳动。因此用劳动价值论分析现代经济时需要依据变

---

① 马克思：《资本论》第 1 卷，人民出版社 2004 年版，第 210 页。
② 马克思：《资本论》第 1 卷，人民出版社 2004 年版，第 441、443 页。

化了的情况做出新的解释。再如个人财产、私人资本在资本主义分析中，因其属于私有经济的范畴而被视为剥削的工具，财产一无所有的无产者则被作为该社会的掘墓人而得到肯定。而在社会主义经济分析中就不能墨守这种理论。在社会主义社会，工人阶级作为主人翁和建设者应该也可能成为有产者，有无个人财产和个人财产的多少都不能成为政治上先进和落后的标准。政治经济学需要提出和研究有中国特色社会主义建设者的概念，需要提出和研究保护私人财产的制度，需要根据各种要素包括资本、劳动和管理按照企业所确定的份额投入企业并按贡献参与分配，需要寻求劳资合作的有效方式。为形成全体人民各尽其能、各得其所而又和谐相处的局面作出理论贡献。

（本文为我和葛扬主编的《资本论的现代解析》（经济科学出版社 2011 年版）中的第 20 章。编入本书时有删节）

《苏联社会主义经济问题》
关于经济规律理论

提要

《苏联社会主义经济问题》确认社会主义制度下经济规律的客观性质，明确认为人们不但不能创造和改造经济规律，还必须尊重经济规律，按经济规律办事。进入社会主义社会后，斯大林根据生产资料公有制采取全民所有制和集体所有制两种形式的现实，明确认为还存在商品生产和商品交换。与此相应就存在价值规律的作用。这是对马克思主义政治经济学的发展。但他只是在商品交换领域承认价值规律起调节作用，不承认在商品生产领域价值规律起调节作用。其前提是计划经济。这个理论教条已经被中国的市场化改革打破。

一、写作背景和基本思想

斯大林在列宁逝世以后领导了苏联的社会主义建设，先后推进了以重工业化为标志的社会主义工业化，以建立集体农庄为标志的农业集体化，也取得了反法西斯战争的胜利。在此背景下，20 世纪 50 年代初，苏联理论界根据苏共中央的决定，进行政治经济学教科书的编写。其中政治经济学社会主义部分的编写是史无前例的。因而发生了一些重大理论问题的争论，例如，社会主义政治经济学的研究对象问题、社会主义制度是否存在经济规律和它的客观性问题、社会主义下商品生产和价值规律的作用问题，等等。这些争论在 1951 年 11 月为评定政治经济学教科书未定稿而进行的经济问题讨论会上表现出来。1952 年 2 月斯大林针对这些争论问题逐一发表了自己的意见，并专门针对部分经济学家的错误观点以书信形式进行了批评。这两个方面内容合起来形成《苏联社会主义经济问题》一书。这本著作虽然不是逻辑结构严密的社会主义政治经济学著作，但在当时条件下可以说涉及到了社会主义政治经济学的基本内容。后来出版的对各个社会主义国家产生重大影响的苏联政治经济学教科书就是在其思想的指导下写成的。特别需要指出的是，斯大林的《苏联社会主义经济问题》是对斯大林领导的苏联社会主义经济建设和社会主义经济体制模式的总结和概括。后来人们所总结的社会主义经济的斯大林模式就来源于此。

全书涉及当时的社会主义政治经济学理论的方方面面：第一，明确社会主义政治经济学的任务是阐述社会主义经济规律，阐明了社会主义制度下经济规律的客观性质。第二，提出了社会主义制度下还存在商品生产的问题。这是对马克思和恩格斯不承认社会主义条件下商品生产理论的重大突破，当然斯大林还只是在全民所有制和集体所有制两种公有制形式之间存在商品交换的意义上承认商品生产，否认在社会主义制度下生产资料是商品。第三，阐述了社会主义制度下价值规律作用的问题。但斯大林认为，价值规律在社会主义制度下是受到严格限制的，价值规律只对流通起调节作用，而对生产不起调节作用，只有影响作用。第四，阐述了社会主义基本经济规律的问题。将其内涵明确为：用在高度技术基础上使社会主义生产不断增长和不断完善的办法，来保证最大限度地满足整个社会经常增长的物质和文化的需要。第五，阐述了社会主义政治经济学研究的对象问题，明确社会主义政治经济学研究的对象是生产关系，批评了用生产力组织学来代替社会主义政治经济学的观点。指出了生产关系包括三个方面内容：即：生产资料的所有制形式；各种不同社会集团在生产中的地位以及它们的相互关系，产品分配形式。他把生产资料的所有制形式作为生产关系的基础。除了以上内容外，斯大林还阐述了国民经济有计划按比例发展的规律，关于消灭三大差别和向共产主义过渡的问题，关于把集体农庄所有制提高到全民所有制的问题，关于世界资本主义体系危机加深的问题，关于资本主义国家之间战争不可避免的问题，关于现代资本主义基本经济规律等。

二、解读

（一）社会主义经济规律的客观性

20 世纪 50 年代初在斯大林的直接指导下苏联出版的《政治经济学教科书》明确社会主义政治经济学的任务是研究社会主义条件下的经济规律，并且系统阐述了社会主义基本经济规律、价值规律、有计划按比例发展规律等一系列经济规律的要求和作用，体现了斯大林《苏联社会主义经济问题》中关于经济规律的思想。

经济规律的客观性和人的主观能动性。

政治经济学规律即经济规律同自然科学的规律是一样的，作为科学规律是不以人的意志为转移的客观过程的反映。人们能发现这些规律，认识它们，研究它们，利用它们以利于社会，但不能改变或废除这些规律。

就人和自然规律的关系来说，对天文、地质及其他类似的过程，如打雷、地震，人们即使认识了它们的发展规律，也无力影响它们。但在其他场合，人们不是无能为力的。人们可以认识自然规律，善于利用它们，限制它们作用的范围，把自然力的破坏力引导到另一方向，使自然界的破坏力转而有利于社会。就如江河泛滥，当人们认识了自然规律，学会了修筑堤坝和水电站的时候，就会防止水灾，利用水来灌溉田地。这不是违反自然规律，而是根据自然规律来实现的。

经济发展规律是不以人们的意志为转移的经济发展过程的客观规律。人们能发现这些规律，认识它们，利用它们以利于社会。把某些规律的破坏作用引导到另一方向，限制它们作用的范围，给发生正面作用的规律广阔的作用场所。

经济规律，也就是政治经济学的规律与自然科学的规律不同，其中大多数规律是在一定的历史时期中发生作用的。原因是这些规律是同一定历史时期存在的经济条件相联系的。新的经济条件产生，就产生某种规律，该种经济规律的经济条件失去效力，就退出舞台，让位给新的规律。就如价值规律，存在于商品经济的条件，商品经济一旦退出历史舞台，价值规律就不存在了。基于此，斯大林批评了有些经济学家认为社会主义国家可以创造经济规律的观点，指出经济规律反映客观经济发展过程的必然性，是不以人们意志为转移的。人们不能制定、创造、消灭、废除和改造经济规律。即使是在社会主义制度下，人们能够熟练地运用规律，但这不意味着可以消灭现存经济规律和创造新的经济规律。

虽然经济规律是客观的，但社会在规律面前并不是无能为力的，社会认识了经济规律以后，就能限制它们发生破坏作用的范围，利用它们以利于社会，并"驾驭"它们。

在自然科学中，发现和应用新的规律或多或少是顺利的。与此不同，在经济学领域中的经济规律与经济利益相关。例如，发现和应用那些触犯社会衰朽力量的利益的新规律，却要遇到这些社会力量的极强烈的反抗。因此，这些经济规律的实现，需要有能够克服这种反抗的社会力量。例如，生产关系一定要适合生产力性质这一经济规律，早已在资本主义国家中就存在。资本主义生产关系不能适应生产力性质，需要改变这种生产关系。但是，按此规律改变这种生产关系，遇到了社会上衰朽力量的极强烈的反抗。而在苏联，苏维埃政权依据生产关系一定要适合生产力性质这个经济规律，把生产资料公有化，使它成为全体人民的财产，创造了社会主义的经济形式。其秘密在于，当时的苏联有了占社会绝大多数的工人阶级和农民的联盟这个社会力量，粉碎了维护资本主义的旧的社会力量，使生产关系一定要适合生产力性质这个经济规律获得了充分发生作用的广阔场所。

人们能够发现和认识规律，但不能"消灭"或"制定"科学规律。

在社会主义制度下，政治经济学的规律是客观规律。人们能够发现规律，认识它们，掌握它们，学会熟练地运用它们，利用它们以利于社会，从而征服它们，求得支配它们。但人们不能够"消灭"科学规律或"制定"科学规律。斯大林根据他所认为的两个社会主义经济中起重要作用的两个规律作了说明。

首先是国民经济有计划发展的规律，使我们的计划机关有可能去正确实施计划社会生产。但是，不能把可能同现实混为一谈。这是两种不同的东西。要把这种可能变为现实，就必须研究这个经济规律，必须掌握它，必须学会熟练地应用它，必须制定出能完全反映这个规律的要求的计划。年度计划和五年计划完全反映了这个经济规律的要求，就能实现有计划发展。反之，如果计划不能反映这个规律的要求，就不能实现有计划发展。

其次是社会主义制度下发生作用的价值规律。在计划经济的基础上可以限制价值规律发生作用的范围，可以防止它们的破坏作用。但绝不意味着这是"改造过的"或者甚至是"根本改造过的"规律。规律不能"改造"，尤其不能"根本改造"。

（二）社会主义制度下的价值规律

斯大林在《苏联社会主义经济问题》中专门研究了社会主义制度下的商品生产问题。明确指出，在社会主义制度下存在两种公有制形式，不同所有制之间交换产品需要采取商品形式。有商品交换就有商品生产。在有商品和商品生产的地方，是不能没有价值规律的。

在社会主义社会，价值规律发生作用的范围，首先是包括商品流通，包括通过买卖的商品交换，包括主要是个人消费的商品的交换。在这里，在这个领域中，价值规律保持着调节者的作用，即商品交换要坚持等价交换。

社会主义制度下价值规律影响生产，但不起调节作用。

价值规律的作用，并不限于商品流通范围内，同时也扩展到生产方面。但斯大林认为，价值规律对社会主义生产不起调节作用，只是影响生产。价值规律对生产的影响主要表现在，企业在经济核算和盈利问题、成本问题、价格问题等等方面，考虑到价值规律的要求。具体地说，按价值规律要求，不断地改进生产方法，降低生产成本，实行经济核算，并使企业能够赢利。在这里斯大林把价值规律看作是"很好的实践的学校"。

价值规律对生产的影响体现在价格政策上。例如当时调整棉花与谷物的比价，计划工作人员建议，1 吨谷物的价格差不多等于 1 吨棉花的价格，1 吨谷物的价格和 1 吨面包的价格。这种比价关系明显违背价值规律。由于磨粉和烘烤的额外费用，1 吨面包的价格明显高于 1 吨谷物的价格，棉花总比谷物值钱得多。如果他们之间的价格相等，就会使植棉者破产，就没有棉花。

在社会主义条件下，价值规律作用的范围是被严格限制在一定范围的。原因是商品生产的范围受到限制。尤其是在生产领域，有计划按比例发展规律代替了竞争和无政府状态的规律，实行计划经济。因此价值规律对生产不起调节作用。

概括起来，价值规律只是在资本主义制度下，在存在着生产资料私有制的情况下，在存在着竞争、生产无政府状态、生产过剩危机的情况下，才是生产的调节者。在社会主义条件下，价值规律发生作用的范围是被生产资料公有制的存在、被国民经济有计划发展这一规律的作用限制着的。

（三）社会主义社会的城乡、工农、脑力劳动和体力劳动差别

城市和乡村之间、工业和农业之间的对立的经济基础，是城市对乡村的剥削，是资本主义制度下工业、商业、信贷制度的整个发展进程所造成的对农民的剥夺和大多数农村居民的破产。因此，资本主义制度下的城市和乡村之间的对立，应该看作是利益上的对立。

随着资本主义和剥削制度的消灭，随着社会主义制度的巩固，城市和乡村之间、工业和农业之间利益上的对立也必定消失。工人和集体农庄的农民，虽然仍然是两个在地位上彼此不同的阶级，但他们的根本利益，在巩固社会主义制度上，是在一条共同线上的。因此，城市和乡村之间、工业和农业之间的对立的基础，已经被社会主义制度消灭了。而且，城市可能成为农产品加工和一切食品工业部门强大发展的中心，促进全国文化的繁荣，使城市和乡村有同等的生活条件。

脑力劳动和体力劳动的关系也是这样。脑力劳动和体力劳动之间的对立的经济基础，是脑力劳动者对体力劳动者的剥削。在资本主义制度下，从事脑力劳动的管理者同从事体力劳动的工人处于对立的地位。随着资本主义和剥削制度的消灭，体力劳动和施力劳动之间利益上的对立也必定消失。体力劳动者与作为脑

力劳动者的领导人员不是敌人，而是同志和朋友，都是一个统一的生产集体的成员。

城市（工业）和乡村（农业）之间、体力劳动和脑力劳动之间的差别仍然存在。

在社会主义条件下存在上述三大差别，是社会主义建设的实践遇到的新问题，这个问题是马克思主义经典作家没有提出过的。

就城乡差别来说，消灭了城市和乡村之间的对立，不仅大城市不会毁灭，并且还要出现新的大城市，它们是大工业的中心，也是文化最发达的中心。再就工农之间的差别来说，不仅表现为两者的劳动条件的不同，而且首先是所有制的差别，工业中生产资料和产品全民所有制，农业中是集体农庄所有制。斯大林认为，这种所有制差别是工业和农业的本质差别。

脑力劳动和体力劳动之间的本质差别，即文化技术水平的悬殊，工人的文化技术水平太低，远远落后于技术人员的水平。

斯大林发现，工农之间，脑力劳动和体力劳动之间的本质差别会随着社会主义发展而逐步消失，如工农之间的所有制差别会改变，用提高工人文化技术水平到技术人员水平的办法，来消灭体力劳动和脑力劳动之间的木质差别，也是可能的。但是，斯大林认为，虽然本质差别会消失，但非本质的差别还会保留下来，这主要是指工作条件。工业和农业的工作条件有差别，企业领导人员与工人的工作条件有差别。

三、现代价值

斯大林的《苏联社会主义经济问题》是为当时的苏联编写世界上第一本社会主义政治经济学教科书而写的。斯大林根据社会主义经济建设的最初实践，以及对马克思主义关于社会主义经济思想在世界上第一个社会主义国家应用的思考，提出了一系列的重大的社会主义经济理论问题。这些理论问题在今天看来仍然具有重大的理论和实践价值。虽然限于其理论和实践的局限性，其中一些理论在今天看来已经过时，甚至成为改革的对象，但不影响其所起的历史作用。例如斯大林关于社会主义条件下存在商品生产和价值规律作用的理论，已经被我国的社会主义市场经济理论突破了，但在当时是对马克思主义经济学的重大突破。

首先是关于社会主义社会的经济发展规律。马克思在《资本论》一版序言中写道："本书的最终目的就是揭示现代社会的经济运动规律"。这里指明了马克思主义政治经济学这门科学的特定研究目的。斯大林在《苏联社会主义经济问题》中明确社会主义政治经济学研究的目的，明确为研究并发现社会主义经济中的经济规律，对社会主义政治经济学的建立和建设都具有重大的指导意义。

《苏联社会主义经济问题》确认社会主义制度下经济规律的客观性质，明确认为人们不但不能创造和改造经济规律，还必须尊重经济规律，按经济规律办事。在社会主义条件下，人们的主观能动性表现在，在认识经济规律的基础上利用它为社会服务，限制它起破坏作用的范围。应该说这个论断和规定是科学的，是唯物主义的。后来我国在社会主义建设的实践中出现的"人有多大胆，地有多大产"之类的违背经济规律客观性的行为，最终受到了经济规律的惩罚。在我国现阶段根据科学发展观推进经济发展，需要进一步加深对经济规律客观性的认识。同时也需要进一步探讨在社会主义初级阶段运行的经济规律，真正按经济规律办事。

其次是关于社会主义制度下的商品生产和价值规律。马克思当时预见未来的社会主义社会，生产资料全社会公有，不存在商品货币关系。世界上第一个社会主义国家苏联建立后，列宁肯定了从资本主义向社会主义过渡必须利用商品货币关系，认为只要千百万的分散的小农存在，消除商品生产就是不可能的。进入社会主义社会后，斯大林根据生产资料公有制采取全民所有制和集体所有制两种形式的现实，明确认为还存在商品生产和商品交换。与此相应就存在价值规律的作用。在商品交换领域价值规律起调节作用，在商品生产领域价值规律不起调节作用。其前提是计划经济。不仅如此，他也提出了在计划经济（如计划价格）也要考虑价值规律要求的观点。在这里应该肯定斯大林对马克思主义经济学的贡献。但是这些在当时的理论突破后来又成为社会主义经济模式的教条。我国推动经济改革的重要理论进展是确认社会主义市场经济理论，破除这种理论教条。明确了价值规律对生产和交换都起调节作用，在现实中就是市场对资源配置起决定性作用。

第三是关于在社会主义条件下消灭三大差别问题。斯大林明确提出进入社会主义社会消灭了城市和农村，工业和农业，脑力劳动和体力劳动之间的对立，但明确认为这三个方面的差别仍然存在。这些差别，在斯大林涉及城乡所有制（两种公有制形式）的差别和工作条件的差别。其中所有制的差别会逐步消除，而工作条件的差别会长期存在。从我国的实践看，目前这三大差别，尤其是城乡和工农差别非常之大。其原因和表现形式要比斯大林说的要复杂得多。不仅仅是工作条件的差别，技术水平差别、人力资本的差别，以及由此带来的收入水平的差别非常严重。这些差别需要在经济发展和推动现代化的进程中逐步克服。我国目前正在推进的是：以城市化和城乡一体化的途径克服城乡差别；以剩余劳动力转移和农业现代化的途径克服工农差别；以提高劳动者的教育水平的途径克服脑力劳动和体力劳动的差别。

（本文原载于我主编的《马克思主义经济学经典精读·当代价值》高等教育出版社 2012 年版）

第三编

中国特色社会主义经济的实践

中国市场化改革渐进式路径的一种解释

提要

中国的市场化改革是渐进式的。市场化一开始选择的不是私有化，而是创造竞争性市场。虽然市场化不等于私有化，但是，创造竞争性市场的主要内容是发展私有制经济。中国的非国有制经济中增长最快的是私有制经济。私有制经济包括个体经济、私营经济和外资经济。市场化改革的第二阶段是国有经济的战略性调整。国有经济没有必要在所有行业都在数量上成为主体，国有企业将主要集中在应该发挥作用的领域。无论是国民经济重要部门还是在国民经济一般部门都有有进有退的调整。即使在国民经济一般领域国有经济的布局调整不是只有退出一条路。在这些部门中有一些国有企业经营得很好，这些企业的国有资本不但不能退，还要通过"进"的途径进一步壮大。另外，在这些行业中有不少非国有企业也经营得很好，但其资本规模太小，国有资本也可以进入。这样既可以壮大这些高效益企业，国有资本也可以得到效益。国有经济布局主动性调整给包括外资在内的非国有经济成分提供了较为广泛的市场准入的机会。市场化改革的第三个阶段是进入产权处置阶段，即建立多种形式的多元股权结构。其途径主要有以下三个方面：一是国有企业的非国有资本化，其标志是企业中国有资本金比重下降。二是国有企业改制，拿出一定的股份来通过出售等途径发起建立股份制、股份合作制和合资企业之类的混合所有制。三是企业间并购重组，包括企业整体股权出售（并购）和部分股权出售（并购），企业重组不仅包括国有企业之间的相互并购，还包括国有与非国有资产之间的相互并购。其目标是以优质资产支配更大的资产，从而放大优质国有资产的职能，借助优质资产稀释劣质国有资产。

世界银行关于国有企业改革的一份政策研究报告认为：国有企业改革有五个内容：产权处置、竞争、硬预算约束、金融改革以及改变政府与企业管理人员关系。中国20多年的改革在这几个方面都先后有所触及，但中国的国有企业改革有鲜明的特色。研究中国国有企业的改革进程便可发现中国特有的市场化道路。

研究中国的市场化路径及国外学术界对中国改革的评价，可以发现在市场化和私有化的理论界定上存在差异。西方学者认为私有化等于市场化。在他们看来，中国不明确私有化就不能算是市场化改革。仔细研究目前西方国家的企业制度，便可发现，差异并不那么大。在中国，所谓的私有企业是指生产资料归私人所有的企业，其典型形式是私营企业，就企业制度来说主要是指那些业主制企业和合伙制企业，尽管这种类型的企业改革以来已经有了较大规模的发展，但如果以此为目标去"化"，特别是要将国有企业变成这种企业，在中国是不可能接受的。实际上，即使是在发达的资本主义国家，这种类型的企业尽管也很普遍，但不是占主导的，占主导的是公司制企业。由于公司制企业中主要是私人持有股票，现在在许多国家所推进的国有部门私有化实际上主要是指股份化、公司化。从这一意义上考察我国目前推进的国有企业以股份制和公司制为取向的改制，可以发现中国国有企业制度的改制与企业制度的世界潮流是一致的。中国不将这一方向的企业改革概括为私有化，是要明确国有企业改革的总体目标不是变成私人企业，尽管可能有相当数量的企业要通过出售拍卖等途径变成私人企业。

一、竞争性市场和发展多种所有制经济

市场化可以有不同路径，最主要的是在私有化和竞争之间作出选择。作为渐进式改革的一个重要步骤，中国的市场化一开始选择的不是私有化，而是创造竞争性市场的道路。这也符合阿罗－德布鲁模型：当存在完全竞争时（其他条件也满足），市场具有帕累托效率。虽然即使是在市场经济国家也不可能达到完全竞争状态，但是创造竞争性市场总是市场化改革的方向。

中国改革的起点是私人经济几乎没有。虽然市场化不等于私有化，但是，创造竞争性市场的主要内容是发展私有制经济。原因是只有在不同所有者之间才能有真正意义的竞争，否则至多只有竞赛。因此中国市场化必须在保持原有的国有制的同时大力发展多种所有制经济，其中私有制是作为公有制的竞争伙伴，作为市场经济的重要组成部分而得到发展。

在市场化的初始阶段，不触及国有制企业的制度反映出中国渐进式改革的特点。中国国有制经济比重大，在国有制企业中就业人口多（直至 1980 年城镇国有经济单位就业人口 8019 万人，占当年城镇就业总数的 76.2%）。国家财政收入主要依赖公有制特别是国有制提供（直至 1986～1990 年间财政的 72.8% 还要由国有制提供）。因此，中国的市场化改革只能是在保留现有公有制特别是国有企业的条件下通过发展非公有制经济的途径推进市场经济。

中国经济转型的特点是非国有部门比重上升，国有部门比重下降。最为明显的是在工业部门。国有经济在 GDP 中的比重由 1978 年的 57.7% 降低到 1997 年

的 41.9%；在工业总产值中的比重由 1978 年的 77.6% 降到 1997 年的 26.5%。从各种经济成分对经济增长的贡献比较说明，中国保持较高增长率并有较高市场化程度的主要原因在于发展多种所有制经济。中国经济转型 20 年保持着较高的经济增长率，其主要推动力在于非国有制经济的发展（见表 1）。

表 1　　　　　　1978～1997 年公有经济与非公有经济在 GDP 中的结构变化　　　　单位：亿元

年份	公有经济				非公有经济	
	国有经济总量	国有经济比重（%）	集体经济总量	集体经济比重（%）	总量	比重（%）
1978	2092	57.7	1342	37.0	190	5.3
1985	4288	47.8	3632	40.5	1044	11.6
1990	9039	48.6	7105	38.2	2436	13.1
1995	22222	38.0	23274	39.8	12988	22.2
1997	30744	41.9	24900	33.9	17776	24.3

资料来源：转引自王梦奎：《中国经济转轨 20 年》，外文出版社 1999 年版。

中国发展多种非国有经济的初始阶段特征是在国家提供宽松的政策环境的条件下，未被计划经济动用的资源（在当时数量是相当大的）被自发地用于发展多种所有制经济。因此在相当长的时期中非国有经济的发展是无阻碍的，从而发展的速度相当迅速。目前中国的非国有经济成分中占最大比重的是集体经济成分（1997 年占 GDP 的 33.9%，占工业总产值的 40.5%，参见表 2）。集体经济属于公有制经济的范畴，但是集体经济的内涵发生了变化。在改革初期集体经济基本上是城镇集体经济和农村人民公社，是第二国有经济；现在占主体的集体经济是乡镇企业。乡镇企业与农业剩余劳动力向非农产业转移相联系。乡镇企业现在是中国中小企业的主体。改革以来集体经济无论是总量还是比重都有明显增长，主要说明因素是乡镇企业（需要指出其中有相当部分是带着"集体企业"帽子的私人企业）。农村在推进联产承包和推进以发展乡镇企业为内容的工业化后为中国增长提供了较大的发展空间。由此所形成的增长的潜力，基本上是被发展起来的非国有制经济动用的。

表 2　　　　　　　　　　　　工业总产值构成　　　　　　　　　　　　单位：%

年份	国有工业	集体工业	城乡个体工业	其他类型工业
1978	77.6	22.4		
1980	76.0	23.5		0.5
1985	64.9	32.1	1.8	1.2

续表

年份	国有工业	集体工业	城乡个体工业	其他类型工业
1990	54.6	35.6	5.4	4.4
1993	47.0	34.2	8.0	10.8
1997	26.5	40.5	15.9	17.0

资料来源：国家统计局：《中国统计年鉴（1998）》，中国统计出版社1998年版。

中国的非国有制经济中增长最快的是私有制经济。私有制经济包括个体经济、私营经济和外资经济。就个体私营经济来说，在 GDP 中的比重从 1978 年的 5.3% 提高到 1997 年的 24.3%，在工业总产值中的比重由 1978 年的 0 增长到 1997 年的 32%。就外资经济来说，1979~1997 年中国累计吸收外资 2201.62 亿美元，到 1997 年底中国登记注册的外商投资企业 235681 户，已经开业的有 14.5 万户，从业人员 1750 万人，外商投资企业税收总额 993 亿元，占全国工商税收的 13.16%。[①]

创造竞争性市场，不可避免地要牵动国有经济的改革，其主要内容是使企业自主经营和自负盈亏。但是，由于以下几方面原因，导致在竞争性市场上国有企业的竞争力严重下降。一方面是国有企业的社会负担较重，其中包括税收负担过重（1997 年在税收中来自国有企业的税收占 50%）、企业保障（养老、医疗等保障由企业提供）和人员负担。另一方面国家对国有企业的投入减少，突出表现在国有经济的投资比重下降（见表 3），同时国家作为国有企业的所有者对企业的投资拨款改为贷款。再一方面是体制上放开得较晚。

表3   **全社会固定资产投资增长率和比重**   单位：%

年份	比上年增长				各种类型经济投资比重			
	总计	国有经济	集体经济	个体经济	其他经济	国有经济	集体经济	个体经济	其他经济
1981	5.5	-10.5	150.4	49.8		69.5	12.0	18.5	
1985	38.8	41.8	37.2	30.9		66.1	12.9	21.0	
1990	2.4	6/3	-7.1	-3.0		66.1	11.7	22.2	
1993	61.8	44.1	70.5	20.8		60.6	17.7	11.3	
1994	30.4	21.3	19.1	33.5	99.4	56.4	16.2	11.6	15.8
1997	10.1	11.3	5.8	6.7	13.2	53.0	15.3	13.5	18.2

资料来源：根据历年中国统计年鉴数据整理。

[①] 王梦奎：《中国经济转轨 20 年》，外文出版社 1999 年版。

到 1998 年国有经济提供 27% 的工业总产值，37% 的 GDP，20% 的经济增长。国有经济比重的下降，一方面反映了与非国有经济相比其效益的下滑，另一方面反映了非国有经济增长较快。这意味着市场化改革不能仅仅限于创造竞争性市场，不能仅仅限于发展国有经济以外的经济，在多种经济成分发展到一定阶段后，市场化改革必须进入新的阶段，即直接以国有经济作为市场化改革的对象。国有经济自身的市场化改革就要触及到其产权变动，企业的公司化改造。

二、国有经济整体效益和国有经济布局调整

与其他所有制经济相比国有经济的整体效益不高（见表 4），其原因在颇大程度上与国有制无所不包的布局相关。第一，国有经济进入了一些本来就不需要进入又不可能占优势的行业；第二，相当的国有资本沉淀在低效益企业中；第三，由于结构性矛盾，国有资本所在的一些行业已经成为长线行业；第四，随着市场化进程的加快和国民收入分配结构的改变，国家拥有的资本金越来越不足以支撑巨大的国有经济"盘子"。在这种情况下，在相当一部分领域需要非国有经济进入。所有这些同时提出了对国有经济进行布局调整的必要性。

表 4　　　　　　　　1998 年各种类型工业企业的部分指标比较　　　　单位：亿元

企业类型	工业增加值		资产总计		利润总额	
	总量	比例	总量	比例	总量	比例
总计	19421.93	100	108821.87	100	1458.11	100
国有及国有控股企业	11076.9	57.0	74916.27	68.8	525.14	36.0
集体企业	3302.21	17.0	11275.66	10.4	394.80	27.1
股份有限公司	572.49	2.9	1969.94	1.8	86.33	5.9
外商投资企业	1993.36	10.3	10951.54	10.1	212.54	14.6
港澳台投资企业	2061.70	10.6	10375.41	9.5	206.07	14.1

资料来源：国家统计局：《中国统计年鉴（1999）》，中国统计出版社 1999 年版。

国有经济布局的调整一开始是自发进行的，这同发展非国有经济成分相联系。非国有经济成分所进入的领域大致有这样一些特征：一是当时供不应求的领域；二是国有企业不占优势的领域；三是国家没有限制进入障碍的领域；四是在技术和规模方面易于进入的领域。非国有经济进入较多或者是国有经济比重下降明显的行业主要是制造业、建筑业、贸易和餐饮业等。就制造业来说，国有经济比重下降最大（超过 30% 的）的部门主要是化工、机械、建材、食品、纺织、

皮革、造纸等行业（见表5）。这些行业，再加上服装业，目前国有比重均不到50%。反过来说，这行业是非国有资本进入较多的部门。

表5　　　　　　　　　主要行业的工业总产值中国有企业比重变化　　　　单位：%

行业	1981	1997
冶金	85.2	65.3
电力	96.2	72.6
煤炭	65.3	73.5
石油	85.4	86.5
化工	86.2	46.5
机械	76.1	29.1
建材	46.5	14.6
食品	75.1	36.0
纺织	82.7	31.6
服装	16.8	5.1
皮革	40.0	6.2
造纸	56.5	26.1

资料来源：转引自张春霖：《国有经济布局调整的若干理论和政策问题》，载于《经济研究》1999年第8期。

　　国有经济布局的自发性调整最终有限制，这种限制同时也是非国有经济发展的限制。首先，在市场化改革的初期，发展非国有经济的资源基本上是制度外（即计划经济以外的资源），发展到一定阶段后，不仅制度外的资源被充分动员，在计划经济被打破开始转向市场经济以后国有企业也开始进入市场争夺资源，这就使非国有经济发展遇到资源限制。其次，在市场化改革的初期阶段，中国的市场属于卖方市场，商品严重短缺，非国有经济进入的行业基本上带有"填空"的特征。这也意味着在所指出的领域中非国有经济的进入及国有经济布局的调整是无障碍的。进入20世纪90年代后期，我国许多领域特别是非国有经济成分主要进入的制造业领域进入了买方市场，这些领域的竞争过度造成非国有经济成分发展的势头减缓，效益下降。

　　上述市场新格局必然要形成国有经济进行布局调整的压力：非国有经济成分要进一步扩大，就要进入国有经济已经进入的领域和市场，就要同国有经济争夺已经被国有经济动员的资源，由此产生国有经济与非国有经济的激烈竞争。国有经济在许多领域中的弱势地位已非常明显。这就在许多领域形成国有经济在自身所处的弱势领域的退和非国有经济的进。面对竞争新格局，国有经济布局由被动性调整转向主动性调整。

从国有资产的行业分布看，国有资本在工业、建筑业以及贸易、餐饮业这些行业中还占相当大的比重，而在需要国家大力投资扶持的基础产业和国民经济命脉部门资本非常缺乏。这种不合理的资本存量分布表明了国有资本存量在现实条件下进行有效重组的必要性。

从国有经济的整体效益考虑，国有经济没有必要在所有行业都在数量上成为主体，国有企业将主要集中在应该发挥作用的领域。国有经济行业重组的基本趋向是：国有经济继续保持对国民经济命脉的控制，如铁路、航空、港口、邮电、通信、金融等；对国民经济的发展具有关键性作用，但又处于薄弱环节的基础工业部门国有经济要积极发挥作用，如能源、原材料工业。在这些行业国有经济适当集中。当然这种集中要以在其他领域的收缩为前提。

根据国有经济布局调整的目标，无论是国民经济重要部门还是在国民经济一般部门都有有进有退的调整。

首先，在国民经济一般领域国有经济的布局调整不是只有退出一条路。在这些部门中有一些国有企业经营得很好，国有资本为什么要从这些企业中退出？这些企业的国有资本不但不能退，还要通过"进"的途径进一步壮大。另外，在这些行业中有不少非国有企业也经营得很好，但其资本规模太小，国有资本也可以进入（不一定控股），这样既可以壮大这些高效益企业，国有资本也可以得到效益。在这个领域国有经济退出的范围，主要是指国有资本逐步退出低效益的企业，退出本来就没有必要国有也没有明显优势的行业，退出处于结构性矛盾中的长线产业。

其次，在国民经济重要部门国有经济不是只有进而没有退。从控制国民经济命脉部门的角度讲，国有经济必须"进"；但是，我们又注意到，国有经济的作用既要通过国有独资企业来实现，更要大力发展股份制，通过国有控股和参股企业来实现。这表明即使在一些国民经济命脉部门也可能有"退"的方面，即在不特别强调国有独资的领域，允许非国有资本进入，在与非国有资本合资的企业中，国有资本保持控股地位。

国有经济进行布局调整的另一个重要方面是抓大放中小。有进有退的调整是针对领域而言的，抓大放中小的调整是针对企业而言的。国家主要保持少数大型国有企业的国有和国有控股地位，就能保持国有经济的主导地位，而对于相当数量的中小型国有企业而言，在体制上可以充分放开，直至退出国有经济。但在现实中对抓大放小存在着模糊的认识，由此形成抓死大企业，放弃中小企业的后果。因此需要进一步明确抓大和放中小的内涵。

抓大不是抓死，而是借助国家的组织力量培育具有较强国际竞争力的大企业大集团。在某些行业（如汽车、石化、电信等行业）形成若干个寡头不是不可以考虑的。抓大同样是要靠市场经济办法，而不是过去的计划经济办法。具体地说，抓不是在体制上管，更不能管死；抓大的不能仅仅限于国有企业，非国有企业做大了同样可以进入抓大的范围，大企业可以跨地区、跨行业、跨国家。从培育国际竞争力的角度考虑抓大，就需要在政策上给予一定的倾斜。特别是其中需要抓大的国有企业，由于历史和其他的原因负担太重，资本金严重不足。通过减税、减轻社会负担和处理陈债等途径减负，提供通畅的渠道进入市场筹资，以及在并购企业方面提供指导和方便等等，都可以成为在市场经济框架内"抓大"的途径。

放小不是放弃，而是在体制上放开搞活中小企业。在我国虽然中小企业在产值比重中不占大多数，而在企业个数上占绝大部分。中小企业在安排就业、繁荣市场方面的作用是大企业所无法替代的。特别是在新经济中，中小企业在孵化高新技术等方面有特别的优势。为了促进中小企业的发展，进一步说是促进中小企业依靠市场经济迅速发展，国家在体制上给予放开，允许其采取多种模式改革，如租赁制、承包制、股份合作制、合伙制、业主制等。只要是有利于中小企业发展，各种体制都可以采用。需要指出的是，在体制上将其放开后，国家对之不能甩手不管。中小企业一般都很幼稚，需要扶持和导向，而且也要为之做大做强创造条件。其具体途径包括：提供公平竞争的环境、提供服务体系、提供贷款担保、人才培训、信息咨询等。

根据上述思路调整国有经济布局产生了如下效应：

第一，国有经济在国民经济中继续占据主导地位。从固定资产投资、流动资金占用、固定资产原值和净值等等指标看，到1998年，国有经济占有社会经济资源总量的60%~70%，就业人员和税收则分别占54.4%和60.4%。此外，国有企业还通过与其他经济成分合资、合作或参股，扶持发展集体企业，实际调动或支配着约40%~50%的集体、外商资本。特别是在高科技工业部门，国有经济成分的比重更为显著。

第二，国有经济布局主动性调整的方向给包括外资在内的非国有经济成分提供了较为广泛的市场准入的机会。一方面非国有企业进入非国民经济命脉部门没有任何数量限制；另一方面非国有经济可以以股权形式进入国民经济命脉部门，特别是金融、保险、贸易、通讯等需要国有资本控制的部门只是强调国有资本控股而没有限制非国有资本与国有资本在这些部门举办股份制公司。这实际上为允许外资进入留下了空间。

三、国有资本质量和企业资产结构重组

市场化不可避免要触及以国有制为代表的公有制企业。

正统经济学观点认为：公有制与市场经济不能结合，原因是现有市场经济都是与私有制经济结合在一起的。由此得出的结论是只有私有化才有市场化。在讨论中国经济增长的原因时斯蒂格利茨提出了另一个极端的观点，即在中国，产权不明晰，仍然可以实现较高速度的增长。仔细分析中国改革和发展的实践便可发现，这两种观点都失之偏颇。

首先，中国已有的经济较高速度的增长主要用非国有制经济的迅速发展来说明。但是必须指出，仅仅靠发展非国有经济，而不对国有制经济采取强有力的改革措施是不行的。国有制工业企业占有近70%的资源，但只提供36%的利润这种低效益状况必须尽快改变。这就提出了对国有企业本身的市场化改革问题。

其次，中国市场化的实践证明：现有的国有企业形式确实不能同市场经济结合。其根本原因还在于其产权不明晰：人人都是所有者，但具体的个人人人都不是所有者。根据我们对现代市场经济的微观基础的考察，市场经济所需要的微观基础是企业成为独立自主经营并能承担风险的市场主体。为了使国有企业成为市场主体，中国成功进行了经济运行机制方面的改革。其主要内容是：放权让利、所有权与经营权分开、承包制、厂长负责制、转换经营机制等等，赋予了企业很大的经营自主权，即所谓的"三自"：自主经营、自负盈亏、自我发展。但是，不改革产权制度、建立现代企业制度，仅仅改革运行机制还不足以使国有企业成为市场主体。国有企业产权不明晰，企业资本的增殖和增值便得不到所有者的关心。企业也不可能承担负亏的风险责任。

第三，市场经济的微观基础与企业制度相关。企业制度有两个方面的规定性：一是企业的所有制性质，二是企业的资产组织形式。已经发展起来的多种所有制在相当大的范围内解决了市场经济的微观基础。至于国有制企业能否成为市场经济的微观基础，不在于它的所有制性质，而在于它的资产组织形式。这就是说，企业股权结构多元化，就可能明晰企业产权关系。我们还从诺贝尔经济学奖得主希克斯那里发现：在现代市场经济中，作为微观基础的不是原子型企业，而是公司制企业。这意味着国有制企业只要按照股份制性质的公司制方向进行改革，便可能同市场经济结合起来。

第四，公有制可以有多种实现形式。这意味着国有制可以在独资的国有企业中实现，也可以在包含了私有经济的混合所有制企业中实现。

根据以上对现代市场经济中企业制度的认识，可以认为，与其说提高国有企业效益，不如说提高国有资本的质量。因此，在当前阶段推进国有企业市场化的基本主要标志是进入产权处置阶段，即建立多种形式的多元股权结构。其途径主要有以下三个方面：

一是国有企业的非国有资本化，其标志是企业中降低国有资本金比重。这主要是由以下两个方面的原因产生的。一方面从 20 世纪 80 年代起为了提高国有资金的使用效率，国有企业的流动资金供给实行由拨款改为贷款方式的改革，这项改革实行到现在产生的客观后果是企业资产负债结构中负债比重明显加大。据统计，1997 年国有工业企业平均负债率为 65%，实际情况可能更高。另一方面市场化改革的趋向是调整国民收入结构，国家集中的国民收入明显降低，由 1978 年的 31% 下降到 1998 年的 12.4%。国家集中的收入已无法支持国有企业扩大资本，相应地国有投资在全社会投资中比重下降，国有经济投资占全社会固定资产投资的比重由 1981 年的 69.5% 下降到 1997 年的 53%。国家新增投资主要是投入新项目和新企业，而不是投入原有企业。由此决定，国有企业资本金比重下降。这种状况被称为国有企业的非资本化。

二是国有企业改制，拿出一定的股份来通过出售等途径发起建立股份制、股份合作制和合资企业之类的混合所有制。

三是企业间并购重组，包括企业整体股权出售（并购）和部分股权出售（并购），企业重组不仅包括国有企业之间的相互并购，还包括国有与非国有资产之间的相互并购。其目标是以优质资产支配更大的资产，从而放大优质国有资产的职能，借助优质资产稀释劣质国有资产。

四是债转股，即针对目前银行持有的国有企业负债形成严重的银行不良资产状况，由资产经营公司收购部分银行持有的国有成长性企业在银行的债权，并将其转为持有的在相应企业中的股权。当然，这种方式是处理国有企业债务的过渡形式。

上述多种途径的产权制度改革，所产生的明显效应是有效地解决公有制与市场经济的对接，从而加快了国有企业的市场化进程，具体体现在以下方面：

第一，虽然国有企业中国有资本这一块的产权不能说已经明晰，但是建立在股权多元化基础上的企业产权结构还是能够使企业形成实实在在的所有者。企业发展（包括国有资本）由此得到所有者的关心。

第二，国有资本有可能按市场要求进行配置。国有企业的重组可以在支配和收益之间选择。如果仅仅是为了收益而不是为了支配，国有资本不求所有但求所在。即使是为了支配，也不完全追求独资。与此相应，非国有资本（包括外资）

进入国有企业的空间大大加大。

第三，无论是企业重组还是企业改制，都是形成公司制企业。在这种企业制度中，公有制主要不是以公有制企业的形式出现，而是存在于与市场经济相容的公司制企业中。

第四，在企业公司制改制后，形成出资者产权与法人财产权的分离，解决企业作为市场主体运行的竞争力就同其他市场经济国家一样，转向解决企业法人治理结构问题。

目前，中国国有企业的市场化没有完成。例如，在许多股份制企业中，国有资本的股权还偏高，但最为突出的问题是要素市场建设滞后。

一是资本市场还很不完善。公司上市是产权调整的一个重要渠道，但目前上市公司毕竟是少数，大量的企业缺乏及时进行产权调整的场所和机制。这意味着国有企业的产权处置缺少完善的资本市场支持。特别要关注的是中小企业的发展缺乏金融支持。

二是经营者市场不完善。完善公司法人治理结构的根本问题是企业家进入法人治理结构。经营者市场不完善，就缺乏经营者的竞争，也缺乏对经营者的市场评价、选择和监督机制。

三是劳动力市场不完善和社会保障制度改革滞后。资本的流动和重组不可避免伴有劳动力的流动，及劳动力规模的调整。劳动力市场不完善，社会保障制度建设滞后就阻碍这种流动和调整。

以上市场建设滞后产生的直接后果是国有企业即便进行了产权制度改革仍然难以产生企业效率明显提高的效应。这也表明，中国在现有的国有企业产权制度改革基础上还会再次进入市场改革的阶段，与改革第一阶段的创造竞争性市场的内容不同，下一阶段市场改革的主要内容是培育现代市场，使之发育成熟。

（本文原载于《经济学家》2001 年第 1 期。2000 年 9 月我应美国政府邀请
作为中美 FULBRIGHT 杰出学者赴美作讲座，本文是报告的中文稿）

30 年经济转型：发展中国特色的社会主义

提要

我国30年的改革开放是发展中国特色社会主义的成功探索和伟大实践。改革开放以来，在经济体制、经济社会形态、经济开放度和经济发展方式的转型是对中国特色社会主义发展道路的成功探索。在社会主义初级阶段公有制为主体多种所有制经济共同发展的基本经济制度框架内形成一系列的制度安排是中国特色社会主义的具体体现。中国特色社会主义经济制度需要建设，其中包括企业制度建设，市场制度建设和宏观调控机制的建设。

中国改革开放30年，是经济转型的30年，主要涉及四个方面：一是经济体制的转型，即经济体制由计划经济转向市场经济，它需要通过经济改革来实现。二是经济社会形态的转型，即经济社会由传统状态转向现代状态，它需要通过经济发展来实现。三是经济开放度的转型，即经济由封闭状态转向开放状态，它需要通过融入全球化经济来实现。四是经济发展方式的转型，即经济发展由以物为本转向以人为本，经济增长由粗放型转向集约型。所有这些，实际上是发展中国特色社会主义的成功探索和伟大实践。

一、从社会主义初级阶段出发探索中国特色社会主义的发展道路

从20世纪苏联建立世界上第一个社会主义国家起，各个新建立的社会主义国家都先后在社会经济制度上实践马克思经典作家对社会主义制度的设想，企图跑步进入共产主义。我国从20世纪50年代进行社会主义改造起，也曾试图仿照苏联的斯大林模式，建立起社会主义计划经济体制。实践证明，超越生产力发展阶段的生产关系和经济体制不会成功。在斯大林逝世以后，特别是从20世纪七八十年代起苏联和东欧各个社会主义国家进行的所谓市场化改革，不仅仅是一般的抛弃斯大林模式，而是转向资本主义制度。我国从十一届三中全会以后开始进

行的经济转型不是走苏联国家的道路，而是从我国还处于社会主义初级阶段出发，探索中国特色的社会主义道路。

适应生产力发展的要求，生产关系的调整并不都是生产关系的不断向前推进，也可能是后退。针对人为地、过早地变革生产关系所导致的阻碍和破坏生产力的发展的状况，超越了生产力发展水平的生产关系和经济制度退回到适应并促进生产力发展的阶段，是解放和发展生产力的伟大变革。

所谓社会主义初级阶段是指我国在生产力落后、市场经济不发达条件下，建设社会主义必然要经历的特定的历史阶段，通过这个阶段去实现别的许多国家在资本主义条件下实现的工业化、经济的社会化、市场化和现代化。这个阶段的主要矛盾是人民日益增长的物质文化需要同落后的社会生产之间的矛盾。由此决定，社会主义初级阶段的社会主义就是发展生产力，而不是消灭私有制，甚至需要在较大范围内利用私有制发展生产力。与这个重大理论突破相适应，30 年来我国推进的改革开放在以下四个方面实现了经济转型：

一是经济制度的转型。经济学中对经济制度的安排有两种规定：一是反映社会性质的根本性制度，它反映生产关系的本质特征。二是经济体制。经济体制是某一社会生产关系的具体形式，属于经济运行中的制度安排。从总体上说，中国的经济转型不是改变社会主义经济制度，是在社会主义基本制度的背景下，在经济体制方面寻求新的制度安排，例如转向市场经济体制，改变资源配置的方式。但是，明确了我们所处的阶段还是社会主义初级阶段，这意味着经济改革不可避免地要触及到已经形成的社会主义经济制度。就是说，经济改革就是要对现行的社会主义经济制度中超越了社会主义发展阶段的部分进行改革，以适应社会主义初级阶段的特征，适应现阶段的生产力水平。这样，30 年的经济转型在制度层面上突出在两个方面：一是建立社会主义初级阶段的基本经济制度；二是建立社会主义市场经济体制，以创新充满活力富有效率的体制机制。

二是经济社会发展阶段的转型。社会主义初级阶段，作为逐步摆脱不发达状态，基本实现社会主义现代化的历史阶段，中心任务是经济发展，实现由传统社会向现代化社会的转型，即现代化。在农业国基础上的现代化包括工业化、城市化和高科技化等方面的转型。后起的发展中国家有必要遵循现代化的一般规律，走先行现代化的国家所经过的基本道路，但又必须结合本国的国情及新的国际国内经济社会政治环境走出具有自己特色的现代化道路。我国将全面小康社会建设包含在现代化的进程中，并作为现代化的具体阶段来推进，可以说是中国特色的现代化道路。这样，我国的经济社会发展阶段的转型主要包括以下转型：由农业人口占很大比重、主要依靠手工劳动的农业国向非农业人口占多数、包括现代农业和现代服务业的工业化国家的转型；由自然经济和半自然经济占很大比重的经济向经济市场化程度较高的市场经济的转型；由文盲和半文盲人口占很大比重、科技教育文化落后的社会向科技教育文化发达的社会的转型；由贫困人口占很大比重、人民生活水平比较低的阶段向全体人民生活比较富裕的阶段的转型。

三是由封闭和半封闭转向全方位开放的开放型经济。发展生产力，需要利用国际资源和国际市场。马克思创立科学社会主义时面对的资本主义和社会主义是时间上继起的。就是说他当时处在资本主义社会，推导当时还不存在的未来的社会主义经济。而在现实中资本主义与社会主义是在空间上是长期并存的两种社会制度，社会主义国家不但年轻，而且没有产生于资本主义发达国家。而资本主义有上百年的历史，几次重大的产业革命和科学技术革命均首先产生在资本主义国家，代表先进社会生产力的经济组织和经济形式也首先产生在资本主义国家，因此服从于发展社会生产力特别是先进社会生产力的目标，社会主义国家需要借鉴资本主义发达国家的先进技术和管理经验，需要积极参与国际经济合作和竞争，以增强自身的国际竞争力。需要通过对外开放吸引外国资本的进入，需要采用一切有利于发展生产力的经济形式，哪怕是在资本主义经济中采取的经济形式。而且，中国的经济开放，不仅是打开国门，让我国资本和产品的进入，也要走出去，参与国际竞争，融入全球化经济。

四是经济发展方式的转变。发展中国家在发动经济增长的初期一般都实施赶超战略，试图在较短的时期赶上发达国家的现代化水平。单纯追求"快"的增长方式基本上是传统的、粗放型的。这种发展模式在一定阶段得以成功得益于发展初期的环境，如工业化的总体水平低，市场竞争不激烈，环境和资源约束较为宽松。随着工业化的全面推进，经济发展整体水平的提高，片面追求"快"的粗放型增长方式必然要走到尽头，必然会提出转变发展方式的要求。这就是由单纯追求经济增长转变为追求经济发展，由单纯追求数量增长转变为追求发展质量。这种转变主要涉及四个方面：第一，由主要依靠投资、出口拉动转向依靠消费、投资、出口协调拉动；第二，由主要依靠第二产业带动转向三次产业协同带动；第三，由主要依靠增加物质资源消耗转向主要依靠科技、劳动者素质和管理创新。第四，由传统工业化道路转向中国特色的新型工业化道路，寻求可持续发展的道路，实现人和自然的和谐。实践证明，经济发展方式的这种转变可以推动经济发展进入科学发展、社会和谐的道路。

上述 30 年的经济转型实际上是发展中国特色社会主义的伟大实践。这是在解放思想的基础上中国人在改革开放的伟大实践中找到的发展中国特色社会主义的方向和道路。在这条发展道路上所取得的全面小康社会建设成果代表了人民群众的根本利益。

二、社会主义初级阶段的基本经济制度是中国特色社会主义的具体体现

中国特色社会主义是马克思主义中国化的理论成果。其理论出发点是中国长期处于社会主义初级阶段中国基本国情。

确认我国还处在社会主义初级阶段有两方面含义：一方面我国已进入了社会主义社会，需要坚持科学社会主义的基本原则；另一方面社会主义制度尚未发展成熟，社会主义性质在社会生活的各个方面还不能充分显示出来。具体表现在两个方面：

一是社会主义经济关系本身还处于初级阶段，没有达到完全的成熟的社会主义的标准。主要表现在：第一，生产资料公有化的程度不可能很高。不仅公有制有多种形式，各种公有制形式也有不同的实现形式和经营方式。公有资产不一定都在完全的公有企业中经营，也可以在包含了非公有制成分的混合所有制中实现。第二，按劳分配不可能充分。按劳分配的"劳"，无论是流动形态，还是潜在形态，还是凝固形态，都不能正确反映劳动者的劳动贡献。而且在不同部门、不同企业的劳动者同劳不能同酬。第三，共同富裕还是很不完全的。地区之间、部门之间、不同的劳动者之间存在先富和后富的差别。显然，依据社会主义经济关系处于初级阶段的特征，改革的一个重要方面是改革和调整经济体制，使其不是反映未来的高级阶段的社会主义生产关系，而是反映处于初级阶段的社会主义生产关系。

二是社会主义初级阶段的社会生产关系结构还不是完全社会主义的，是包含了多种非公有制形式的多元结构。与其他转型国家不同，中国的经济转型不是完全放弃公有制、全盘私有化，而是发展多种所有制经济，形成公有制为主体多种所有制经济共同发展的基本经济制度。在这种基本经济制度框架内形成一系列的制度安排：经济体制为社会主义市场经济，收入分配体制为按劳分配为主体多种分配方式并存。所有这些制度安排都是中国特色社会主义的具体体现。

（一）以公有制为主体多种所有制形式共同发展的基本经济制度

在公有制为主体多种所有制经济共同发展的制度框架中，公有制为主体是社会主义的制度特征，多种所有制形式的共同发展则是现阶段的中国特色。此规定有两个方面的明显效应：

一是在广度和深度上发展多种私有制经济。过去私有制经济是属于"制度外"的，现在成为社会主义基本经济制度的"制度内"部分。发展多种非公有制经济就突破了制度的限制，在广度上，连过去认为必须由国有制经济垄断的领域如零售业、外贸、金融保险、通讯业等也准许外资进入。发展的趋势是，只要是不影响国家安全的、不违反国家法律的领域都将允许非公有制经济进入。在深度上，明确了混合所有制可以成为公有制的实现形式，股份制、股份合作制、中外合资企业、各种所有制相互合资合营等等都是混合所有制的具体形式。这意味着私人产权也可以进入公有制企业。因此，公有制与非公有制的共同发展不只是存在于企业的外部关系，在同一个企业内部也可以形成多种所有制经济共同发展。

二是公有制为主体含义的转型。发展多种所有制经济，不可避免地会遇到公有制的主体地位问题。过去的理论特别强调企业所有制性质的纯粹性。因此公有制为主体就被定义为公有企业在数量上为主体。改革的实践打破了这种教条。公有制经济不是指公有制企业，而是指公有资本，包括国有资本和集体资本。这样公有制为主体也有了新的含义：公有资产在社会总资产中占优势；国有经济控制国民经济命脉，对经济发展起主导作用。明确了公有制为主体的科学含义，对经济转型和相应的改革有重大的指导价值：第一，公有资产不一定都在完全的公有企业中经营，也可以在包含非公有资产的混合所有制企业中经营。公有制的主体地位就体现在公有资产在企业中的控制力。第二，国有经济将主要集中在应该发挥作用的领域，其中包括国民经济命脉部门，如铁路、航空、港口、邮电、通信、金融等；对国民经济的发展具有关键性作用，但又处于薄弱环节的基础工业部门，如能源、原材料工业。在这些行业应保持国有经济的主体地位。而在其他领域（在这里称为竞争性领域），国有经济并没有占支配地位的要求。即使是国有经济控制国民经济命脉部门，也不需要国有全资（涉及国家安全的部门除外），完全可以通过股份制的形式出让一部分股权，使非公有制资本进入这些部门。

（二）社会主义市场经济体制

社会主义市场经济体制是我国经济体制改革的目标。过去的理论把计划经济和市场经济同经济制度联系起来，即所谓的社会主义实行计划经济制度，资本主义实行市场经济制度。我国改革开放的一个重要进展是把计划经济和市场经济规定为属于资源配置方式即经济运行机制的范畴。这样，经济运行机制是计划经济还是市场经济，不反映经济制度的性质。资本主义可以有计划，社会主义可以有市场。为了提高资源配置效率，需要建立社会主义市场经济，使市场对资源配置起基础性的调节作用，国家则加强宏观调控。在这里，坚持国家的宏观调控反映社会主义制度特征，市场机制起基础性调节作用，是中国处于社会主义初级阶段的特征。这一规定同样有两个明显效应。

一是市场机制必须对资源配置起基础性调节作用。这是资源配置效率的基本保证。要做到这点，关键是市场配置资源的四个机制充分作用。第一，等价交换的机制。这种机制不仅为有独立利益追求的企业所接受，而且以社会必要劳动消耗为标准将资源配置到各个生产领域。第二，竞争机制。这种机制给企业提供优胜劣汰的外部压力，按效率原则竞争性地配置资源，促使资源流向效率高的地区、部门和企业。第三，信息机制。在市场上卖者和买者直接见面，存在横向信息反馈，可以使信息传递迅速，减少行政性扭曲。第四，风险和利益机制。竞争者承担风险，才可能有真正的竞争。市场经济中经济行为者对自己的行为承担风险。行为者不仅要获得由自身行为产生的利益，还要承担由自己的行为产生的风险。如投资者和经营者对自己的投资和经营行为承担风险、盈亏自负。

二是在市场经济前冠以社会主义，不改变市场经济的基本规定性，而是突出国家的宏观调控作用。国家的宏观调控不只是克服市场失灵，还要贯彻社会主义制度的要求，特别是公平正义的要求，防止两极分化。

（三）按劳分配为主多种分配方式并存的收入分配制度

在原有的理论中，进入社会主义社会后，除了劳动要素私有外，其他要素都是公有的，因此收入分配只要讲按劳分配。而在社会主义初级阶段，所有生产要素都在不同程度上私人所有，由此就要提出多种分配方式问题。另一方面，社会主义的基本原则是共同富裕，但在社会主义初级阶段不可避免存在先富和后富的差别，要提高效率就要承认这种差别，允许一部分地区一部分人先富起来。在这里，按劳分配和共同富裕是社会主义的制度特征，多种分配方式并存和允许一部分人先富则是现阶段的中国特色。这一规定同样有两方面效应。

一是为了动员各种要素投入发展生产力的过程，使各种创造财富对的活力得到充分迸发，就要允许资本、技术、管理等各种生产要素按贡献参与收入分配，就要允许人们除了获取劳动收入以外获取财产性和经营性收入，从而先富起来。

二是按照社会主义原则解决收入分配中的公平正义问题。首先，保障收入分配中的公平权利。既要防止权钱交易和以权谋私，又要调节垄断收入。其次，无论是初次分配还是再分配都要处理好效率和社会公平关系，再分配应更加注重公平。第三，鼓励和引导先富者带动和帮助后富，逐步走向共同富裕。

经过 30 年的改革开放，以上三个方面社会主义初级阶段经济制度在我国已经和正在形成。这是中国特色社会主义的基本经济制度，既坚持了科学社会主义的基本原则，又具有鲜明的中国特色，是马克思主义中国化的伟大成果。其在促进生产力发展和提高人民生活水平方面的优越性已经和正在显现出来。

三、中国特色社会主义经济制度需要建设

经济转型不只是破除旧制度，更为重要的是建设新制度。中国特色社会主义从理论成为现实的制度同样需要建设。发展多种所有制经济，由计划经济体制转向市场经济体制，放开是必要的过程，但是，单是放开放不出社会主义市场经济，放不出中国特色社会主义制度，必须要有相应的制度建设来实现经济转型。

（一）企业制度的建设

企业制度的转型涉及中国特色社会主义制度的微观基础建设。在确认股份制可以成为公有制的主要实现形式后，无论是国有企业的改制，还是民营企业的发展，企业制度转型的基本方向是相同的，即建立公司制的现代企业制度。与此相应，企业制度转型涉及三个方面：一是产权制度转型，也就是在企业股权结构多元化的基础上，建立起"归属清晰、权责明确、保护严格、流转畅通"的现代产权制度。二是企业治理结构转型。在现代公司中出资者产权和法人财产权分离，因此公司制的核心问题是法人治理问题。治理结构涉及企业与政府的关系、企业股东之间的关系、股东与经营者的关系、经营者与员工的关系，等等。因此，完善企业治理结构就是通过建立一套有效的制度和契约安排，实现出资者的目标，即资产保值增值。特别是完善经营管理者的监督激励问题。三是强化企业家的激励和约束，在制度上促使经营者成为企业家。

面对面广量大的低效益企业，不可能做到所有的企业都实现自身企业制度的转型。企业制度的转型过程不可避免地与企业的优胜劣汰相伴，由此提出企业重组的必要性。企业重组可能成为企业制度转型的快捷而有效的途径。企业重组可以是优势企业并购劣势企业，也可以是不同所有制企业之间的相互并购。所有这些过程是产权在不同企业之间流动的过程。这种企业重组，不仅能有效解决公司制所需要的股权多元化问题，还可能提高转型企业的整体效益。

（二）市场制度的建设

中国发展市场经济起步晚，但起点应该高。就是说，同社会主义结合的应该是现代市场经济。根据现代市场经济的标准建设市场制度主要涉及三个方面。

一是建设现代市场。现代意义上的市场不仅仅是交换的场所，更重要的是交换的联系和达成交易的机制。因此，市场建设的关键是加强市场联系的建设。其中包括对进入市场的主体的培养和引导，供产销联系网络的建设，市场信息手段的完善等。原先的计划渠道经过几十年的建设和发展，已有相当的水平，低层次的市场是替代不了这种计划渠道的。根据现代市场的标准，应注重建设具有现代水平的各类批发市场、专业市场及期货市场，建立利用现代科学手段的市场网络。由计划经济转向市场经济，更具有特征性意义的是，生产要素进入市场并形成完善的要素市场体系。只有在各种要素进入市场系统才可能有现实的市场经济，是生产要素就得整个地进入市场。因此，现阶段特别需要完善资本市场和劳动力市场。

二是建设完善的市场机制。市场对资源配置起基础性调节作用是否有效，关键是市场机制能否有效作用。具体地说就是市场、竞争、价格、供给、需求等市场要素之间相互制约的联系和运动是否符合价值规律。针对我国市场上各类要素运行的体制性障碍，市场机制建设主要包括三个方面：第一，国家定价机制改为市场定价，让价格在市场上形成，以克服价格刚性；第二，硬化企业的预算约束，使企业真正由过去的依赖国家转向依赖市场；第三，打破垄断和政府保护其目的是强化竞争，使各企业只能在国家统一政策条件下唯一地依靠自己的竞争力争得利益。

三是建立市场规范。市场经济所要求的自由竞争、自主经营，绝不是无序的、没有规则的。竞争者只有遵守一定的规范，市场经济才能有序运行并保持高效率。市场规范建设主要包括三个方面：第一是价格放开后建立定价行为规范。限制定价中的垄断性行为、倾销性行为和牟取暴利的行为，以避免价格的暴涨暴跌。第二是竞争放开后必须建立竞争行为规范，包括进入市场的行为规范，市场竞争的行为规范，退出市场的行为规范，等等。同时制定严格的保障公平公正公开的市场竞争规则和增加市场透明度的规则。第三是在投机性市场建立严格的市场规则。在各类风险大、投机性强的证券市场、期货市场、外汇市场和房地产市场建立严格的规则，以保障投资者的合法权益。其中包括各类市场的自律性规则，统一的市场法规，完善的执法系统，市场中介机构的行为规范等。

（三）宏观调控机制的建设

转向市场经济后，宏观调控制度建设不仅要明确政府和市场作用的边界，还要转换宏观调控机制，由直接调控转向间接调控，主要涉及三个方面：一是宏观调控对象，由过去直接管理企业转向调节市场。即便对一些国家需要直接掌握的产品，国家也不通过指令性计划直接调节，而是作为市场活动的参加者采取国家订货和购买的方式。二是宏观调控市场内容，由过去直接定价转向调控市场价格总水平，维持市场竞争的秩序。三是宏观调控手段，由过去国家下达数量计划和指标转向政策和规范。其中包括面向市场的政府规制和面向宏观总量均衡关系的财政政策、货币政策等。作为宏观调控的重要机制——金融调节机制也适应市场经济进行了转型。在建立商业银行和推进国有专业银行商业化的基础上建立了中央银行制度及相应的货币调节体系，建立了银监会、证监会、保监会等监管各类金融活动的机构和机制。

宏观调控机制的转型，最根本的是政府转型。人们一般认为，市场经济中应该是"强"市场与"弱"政府配套，目的是充分发挥市场的作用。我国改革发展的实践证明，"强"政府可以和"强"市场协同作用。关键是两者在不同的运行层面上起作用。原有的政府基本上属于经济建设型政府，在这个层面上，政府和市场的作用可能会发生摩擦。改革政府的基本趋向是收缩经济建设的职能，减少行政干预，从而使各级政府逐渐成为执行"经济调节、市场监管、社会管理和公共服务"职能的政府。与政府职能转型相适应，政府转型涉及两个方面：一是财政转向公共财政；二是政府转向法治政府。政府主要依靠法治治理国家。这方面的转型正在进行中，所取得的效果也是明显的。

总的说来，我国30年的改革开放波澜壮阔，所取得的成就令世人惊叹。经济转型的实践表明：中国特色社会主义的科学命题是根据中国处于社会主义初级阶段的基本国情提出的；中国特色社会主义的理论体系，是在改革开放的实践中逐步形成和丰富的；中国特色社会主义的理论成果的真理性，已经和正在得到实践的检验。我们今天纪念改革开放30周年，就是要更加坚定地高举中国特色社会主义的伟大旗帜，坚定不移地把改革开放的伟大事业不断推向前进。

主要参考文献：

1. 习近平：《关于中国特色社会主义理论体系的几点学习体会和认识》，载于《求是》2008 年第 7 期。

2. 洪银兴：《转型经济学》，高等教育出版社 2008 年版。

（原文载于《南京大学学报》2008 年第 2 期）

实践检验国有经济在社会主义市场经济中的作用

提要

发展市场经济的基本条件是多种所有制经济平等竞争共同发展，而不是简单地放弃和取消公有制经济。发展市场经济同国有企业的存在和发展并不矛盾。关键是对国有企业的改革。经过30年改革和调整所形成的国有经济经受了考验：一方面国有企业在保增长、保就业、保民生方面发挥了主导作用；另一方面国有经济在国民经济中的控制力和影响力显著增强。充分显示了在社会主义初级阶段中国有企业和国有经济存在并占主导地位的宏观价值和社会价值。

建立公有制为主体多种所有制经济共同发展的基本经济制度是中国特色社会主义的成功实践。坚持社会主义初级阶段的基本经济制度，不仅要明确为什么必须发展多种所有制经济，还要明确为什么必须坚持公有制为主体，特别是要保持国有经济的主体地位。我国经济社会发展的实践，特别是当前应对世界金融危机的实践证明，在多种非所有制经济共同发展的背景下，经过改革国有企业的经济效益有了显著提高，国有经济对国民经济的控制力和影响力明显增强，国有经济在国民经济中的主导地位得到了巩固。

中国的经济改革以建立社会主义市场经济体制为目标，在改革的过程中不时有人提出抛弃国有制的私有化观点，并且把市场经济同国有制对立起来，要市场经济就不能要国有企业。理论和实践证明，发展市场经济的基本条件是多种所有制经济平等竞争共同发展，而不是简单地放弃和取消公有制经济。发展市场经济同国有企业的存在和发展并不矛盾。关键是对国有企业的改革。针对我国长期存在的国有企业低效率问题，30年来国有企业先后进行了放权让利、扩大经营自主权，有进有退的战略性调整，股份制改造、建立现代企业制度的改革。现在的国有企业与过去相比有三个明显的变化。一是国有企业数量明显减少，但国有企业的质量明显提高；二是国有企业的产权结构发生重要变化，纯粹的国有独资企业显著减少，大部分国有企业在吸收非国有资本基础上改制为国有控股的股份制企业，即使是国有独资企业，有相当部分也是由多个法人资本组成的股份制企业。三是国有企业不再是政府的附属，已经成为自主经营、自负盈亏、自我发展的市场主体。基于这些根本性变化，国有企业增强了活力、提高了效率。过去相当长的时期中人们一直为国有企业的大面积亏损而担忧，现在企业经济效益明显回升，扭转了国有企业全面亏损的局面。2002～2007 年，全国国有企业销售收入从 8.53 万亿元增长到 18 万亿元，年均增长 16.1%；实现利润从 3786 亿元增长到 16200 亿元，年均增长 33.7%。我国 30 年来国民经济持续快速增长，其主要说明因素除了多种所有制经济的快速发展外，再就是国有经济的优化配置和国有企业的改革所产生的经济效果。2007 年，全国国有企业上缴税金 1.77 万亿元，占全国财政收入的 34.5%。

过去国有企业一统天下，现在多种非公有制经济成为社会主义初级阶段基本经济制度的重要组成部分，非公有制经济广泛进入过去只有国有经济才能进入的领域。在这种背景下，国有经济对国民经济的控制力如何体现？这就涉及对公有制主体地位的科学界定。在中国特色社会主义的理论框架中，所谓公有制为主体，不是指公有制企业的数量为主体，而是指公有资产在社会总资产中占优势，国有经济控制国民经济命脉。这个规定不仅给发展多种非公有制经济留出了更大的空间，也明确了加强国家对国民经济控制力，增强国家对市场经济调控能力的途径。现在这方面的制度调整和改革基本到位。在这场影响我国实体经济的世界金融危机中，这种制度安排经受住了对宏观经济控制力的考验。

国有经济整体效益的提高得益于国有经济有进有退的战略性调整。在不涉及国家安全和国民经济命脉的一般竞争性部门，国有经济没有占主体地位的要求。国有资本退出过度竞争的不可能有竞争优势的行业，退出长期亏损，无法实现资本增值的企业，让非国有的资本进入这些行业和企业。这个过程实际上是资本的置换。国家可以将置换出来的资本再投入关系国民经济命脉的行业和关键领域。国有企业行业分布结构的调整，国有经济没有被削弱，而是提高了质量，保持并加强了国有经济在国民经济中的主导地位。

由美国次贷危机引发的全球性金融危机对我国的实体经济产生了严重的负面影响。国有企业和其他类型的企业一样无一幸免。面对这场来势迅猛的经济危机的冲击，经过 30 年改革和调整所形成的国有经济经受了考验：一方面国有企业在保增长、保就业、保民生方面发挥了主导作用；另一方面国有经济在国民经济中的控制力和影响力显著增强。充分显示了在社会主义初级阶段中国有企业和国有经济存在并占主导地位的宏观价值和社会价值。

　　首先是涉及国家安全和国民经济命脉部门由国有企业经营，保持并改善了国家的宏观控制力。国有经济控制国民经济命脉是公有制为主体的基本体现，也是国家安全的基本保证。在这些领域由行政性部门管理改变为国有企业经营，既体现市场经济的要求，又保持了国有经济的控制，国家的宏观意志可以在这里得到直接的贯彻。以金融领域为例，在这个领域中经营的以进入世界排名前列的中国工商银行、中国银行等国有商业银行为主体。其效果非常明显。1997年的亚洲金融危机和近期的世界金融危机都是在金融领域中产生的，其根子是私人金融机构以金融创新为名追逐自身利益最大化而引发的。私人金融机构的虚拟经济过度，政府监管失灵，其经营活动失败后果又要全社会承担。而我国的金融机构在这两场金融危机中自身基本上没有产生和引发危机，在危机到来时各个金融机构又能积极响应国家的宏观反危机措施，使国际金融危机对我国的影响降到最低。各家国有金融机构的效益又极大地支持了国家的刺激经济计划。与此相对照的是，美国政府解救经济的一个重要措施又是对花旗银行等金融机构"国有化"，美国政府也为此付出了沉重的代价。这从反面印证了我国保持国有经济控制国民经济命脉并由的宏观意义。

　　其次是垄断行业基本上由国有企业经营，可以支持国民经济持续健康发展，最大限度满足人民群众的需要。除了金融等领域外，我国的垄断行业主要涉及两大领域：一是资源性行业，如石油、天然气、电力等；二是公共性行业，如铁路、通信、公共交通等。这些行业或者有垄断收益，或者是国民经济发展的关键行业，或者关乎千家万户的切身利益。从宏观上讲这些行业由国有企业经营较私人企业经营是利大于弊。在这些行业中经营的国有企业直接接受国家及其相关管理部门的监管，其收益的相当部分通过国家财政由全社会分享。但是我国垄断行业长期存在的问题：一是其中有一部分行业是国民经济的薄弱环节，供给能力不足。二是效率低，三是存在利用垄断地位损害消费者利益的问题。我国在市场化改革中降低了非公有制经济进入垄断行业的门槛，提高了这些行业的供给能力，并且引入了竞争。与此同时，在国有经济在战略性调整中国有资本更多的集中到了这个领域，从而使国有经济在垄断行业控制地位得到进一步加强。中央企业承担了我国几乎全部的原油、天然气和乙烯生产，提供了全部的基础电信服务和大部分增值服务，发电量约占全国的55%，民航运输总周转量占全国的82%，水运货物周转量占全国的89%，汽车产量占全国的48%，生产的高附加值钢材约占全国的60%，生产的水电设备占全国的70%，火电设备占75%。垄断行业内的改革又进一步增强了国有经济的主导作用。政企分开的改革，将政府部门管理变为国有企业经营，提高了垄断行业中国有经济的效率。经营垄断行业的企业进行拆分，形成同一行业有多个国有企业经营并相互竞争的局面，使垄断行业效率得到提高，服务质量得到改善。由于国有企业经营垄断行业，其垄断收益可以通过财政渠道全社会得到分享。垄断行业中不能适应国民经济发展和人民群众的需要的薄弱部门，可以直接从国家得到资金和政策的支持，利用国家力量增强供给能力。在这场世界金融危机到来之时，虽然垄断行业中的国有企业也不同程度地受到了打击，但是，从总体上说，这里的国有企业能够积极服从国家的宏观调控目标，不但没有趁危机之时利用垄断地位伤害国家利益和群众利益，而且积极贯彻国家扩大内需的举措。国家的4万亿刺激经济计划很大部分是在这些领域中实施并迅速产生效果。

第三是国有企业在与多种所有制企业共同发展中起导向性作用，包括在一般竞争性领域。尽管在国有经济的战略性调整中，相当数量的国有资本从一般竞争性领域退出，在一般竞争性领域中的国有企业明显减少。但是国有资本没有全部退出竞争性领域，还是保留了一批效益好、品牌好的国有企业。这些国有企业不仅通过产权制度改革增强了活力，而且一般都通过重组、并购和上市的途径形成了较大规模，成为同行业中的领头羊。在一般竞争性领域存在多种所有制企业，不仅存在相互间的竞争，而且存在相互间的学习。国有及国有控股企业的存在所体现的国有的价值，突出在较多的贯彻社会目标（社会责任和社会信用）。在与非公有制企业之间的竞争中，国有企业学习到了非公有制企业以利润为目标经济行为，提高了效率，同时又以其突出社会责任目标方面的行为对非公有制企业的经营行为起导向作用。国有企业的这种在社会责任方面的导向作用在应对这场金融危机中得到了充分的表现。这场世界性金融危机对我国实体经济影响的深度在很大程度上取决于企业的社会责任心。如果面对危机，企业个个忙于自救，搞机会主义，抽逃资金、辞退员工、拖欠债务，其结果只会使危机越陷越深。而在实践中我国的绝大部分国有企业没有这样做，在保增长、保就业、保民生方面以身作则，对其他类型的企业行为起到了导向作用。

沧海横流，方显英雄本色。实践证明在公有制为主体多种所有制经济共同发展的基本经济制度中，不仅多种所有制经济的共同发展对我国的经济输入了强大的活力，国有经济和国有企业经过改革也焕发了青春，控制力和影响力显著增强，对我国国民经济的健康发展发挥了主导性作用。在应对这场金融危机中我国的基本经济制度经受了考验。相信在危机过后，一定会从制度上支持我国长期快速增长，充分显示中国特色社会主义的强大生命力。

（本文为《人民日报》2009年8月10日访谈《洪银兴谈
国有经济在社会主义市场经济中的作用》的原稿）

新阶段的全面深化改革

提要

当今的全面深化改革是要克服进入中等收入阶段后的发展所遇到的新的体制矛盾。主要包括：以改革支撑经济发展新常态；以改革跨越"中等收入陷阱"；以改革克服二元结构。新时期改革的重点仍然是经济体制改革。对全面深化改革起纲举目张作用的经济体制改革主要在两个方面：一是处理好政府和市场的关系；二是坚持和完善基本经济制度。全面深化改革是自上而下推进的，需要培育改革动力。惠民生是动员改革动力的重要途径。其路径集中在促进公平正义和民生改善。经过 30 多年的改革，易的、体制外的、增量的、局部的基本上都改完了。现在是要针对难的、体制内的、存量的、全局的体制进行改革。全面深化改革最终能否成功归根到底是由这些难的部分的改革决定的。因此全面深化改革既要有政治勇气，又要有智慧，注意改革的全面、系统、综合和协同。

我国的改革从党的十一届三中全会起，至今已经走过 30 多年历程。国家的发展水平进入了中等收入国家的行列。在这个新的历史节点上，习近平总书记作出了"四个全面"的战略部署。其中的重要方面是全面深化改革。我们需要站在全局和历史的高度，明确全面深化改革的战略布局，尤其要明确当前的全面深化改革与过去 30 多年的改革既有延续性，更有新的内容。同时要对所涉及的各项改革在全面深化改革的总体框架中正确定位。只有这样，才能推动新时期的改革步入新的高度。

一、新时期新的发展课题

我国 30 多年改革在经济上的成效是显著的。其主要表现是，第一，GDP 总量 2014 年达 636463 亿元，与美国一起进入过了 6 万亿美元"俱乐部"。第二，人均 GDP 2014 年达 46531 元（约合 7485 美元），标志着我国进入上中等收入国家行列。第三，产业结构，2014 年增加值占国内生产总值的比重，农业降到

9.2%；工业降到42.6%；服务业增加到48.2%。标志着我国不仅改变了农业大国的地位，而且正在接近中等收入国家的标准结构。第四，城市化率达到54.77%，标志着我国进入城市化中期阶段。在这个历史起点上所要解决的发展问题就不是在低收入阶段单纯追求GDP增长的发展要求，而是要追求经济社会的全面发展，进入高收入国家的行列。

我国进入新的发展阶段以后，发展仍然要靠改革来推动，但发展的内容和动力与过去不完全相同。与前30年的改革是要克服低收入阶段实现发展的体制障碍不同，当今的改革是要克服中等收入阶段的发展所遇到的新的体制矛盾。前一轮改革着力解决低效率问题，这一轮改革既要讲效率，又要讲社会公平。前一轮改革突出增强竞争性，这一轮改革既要讲竞争性又要增强凝聚力。前一轮改革突出市场化，这一轮的改革是要在市场化基础上更好发挥政府作用。前一轮改革突出企业效率，这一轮改革则要突出政府效率。所有这些都归结到国家治理体系和治理能力问题。这就是在"完善和发展中国特色社会主义制度"的同时，"推进国家治理体系和治理能力现代化"。国家治理体系现代化，是指适应时代变化，既改革不适应实践发展要求的体制机制、法律法规，又不断构建新的体制机制、法律法规，使各方面制度更加科学、更加完善，实现党、国家、社会各项事务治理制度化、规范化、程序化。推进国家治理体系和治理能力现代化的改革新目标同已经推进并正在完善的中国特色社会主义制度的改革目标，是一个整体，共同构成新时期改革的总方向。

（一）以改革支撑经济发展新常态

我国过去30年经济总体上是高速增长，平均增长速度接近10%，其原因首先要归功于改革开放所激发的经济增长的活力。除此以外，就经济增长本身的动力来说，基本上是供给要素的有力推动。如人口红利推动高储蓄，高储蓄推动高投资；资源环境供给宽松；农村改革释放出一大批剩余劳动力，有条件实现低成本增长；等等。经过30多年的高速增长，与GDP总量达到世界第二的基数显著增大相伴，过去30年推动经济增长的供给推动力明显衰减。主要表现在：第一，资源环境供给趋紧，难以承载如此大规模的经济增长；第二，正在进入老龄化社会，人口红利正在消退；第三，农业劳动力转移的"刘易斯转折点"正在到来，城市劳动力紧张和劳动成本增加正在增大经济增长的成本。第四，居民的生活水平过了温饱阶段，已经或正在进入小康阶段。这个阶段的居民关心教育与健康问题，也产生了明显的公民维权意识，不会容忍过去的不顾环境不顾生态单纯追求GDP增长的发展方式。在此背景下，我国正在告别高速增长旧常态，进入中高速增长新常态。

面对中高速增长新常态，需要有新的战略思考：首先，中高速增长不是自然形成的，而是需要努力达到的。在供给推动力消退的情况下，要达到长期的可持续的中高速增长，需要寻求并尽快形成新的推动力。其次，中高速增长不是降低发展的要求，而是提高发展的质量，实现中高速增长的可持续。这就涉及经济发展方式的转变，在低收入发展阶段所采取的发展方式不能再延续到中等收入发展阶段。转向中高速增长的新常态，实际上是倒逼我们改变发展战略，为加快转变经济发展方式提供空间，突出在以下两个方面：

一是加快产业结构转型升级。我国现有的经济结构还是低收入发展阶段的结构，其特征，一是产业结构中制造业尤其是传统制造业比重过高，服务业尤其是现代服务业比重过低；制造业普遍是高产值、低附加值。二是在技术结构中，很大部分采用的是高消耗、高污染技术，产生了资源供给不可持续的问题，特别是在追求高速增长的格局下，存在一大批过剩的生产能力。这种结构显然与中高速增长的新常态是不相协调的，产业结构的转型升级就成为应有之义。其目标就是向中高端转型。涉及四个方面：第一，提高服务业尤其是现代服务业的比重，推动三次产业结构水准进入中高端。第二以科技含量衡量的产业类型进入中高端，包括发展战略性新兴产业。三是高科技产品的中国制造环节进入全球价值链的中高端，改变高产值、低收益的状况。四是各个产业采用新技术，包括信息化，互联网＋，智能化＋和绿色化等。显然，产业结构的中高端化，是建立在产业和科技创新基础上的转型升级。打破低端产业结构的刚性需要改革，尤其是要强化市场的优胜劣汰的选择，与此相关的改革需要解决地方政府对过剩产能、污染产能的保护，以及导致新兴产业胎死腹中的重复建设和重复投资的行为。

二是实施创新驱动发展战略。面对资源环境供给不可持续所造成的经济增长极限，我国经济增长的驱动力需要由主要依靠物质资源投入转向创新驱动。我国在成为世界第二大经济体后，我们有能力也有必要与发达国家进入同一创新起跑线，占领科技和产业的世界制高点，所参与的国际分工也要由比较优势转向创新支持的竞争优势。创新路径也要由模仿创新、引进创新转向自主创新。涉及：研发并采用绿色技术，节能减排，实现可持续发展；创新战略性新兴产业，提高附加值，增强国家整体竞争力。创新驱动突出的是科学新发现转化为新技术，需要突出产业化创新，需要产学研协同创新，需要企业真正成为创新主体，需要大众创业、万众创新。创新驱动需要建立激励创新制度。就如习近平总书记所说：如果说创新是中国发展的新引擎，那么改革就是必不可少的点火器。改革就是要从体制上发挥创新驱动的原动力作用，把创新引擎全速发动起来。促进传统产业改造升级，尽快形成新增长点和驱动力。

（二）以改革跨越"中等收入陷阱"

在世界范围有相当部分发展中国家在进入中等收入国家发展阶段后陷入了"中等收入陷阱"。这对我国是一种警示。

所谓"中等收入陷阱"，就如世界银行在其《东亚经济发展报告（2006）》中所说，一些在 20 世纪 70 年代就进入了中等收入国家行列的新兴市场国家，直到 2006 年仍然挣扎在人均 GDP 3000～5000 美元的发展阶段，难以突破 1 万美元，并且见不到增长的动力和希望。原因在于进入这一发展阶段后，过去较长时间经济快速发展过程中所积累的矛盾集中爆发出来，原有的增长机制和发展模式无法有效应对由此形成的系统性风险，经济增长容易出现大幅波动或陷入停滞，长期在中等收入阶段徘徊，迟迟不能进入高收入国家行列。

我国在进入中等收入阶段后也存在"中等收入陷阱"的威胁，主要在三个方面：

一是收入差距过大。我国过去 30 多年的改革是从打破"铁饭碗"、"大锅饭"开始的，实行允许一部分人一部分地区先富起来的大政策，取得了明显的激励资本、技术、管理等要素投入和提高劳动效率的效果。但同时产生的新问题是收入差距明显扩大。据中国国家统计局公布的基尼系数，2012 年为 0.474，2013 年为 0.473。接近甚至超过部分发达资本主义国家水平，但我国的人均 GDP 远远低于这些国家。我国目前的收入差距既表现在城乡之间，地区之间，还表现在行业之间，不同阶层之间。越来越大的收入差距如不及时扭转，不仅会影响效率，还会因贫富两极分化而影响社会的稳定。

二是腐败案频发。近年来所揭露出来的腐败案，可以说是触目惊心。腐败问题也要在经济上找到原因。政府权力过大，尤其是在资源配置上掌握较大的权力，必然存在较多"寻租"的机会。法治不健全，政府行为缺少约束，不可避免出现官员腐败，尤其是官商勾结会使腐败问题更为严重。腐败必然降低政府公信力，也就丧失带领民众跨越"中等收入陷阱"的能力。

三是环境和生态状况的恶化。在低收入阶段实行的大干快上的赶超战略，不可避免会产生不顾环境不顾生态的掠夺性发展方式。经济发展进入中等收入阶段，环境污染也达到了高点，环境对经济发展的承载能力也明显下降，人们在享受经济发展成果的同时承担环境破坏的成本，资源的枯竭，气候变暖，雾霾笼罩，有害化学物质进入食品等等，严重威胁人类的生存。与此同时，人民群众在解决温饱问题后更为关心环境和健康问题。环境和生态也就成为其维权的重要方面。显然，跨越中等收入陷阱的发展不仅要转变发展方式，采用绿色化发展的技术，还要治理过去发展所破坏的环境和生态。

以上三个方面"中等收入陷阱"的威胁提出了以发展来跨越"陷阱"的任务。由于这些威胁的根子还在于体制问题，因此，跨越"中等收入陷阱"不仅需要发展，更需要体制的改革，为转变发展方式提供制度支撑。

（三）以改革克服城乡二元结构

城乡二元结构是低收入国家的标志，中等收入阶段的发展任务就是克服这种二元结构从而进入高收入阶段。这也是发展中国家现代化的内容。中国特色的社会主义道路包括四化同步的现代化道路，即中国特色新型工业化、信息化、城镇化、农业现代化四化同步。但现实的现代化进程总是以工业化来领头的，因此不可避免会出现农业现代化落后于工业化进程的状况。在历史进程中工业化可能会丢弃三农，而在工业化基础上的现代化就不能丢弃三农。就如习近平总书记所说，即使将来城镇化达到70%以上，还有四五亿人在农村。农村绝不能成为荒芜的农村、留守的农村、记忆中的故园。城镇化要发展，农业现代化和新农村建设也要发展，同步发展才能相得益彰。

根据木桶原理，现代化的整体水平最终是由"短板"决定的。农业、农民和农村的发展状况是四化同步的短板。因此现代化的核心问题是克服二元结构，包括城乡二元结构、工农业二元结构，使农业和农村进入一元的现代化经济。在新的历史起点上推进三农现代化，要直接以农业、农民和农村为发展对象。当我国全面小康社会即将建成并开启基本实现现代化进程时，必须要补上这块短板。

中国要强，农业必须强。做强农业，就要实现农业现代化。其体制安排主要涉及三个方面：

首先是培育农业经营主体。农业组织制度创新，最为重要的是在已有的家庭承包经营的基础上，通过土地流转和农业分工，培育新型农业经营主体。其中包括专业大户、家庭农场、农业合作社、农业企业等新型经营主体。

其次是农民成为市场主体。需要改革农产品的流通机制，降低农产品的交易成本。在农村实行联产承包责任制改革后的今天谈农民合作组织，不是过去的生产合作社，而是为农户提供流通和金融服务的合作组织，如信贷合作社、流通合作社等。

第三是改革农村土地制度，保证农民的资产收益。土地资产和房产流动、转让和被征用都应该得到足额的补偿或收益。农民有条件利用商业化的资产吸引现代生产要素进入农业。例如以土地交易和土地入股等等途径获取资产收益。

城镇化的实质是农民市民化。妨碍农民市民化的主要说明因素是城乡二元体制。一方面相对于城市，农村的市场经济发展程度太低，自然经济和半自然经济所占比重仍然较高。各类生产要素的市场基本上集中在城市，而不在农村。农民不能作为平等的主体进入各类生产要素市场。二是长期存在的城乡分割的户籍制度，将居民分割为城市居民和农村居民，城镇户口和农业户口。农村居民，农村户口明显低人一等。因此克服城乡差距的基础是在经济体制上推进城乡一体化，克服城乡二元体制。首先是把城市的市场化水平"化"到农村。消除要素在城乡之间自由流动的各种体制和政策性障碍，做到城乡就业同工同酬，城乡土地同地同价，城乡产品同市同价。其次是取消城乡分割的户籍制度，从而使城乡居民在城市和农村的流动和居住地不受户籍的限制。农民居住在城市，城市职工居住在农村完全取决于各自的选择。在解决进城的农民的市民权利的同时取消各种对农民的歧视性政策，使之与城市居民享受平等的政策和机会。第三是推进优质基本公共服务进入农村，让农村成为农民幸福生活的美好家园。农民不进入城市就能享受到各种市民的权利，其生活方式就与城市人基本没有差别。

二、经济体制改革仍然是全面深化改革的重点

经济体制改革进行了30多年，在进入新时期后仍然是重点，其必要性在于，经济建设仍然是党的中心工作，阻碍发展的障碍主要还是经济体制改革没有到位。经济体制改革的领域非常广泛，对全面深化改革起纲举目张作用的经济体制改革主要在三个方面：

（一）市场对资源配置起决定性作用

党的十八届三中全会明确将市场对资源配置的作用改为决定性作用。这就回到了市场经济的本义，突出的是市场的自主性。这种自主性不仅表现为市场自主地决定资源配置的方向，同时也表现为市场调节信号即市场价格也是自主地在市场上形成，政府不进行不当干预。

明确市场对资源配置的决定性作用，意味着我国的经济体制改革和市场化迈出新的步伐。改革的主要方向就是要大幅度减少政府对资源的直接配置，推动资源配置依据市场规则、市场价格、市场竞争实现效益最大化和效率最优化。原来的市场对资源配置起基础性作用的定义中，实际上存在两个层次的调节，即国家调节市场，市场调节资源配置。现在提市场对资源配置起"决定性作用"，意味着不再存在两个层次对调节，市场不再是在政府调节下发挥调节作用，而是自主

地对资源配置起决定性作用。市场配置资源是否有效，关键在市场体系和市场机制是否完善。必然会牵动两个方面的改革。

一是完善市场体系的改革。我国是从自然经济直接进入计划经济，又从计划经济向市场经济转型的，因此现阶段市场秩序混乱问题较为严重：以不正当手段谋取经济利益的现象广泛存在；市场规则不统一，部门保护主义和地方保护主义大量存在；市场竞争不充分，阻碍优胜劣汰和结构调整；等等。在这种市场秩序下市场配置资源决不会有效。这些问题主要来自政府行为：第一，由体制和政策的原因造成不公平竞争。第二，由地区差距和地方利益造成地方保护。第三，计划经济残余造成行政性垄断。针对因政府原因产生的市场秩序混乱现象，规范市场秩序的改革要从规范政府行为入手，其中包括打破地方保护，打破市场的行政性垄断和地区封锁，实现商品和各种生产要素在全国范围自由流动，各个市场主体平等地进入各类市场交易。

二是建设发育成熟的市场经济的市场体系。建设统一开放竞争有序的市场体系；建设法治化的营商环境；建设统一的城乡市场；实行统一的市场准入和市场化退出制度；等等。例如，金融体制改革，在已有的金融机构建设和金融市场监管改革的基础上推进金融市场体系建设，其中包括，利率市场化、汇率市场化和民营企业举办金融机构等。

（二）加快政府职能转变和相应的政府体制改革

发展社会主义市场经济，既要发挥市场作用，也要发挥政府作用。在市场决定资源配置的条件下，需要强市场。但强市场就不一定是弱政府，发展仍然需要政府的强力推动。关键在两个方面，一是分清政府与市场作用的边界；二是政府行为遵守一定的规范。政府的职责和作用主要是保持宏观经济稳定，加强和优化公共服务，保障公平竞争，加强市场监管，维护市场秩序，推动可持续发展，促进共同富裕，弥补市场失灵。政府也要建立市场信息披露制度，为市场参与者提供产能过剩、技术水准、市场需求等信息，由此从社会范围降低信息成本。

全社会的资源除了进入市场的市场资源外，还有公共资源。市场对资源配置的决定性作用不能放大到公共资源的配置。公共资源是未明确私人所有权的资源。公共资源的配置不能由市场决定。与市场配置资源遵循效率原则不同，公共资源配置则要遵循公平原则。政府决定公共资源配置也要克服政府失败。政府失败不是以政府能力缺陷为基础，而是以制度性缺陷为基础。政府失败的制度性表现：一是政府管制。政府管制排斥市场作用。政府对自然垄断行业如自来水、电力、煤气等行业的管制，主要采取国家定价或限价的方式，结果往往是产出下降，供不应求；政府对非自然垄断行业的管制主要采取保护或优惠某个或某些行业的方式，其结果往往是缺乏有效竞争而导致成本和价格的提高。二是寻租，寻租即利用权力寻求"租金"，寻租活动总是同政府权力相联系，或者是政府官员直接利用权力，或者是企业借助政府权力，制造出某种垄断权益，导致腐败。三是官僚主义。官僚主义导致政府扩张。政府机构存在自增长机制，社会中官员越多，"官员敛取物"就越有可能增加。

因此政府改革突出在三个方面：一是缩小政府管制的范围，即使是在管制的范围内也需要建立激励机制。需要国家定价的只能限制在公益性、公共性的范围。二是建设有限有效政府。只有权力有限、规模有限的政府才可能是有效的政府。有限政府涉及干预范围有限，干预手段有限，凡是市场机制能有效调节的经济活动，一律取消政府审批。政府不再是市场资源配置的主体，而是从市场资源的分配者变为监管者。三是建立有效的制度约束政府行为，包括对寻租行为、管制行为、官僚主义行为的约束。相应的制度约束就是政府规模约束，财政和税收的约束，法治约束，尤其是政府权力应受到宪法的限制。按此要求，政府需要制定权利清单、责任清单和负面清单。各类市场主体可依法平等进入负面清单之外领域。

（三）坚持和完善基本经济制度

我国实行公有制为主体、多种所有制经济共同发展的基本经济制度，是由所处的社会主义初级阶段决定的。社会主义初级阶段的根本任务，不是消灭私有制，而是发展生产力，需要利用包括私有制在内的多种所有制经济发展生产力，目标是要让一切劳动、知识、技术、管理、资本的活力竞相迸发。

过去的30多年我国基本经济制度改革重大进展是以民营经济为代表的多种所有制经济得到迅猛的发展。其背景是公有制理论取得突破性进展，表现在对公有制经济及公有制为主体的理论界定上。过去，公有制为主体被界定为公有制企业数量。改革的实践突破了这个界定。公有制经济不是指公有制企业，而是指国有资本和集体资本。相应的，公有制为主体不再体现在公有制企业数量上，而体现在公有资本的数量上。只要公有资本在社会总资本中占优势，就是以公有制为主体。在混合所有制企业中，公有制为主体可体现在公有资本在股权结构中的支配力或控股地位。因此公有企业数量减少，不等于主体地位下降。已有的改革进行了有进有退的国有经济的战略性调整。发展非公有制经济有了新的路径，这就是公有资本通过改制退出原有的公有制企业（主要是在竞争性领域）。

现行的基本经济制度，是中国特色社会主义制度的重要支柱，也是社会主义市场经济体制的根基。公有制经济和非公有制经济都是社会主义市场经济的重要组成部分，都是我国经济社会发展的重要基础。因此基本经济制度改革的方向就是不能偏废的"两个毫不动摇"：毫不动摇巩固和发展公有制经济，坚持公有制主体地位，发挥国有经济主导作用，不断增强国有经济活力、控制力、影响力；毫不动摇鼓励、支持、引导非公有制经济发展，激发非公有制经济活力和创造力。按此要求，现阶段坚持和完善基本经济制度改革的任务，主要涉及以下三个方面的改革任务：

1. 进一步激发非公有制经济活力和创造力。我国的民营经济是在体制的缝隙中靠其活力成长起来的。发展到现在要进一步壮大遇到一系列的体制障碍。其中包括：首先，民营资本进入领域受到的限制多，缺少进一步发展的空间。其次，民营资本不能作为平等的市场主体平等地获取生产要素，表现为融资困难，融资成本高。第三，民营资本大都在实体经济领域。其面对的虚拟经济尽管存在风险，但其依靠投机实现暴富对实体经济的刺激很大。经营实体经济雇佣的员工多，负担重、责任大，风险也大。这些体制问题不解决，直接后果是民营经济做大后，资本、财产外流，甚至民营企业家直接出走。针对上述体制问题，现阶段的全面深化改革需要从多个层面鼓励、支持、引导非公有制经济发展，激发其活力和创造力。改革举措包括：一是在产权制度上，完善产权保护制度。公有制经济财产权不可侵犯，非公有制经济财产权同样不可侵犯。国家不只是保护国有资产，还要保护各种所有制经济的产权和合法利益。赋予居民财产权利，为居民提供更多的私人投资渠道，鼓励私人创业，多渠道增加居民财产性收入。保护知识产权及其收入，允许员工持股，鼓励企业家持股和科技入股。农民可以通过土地流转获取土地收入。二是在市场准入上，在负面清单基础上实行统一的市场准入制度。民企可以进入负面清单以外的所有领域。废除对非公有制经济各种形式的不合理规定，消除各种隐性壁垒，制定非公有制企业进入特许经营领域具体办法。鼓励非公有制文化企业发展，降低社会资本进入门槛。允许社会资本通过特许经营等方式参与城市基础设施投资和运营。城市公共服务、甚至垄断性行业都可以有私人企业经营。三是在政策待遇上，强调坚持权利平等、机会平等、规则平等，打破民营经济获取市场资源的所有制障碍。国家保证各种所有制经济依法平等使用生产要素、公开公平公正参与市场竞争、同等受到法律保护，依法监管各种所有制经济。

2. 混合所有制是基本经济制度的有效实现形式。国有资本、集体资本、非公有资本等交叉持股、相互融合的混合所有制经济，是基本经济制度的重要实现形式，有利于国有资本放大功能、保值增值、提高竞争力。这是新形势下坚持公有制主体地位，增强国有经济活力、控制力、影响力的一个有效途径和必然选择。把混合所有制经济提高到基本经济制度的重要实现形式的高度，也就进一步指明了基本经济制度全面深化改革的方向。具体包括：允许更多国有经济和其他所有制经济发展成为混合所有制经济。国有资本投资项目允许非国有资本参股；鼓励发展非公有资本控股的混合所有制企业；鼓励民营企业参与国有企业改革和改制，参股和控股国有企业；允许混合所有制经济实行企业员工持股，形成资本所有者和劳动者利益共同体。鼓励非公有制企业参与国有企业改革，鼓励发展非公有资本控股的混合所有制企业，对关系国民经济命脉的部门国有经济要控制，但不需要全资，只要控股就可以，让出一部分股权给非公有制经济。国家垄断行业、国家独家经营的基础设施和公用事业都可以推进市场化改革，吸收民间资本、外来资本进入。包括公有制和非公有制经济在内的企业的资产证券化和公司上市也是发展混合所有制经济的重要路径。

3. 国有企业改革和完善国有资产管理体制。在过去30多年的改革中国有企业改革一直是重点。先后经过国有经济的战略性调整，国有企业的改制，公有制实现形式的改革，股份制改造。现在，完全的纯粹的国有独资的企业已经不多，相当部分涉及国计民生的国有企业也已改造为国有控股公司。因此，国有企业总体上已经同市场经济相融合。在此基础上国有企业的深化改革主要涉及三个方面：一是明确国有企业的功能定位，突出其社会责任：国有资本投资运营要更多投向关系国家安全、国民经济命脉的重要行业和关键领域，重点提供公共服务、发展重要前瞻性战略性产业、保护生态环境、支持科技进步、保障国家安全。国有资本加大对公益性企业的投入，在提供公共服务方面作出更大贡献。这样，国有企业就由"与民争利"转向"让民获利"。二是打破垄断。国有资本继续控股经营的自然垄断行业，实行以政企分开、政资分开、特许经营、政府监管为主要内容的改革，根据不同行业特点实行网运分开、放开竞争性业务。三是建立现代企业制度，涉及现代产权制度，公司法人治理结构和建立职业经理人制度等方面的改革。

将国有经济明确定义为国有资本后，人们开始更为关注国资改革。国家对国有经济的管理改革有个过程。最早是国家直接管理的国有企业推进政企分开的改革使国家对国有经济的管理转向管国有资产。资产包括资本加负债。党的十八届三中全会改革决定提出的完善国有资产管理体制的改革，明确以管资本为主加强国有资产监管，改革国有资本授权经营体制，组建若干国有资本运营公司，支持有条件的国有企业改组为国有资本投资公司。这意味着国资改革又向前推进了一步。对国资的监管只是管资本的运营，涉及国有资本的投向，股权管理，资本权益和资本流转。与此同时管资本的也不再是行政机构，而是国有资本运营公司和国有资本投资公司，这是在政企分开基础上的政资分开。

三、新时期全面深化改革动力的培育

改革从一定意义上说是经济利益关系的调整。如果把改革看作是制度变迁，那么其路径有两个方向：一个是自下而上的改革，属于利益诱致性改革；另一个是自上而下的改革，属于强制性改革，实际上也是经济利益调整。

30 多年前启动的改革基本上是自下而上的改革，由群众推动，利益诱致。面对平均主义的分配体制所产生的低效率问题，着力点是提高效率，强调效率优先、兼顾公平。在政策层面则是允许一部分地区、一部分人先富起来。这种改革的发展效应是明显的。虽然富裕程度有先有后，但相对于过去的"大锅饭"体制，人民生活水平有普遍的提高，为了谋求发展，人们可能容忍收入差距的扩大。显然，这种改革的利益诱致性特征非常明显，人民群众参与和支持改革的热情也非常高。

在过去 30 多年自下而上改革基础上展开的新时期的全面深化改革，从一定意义上说是自上而下推动的。因此需要寻求新的动力。新时期的改革新动力仍然必须是完善的社会主义市场经济体制内生的。人民是改革的主体没有变，必须要有人民的参与和支持。要充分发挥人民群众参与改革的积极性、主动性、创造性。改革新动力的培育就是要把惠民生作为动员改革动力的重要途径。人民群众能够分享改革发展的成果，就能自觉参与和支持改革。人民群众得到看得见利益，也就是习近平总书记所讲的人民有更多的"获得感"。这是改革的动力源泉所在。人民的"获得感"集中在两个方面：首先是促进公平正义，其次是民生改善。

（一）促进社会公平正义

社会主义本身就是公平正义的社会。我国社会主义市场经济体制初步确立，意味着经济的民主体制已经形成。随着各个不同经济利益群体的形成，他们为了维护自己的特殊利益，就会自然产生政治参与的积极性。这就为扩大社会主义民主，从各个层次、各个领域扩大公民有序政治参与，奠定了经济基础。扩大社会主义民主政治的基本要求就是促进社会公平正义。

促进社会公平正义涉及公平和效率关系的处理。处理这两者关系，需要区分资源配置领域和收入分配领域。新时期全面深化改革所要激发的效率动力需要从

这两个领域入手。

在资源配置领域，资源有限，资源配置必须讲效率。现在明确市场决定资源配置就是服从于效率目标，由公平竞争的市场来决定资源配置，实际上给提高效率从而推动发展提供强大的动力。在这里，市场是天生的平等派。从这一意义上讲，市场按效率目标配置资源就体现公平正义。当然，市场配置资源的必然结果是贫富差距的扩大。它需要在收入分配领域中的公平分配来解决。

在收入分配领域，在公平与效率的关系上，两者存在对立统一关系。收入分配领域的公平程度也会影响效率。就如诺贝尔经济学奖得主斯蒂格利茨所说，分配与效率问题不可分割。"在一些不公平程度很高的情况下，它降低了经济效率……然而在其他情况下，不公平却可以加强经济效率。"① 这里有两个认识问题：第一，分配中的公平权利与效率不矛盾，例如坚持按劳分配的权利公平支持劳动效率提高，按要素贡献取得报酬的权利公平支持要素效率的提高。在这种公平原则下的收入分配对不同的人必然有差距。但没有这种差距就不会有效率。公平正义本身就包含这些公平权利。第二，收入分配差距的扩大所产生的社会不公平要有个度。原因是社会不公平达到一定程度，随之产生的社会矛盾也会影响效率，从而影响整个社会经济健康持续发展的进程。人民不能够公平合理地分享经济发展的成果，就不会继续支持改革和发展。这就有必要适时的提出公平性分配的要求，涉及机会公平，权利公平，规则公平。在收入分配领域坚持公平原则，既要坚持分配的公平权利，又要促进收入分配结果处于社会公平的度。这两个方面结合就是促进社会公平正义的内容。

目前导致收入差距扩大的主要症结在于权利的不公平。其中包括以权谋私和垄断收入。这也是人们所不能容忍的。相应的改革需要从两个方面推进。首先，针对以权谋私，不仅要通过反腐败途径惩处以权谋私者，更要从体制上堵塞以权谋私的漏洞，也就是不给权力设"租"和寻"租"。其次是反垄断，现在的高收入行业主要是垄断行业，尤其是行政垄断行业。这些行业的高收入不是其靠自身努力获得的，而是靠垄断了自然资源和行政资源获得的。只有将其垄断收入收归国家后进行收入分配才真正体现公平正义。

（二）改善民生

改善民生同社会主义生产目的是一致的，也是人民群众分享改革发展成果的重要途径。30 年前推进改革时可以许诺暂时忍受改革的阵痛以后会得到改革的

---

① 斯蒂格利茨：《社会主义向何处去》，吉林人民出版社 1998 年版，第 54 页。

收益。现在所要推进的每一项改革都要使人民群众获得利益。把解决好人民群众最关心、最直接、最现实的利益问题放在改革的首要位置，人民群众就会焕发出强大的改革动力。

收入是民生之源。已有的改革普遍增加了人民收入，但是伴有收入差距的扩大。进入中等收入阶段后，人们不可能继续容忍越来越大的收入差距，更不能容忍权利的不公平以及由此产生的收入差距。而且随着改革的深化，如果人们对改革成果的分享存在明显的差异，这在一定程度上影响了人民群众改革热情的充分发挥。在这个背景下，建立以民生改善为着力点的收入分配体制的重要方面是缩小收入差距，改革对象是过去的改革所形成的效率优先的收入分配体制。在政策层面上就是由允许"一部分人先富起来"，转向让大多数人富起来。过去允许"一部分人先富起来"，是要在体制上解决推动 GDP 增长的动力，现在解决大多数人富起来的问题，是要使广大人民公平合理地分享增长的成果。这也符合邓小平的战略思想。他在 1992 年视察南方时就提出，等到沿海地区达到全面小康水平后，就要提出先富帮后富、共同富裕的要求。相应的改革内容就是保护合法收入，调节过高收入，清理规范隐性收入，取缔非法收入，增加低收入者收入，扩大中等收入者比重，努力缩小城乡、区域、行业收入分配差距，逐步形成橄榄型分配格局。

以民生改善为着力点的收入分配体制改革主要是提高低收入者收入。主要途径是在初次分配领域建立提高劳动报酬比重的机制。前一时期的指导思想是初次分配讲效率，再次分配讲公平；相应的分配机制是初次分配靠市场调节，再次分配靠政府调节。现在为实现公平性分配，初次分配领域不能只是讲效率，也要讲公平。在资本、劳动、管理、技术投入都参与收入初次分配的条件下，须建立劳动报酬增长和劳动生产率提高同步的机制。与此相应的调节机制，不能只是市场调节，需要其他方面调节，其中包括维护劳动权益的法律规范、企业内工资集体协商机制等。只有这样，才能提高劳动报酬比重。

就业是民生之本。居民收入的增长与就业密切相关。就业，牵动着千家万户的生活。影响就业的因素很多。一是劳动力供大于求的矛盾，二是产业结构对就业的承载能力，三是各个时期的宏观经济状况，四是劳动力的知识和技能结构等等。提高效率的改革会节省劳动力，从而加大就业的压力。当前，我国就业工作面临总体就业压力大和结构性劳动力短缺、人才匮乏的突出矛盾。如果就业问题处理不好，就会造成严重社会问题。解决就业问题归根到底还是要靠发展。解决就业问题的根本途径是发展和改革，创造更多就业岗位，改善就业环境，提高就业质量。就体制上来说，一方面通过发展多种所有制经济和鼓励创业，广开就业门路，增加就业岗位；通过城乡发展一体化和克服城乡分割体制，解决城市和农村劳动力流动的通道。另一方面通过人力资本投资，搞好职业技能培训、完善就业服务体系，引导劳动力适应和促进企业实现转型升级，缓解结构性失业问题。

教育是民生之基。与此相关的还有基本医疗等公共服务。当前最为重要的是推进基本公共服务在城乡、区域之间的均等化。根据教育公平和基本医疗公平的原则，要使中低收入者上得起学，看得起病。涉及供给和需求两个方面。在供给方面是加大农村基本公共服务设施的建设。在需求方面是享用教育、基本医疗、公共交通等需要付费的公共服务，不仅要横向公平（谁享用谁付费），还要纵向公平（按支付能力支付），使低收入群体也有能力享用基本公共服务。在前一时期改革中，市场化的范围过大，把不该市场化的公共服务部门市场化了，如卖医院，卖学校，卖公共交通，一些地方政府实际上放弃了公共服务的职能。现在这些公共服务应该还给政府（不排除私人办学校，办医院，办公交作为补充），以保证低收入者也能上得起学，看得起病，坐得起公交。

社保是民生之依。要完善政府为主导的覆盖城乡居民的社会保障体系，包括基本养老保险、医疗保障体系、对困难人群的社会救助制度，以及基本住房保险。应当明确，政府及其财政在社会保障体系建设中起着主导性作用。

四、全面深化改革既要有政治勇气又要有智慧

在中国这样的大国进行改革，绝不能在根本性问题上出现颠覆性错误，一旦出现就无法挽回、无法弥补。这个根本性问题就是坚持改革的正确方向，沿着正确道路推进。我国30年前开始的改革，没有现成的经验可循，传统的理论、固有的陋习和观念、旧的体制束缚和禁锢改革的手脚，在此情况下的改革，只能是解放思想，尊重群众首创精神，"杀开一条血路"。改革的主要方式是破字当头，即破除束缚生产力发展的旧体制，改革的步骤是摸着石头过河。

经过30多年的市场化改革，改革的方向越来越清晰。"既不走封闭僵化的老路、也不走改旗易帜的邪路"，只能走中国特色社会主义道路，也就是在中国特色社会主义制度体系的框架内改革国家治理体系，推进国家治理体系和治理能力现代化。方向决定道路。改革的方向明确以后，改革需要也可能在摸着石头过河的基础上进行顶层的全面的整体的设计。

我国30多年前开始的改革，没有走"华盛顿共识"所推荐的激进式改革路径，也没有采用俄罗斯的"休克疗法"，"大爆炸"式的改革方式，而是走渐进式的改革路径。采取先易后难、先体制外后体制内、先增量改革后存量改革、先

局部后全局的重点突破的方式。具体地说，体制改革先改经济体制；所有制改革先发展体制外的，发展多种所有制经济；国有企业改革先改运行机制；调节机制先搞"双轨制"。这种改革战略的好处是步子稳，改革进程不会破坏生产力，能够保持经济稳定增长。

经过 30 多年的改革，易的、体制外的、增量的、局部的基本上都改完了。留下的都是难的部分，是难啃的骨头。我国的改革最终能否取得成功归根到底是由这些难的部分的改革决定的。现在是要针对难的、体制内的、存量的、全局的体制进行改革。这意味着我国经济体制改革进入深水区，需要"涉险滩"，骨头越来越难啃，涉及的利益关系错综复杂、环环相扣，这时候的改革需要在两方面着力：一是需要有"敢于啃硬骨头，敢于涉险滩"的决心，"壮士断腕"的政治勇气，敢于向积存多年的顽瘴痼疾开刀，切实做到改革不停顿、开放不止步。二是要有智慧，步子要稳，注意改革的全面、系统、综合，使每一项改革都能得到人民群众的支持。这就是习近平总书记指出的："改革开放是一个系统工程，必须坚持全面改革，在各项改革协同配合中推进。"

经过了 30 多年的改革后，新时期的改革进一步强调系统性、整体性和协同性的要求，有更为重要的内容。这是依据我国改革的进程和相应的改革战略提出来的。需要把握全面深化改革的内在规律，特别是要把握全面深化改革的重大关系，处理好解放思想和实事求是的关系、整体推进和重点突破的关系、顶层设计和摸着石头过河的关系、胆子要大和步子要稳的关系，等等。

过去 30 多年的改革着力点是"破"，过去有一种提法："破字当头，立也就在其中"，确实，有许多体制在"破"的过程中自动的立出了新规。但还有不少体制不可能一下子自动的"立"起来的，尤其是需要建设。新时期全面深化改革需要针对过去市场化改革中某些被"破掉"的旧体制而没有"立出"新的体制方面，突出建设性要求，构建起系统完备、科学规范、运行有效的制度体系，使各方面制度更加成熟更加定型。特别是现阶段的改革较多的是政府对自身进行改革，取消和下放大量的行政审批项目，这是政府的"破"。这些"破"的同时必须要有"立"。也就是下放审批的项目谁来接，取消审批的项目如何让市场和企业接好，其中包括市场中介组织。这些都是需要统筹好的问题。否则会形成体制的紊乱，破坏正常的经济秩序。

在重点突破和整体推进的关系上，体制是环环相扣、相互制约的。已有的重点突破的改革在局部环节易于进展，但局部性改革进入到一定深度就会同体制的整体出现不协调。就像进行的经济领域的改革，利益关系突出了，社会体制的改革没有跟上，就会造成社会矛盾的突出，特别是全社会过于注重经济利益，而社会的价值观出现缺失，在此背景下从改革的整体性考虑就要把社会体制的改革和文化体制改革提到日程。再如在所有制改革上，重点突破了体制外的非公有制经济那一块，国有经济改革不作相应改革，不仅使国有经济效益进一步下降，更为重要的是国有经济的主导地位也可能丧失。这意味着全面深化改革需要处理好整体推进和重点突破的关系，现阶段的改革更为重视整体推进。

在改革的系统性上，以市场和政府的关系为例，我国的经济体制改革循着市场化方向，政府和市场的关系始终是核心问题。十八届三中全会明确市场对资源配置的决定性作用，相应的政府对资源配置的作用将明显弱化。但这不意味着不要政府更好发挥作用。按照系统论的观点，改革不能偏废某一个方面，需要协调推进，从而使整个体制各个方面协同作用。转变政府职能的目的不是取消政府，而是解决政府的"越位"和"缺位"，从而形成一个强有力的有效率的法治型政府、服务型政府。首先，我国现阶段所要面对的发展问题是错综复杂的，不只是单一的增长问题。公平分配，创新，环境，公共服务都是发展问题。这些市场失灵之处都需要政府作用。其次，在我国这样的发展中大国产业结构转向中高端这样的重大的发展问题，不可能都靠市场，必须要政府的参与。第三，就宏观调控来说，为了给市场更大的作用空间，明确了宏观经济的合理区间，相应的宏观调控体系需要完善，如果在合理区间内宏观调控完全无所作为，宏观经济滑出合理区间不是不可能的，由此产生的宏观失控的代价将更为严重。所有这些都说明，在新体制中，不只是充分发挥市场的决定性作用，还要更好发挥政府作用。两者的作用互补，这就是协同。

一切改革归根结底都是为了人民，是为了让老百姓过上好日子。经济体制改革实际上是利益关系的调整。改革所涉及的利益关系错综复杂，一部分人在改革中得益，另一部分人可能利益受损，还可能有一部分人的福利相对下降。我国过去30多年的改革为了推动发展实施允许一部分人先富起来的大政策。效果非常明显，但潜伏下来的问题是收入差距过于扩大，开始影响效率。现在全面深化改革，就要增进人民福祉、促进社会公平正义，让大多数人富起来，解决好做大蛋糕和分好蛋糕的关系。相应的收入分配体制改革的着力点就要由效率优先转向公平优先，努力缩小城乡、区域、行业收入分配差距。但是，收入分配体制改革涉及多个领域，多个群体，牵一发动全身。有可能产生"跷跷板"效应。这就要求收入分配体制的改革有系统性观念，需要统筹兼顾。要高度重视全面深化改革引起的利益关系调整，通盘评估改革实施前、实施中、实施后的利益变化，统筹各方面各层次利益，分类指导，分类处理。

经济体制是多要素的，就其变化的速度有快变量和慢变量之分。已有的改革基本上是改的快变量，慢变量不是一放一改就能见效的，需要一个培育和成长过程。例如，企业改革，进行股份制改造是快变量，建立现代企业制度是慢变量；市场决定资源配置，取消行政审批是快变量，完善市场体系是慢变量；城镇化，取消城乡户口限制是快变量，农民市民化是慢变量。经济体制是快变量，政治体制是慢变量；治理体系建设是快变量，治理能力提高是慢变量。可以说在所有领域的体制改革都会存在这种快变量和慢变量。改革的成效恰恰是由慢变量的到位来确定。因此改革的系统性就在于协调好快变量和慢变量的关系，在快变量的改革取得成效时，致力于慢变量的改革，使改革真正取得整体性成效。

最后以习近平总书记 2015 年 5 月主持第 12 次中央全面深化改革领导小组会议上的一段讲话作为本文的结语：要教育引导各级领导干部自觉用"四个全面"战略布局统一思想，正确把握改革大局，从改革大局出发看待利益关系调整，只要对全局改革有利、对党和国家事业发展有利、对本系统本领域形成完善的体制机制有利，都要自觉服从改革大局、服务改革大局，勇于自我革命，敢于直面问题，共同把全面深化改革这篇大文章做好。

主要参考文献：

1. 《中共中央关于全面深化改革若干重大问题的决定》，人民出版社 2013 年版。

2. 中共中央文献研究室：《习近平关于全面深化改革论述摘编》，中央文献出版社 2014 年版。

3. 吴敬琏：《直面大转型时代：吴敬琏谈全面深化改革》，三联书店 2014 年版。

4. 洪银兴：《市场秩序和规范》，格致出版社、上海三联书店、上海人民出版社 2015 年版。

（原载于《南京大学学报》2015 年第 4 期）

第四编

马克思主义经济学中国化

真理标准讨论与社会主义经济学的发展

> **提要**
>
> 改革开放的实践对传统的社会主义经济学的挑战主要涉及：对社会主义政治经济学出发点和立足点、理论体系、基本内容、研究方法、成长环境的挑战。在改革开放实践的推动下，社会主义经济学领域取得了一系列的重大突破。其中最为重要的是三个理论。一是社会主义初级阶段理论，二是社会主义市场经济理论，三是公有制可以有多种实现形式理论。在这个基础上经济学理论创新进入了一个新的阶段，这就是将已有的创新理论系统化，依据改变了的实践重建社会主义经济学。只有这样，才能从根本上改变经济理论落后于实践的状况。建设有中国特色的社会主义，就是指在中国建设社会主义的道路有自己的特色。重建的社会主义经济学必须从社会主义初级阶段的实际情况出发，建立在社会主义条件下发展市场经济，不断解放和发展生产力的理论体系。

在邓小平同志的直接领导下进行的一场关于真理标准的大讨论在各个领域产生的积极影响是无法估量的。就社会主义经济学研究领域来说，首先是明确了检验经济理论、经济政策的生产力标准，这是检验真理的实践标准在经济领域的体现；其次是依靠改革开放的实践，依靠解放思想、实事求是的思想路线，经济学领域空前繁荣。

一、实践对传统的社会主义经济学的挑战

党的十一届三中全会开始的经济体制改革实践与传统经济理论的矛盾激发了经济学界对传统理论的反思和批判。实践对传统的社会主义经济学有五个方面的挑战：

（一）实践对社会主义政治经济学出发点和立足点的挑战

传统的社会主义经济学离开增进社会财富这个根本出发点，离开生产力的运

动来研究生产关系，把理论研究的出发点放在阐述由"本本"规定的社会主义经济制度的优越性上。与这种出发点相适应，传统的社会主义经济学立足于马克思当年所设想的非商品经济的社会主义经济，把一些本来属于社会化商品经济所共有的东西归结为资本主义经济特有的东西，从而堵塞了人们对社会化商品经济一般规律的研究和探索。

（二）实践对社会主义政治经济学理论体系的挑战

传统的社会主义经济学理论体系的突出弊端：一是理论的封闭性，把马克思主义经典作家关于社会主义经济的设想作为唯一的理论来源，拒绝其他各种经济理论，特别是拒绝从现实的经济实践中吸取营养；二是按因果关系建立理论体系。这种因果关系以既定的原则作为"因"推导出各种理论原则，形成脱离实际的僵化体系。

（三）实践对社会主义政治经济学基本内容的挑战

经济分析本来应该包括经济本质分析、经济运行分析和经济发展分析等层面的内容。而传统的社会主义政治经济学的基本内容仅限于经济本质分析。这就把本应包含丰富的活生生的内容的经济理论剩下干巴巴的几个关于经济本质和社会主义制度优越性规定。仅包含这种内容的经济学除了起到对现行制度唱赞歌的作用外，对现实的经济运行和经济发展不可能起到积极的指导作用。

（四）实践对社会主义政治经济学研究方法的挑战

经济分析方法既有规范分析和实证分析方法，也有定性分析和定量分析方法。传统的社会主义政治经济学单纯进行规范分析，排斥实证分析，只关心"应该怎样"，不问现实中"是怎样"。其结果就是理论严重脱离实际，排斥经济实践对经济理论的检验，堵塞经济学发展的道路。传统的社会主义经济学对经济现象限于定性分析，排斥定量分析，不能运用现代科学工具对现实中各种经济变量之间的相互关系作出科学的分析，造成许多理论因无法验证而失去科学性。

（五）实践对社会主义政治经济学生长环境的挑战

传统的社会主义经济学片面强调其阶级性的一面，亲近政治，疏远经济实践，并且以经典作家的某些语录划定研究的禁区，由此形成了没有理论流派、万马齐喑的局面。一门学科没有百家争鸣的学术气氛，必然是僵化、没有生命力的。随着我国进入改革开放阶段，社会主义经济学领域进入了变革阶段。正视改革实践中产生的实质性变化，以科学的态度分析和研究实践对经济理论的挑战，我们就有可能适应已经改变了的经济现实，创造出新的、符合社会主义经济现实的科学理论。

二、实践推动经济理论的创新

在改革开放实践的推动下，社会主义经济学领域取得了一系列的重大突破。其中最为重要的是三个理论：一是社会主义初级阶段理论；二是社会主义市场经济理论；三是公有制可以有多种实现形式理论。这三大理论突破成为我国经济体制改革的三大理论基石。

（一）关于社会主义初级阶段的理论

在党的十一届三中全会以后，经济体制改革的逐步深入推动了人们对当前所处阶段认识的深化。在改革中人们发现，改革的一些做法同传统的社会主义经济理论的某些原理和规则相矛盾，甚至格格不入。许多在社会主义条件下有利于生产力发展和生产商品化、社会化、现代化的东西被当作资本主义的东西，被排除在社会主义现阶段的经济过程之外。显然，不明确当前所处的阶段，改革的进程难以加快，生产力也难以进一步发展。在这种实践背景下，社会主义经济学领域的一大理论突破便是确认我国目前的社会主义尚处于初级阶段：我国目前所处的社会主义初级阶段，不是泛指的任何国家进入社会主义都会经历的起始阶段，而是特指我国在生产力落后、市场经济不发达条件下，建设社会主义必然要经历的特定的历史阶段，通过这个阶段去实现别的许多国家在资本主义条件下实现的工业化、经济的社会化、市场化和现代化。这个阶段起始于社会主义基本制度确立，终结于社会主义现代化实现，生产力水平达到并超过发达的资本主义国家。显然，社会主义初级阶段理论是根据实践对社会主义重新认识的必然产物。实践证明，中国建设社会主义要从实际出发，最大的实际就是当前的中国处于社会主义初级阶段。这也是邓小平建设有中国特色的社会主义理论的出发点。现阶段不能采取超阶段的政策和措施，不能以未来高级阶段的社会主义标准来要求初级阶段的社会主义。针对我国目前已经存在的超阶段的体制和政策，正在进行的改革的任务是要调整社会经济关系和经济体制，使之适合当前的生产力水平，采用一切有利于发展生产力的经济形式，哪怕是在资本主义经济中采取的经济形式。

（二）关于社会主义市场经济理论

如果说社会主义初级阶段理论规定了建设有中国特色的社会主义的出发点的话，那么社会主义市场经济理论则规定了建设有中国特色社会主义的体制目标。市场经济作为资源配置的一种方式，是当今世界各国普遍采用的。实践证明，这种资源配置方式较计划经济总体效率更高。可是在传统理论中，市场经济等同于资本主义，因此，我国确认社会主义市场经济经历了一个艰难的探索过程，学术界在探索过程中也几经批判和打击，最终还是靠实践是检验真理的唯一标准迈开了重要的一步。1992年邓小平同志在"南方谈话"中明确指出，计划经济不等于社会主义，资本主义可以有计划；市场经济不等于资本主义，社会主义可以有市场。由此，社会主义市场经济便得到了确认。

确认社会主义经济是市场经济没有结束对社会主义市场经济的研究，由市场化改革的实践所推动，社会主义市场经济理论的研究取得了明显的进展。

首先，是对市场经济的规定。在理论上把市场经济不是规定为经济制度，而是规定为资源配置方式、经济运行机制。这就意味着，在中国推进市场经济不是要改变社会主义基本经济制度，而是要充分发挥市场机制配置资源的作用。因此实行社会主义同实行市场经济是并行不悖的。

其次，是对社会主义市场经济的规定。社会主义市场经济有特定的含义，指的是社会主义经济制度同市场经济体制的结合。市场经济作为资源配置的方式有一般的规定，其运行有一定的规律。在市场经济前冠以社会主义，不意味着市场经济有社会主义性质和非社会主义性质的区分。在社会主义条件下实行市场经济不会改变市场经济的一般规定和一般规律。在市场经济前冠以社会主义，是表明中国实行市场经济体制没有改变社会主义基本经济制度，市场经济运行不仅要实现资源的有效配置，还要实现社会主义制度的要求。社会主义同市场经济的有效结合涉及两方面问题：一是社会主义经济制度的要求（如公有制为主体、共同富裕）要在市场经济中得到实现；二是社会主义经济制度的实现形式，不能影响市场经济的有效运行。按此要求，中国转向市场经济需要改革和调整社会主义经济的实现形式。

最后，是对建立社会主义市场经济体制基本框架的规定。我国是由原来的计划经济体制转向社会主义市场经济体制，在当前的中国也不可能等待市场经济的自发发展。针对现行体制，建立社会主义市场经济体制的基本框架包括以下内容：（1）建立以公有制为主体的多种经济成分共同发展的所有制结构。（2）建立以产权清晰、政企分开、权责分明、科学管理为内容的现代企业制度。（3）建立和完善宏观间接调控体系。（4）建立统一开放的市场体系。（5）建立效率优先兼顾公平的收入分配体制。（6）建立多种形式的社会保障体系。基本框架的这六个方面解决了现代市场经济运行的基本要素：多种经济成分之间的竞争；采用现代企业制度的市场主体（企业）；完善的达到现代标准的市场；不是直接管企业而是宏观调控市场的国家干预；保障市场充分作用的收入分配体制；社会安全网等。

（三）关于公有制可以有多种实现形式的理论

所有制理论一直是社会主义经济学研究领域的敏感区域。特别是公有制问题，存在着研究的禁区。依靠真理标准讨论所形成的解放思想、实事求是的学术传统、依靠改革开放的实践，这一领域的禁区最终还是被打破了。

传统的所有制理论追求所有制结构的"一大二公"，现实中形成了公有制的一统天下。经济体制改革的实践中出现了多种经济成分，反映这种实践，产生了公有制为主体多种经济成分并存的理论。随着社会主义市场经济被确认，对社会主义阶段的所有制结构的理论概括便进一步发展为公有制为主体多种所有制形式共同发展。各种非公有制经济取得了同公有制平等竞争的地位。各种形式的非公有制经济由此取得了迅猛的发展。

对非公有制经济，在改革之初，在理论上视为公有制经济的补充，党的十五大所体现的思想解放就表现在把发展非公有制经济视为改革公有制的路径。具体有两个方面的理论界定。首先是对公有制为主体含义的界定。把公有制为主体界定为公有资产在社会总资产中占优势，而不是公有企业占优势，这意味着在改革中减少公有企业的数量，但保持公有资产在社会总资产中的优势地位，仍然体现公有制为主体。其次是对混合所有制的规定。多种所有制经济发展到现阶段出现了一种新现象，这就是各种所有制经济的相互渗透、相互融合。反映这种发展了的实践形式，党的十五大确认了混合所有制理论。根据这个理论，社会主义成分与非社会主义成分并存的结构可以体现在企业的外部，也可以体现在企业的内部，即通过混合所有制在同一个企业内部发展多种经济成分。这种混合所有制可以成为公有制的实现形式。在混合所有制企业中有公有资产，也有非公有资产。在这里，公有制的主体地位就体现在公有资产在其中的控制力。这样，从改革公有制经济考虑，发展非公有制经济就不仅仅是发展个体私营企业，而是在公有制企业中足够地吸收非公有资本（在需要保持公有制为主体的企业中，吸收非公有资本的数量以不影响公有资本控股为限）。

明确公有制实现形式可以而且应当多样化的改革意义在于，将一切反映社会化生产规律的经营方式和组织形式大胆地用于公有制经济。我国在改革中出现的股份制和股份合作制显示了在改革公有制经济方面的有效作用。但是，长期以来，因这些企业形式中包含了非公有的资本，而产生了姓"公"姓"私"之争，有人甚至给推行股份制贴上了"私有化"的标签。其结果使这些有利于公有制企业改革和提高公有制经济效率的好形式难以推广，同样也使国有企业的改革陷入困境。党的十五大所确认的公有制可以有多种实现形式的一个重大突破就是肯定了股份制和股份合作制。股份制是现代企业的一种资本组织形式。股份制不姓"社"，也不姓"资"。资本主义可以用，社会主义也可以用。它可以成为公有制的实现形式。实践证明，规范运作的股份制由于其产权明晰、权责分明、管理科学而成为国有企业建立现代企业制度的实现形式。股份合作制体现本企业劳动者的劳动联合和劳动者的资本联合，是具有较高效率的集体经济的实现形式，因而可以成为国有小企业和城乡集体企业改革可资选择的形式。

三、实践呼唤社会主义经济学的重建

在经济实践中，实践检验真理的标准也就是生产力标准。中国改革开放以来生产力水平迅速提高的实践已经充分检验了改革以来经济学理论重大突破的正确性。但是这不意味着已经穷尽真理。改革开放的深入已经和正在提出进一步进行理论创新的需求。现在经常听到经济理论落后于改革实践的批评。这本身反映了我国改革和发展的实践对理论的呼唤。经济发展到今天，特别是知识经济时代的到来，无论是改革的实践还是建设的实践，都不应该是盲目的非理性的，需要有正确的理论来指导。

改革开放以来，在实践的推动下，社会主义经济学研究领域已取得了巨大的进展，创新理论也层出不穷，特别是上述三大理论的确立，使社会主义经济学领域发生了根本性的变化。在这个基础上经济学理论创新进入了一个新的阶段，这就是将已有的创新理论系统化，依据改变了的实践重建社会主义经济学。只有这样，才能从根本上改变经济理论落后于实践的状况。

面对实践的挑战，社会主义经济学的重建涉及其研究对象和内容的变革。实践对社会主义经济学提出的任务最为突出的有两个方面：一方面社会主义经济学必须以中国的经济建设为对象，另一方面，社会主义经济学不是批判旧制度的经济学，而是建设新制度的经济学。

社会主义经济学是建设中国特色的社会主义理论的组成部分。重建社会主义经济学的目标是建设中国特色的社会主义经济。社会主义经济学要体现两个原

则：第一，社会主义的基本原则是任何一个实行社会主义制度的国家都要遵守的。第二，在不同的国家建设社会主义的道路可以各有特色。实践已经证明，不顾各个国家的特殊国情，采用一种模式搞的社会主义是不成功的。建设有中国特色的社会主义，就是指在中国建设社会主义的道路有自己的特色。根据邓小平的建设有中国特色的社会主义理论，重建的社会主义经济学必须从社会主义初级阶段的实际情况出发，基本任务是建立在社会主义条件下发展市场经济，不断解放和发展生产力的理论体系。

根据邓小平理论，生产力标准是检验经济理论和经济政策的唯一标准。这种标准对理论创新有两方面意义：第一，经济理论的各种创新要经得起实践的检验，即是否有利于生产力的发展；第二，面对经济发展过程中出现的新问题、新课题，需要根据邓小平提出的"三个有利于"标准，不断解放思想、进行理论创新。按此要求，社会主义经济学必须在以下几个已经确认的创新理论的基础上重建：

1. 明确社会主义初级阶段的以公有制为主体多种所有制形式共同发展的基本经济制度。公有制为主体体现社会主义的制度特征，多种所有制形式的共同发展则是现阶段的中国特色。

2. 明确社会主义市场经济的基本规定性。改革的中心内容是将社会主义同市场经济结合起来，坚持和完善社会主义市场经济体制，使市场在国家宏观调控下对资源配置起基础性的调节作用。国家的宏观调控和市场调节资源配置是不可分割的两个方面。

3. 明确公有制可以有多种实现形式的客观要求。在社会主义初级阶段，一切反映社会化生产规律的经营方式和组织形式都可以大胆采用。相应地，公有资产可以在各种类型的企业组织形式中经营（包括股份制、股份合作制及各种类型的合作、合资企业），公有制的主体地位将主要体现在公有资产在其中的支配力。

4. 明确效率优先兼顾公平的收入分配原则。在社会主义初级阶段，为了动员各种要素投入发展生产力的过程，需要坚持和完善按劳分配为主体的多种分配方式（其中包括按要素投入取得报酬的原则）、允许一部分地区一部分人先富起来、带动和帮助后富，逐步走向共同富裕。在这里，按劳分配和共同富裕是社会主义的制度特征，多种分配方式并存和允许一部分人先富则是现阶段的中国特色。

5. 明确转变经济增长方式的理论。发展是硬道理。实现经济发展不仅需要经济体制的转变，还需要经济增长方式的转变。经济增长方式由粗放型转向集约型的目标是要提高经济增长的质量和效益，防止大起大落的经济波动，实现经济的稳定增长。

6. 明确对外开放的基本国策。在社会主义初级阶段发展生产力，需要利用国际资源和国际市场，需要借鉴资本主义发达国家的先进技术和管理经验，需要提高利用外资和对外贸易的质量和效益。为增强国际竞争力，中国的企业有条件也可跨国经营、积极参与国际经济合作和竞争。

实践对理论的需求提出了社会主义经济学的学科定位问题。经济科学是一门经验科学。中国经济建设的实践要求社会主义经济学成为指导中国经济改革和经济发展的理论经济学科。这就使这门理论经济学具有了应用性特点。在西方，经济学家要给政府提出诸如以凯恩斯主义、供给主义、货币主义、新制度主义等理论为基础的政策主张，供政府选择。实践需要社会主义经济学也具有这种功能。为此，它要研究经济运行机制、研究经济体制、研究宏观经济政策，为国家和企业的经济决策和制定政策提供理论依据。经济学家也有责任依据自己的经济学研究成果提出政策主张供决策者选择。考虑到实践提出的这些要求，分析中国经济应当包括以下三个层面：

首先，是生产关系层面即经济制度层面的研究。与西方经济学的研究对象不同，以中国经济为对象的经济学不能回避制度分析，原因是中国正处于制度变革时期，不像西方国家那样以既定的相对稳定的制度为分析前提。制度分析就需要运用马克思主义经济学理论和方法。具体地说，需要运用马克思主义经济学的世界观方法论来研究社会主义经济关系特别是处于社会主义初级阶段的经济关系，研究经济规律，阐述社会主义经济制度的质的规定性和发展趋势。接受传统经济学脱离实际的教训，对中国经济作制度分析，不能仅仅限于界定什么是社会主义、什么是经济规律，而是关注生产力和生产关系的矛盾运动，研究适应和促进生产力发展的制度安排，特别是要注意现行的经济制度与生产力状况和经济发展实践不相适应的部分，从而明确调整现行的生产关系和经济制度的环节，使之适应和促进生产力的发展。

其次，是经济运行层面的研究。对社会主义经济作本质分析所规定的生产关系特征是经济运行分析的起点。经济运行涉及资源配置，其目标是实现资源的最优配置。对现实的社会主义经济作经济运行分析的任务是根据经济规律的作用方式和机制，服从于资源最优配置的目标，寻求社会主义生产关系的具体形式，各种具体的经济形式的配置、组织和协调。经济运行分析所涉及的层面包括经济运行的微观分析和宏观分析，经济运行的调节机制（计划和市场）的分析，以及政府调控经济的各种经济政策及其相应的分析。应该说，西方经济学就是以资源配置为对象的。从一定意义上说，西方经济学是经济运行分析的经济学。因此对中国经济作经济运行分析需要更多地采用西方经济学的范畴和方法。现在西方经济学中流行的新制度学派的制度分析，严格地说，这种制度分析仍然是以市场制度和非市场制度为对象的经济运行分析，不属于第一层面的经济制度分析的方法。这个理论我们可以用来分析市场经济体制的建设问题。尽管如此，我们还是要指出，西方经济学是以规范的西方经济为对象的，中国的经济不像西方经济那样规范，因此在用西方经济学的范畴和方法分析中国经济时需要作中国化处理。

最后，是经济发展层面的分析。我国虽已建立了社会主义制度，但生产力水平还处于世界的后列。经济发展对中国人来说生命攸关。经济发展需要有正确的理论指导。而且就经济发展来说有许多特定的规律，作为后起的发展中国家来说，经济发展需要认真吸取其他先行国家发展的经验和教训，需要认真借鉴别的发展中国家发展的经验及其理论概括——发展经济学，也要认真研究发达国家从落后状态发展为现代化状态的历史经验，从而建立起自己的经济发展理论。应该说，发展经济学是以发展中国家的经济发展和现代化为对象。因此发展经济学更接近我国的实践，进行经济发展分析需要充分的利用发展经济学的范畴和方法。但是，中国有自己的国情，经济发展所处的阶段也不尽相同，因此在运用发展经济学范畴和方法分析中国经济发展时特别要注意中国的国情和实际。

上述各个层面的经济分析内容表明，重建的社会主义经济学是个兼容并蓄的开放系统，它要以马克思主义经济学为指导，但不排斥吸收西方经济学的积极成果；它是科学的理论体系，但植根于社会主义经济的实际，经济发展的实践会不断地推动经济理论的完善和发展。

根据马克思主义的认识论，真理是相对的，因此，重建的社会主义经济学只能提出自己能够解决的任务。"我们只能在我们时代的条件下认识，而且这些条件达到什么程度，我们便认识到什么程度。"① 处于社会主义初级阶段的经济学，就认识程度来说，也只能认识社会主义初级阶段的经济关系和经济规律，而且这种认识程度也是相对的。随着实践的发展，人们的认识也会进一步深入，许多经济理论也会随着实践的发展而发展。从这一意义讲，重建社会主义经济学将是长期的过程。

（本文原载于《江海学刊》1998 年第 5 期）

---

① 《马克思恩格斯选集》第 3 卷，人民出版社 1972 年版，第 562 页。

政治经济学的与时俱进

提　要

政治经济学产生和发展的历史体现了政治经济学与时俱进的轨迹。中国特色社会主义政治经济学反映马克思主义政治经济学的现代发展。政治经济学的与时俱进从社会主义处于初级阶段出发，主要涉及三个方面：一是研究任务的与时俱进；二是研究方法的与时俱进。三是学习政治经济学态度的与时俱进。

政治经济学是所有经济学科中最古老的学科。它之所以到现在都有生命力，正由于其理论和方法的与时俱进。在当今时代，政治经济学作为一门科学，也必须在与时俱进中保持其应有的地位。

一、马克思主义政治经济学的现代发展

19 世纪中叶，马克思和恩格斯代表当时作为独立力量登上历史舞台的无产阶级的利益，对政治经济学作了根本的改造，创立了马克思主义政治经济学，其主要贡献在于：（1）第一次明确提出政治经济学的研究对象是人与人之间的社会生产关系；（2）首创了生产商品的劳动二重性学说，创立了科学的劳动价值论；（3）建立了科学的剩余价值理论，发现了资本积累的一般规律和历史趋势；（4）揭示了资本主义为社会主义所代替的必然性，并预见了未来的社会主义和共产主义社会的一些基本特征。19 世纪末 20 世纪初，资本主义进入帝国主义阶段，列宁分析了当时帝国主义的基本经济特征，特别是帝国主义阶段经济的垄断特征，创立了帝国主义理论，为分析发展到垄断阶段的资本主义经济特征提供了理论武器。

苏联是世界上第一个社会主义国家。斯大林依据社会主义建设的最初实践，对社会主义建设的一系列规律作了概括，形成了《苏联社会主义经济问题》一书。以此为基础，苏联科学院经济研究所在 20 世纪 50 年代初出版了《政治经济

学教科书》，其中包括以资本主义生产关系为对象的政治经济学资本主义部分和以社会主义生产关系为对象的政治经济学社会主义部分。这本教科书阐述的社会主义社会的一个个经济规律，曾经在一段时间广泛流传于各个社会主义国家，包括我国。以其理论为基础形成了社会主义经济制度的"苏联模式"或者说"斯大林模式"，而实践证明这种模式是僵化的、低效率的。

以毛泽东为首的第一代中共领导集体，在领导中国社会主义建设的实践中较早地发现了斯大林模式的弊端，开始探讨适合中国国情的社会主义道路。从1978年起，中国走上了改革开放的道路。这个伟大实践大大地推动了社会主义政治经济学的完善和发展。

政治经济学产生和发展的历史体现了政治经济学与时俱进的轨迹。从马克思到列宁所建立的政治经济学的基本任务是推翻旧社会。从斯大林开始的政治经济学的基本任务是建设新社会。但是，从斯大林到毛泽东，建设新社会的基本思路是阶级斗争，与此相应，政治经济学就以阶级分析和阶级斗争为纲。中国改革开放以来，党的两代领导集体建设新社会的基本思路是经济建设，与此相应，政治经济学就以增进社会财富为出发点和归宿，由此决定了现代政治经济学与传统政治经济学的区别。

政治经济学的与时俱进与不同时期的研究所处的发展阶段相关。马克思、列宁是在身处资本主义的条件下，在分析资本主义矛盾的基础上逻辑地推导未来的社会主义，未免带有某种猜测的成分。斯大林模式及其相关的政治经济学则是超越现实将社会主义经济关系概括成几个教条并付诸实践，但以失败告终。标志政治经济学的现代发展的一个重大突破是确认现阶段的社会主义处于初级阶段，这个阶段起始于社会主义制度的建立，结束于生产力水平达到并超过资本主义国家的水平，这是一个长期的历史过程。这一理论突破的意义在于，对社会主义经济关系的研究重点转向处于初级阶段的社会主义生产关系，并依据对该阶段生产力和生产关系矛盾的分析，得出目前处于初级阶段的社会主义的根本任务不是消灭私有制，而是发展生产力的结论。社会主义初级阶段的基本经济制度由此得到合乎实际的规定。

政治经济学的历史使命无疑是社会主义代替资本主义。处于资本主义社会的政治经济学是要揭示资本主义基本矛盾，寻求资本主义社会的掘墓人。处于社会主义社会的政治经济学无疑也包括资本主义经济关系的分析，这种分析除了对过去的资本主义关系作历史的分析外，更多的是要研究与社会主义并存的当代资本主义。对与社会主义并存的当代资本主义作政治经济学分析，固然要继续用马克思主义的世界观和方法论揭示其新矛盾，但必须注意到并存的两个社会的相互影响和竞争。如果说在马克思时代社会主义取代资本主义寄希望于无产阶级革命的话，那么现在要实现这种替代则寄希望于社会主义国家在生产力水平上超过资本主义国家。现在的问题恰恰是已有的社会主义国家不是在生产力发达的成熟的资本主义基础上产生的，因此虽然其制度先进，但生产力落后。资本主义社会制度，在理论上比社会主义落后，但在现实中，发达的资本主义国家有先进的社会生产力支持，并且存在某些与先进社会生产力相适应的制度，例如完善的市场、现代企业制度、完善的宏观调控体系、发达的金融体系，等等。当今的经济全球化包含了市场经济的全球化，同时也包含了产生在资本主义国家的与先进社会生产力相关的现代经济组织和企业制度的全球化。正如马克思和列宁当时所讲的股份公司、国家垄断是社会主义的入口一样，这些现代经济组织和企业制度可能离社会主义更近。正是从这一意义上说，政治经济学对资本主义的分析除了揭示其矛盾外，不排除对其的学习。当然学习的目的是发展社会主义国家的生产力，因此现在的政治经济学，在坚持马克思主义作为指导思想的理论基础的前提下，体现了两个开放：一是向实践开放，不断研究新的实践问题，丰富经济学的内容，不仅包括对当代资本主义发展的新实践，也包括对社会主义经济发展的新实践的新的理论概括。二是向西方经济学开放，跟踪西方经济学的发展，不断吸收其最新的反映社会化生产和市场经济规律的科学成果。政治经济学的与时俱进，使这门古老的学科在现阶段具有不断解释新现象和说明新问题的生命力。

二、政治经济学任务的与时俱进

分析生产力与生产关系的矛盾运动是马克思主义政治经济学的基本分析框架。以资本主义为对象的政治经济学分析生产力与生产关系的矛盾运动，目的是揭示资本主义生产关系对生产力的阻碍作用，寻求改变这种生产关系的动力和掘墓人，阐述资本主义为社会主义所代替的必然性。以社会主义为对象的政治经济学也要分析生产力和生产关系的矛盾运动，但目的是寻求完善社会主义生产关系的途径，通过社会主义社会生产关系的自我完善和发展，进一步解放和发展生产力。应该说不同对象的政治经济学的任务是非常明确的。需要指出的是，在社会主义条件下政治经济学研究和教学的任务，无论是对资本主义的分析还是对社会主义的分析，都是为了促进社会生产力的发展。研究经济规律，研究先进社会生产力发展的方向，研究生产关系适应生产力发展方向的调整，应该是政治经济学的基本任务。

现在人们对政治经济学的批评往往是它因缺少对经济现象的描述而远离实

际，对这个观点要作具体分析。政治经济学作为一门科学，其任务是解释世界，而不是描述世界。解释世界就是要透过经济现象，揭示其经济本质和内在的必然性。揭示经济过程的本质联系及其运动的客观必然性，也就是揭示客观的经济规律。

根据马克思的分析，经济运动在每个历史时期都有它自己的规律，"由于各种机体的整个结构不同，它们的各个器官有差别，以及器官借以发生作用的条件不一样等等，同一个现象却受完全不同的规律支配……生产力的发展水平不同，生产关系和支配生产关系的规律也就不同。"① 政治经济学研究的科学价值在于阐明支配着一定社会机体的产生、生存、发展和死亡以及为另一更高机体所代替的特殊规律。

经济现象和经济过程本身所固有的、本质的、客观的必然联系即经济规律。同其他自然规律一样，经济规律具有客观性，不以人的意志为转移。就如列宁所说，社会经济形态绝不是"可按长官的意志（或者说按社会意志和政府意志，都是一样）随便改变的"，它的发展是"自然历史过程"，它的发展规律"不仅不以人们的意志、意识和愿望为转移，反而决定人们的意志、意识和愿望"②。这意味着，人们必须按照经济规律办事。进一步说，人们的经济行为，国家制定的经济政策，作出的各种经济决策必须符合经济规律的要求，顺应经济规律发展的方向，这是经济决策、经济政策和经济行为达到预期效果的必要保证。我国经济发展的实践已经证明，什么时候按经济规律办事，经济就发展，什么时候不按经济规律办事，脱离实际的长官意志、主观意志大行其道，经济不但不能发展，还会遭受严重的损失，受到经济规律的惩罚。国家是这样，企业也是这样。可见尊重客观经济规律、按经济规律办事的重要性。

按经济规律办事的前提是认识客观的经济规律。我们通常说的人们在经济规律面前不是无能为力的，就是说人们能够认识经济规律，并利用它来为人们服务。政治经济学的任务就是揭示客观存在的经济规律。由政治经济学揭示的经济规律，就是人们对客观经济规律的认识，它为人们提供认识问题和解决问题的依据和方法。从一定意义上说，人们所认识和利用的经济规律是由政治经济学正确地揭示的经济规律。

经济规律是在一定的经济条件基础上产生和发生作用的。这里讲的经济条件包括生产力水平、生产关系、市场条件，等等。当某种经济条件不存在时，与之

---

① 马克思：《资本论》第1卷，人民出版社2004年版，第23页。
② 《列宁选集》第1卷，人民出版社1995年版，第10、23页。

相关的经济规律也就随之消失。由经济规律所依存的客观经济条件所决定，经济规律有三个层次：第一层次是各个社会形态都共有的经济规律，如生产关系一定要适合生产力性质的规律；第二层次是几个社会形态所共有的经济规律，如存在于几个社会的市场经济的规律，例如价值规律、市场竞争等各种市场经济的规律；第三层次是某个社会形态所特有的规律，如在资本主义条件下起作用的剩余价值规律，在社会主义条件下起作用的按劳分配规律；等等。

现实中无论是资本主义还是社会主义都存在某些共同的经济规律，资本主义和社会主义不仅是时间上继起的两个社会，也是空间中并存的两个社会，许多经济组织、方式、规则和秩序都有趋同的趋势。因此，当今的政治经济学必须特别关注政治经济学一般原理的分析，关注各个社会共有的经济规律，特别是当今存在的资本主义社会和社会主义社会所共有的经济规律的分析。而在对社会主义社会和资本主义社会经济关系作专门分析时，则要进一步关注特殊性，对资本主义的分析注重其现代特征分析，对社会主义的分析则注重处于社会主义初级阶段的经济关系的分析。

政治经济学对资本主义分析的任务，是揭示资本主义经济的内在矛盾，揭示资本主义被社会主义代替的历史必然性。从这一意义上说，政治经济学提供了阶级斗争的思想武器。根据这个任务，政治经济学研究和教学关注剩余价值理论所揭示的资本主义剥削的秘密；关注资本积累理论所揭示的剥夺者最终被剥夺的历史趋势；关注再生产理论所揭示的资本主义社会再生产矛盾；关注平均利润率下降理论揭示的资本过剩和生产过剩以及由此所造成的周期性危机；关注剩余价值分割理论揭示的不同职能资本家之间的矛盾；关注资本主义总过程理论描述的信用经济条件下的经济危机分析；等等。需要指出的是，原有的政治经济学所揭示的资本主义的矛盾在现代得到了缓和，原因是资本主义国家在其制度允许的范围内采取了一系列为缓解矛盾、避免社会矛盾激化而调整生产关系的措施。政治经济学必须正视这些新问题，否则就无法解释在马克思敲响资本主义丧钟100多年后，资本主义不仅存在，而且还在发展的事实。从与时俱进的角度分析资本主义经济，必须研究当代资本主义的新现象，揭示其新的规律，关注在新的条件下资本主义出现的新特点及其与资本主义固有的矛盾。

研究现代资本主义，必须承认这个现实：20世纪30年代大危机以后至今，几次重大的科学技术革命都发生在资本主义国家。在此基础上，以公司制为特征的现代企业制度，发达的资本市场，现代银行制度，政府干预经济，科技创新机制等都成为推动现代资本主义发展的新机制。这些也是现代资本主义国家生产力突破其已有生产关系的束缚而得以发展的主要说明因素。现在的政治经济学在说明这些新现象时，特别要考虑到资本主义与社会主义是在空间上并存的两种社会制度的现实。因此政治经济学对现代资本主义的经济分析的任务有三个方面：一是学习。在两种经济制度并存的条件下，许多经济活动和经济组织存在相互学习和相互融合的过程。分析现代资本主义国家与先进社会生产力相适应的经济形式和经济组织，对社会主义国家来说本身就是一种学习，由此推动社会主义国家的生产力赶上和超过资本主义国家。二是竞争，两种制度并存必然包含两种制度的竞争，分析现代资本主义经济本身可以为社会主义最终在经济竞争中战胜资本主义提供对策性理论。三是信念。资本主义发展到现代阶段，单靠传统的政治经济学理论难以说明其灭亡的必然趋势，需要用与时俱进的理论和方法来揭示其新的矛盾，从而在新的经济条件下坚定社会主义取代资本主义的信念。

政治经济学对社会主义分析的任务，固然有坚定社会主义代替资本主义信念的要求，但不限于此。适应我国改革开放和现代化建设的需要，政治经济学的任务应该以改革和完善社会主义经济制度、促进发展先进社会生产力、增加国民财富为目标。与此相适应，政治经济学的研究和教学思路应有两个方面转变：一方面是要由以阶级斗争为纲转向以经济建设为中心。政治经济学面对资本主义社会是阶级斗争的武器，而在当今的社会主义社会则是经济建设的理论指导。另一方面是要由把政治经济学理论作为教条转向作为行动的指南。马克思在100多年前批判资本主义时，合乎逻辑地推导出社会主义社会的某些特征，这些不应成为今天建设社会主义的教条，而应该成为行动的指南。我们不应固守马克思当时提出的某些个别结论，而应该根据社会主义社会发展的实践发展马克思关于社会主义的理论。①

以《资本论》为代表的马克思主义政治经济学是以资本主义为研究对象的，其对社会主义经济关系的某些预测和规定，也包含在其分析资本主义的框架之中。在今天，政治经济学的一个重要而艰巨的任务，是要根据变化了的情况，区分清楚对于马克思主义政治经济学要继承什么，发展什么，要在继承马克思主义政治经济学基本原理、基本方法的基础上，抛弃原来的一些不科学的认识，发展马克思主义，实现理论的创新。

首先，对马克思在《资本论》中使用的资本范畴进行再认识。过去不少教科书都认为资本是资本主义的特有范畴，在社会主义经济分析中，只能使用资产、资金等范畴，不能使用资本范畴。本文认为，这种理解是有局限性的。资本作为

---

① 笔者在《由批判转向建设——论〈资本论〉研究思路的转变》一文中对此作了系统阐述，载于《南京大学学报》1999年第4期。

生产要素，是任何市场经济所少不了的，更何况资本范畴中包含的许多内涵，资金、资产是替代不了的。长期以来，我国国有资产运营效益不高，不能不说与不按资本运作规律办事有关。当然，在社会主义条件下使用的资本概念在其所反映的生产关系方面与资本主义条件下的资本概念是不同质的，它不存在雇佣劳动关系。

其次，某些被马克思所诅咒的可能产生资本主义罪恶的范畴和规则，在社会主义条件下不一定要全盘否定。如竞争、积累等造成两极分化，但对经济和社会发展的推动作用则是需要充分肯定的。再如个人财产、私人资本在资本主义分析中，因其属于私有经济的范畴而被视为剥削的工具，财产一无所有的无产者则被作为该社会的掘墓人而得到肯定。而在社会主义经济分析中就不能墨守这种理论。在社会主义社会，工人阶级作为主人翁和建设者应该也可能成为有产者，有无个人财产和个人财产的多少都不能成为政治上先进和落后的标准。

最后，马克思主义政治经济学的某些原理需要有新的发展。马克思在100多年前写《资本论》时，尚处于自由资本主义阶段，生产力发展水平处于机器大工业的初期阶段，企业制度处于工厂制阶段，股份制经济刚开始萌芽。100多年后的今天，无论是资本主义所处的阶段，还是生产力的发展水平和企业制度都发生了重大变化，社会主义社会的发展实践也与马克思当时预测的状况不完全相同。所有这些都要求政治经济学的原理适应实践的发展而发展。例如，劳动价值论是马克思主义政治经济学的理论基石，但马克思创立劳动价值论时所依据的经济条件和现代的经济条件有很大的不同。在马克思所处的那个时代，劳动对经济增长起着决定性作用，而且这时的劳动主要是工人的劳动。经济发展到现代阶段，知识、技术对经济增长的作用远远超过了劳动。劳动的内容和范围也进一步扩大了，不仅工人提供劳动，技术人员、管理人员、服务人员等都在提供劳动。因此用劳动价值论分析现代经济时需要依据变化了的情况作出新的解释。对现阶段的社会主义经济来说，更要结合新的实际，深化对社会主义社会劳动和劳动价值论的认识。

三、政治经济学方法的与时俱进

政治经济学的方法是由《资本论》奠定的。与自然科学相比，经济学作为研究现实的社会经济的科学，在方法论上的一个重要特点是，经济学无法通过实验室进行实验，就需要寻求科学的研究方法。迄今为止的经济学的方法主要有两种。一种是哲学方法，另一种是数学分析方法。马克思主义政治经济学采用的基本分析方法是哲学方法，尽管它也常常用到数学方法。马克思说："分析经济形式，既不能用显微镜，也不能用化学试剂。二者都必须用抽象力来代替。"① 马克思在《资本论》序言中说明了他的科学的抽象法："在形式上，叙述方法必须与研究方法不同。研究必须充分地占有资料，分析它的各种发展形式，探寻这些形式的内在联系。只有这项工作完成以后，现实的运动才能适当地叙述出来。"② 可见马克思的抽象法包含相互联系的两个科学思维过程：

1. 从具体到抽象的研究过程。就是依据唯物辩证法，对普遍存在的具体的经济现象进行分析，撇开次要的因素，从中找出最基本、最简单的东西，并综合它的各种发展形式及其内在的必然联系，阐明经济范畴，揭示经济规律。就像马克思在分析资本主义经济时，面对纷繁的各种具体的资本形式和经济现象，首先利用抽象力，抽象出商品价值、使用价值、抽象劳动、具体劳动等最基本的经济范畴。

2. 从抽象到具体的叙述过程。也就是依据前一过程的结果，从最简单的最基本的范畴开始，循着由简单上升到复杂的思维过程建立逻辑体系。就像马克思在《资本论》中说明资本主义经济时从商品这个最简单的范畴开始，逐步展开分析货币、资本等越来越复杂的经济范畴。上述两个过程归结起来就是马克思说的"在第一条道路上，完整的表象蒸发为抽象的规定；在第二条道路上，抽象的规定在思维行程中导致具体的再现"③。

我们注意到，马克思之所以突出抽象法，原因是他认为，与自然科学相比，经济学无法通过实验室进行实验。这个结论在当时的科学实验条件下可能是准确的。特别是马克思的理论是要以社会主义代替资本主义，根本不可能在资本主义条件下进行实验。经济发展到现代，电脑的产生及信息技术的发展使一部分（当然不是全部）经济学原理可以利用电脑和信息手段进行模拟和实验，2002 年诺贝尔经济学奖就授予了在实验经济学方面做出贡献的经济学家。我国改革开放以来不少社会主义经济理论的进展就是从改革开放的试点中得出的结论。这表明政治经济学的许多原理和结论单纯依靠抽象法得出是不够的，实验和试点同样可以成为经济学的方法。

传统的政治经济学虽然也用到数量分析和实证方法，但基本的分析方法是定性分析和规范分析，政治经济学的基本方法是马克思主义经济学所运用的哲学方法，也就是辩证法和抽象法。现在，政治经济学遇到方法论的挑战。经济学发展

---

① 马克思：《资本论》第 1 卷，人民出版社 1975 年版，第 8 页。
② 马克思：《资本论》第 1 卷，人民出版社 1975 年版，第 23 页。
③ 《马克思恩格斯选集》第 2 卷，人民出版社 1995 年版，第 18 页。

到现代阶段，方法论应该与时俱进。包括数学在内的科学研究方法都应该成为重要的研究方法。许多人认为，一门学科只有在使用数学时，才称得上是科学，因而西方一些经济学文献对经济学科的地位作了高度的评价：如果说数学是自然科学的明珠，经济学则是社会科学的明珠。可以肯定，能够得到数学的证明理论是科学的理论。但不能反过来说，得不到数学证明的理论就不是科学的。这里有两种情况：一方面，现实中许多经济关系是无法量化的。某些在西方国家可以量化的经济关系在我国不一定能够量化，原因是我国的经济关系正处于转型中，经济关系越不规范，越难以量化。另一方面，许多经济学大师最早提出的理论和思想都不是数学方式的，恰恰是后人力图去用数学去证明其理论的。实际上，数学作为精密的学科对社会科学领域的创新性思维有时可能会成为一种束缚。

现代经济学使用较多的模型分析方法也是数量分析方法。模型是理论的一种规范化的表述。它通常是对两个或多个变量之间的假设关系的数学表述。实际上，模型分析也是一种抽象分析的方法。所有的模型都是舍像掉一些不必要的部分而使现实经济问题简单化。就是说，模型以简明的方式展示所提出的问题的重要方面。但是，当我们使用模型这一重要的经济分析工具时，又必须注意到，由于模型作了抽象而过于简单，经济模型和产生模型的理论丢掉了大量的社会、经济和政治的现实性。当用一种经济模型来帮助制定实际的政治或制度性政策时，通常需要重新引入在建立模型时被舍弃的社会、经济和政治的现实因素。

传统政治经济学分析方法的基本特征是规范分析。现代政治经济学在方法论上的一个重要进展是在突出实证分析的基础上采用实证分析和规范分析相结合的方法。根据美国经济学家凯斯和费尔在《经济学原理》中的解释，实证分析试图在不做出是好是坏的价值判断的情况下分析经济体系的行为和运行。它回答所分析的经济对象"是什么"的问题。规范分析则是考察经济行为的后果，并且提出它们是好还是坏，以及这些结果是否可以变得更好的判断。因此规范分析包含有对于所偏爱的行动路线的评判和规定，回答"应该是什么"的问题。现实的经济学因其主要采用其中的某一种方法而区分为实证经济学和规范经济学。但是人们也越来越感到将两种方法合在一起使用，可能更科学。

四、以与时俱进的态度学习政治经济学

政治经济学是马克思主义的三个组成部分之一。作为经济分析指导思想的理

论基础的科学的经济学体系，马克思主义政治经济学不仅提供阶级斗争的思想武器，也提供经济建设的指南。

当代资本主义和社会主义，都经历着新的发展和变化，出现了许多新现象、新特点和新问题。如何认识现代资本主义，如何认识实践中的社会主义，是在新的历史条件下对马克思主义经济学提出的新课题。对此需要由发展了的马克思主义政治经济学作出回答。

第一，是对现代资本主义的认识。自 20 世纪 50 年代以来，资本主义世界处于相对稳定状态。在发达的资本主义国家首先产生新技术革命，90 年代以后又出现了以信息和网络为代表的新经济，由此引起了生产力的迅速发展，人民的平均生活水平也明显提高，帝国主义所固有的各种矛盾也有不同程度的缓和。对资本主义的新发展，不能简单地套用传统的马克思主义政治经济学中的某些现成结论，应该依据新的研究作出说明。应该承认，面对现代资本主义，马克思主义政治经济学的个别结论可能已经过时，但其作为一种认识社会的科学体系没有过时。它仍然可以为认识和研究现代资本主义提供科学的世界观和方法论，成为研究现代资本主义的指导思想的理论基础。马克思主义政治经济学也因此而得到新发展。

第二，是对实践中的社会主义的认识。马克思在分析资本主义经济矛盾时合乎逻辑地推导了未来社会主义社会的某些经济特征，应该说马克思在《资本论》中推导出的关于替代资本主义后的未来社会的规定是合乎逻辑的、科学的。根据马克思的逻辑，这些规定是在发育成熟的资本主义社会基础上建立起来的成熟的社会主义社会的经济特征。而在我国目前所处的社会主义初级阶段，当我们在实践马克思关于社会主义的要求时，就不能教条式地实践这些规定，应该结合我国社会主义现阶段的现实条件来研究社会主义的规定性。这就提出了对《资本论》有关社会主义的理论的坚持和发展问题。所谓发展，就是要仔细研究《资本论》作这些规定所需要的经济条件，在此基础上根据《资本论》的逻辑得出在社会主义初级阶段不可能完全实现这些规定的要求的结论。所谓坚持，就是要明确，马克思的这些规定仍然可以成为建设社会主义的奋斗目标，而根据马克思的思想方法，实现这些社会主义目标的基本途径是创造实现这些规定性的经济条件，特别是依靠发展生产力，创造实现其社会主义规定性的物质基础。在确认社会主义初级阶段基础上所产生的社会主义经济的根本性理论进展，概括起来主要在以下方面：（1）承认社会主义条件下存在商品关系，并进而确认社会主义经济也是市场经济。（2）明确社会主义初级阶段的基本经济制度是以公有制为主体、多种所有制经济共同发展，与此相应的分配制度是以按劳分配为主体、多种分配方式并存的制度。（3）承认公有制经济可以有多种实现形式，并进而明确公有制企业在股权多元化基础上建立现代企业制度的改革方向。（4）依据现阶段的基本经济制度特征，将非公有制经济中的所有者、经营者、管理者和技术人员明确为有中国特色社会主义的建设者。

第三，是寻求指导市场经济运行的一般经济理论。马克思主义政治经济学为现实的社会主义经济提供的指导思想，不仅是其关于社会主义经济特征的论述，更为重要的是其一般经济理论，其中最重要的是市场经济理论。尽管《资本论》是在资本主义经济形态中阐述市场经济理论的，其中的许多理论在抽去资本主义经济关系的规定性后，对现阶段的社会主义经济的指导作用也非常明显。我国的经济体制在转向市场经济体制后，商品货币理论、竞争理论、资本积累理论、资本有机构成理论、资本循环和周转理论、社会总产品实现条件理论、平均利润率规律理论、流通费用理论、地租理论、信用经济理论、经济周期理论等，对我国现阶段的经济研究和经济实践都有明显的指导作用。

长期以来人们往往是从阶级分析和阶级斗争的角度认识政治经济学的。这在阶级斗争的年代是完全可以理解的。在确认社会主义初级阶段后经济建设就成为中心任务。政治经济学任务的与时俱进就突出表现在，为形成与社会主义初级阶段基本经济制度相适应的思想观念和创业机制做出理论贡献。与此相应，政治经济学的功能就要有根本性变化。对社会主义经济的分析，不是提供阶级斗争的理论，而是要提供阶级合作的理论。按照形成全体人民各尽其能、各得其所而又和谐相处的局面要求，政治经济学需要提出和研究有中国特色社会主义建设者的概念，需要提出和研究保护私人财产的制度，需要引入制度经济学中的契约理论，需要根据各种要素包括资本、劳动和管理按照企业所确定的份额投入企业并按贡献参与分配，需要寻求劳资合作的有效方式。

根据马克思主义的认识论，真理是相对的，"我们只能在我们时代的条件下去认识，而且这些条件达到什么程度，我们才能认识到什么程度。"① 马克思主义经济学也不例外。对社会主义经济关系的认识程度来说，现阶段也只能认识社会主义初级阶段的经济关系和经济规律，而且这种认识程度也是相对的。随着实践的发展，人们的认识会进一步深入，许多经济理论也会随着实践的发展而发展。

（本文原载于《政治经济学评论》2003 年第 1 期，编入本书时有删节）

---

① 《马克思恩格斯选集》第 4 卷，人民出版社 1995 年版，第 386 页。

处于社会主义阶段的政治经济学的理论和方法的创新

提 要

政治经济学在阶段上还有另一种区分，就是处于资本主义社会的政治经济学和处于社会主义社会的政治经济学，两者均包括资本主义和社会主义部分。处于社会主义阶段的政治经济学与处于资本主义阶段的政治经济学相比，反映政治经济学范式的变化，突出表现在其研究对象、研究任务和研究方法的与时俱进。政治经济学在社会主义社会的功能，不仅要提供阶级斗争的思想武器，更要提供经济建设的指导思想。以与时俱进的态度研究和学习政治经济学，意味着科学认识现代资本主义和实践中的社会主义，并且把政治经济学作为发展先进社会生产力的指导思想。

政治经济学这门古老的学科之所以至今还有旺盛的生命力，在于其与时俱进。在今天，政治经济学的与时俱进在于，根据变化了的情况，区分清楚对于马克思主义政治经济学要继承什么，发展什么，要在继承马克思主义政治经济学基本原理、基本方法的基础上，抛弃原来的一些不科学的认识，发展马克思主义，实现理论的创新。

一、政治经济学的阶段性使命决定其与时俱进的品格

政治经济学是马克思主义的三个组成部分之一。政治经济学一般区分为资本主义部分和社会主义部分。实际上政治经济学还有一种区分。这就是处于资本主义社会的政治经济学和处于社会主义社会的政治经济学，两者均包括资本主义和社会主义部分。我们所讲的政治经济学与时俱进更多的是指处于社会主义社会的政治经济学相比处于资本主义社会的政治经济学所体现的理论创新。

马克思主义政治经济学，以《资本论》为代表，处于资本主义社会，其历史使命无疑是社会主义替代资本主义。其任务是要揭示资本主义基本矛盾，寻求资

本主义社会的掘墓人。现在需要研究的是进入社会主义社会以后的政治经济学的使命是什么？

现在的社会主义社会是从资本主义脱胎出来的，在当今世界上还并存着资本主义社会。因此，政治经济学在阐述社会性质，分清什么是社会主义，什么是资本主义方面的功能不能变，其任务是坚定社会主义代替资本主义的信念。但是，社会主义最终取代资本主义还是要依靠生产力的发展，建设好我们已经进入的社会主义社会。由此就提出政治经济学在社会主义社会的功能。这就是，作为经济分析指导思想的理论基础的科学的经济学体系，马克思主义政治经济学不仅要提供阶级斗争的思想武器，更要提供经济建设的指导思想。

马克思《资本论》的思路，基本上是以阶级斗争为纲，其目标是推翻旧制度。今天我们处在社会主义初级阶段，我们的目标是建设新社会。在这样的条件下学习和研究政治经济学，固然有坚定社会主义代替资本主义信念的要求，但不能限于此。适应我们面临的中心任务和经济背景的特点，学习和研究政治经济学的基本思路是由阶级斗争为纲转向以经济建设为中心。政治经济学面对资本主义社会是阶级斗争的武器，而在当今的社会主义社会则是经济建设的理论指导。政治经济学的这种转型，意味着要从研究如何推翻资本主义社会转向研究如何建设好社会主义社会，如何调整生产关系、提高社会生产率、增加社会财富、增进社会福利。

政治经济学产生和发展的历史体现了政治经济学与时俱进的品格。从马克思到列宁所建立的政治经济学的基本任务是推翻旧社会。从斯大林开始的政治经济学的基本任务是建设新社会。但是，社会主义国家刚刚建立时需要巩固政权，基本思路是阶级斗争，与此相应，政治经济学就以阶级分析和阶级斗争为纲。改革开放以来，党的两代领导集体建设新社会的基本思路是经济建设，与此相应，政治经济学就以增进社会财富为出发点和归宿。由此决定了现代政治经济学与传统政治经济学的区别。

长期以来人们是从阶级分析和阶级斗争的角度认识政治经济学的。这在阶级斗争的年代是完全可以理解的。我们注意到马克思身处资本主义条件下创立的政治经济学，作为批判旧社会的武器，其批判的目标所指是非常明显的。现在我们是处于社会主义社会，根据我们所处的阶段和相应阶段的任务。研究《资本论》的基本思维，不应该是当批判家，即用《资本论》中的某些提法作为教条去批判改革开放中的某些做法，而应当建设者，也就是根据《资本论》的逻辑和思维，根据《资本论》阐述的基本理论对国家的改革开放提出建议。事实上，马克思作为历史唯物主义者，他在《资本论》中所作的科学的经济分析同样提供了指导当今建设新社会的光辉思想。马克思主义政治经济学直接来源，是以亚当·斯密和大卫·李嘉图为代表的古典经济学。他们代表新兴资产阶级的要求，提出的理论以增进国民财富为目标。马克思在改造古典政治经济学时不但没有抛弃而且进一步发挥了这一方面的内容，并且在寻求国民财富和价值的源泉和创造者方面进行了改造。当我们建设新社会时，可以从《资本论》中发现系统的增进国民财富的理论。

处于社会主义社会的政治经济学仍然以特定社会为研究对象，区分为资本主义部分和社会主义部分。在现实的政治经济学教学和研究中遇到的突出矛盾是，在政治经济学资本主义部分中揭示资本主义剥削，批判资本主义的罪恶。而到政治经济学社会主义部分又要依据社会主义初级阶段的基本经济制度鼓励发展包括资本主义经济在内的多种所有制经济，又要解释剥削的合理性（甚至要否认剥削）。由此产生的矛盾导致指导思想的模糊。克服这种矛盾的途径就是明确政治经济学所处的社会主义阶段，服从于建设新社会的要求，对资本主义的分析，关注资本主义社会和社会主义社会所共有的经济规律的分析，强化生产关系一般和经济规律一般的内容。其基本考虑是，无论是资本主义还是社会主义都存在某些共同的经济规律，资本主义和社会主义不仅是时间上继起的两个社会，也是空间中并存的两个社会。许多经济组织、方式、规则和秩序都有趋同的趋势。

适应我国改革开放和现代化建设的需要，政治经济学的任务应该以改革和完善社会主义经济制度、促进发展社会生产力、增加国民财富为目标。以《资本论》体系为代表的马克思主义政治经济学是以资本主义为研究对象的，其对社会主义经济关系的某些预测和规定，也包含在其分析资本主义的框架之中。这些不应成为今天建设社会主义的教条，而应该成为行动的指南。我们不应固守马克思当时提出的某些个别结论，而应该根据社会主义社会发展的实践发展马克思关于社会主义的理论。

因此在社会主义条件下政治经济学研究和教学的任务，无论是对资本主义的分析还是对社会主义的分析，都是为了促进社会生产力的发展。研究经济规律，研究社会生产力发展的方向，研究生产关系适应生产力发展方向的调整。由此得出的政治经济学范畴和原理对现实的社会主义建设就能起到理论指导的作用。

二、政治经济学范式的演进

政治经济学由批判转向建设，牵动政治经济学范式的改变。这可以从政治经济学研究对象、研究领域，以及经济分析方法的改变得到说明。

首先，生产关系是政治经济学的研究对象。在马克思那里，进入研究视野的生产仅限于物质资料生产领域。马克思指出："摆在面前的对象，首先是物质生产"①。马克思主义政治经济学，既不同于以流通为对象的重商主义，也不同于仅仅以农业部门为对象的重农主义，也不同于当时以分配为出发点的经济思想。马克思当时所研究的生产限于物质资料的生产。它反映这样的事实：物质资料的生产是人类社会存在和发展的基础。限于当时的生产力水平，服务所占的比例很小，而且服务基本上属于剥削者的奢侈性消费。而经济发展到现代，不仅因服务领域的扩大成为社会财富的越来越大的部分，服务也越来越多的进入劳动者的消费范围。服务业也就作为第三产业与工业和农业并列。这样，服务领域因其在国民经济中地位的提高而进入了政治经济学研究的范围。当今的政治经济学，虽然也是以生产作为出发点，但这里讲的生产不仅涉及物质资料生产，也涉及服务领域提供服务。马克思关于物质生产领域中经济关系分析的逻辑和方法同样可以用于服务领域的政治经济学研究。这可以说是政治经济学研究领域的与时俱进。

其次，在各个社会都会存在多种层次的生产力水平，也存在多种层次的生产关系。政治经济学依据的是该社会占主导的生产关系，也就是被马克思称为"普照之光"的生产关系。"在一切社会形式中都有一种一定的生产决定其他一切生产的地位和影响，因而它的关系也决定其他一切关系的地位和影响。这是一种普照的光，它掩盖了一切其他色彩，改变着它们的特点。"② 在资本主义经济中虽然也存在各种前资本主义的生产关系，但它们是被资本主义生产关系所普照的，因而没有进入政治经济学的研究对象。在进入社会主义社会以后政治经济学曾经试图以纯粹的社会主义关系作为"普照之光"去研究，各种非社会主义的生产关系受到排斥，由此所得出的结论因其超阶段而导致错误的实践。现在我国所处的阶段是社会主义初级阶段。这是一个以公有制为主体多种所有制经济共同发展的经济。面对这样的经济，政治经济学的研究对象就不能是单纯研究公有制之类的社会主义经济关系，各种所有制经济都应该进入研究的视野。特别是混合所有制经济得到确认后，混合所有制经济可能成为现阶段的"普照之光"从而进入政治经济学的视野。

第三，政治经济学关注社会主义和资本主义的矛盾分析。处于资本主义阶段的政治经济学作为推翻资本主义的指导思想的经济学所分析的劳资矛盾，及社会主义和资本主义的矛盾是对抗性的。而在社会主义初级阶段的政治经济学，虽然

---

① 马克思：《政治经济学批判导言》，引自《马克思恩格斯选集》第 2 卷，人民出版社 1995 年版，第 1 页。

② 马克思：《马克思恩格斯选集》第 2 卷，人民出版社 1995 年版，第 109 页。

也要分析和界定各种所有制经济的性质，但是所有这些经济成分包括各种私有制经济在内都可统一于社会主义现代化建设。尽管社会主义的最终目标是公有制取代私有制，而处于初级阶段的社会主义不但不能提出消灭私有制的任务，还要在很大范围内利用私有制。因此政治经济学的着眼点不是不同所有制之间的斗争，或者说不是谁战胜谁的问题，而是寻求平等竞争共同发展的有效路径。

第四，政治经济学揭示经济过程的本质联系及其运动的客观必然性，也就是揭示客观的经济规律。根据马克思的分析，在每个历史时期都有它自己的规律。"由于各种机体的整个结构不同，它们的各个器官有差别，以及器官借以发生作用的条件不一样等等，同一个现象却受完全不同的规律支配……生产力的发展水平不同，生产关系和支配生产关系的规律也就不同。"[1] 政治经济学研究的科学价值在于阐明支配着一定社会机体的产生、生存、发展和死亡以及为另一更高机体所代替的特殊规律。对现阶段的社会主义来说，其存在和发展有赖于生产力的发展，因此作为揭示经济发展规律的政治经济学更为关注的是发展生产力及适应生产力发展调整生产关系的规律。因此解决人们的经济行为、国家制定的经济政策、作出的各种经济决策尊重客观经济规律、按照经济规律办事问题。

第五，政治经济学研究生产力和生产关系的矛盾运动。传统的研究把社会主义条件下生产力发展和滞后的原因归结为姓社还是姓资。这个理论实际上已经被经济发展的现实所否定。政治经济学要能说明生产力发展和滞后的经济原因，其研究对象就要拓展。政治经济学对经济过程和经济关系的分析，不仅有本质层次的生产关系分析，还有经济运行层次和经济发展层次的分析。在制度分析方面，不限于传统的生产关系性质的分析，特别关注经济运行机制和经济发展机制的分析。实际上这里所讲的经济运行机制和经济发展机制所涉及的也是生产关系层面，所不同的是，它所关心的是现有各种生产关系的配置和组合。如不同所有制如何配置和结合，市场调节和宏观调控如何配置和协调等等。也正因为政治经济学研究对象有了这种扩展，政治经济学有了活生生的内容，更为实践所必需。

当今世界的经济学有马克思主义政治经济学和西方经济学两大体系。这两大体系在研究对象和层次上存在差别。一般说来，西方经济学偏重于经济现象的描述，根据萨缪尔森的规定，其首要任务是对生产、失业、价格和类似的现象加以描述、分析、解释，并把这些现象联系起来进行系统的分析。而马克思主义经济学偏重于经济关系本质的分析，它研究物与物关系背后的人与人之间的社会关系，研究经济制度的本质规定，特别是注重经济关系运动的规律性分析。它建立

---

[1]　马克思：《资本论》第1卷，人民出版社1975年版，第23页。

的各种经济范畴都反映了一定的社会关系。马克思主义经济学是对经济关系的本质分析，是对经济问题的深层次分析。而西方经济学是对经济变量的关系分析，是对现实经济现象的描述。偏重经济运行分析的西方经济学，也会涉及经济制度的分析，但它把制度作为分析的前提，着重研究微观和宏观经济运行中各种经济变量之间的关系。偏重生产关系分析的政治经济学也会涉及经济运行，但它对经济运行分析的重点是各种生产关系在经济运行中的配置和调整。

人们一般认为西方经济学是研究资源有效配置的，其效率目标是帕累托最优。研究《资本论》，可以发现，它也在研究资源配置，只不过它将资源进一步抽象为社会劳动，资源配置就被界定为社会劳动在各个部门的分配，其配置效率的标准是社会必要劳动时间。这就是马克思说的："劳动时间的社会的有计划的分配，调节着各种劳动职能同各种需要的适当的比例。"①

对同一个经济现象和经济范畴，西方经济学和政治经济学有不同的研究角度和层次。例如价格范畴，西方经济学根据供给、需求及各自的弹性，描述这些变量之间的关系，说明价格是由供求关系决定的，是一种均衡价格。而政治经济学把它界定为是价值的货币表现。价格的运动表现价值规律的作用，价格围绕着价值上下波动。供求平衡的价格就是反映价值的价格。这同均衡价格实际是一致的，区别只在于抽象层次的不同。再如对产业利润、商业利润、利息和地租等分配范畴，西方经济学把它们看作是要素报酬的形式，而政治经济学则界定为剩余价值分割的形式。并由此确定了各自量的界限。显然，这两个理论体系依据各自的研究方法、层次分析经济过程有不同的理论和现实意义，不可替代。现在面对的社会主义经济是社会主义市场经济，必须运用这两大理论体系的理论和方法。简单地排斥哪一个理论体系都会直接影响经济分析的科学性。当然，由于马克思主义的政治经济学涉及的是本质层次的分析，制度层次的分析，因而它应该成为经济分析的指导思想的理论基础。

总的来说，观察现阶段的政治经济学（在这里不只是指某一本或几本教科书，而是从整体上说），由于其内容的改造和创新，其原理已不像传统的政治经济学那么教条，许多理论观点已经为人们所接受，并转化为政府的决策。因此，对政治经济学，如果不抱任何偏见的话，从总体上说它已突破了传统的理论范式。说它是政治经济学，是在于它：（1）研究对象还是生产关系及其经济规律；（2）还要关注社会制度的性质；（3）还主要运用马克思主义经济学的基本范畴和基本方法。说它突破传统的范式，主要在于：（1）虽然其研究对象仍然是生产

---

① 马克思：《资本论》第 1 卷，人民出版社 1975 年版，第 96 页。

关系，但它的着力点不在于社会主义与资本主义的生产关系的比较，而在于服从于发展生产力目标的生产关系的调整和改革，特别是以中国经济为对象。（2）虽然它关注社会制度的性质，但在社会主义初级阶段的框架下不拒绝接受在资本主义经济中行之有效的制度和方式。（3）虽然它主要采用马克思主义经济学的范畴和方法，但已在很大程度上吸收了西方经济学的范畴和方法。（4）虽然它是理论经济学学科，但它的基本功能是对现实的经济问题进行理论分析，其分析的层面已经由经济制度分析扩展到了经济运行、经济发展和经济政策的层面。人们越来越发现，政治经济学已经成为应用性很强的理论学科。（5）虽然他还要分析资本主义经济，但更为关心的是其反映市场经济和社会化生产一般规律的内容。概括起来，政治经济学是以运用马克思主义经济学基本范畴和方法研究中国经济问题的经济学。

三、科学认识实践中的社会主义

政治经济学的与时俱进与不同时期的研究所处的发展阶段相关。马克思列宁是在身处资本主义的条件下，在分析资本主义矛盾的基础上逻辑地推导未来的社会主义，未免带有某种空想的成分。斯大林模式及其相关的政治经济学则是超越现实将社会主义经济关系概括成几个教条并付诸实践，而以失败而告终。

马克思在分析资本主义经济矛盾时合乎逻辑地推导了未来社会主义社会的某些经济特征。例如，在商品拜物教部分所设想的自由人联合体经济的特征，在资本积累的历史趋势中指出的剥夺者被剥夺以后建立的新社会的所有制特征，在《资本论》第二卷关于社会再生产部分设想的计划调节社会劳动分配的机制，以及散见于其他部分的关于社会主义经济的论述。

应该说马克思在《资本论》中推导出的关于替代资本主义后的未来社会的规定是合乎逻辑的、是科学的。根据马克思的逻辑，这些规定是在发育成熟的资本主义社会基础上建立起来的成熟的社会主义社会的经济特征。而在我国目前所处的社会主义社会还是社会主义初级阶段。当我们在实践马克思关于社会主义的要求时，就不能教条式地实践这些规定，应该结合我国社会主义初级阶段的现实条件来研究社会主义规定性。这就提出了对《资本论》有关社会主义的理论的坚持和发展问题。所谓发展，就是要仔细研究《资本论》作这些规定所需的经济条件，在此基础上根据《资本论》的逻辑得出在社会主义初级阶段不可能完全实现这些规定的要求的结论。所谓坚持，就是要明确，马克思的这些规定仍然可以成为建设社会主义的奋斗目标，而根据马克思的思想方法，实现这些社会主义目标的基本途径是创造实现这些规定性的经济条件，特别是依靠发展生产力创造实现其社会主义规定性的物质基础。

标志政治经济学的现代发展的一个重大突破是确认现阶段的社会主义处于初级阶段，这个阶段起始于社会主义制度的建立，结束于生产力水平达到并超过资本主义国家的水平，这是一个长期的历史过程。这一理论突破的意义在于，对社会主义经济关系的研究重点转向处于初级阶段的社会主义生产关系，并依据对该阶段生产力和生产关系矛盾的分析，得出两大科学结论：第一，处于初级阶段的社会主义的根本任务不是消灭私有制，而是发展生产力的。第二，承认社会主义条件下存在商品关系，并进而确认社会主义初级阶段的经济也是市场经济。

对社会主义初级阶段经济分析的进一步突破就是明确社会主义初级阶段的基本经济制度是以公有制为主体、多种所有制经济共同发展。其意义在于明确包括各种私有制在内的多种所有制经济成为基本经济制度的重要组成部分，公有制与非公有制之间不是谁战胜谁的对立，而是平等的竞争者和合作者的关系。与此相应延伸出两个理论结论：第一，社会主义初级阶段的分配制度是以按劳分配为主体、多种分配方式并存的制度。多种分配方式的实质是按要素贡献取得报酬。第二，承认公有制可以有多种实现形式，并进而明确股份制可以成为公有制的主要实现形式。第三，承认并保护合法的私有财产，将非公有制经济中的所有者、经营者、管理者和技术人员明确为社会主义的建设者。

上述关于社会主义的经济理论突破实际上包含了马克思主义政治经济学的与时俱进：

首先，某些分析资本主义的范畴可以用于分析社会主义，例如资本范畴。过去将资本范畴限于分析资本主义，在社会主义经济分析中不使用资本范畴，代之以资产、资金等范畴。岂不知资本范畴中包含的许多内涵，资金、资产是替代不了的。长期以来国有资本效益不高，就与此相关。根据《资本论》，资本有两个含义，第一，资本是一种生产关系，反映雇佣劳动关系。第二，资本是能够实现增殖的价值。国有资产作为资本，就是从资本的第二个含义来规定的。由此出发，国有资产的运行必须以价值增殖为目标。这样，《资本论》中所分析的资本循环和周转，资本积累，资本收益等原理，在抽去了雇用劳动关系后，都可进入现实的社会主义经济分析。再如个人财产、私人资本在政治经济学中，因其属于私有经济的范畴而被诅咒。财产的一无所有的无产者则被作为该社会的掘墓人而得到肯定。而在现实的社会主义经济中，劳动者作为建设者应该也可以成为有产者，有无个人财产和个人财产的多少都不能成为政治上先进和落后的标准。特别是发展社会生产力需要动员一切资源，其中包括私人所有的资源。与此相应，私人投资和私人资本不但应该得到肯定，还应该成为社会主义初级阶段经济分析的重要范畴。

其次，某些分析资本主义的原理可以用于分析现阶段的社会主义。最为明显的是市场经济理论。在马克思关于社会主义经济的分析框架中是不需要"价值"即商品货币范畴插手期间的。《资本论》在界定用公共的生产资料进行劳动的"自由人联合体"经济的特征时规定了其实行计划经济的基本特征："仅仅为了同商品生产进行对比，我们假定，每个生产者在生活资料中得到的份额是由他的劳动时间决定的。这样，劳动时间就会起双重作用。劳动时间的社会的有计划的分配，调节着各种劳动职能同各种需要的适当的比例。另一方面，劳动时间又是计量生产者个人在共同劳动中所占份额的尺度。"[①] 实行这种计划经济的物质条件实际上非常严格。这就是恩格斯在《反杜林论》中所说："社会一旦占有生产资料并且以直接社会化的形式把它们应用于生产，每一个人的劳动，无论其特殊用途是如何的不同，从一开始就成为直接的社会劳动。那时，一件产品中所包含的社会劳动量，可以不必首先采用迂回的途径加以确定；……人们可以非常简单地处理这一切，而不需要著名的'价值'插手期间。"[②] 我国现实的经济条件是生产资料还没有达到全社会占有，社会劳动量还不可能直接计算，因此不可能直接实践这些规定，无论是社会劳动的分配还是按劳分配都还需要价值关系及其必须形式商品货币插手其间。特别是在社会主义市场经济得到确认后，《资本论》中关于市场经济规律及其运行机制的原理基本上都可用于现实的社会主义经济分析，甚至可能成为社会主义经济分析的主体内容。

第三，政治经济学的某些基本原理在社会主义社会的实践中得到发展。马克思在100多年前写《资本论》时，尚处于自由资本主义阶段，生产力发展水平处于机器大工业的初期阶段，企业制度处于工厂制阶段，股份制经济刚开始萌芽。100多年后的今天，无论是资本主义所处的阶段，还是生产力的发展水平和企业制度都发生了重大变化，社会主义社会的发展实践也与马克思当时预测的状况不完全相同。所有这些都要求政治经济学的原理适应实践的发展而发展。例如劳动价值论是马克思主义政治经济学的理论基石，但马克思创立劳动价值论时所依据的经济条件和现代的经济条件有很大的不同。在马克思那个时代，劳动对经济增长起着决定性作用，而且这时的劳动主要是工人的劳动。经济发展到现代阶段，知识、技术对经济增长的作用远远超过了劳动。劳动的内容和范围也进一步扩大

---

①　马克思：《资本论》第1卷，人民出版社1975年版，第96页。
②　恩格斯：《反杜林论》，人民出版社1999年版，第304页。

了，不仅工人提供劳动，技术人员、管理人员、服务人员等都在提供劳动。因此用劳动价值论分析现代经济时需要依据变化了的情况做出新的解释。对现阶段的社会主义经济来说，更要结合新的实际，深化对社会主义社会劳动和劳动价值论的认识。在社会主义社会的经济分析中，面对的现实是，发展社会生产力需要动员各种资源，其中包括动员属于私人所有的劳动、资本、技术、管理等要素。与此相应，在分配上不仅要坚持按劳分配，还需要确认资本、技术、管理等要素参与收益分配，这就是按照要素贡献取得报酬。分配的成果不仅有劳动收入，还会有财产的收益。特别需要指出的是，在现代经济中，各种要素的贡献是不一样的，资本、技术、企业家等要素的报酬相比劳动要素可能因其贡献更大而报酬更大。因此劳动价值论在现阶段的新发展在于，不仅要说明这些要素获得的更多报酬的合理性，还要说明属于私人所有的非劳动要素的报酬，不完全属于剥削收入。

四、政治经济学与发展先进社会生产力

马克思主义政治经济学是分析生产力和生产关系矛盾运动的经济学。传统的分析基本上限于生产关系分析，特别是对社会主义经济的分析。这可能同斯大林在 20 世纪 50 年代发表的《苏联社会主义经济问题》相关。当时雅罗申科提出社会主义政治经济学的主要问题在于探讨和发展社会生产中生产力组织的科学理论。斯大林针锋相对地批评他离开了马克思主义，过分夸大了生产力的作用，因此使政治经济学成为没有经济问题的政治经济学。[①] 在此指导思想下编写的苏联版的政治经济学一直避开对生产力的研究，受此影响，其他的社会主义政治经济学一直按照这种范式编写。由此产生的后果是政治经济学只是研究生产关系的调整，而不是生产力发展问题。岂不知生产力发展本身有内在的规律，政治经济学不研究生产力实际上是放弃了自己对现实的经济建设的指导作用。特别是如果将政治经济学的历史使命定位在社会主义替代资本主义的话，那么现阶段最大的制约性是生产力落后，而不是生产关系的落后。从这一意义上说，政治经济学更应该把对生产力的研究放在重要位置。

研究《资本论》可以发现，马克思建立的政治经济学用了很大篇幅研究生产力。马克思依据生产力发展的进程分析资本主义经济关系的发展。例如从简单协作到工场手工业分工到机器大工业。马克思对每一种生产方式都进行了细致的包

---

① 斯大林：《苏联社会主义经济问题》，人民出版社 1952 年版，第 46 页。

含技术层面的分析。同样，分析社会主义经济关系也要依据这个科学的方法。我国当前的社会主义属于初级阶段，归根到底由社会生产力的发展水平决定，发展社会主义的经济关系归根到底也要依赖生产力的发展。进一步说当前发展社会主义经济的着重点，不是追求制度上如何先进，而是追求社会生产力的先进，以此来推动制度的发展。

虽然我国尚处于社会主义初级阶段是由较低的生产力水平决定的，但绝不意味着当前所发展的生产力是落后的生产力，而是应该以先进的社会生产力标准来发展生产力。强调这点，对当前的经济发展发展至关重要。公有制为主体地位的社会主义不是依靠行政的强制，而是依靠其更高的生产力水平更高的效益支持的。

根据马克思的思路，生产资料特别是生产工具是区别经济时代的标志。这就是他说的："各种经济时代的区别不在于生产什么，而在于怎样生产，用什么劳动资料生产。"① 根据马克思的历史分析，资本主义经济关系所依存的社会生产力，以简单协作为起点，经过工场手工业分工，只是到机器大工业才建立起自己的物质技术基础。大工业的特征是机器生产机器。"大工业必须掌握它特有的生产资料，即机器本身，必须用机器来生产机器。这样大工业才建立起与自己相适应的技术基础，才得以自立。"机器所产生的生产力作用根据马克思的分析就在于两个方面："劳动资料取得机器这种物质存在方式，要求以自然力来代替人力，以自觉应用自然科学来代替从经验中得出的成规。"② 显然，机器大工业的这两个方面要求正是我国当前所要发展的先进社会生产力的参照系，概括地说，先进社会生产力，就是建立在现代科学技术基础上的生产力。

其实，先进社会生产力是动态的概念。就像马克思所说，大工业的技术基础是革命的。现在我国达到的生产力水平可能已经大大超过马克思当年所处的资本主义国家的水平，但仍然不能说我国的社会主义的物质基础已经建立起来，原因是发达的资本主义国家依赖其机器大工业的基础，不断地创新技术，创新产业，由此其生产力达到了更高的水平。在这样条件下我们所讲的代表先进社会生产力就不能局限于《资本论》中所描述的机器大工业水准，应该以现阶段发达国家所达到的生产力水平作为先进社会生产力的参照系。先进社会生产力每一时期有其新的内容，产业结构是社会生产力发展水平的综合反映。100 多年前讲先进社会生产力是机器大工业，现在是以信息产业为代表的新兴

---

① 马克思：《资本论》第1卷，人民出版社1975年版，第204页。
② 马克思：《资本论》第1卷，人民出版社1975年版，第422~423页。

的高科技产业。

我们特别要注意到 20 世纪末，美国等发达国家依靠其以信息技术为代表的高科技的发展，进入了新经济时代，新经济是对信息经济、网络经济、数字化经济的概括，其效应已经和正在显示出来，其创造的生产力可能高于过去数十倍。这种新经济所反映的生产力也可以用《资本论》方法来解释。如果说机器大工业是用机器来代替包括人力在内的自然力的话，新经济则是用信息和网络技术代替脑力。它也可能改变过去经济学上的一些公理，如：规模边际收益递减可能变为递增；由于新经济建立在知识和信息的基础上对有形资源的需求相对减少，因此经济可以在相当长的时期保持高速增长而不至于出现过热并陷入危机；企业的成长期可能缩短，但企业的衰退期可能加快；企业规模不再是企业竞争力的主要决定因素，依赖信息和网络的优势中小企业也可能有更强的竞争力；对经济增长起决定性作用的要素可能不再是劳动、资本，而是知识和技术，这个结论将直接影响分配的方式。

我们必须承认，如果我们不能紧紧跟上发达国家新经济的步伐，我们已经缩短的与发达国家的生产力差距可能会进一步扩大。这同时给我们提出了代表先进社会生产力发展要求的明确的参照系和基本内容：代表先进社会生产力的要求，必须代表科学技术这个第一生产力发展的要求，真正依靠科学技术推动生产力的发展，要努力提高劳动者的现代科学技术素质。

政治经济学研究先进社会生产力，不仅要寻求发展生产力的源泉，更要研究解放和发展先进社会生产力的途径。这就牵涉到通过改革开放调整经济关系。其中包括所有制结构调整、企业制度建设、分配结构和分配制度的调整、市场经济体制建设、国家与企业关系的调整等等。政治经济学的原理和方法对所有这些方面的研究和分析都能起到指导作用。在确认公有制为主体多种所有制经济共同发展为社会主义初级阶段的基本经济制度后，政治经济学需要为形成与此相适应的思想观念和创业机制作出理论贡献。按照形成全体人民各尽其能、各得其所而又和谐相处的局面要求，政治经济学需要提出和研究社会主义建设者的概念，需要提出和研究保护私人财产的制度，需要引入制度经济学中的契约理论，需要根据各种要素包括资本、劳动和管理按照企业所确定的份额投入企业并按贡献参与分配，需要寻求劳资合作的有效方式。

经济科学是一门经验科学。中国经济建设的实践要求马克思主义经济学成为指导中国经济改革和经济发展的理论经济学科。这就使这门理论经济学具有了应用性特点。在西方，经济学家要给政府提出诸如以凯恩斯主义、供给主义、货币主义、新制度主义等理论为基础的政策主张，供政府选择。实践需要马克思主义经济学也具有这种功能。为此，要以现代化建设中提出的重大问题为主攻方向，研究经济运行机制、经济体制、宏观经济政策，研究战略性、全局性、前瞻性的重大课题，为国家和企业的经济决策提供理论依据，为社会主义物质文明的建设做出贡献。

（本文原载于洪银兴、林岗、逄锦聚、刘伟、黄泰岩：《政治经济学理论创新与实践价值》，经济科学出版社 2004 年版）

马克思主义经济学在社会主义初级阶段的时代化和中国化

提 要

　　马克思主义中国化有个时空观。在空间上就是马克思主义与中国实际结合，在时间上就是马克思主义时代化，体现马克思主义经济学范式的与时俱进。现实的社会主义经济制度和经济体制的中国创造过程，就是马克思主义关于社会主义的基本原理与中国的实践结合过程。中国社会主义处于初级阶段，是马克思主义经济学中国化的出发点。改革开放是马克思主义经济学中国化的强大动力。其中建立社会主义初级阶段的基本经济制度，建立社会主义市场经济体制，建立按劳分配为主体多种分配方式并存的收入分配体制是马克思主义经济学在制度领域中国化的重大成果。中国自改革开放以来创造的经济奇迹，不仅靠体制机制的创新，还靠发展观的科学以及相应的发展战略的正确，尤其是转变经济发展方式的要求，是马克思主义经济学在经济发展领域中国化的重大成果。

　　马克思主义中国化的课题，最早是毛泽东在 1938 年六届六中全会上提出来的。针对当时党内存在的教条主义，毛泽东指出：马克思列宁主义的伟大力量，就在于它是和各个国家具体的革命实践相联系的。离开中国特点谈马克思主义，只是抽象的空洞的马克思主义。因此，使马克思主义在中国具体化，使之在其每一表现中带着必须有的中国的特性，按照中国的特点去应用它，成为全党亟待了解并亟须解决的问题。在现阶段推进马克思主义经济学的中国化的意义在于，研究改革开放以来我们党所建立的中国特色社会主义的经济制度和理论所体现的马克思主义经济学的中国化，对中国特色社会主义经济发展进程中新鲜经验作出新的理论概括，永葆中国化马克思主义科学理论的旺盛生命力。

一、马克思主义经济学时代化体现其经济学范式的演进

　　中国共产党在新民主主义革命时期推进马克思主义中国化产生的理论成果是

毛泽东思想。在当今时代推进马克思主义中国化，必要性在于，在一个经济文化落后的国家建设什么样的社会主义，如何建设社会主义。这样，马克思主义经济学中国化就涉及两个方面：一是马克思主义经济学与中国的基本国情结合，二是马克思主义与当今时代的发展社会主义经济的任务结合，这就是马克思主义经济学的时代化。

马克思主义经济学的时代化从一定意义上说是马克思主义经济学范式的与时俱进。就是说，既要坚持马克思主义经济学的范式，又要体现在马克思主义经济学范式框架内研究目标、任务和内容的时代化。所谓范式，涉及理论体系的基本结构、基本功能、基本范畴和基本方法。就经济学来说，当今世界的经济学范式大体上涉及马克思主义经济学与西方经济学两大体系。与西方经济学范式不同，马克思主义经济学范式主要有以下特征：第一，其研究对象是在一定生产力水平基础上的生产关系；第二，其研究的基本任务是阐述经济规律，尤其是社会主义代替资本主义的必然性；第三，其基本的研究方法是唯物主义辩证法及以此为基础的抽象法；第四，其基本的经济范畴是在《资本论》中建立的。在此范式的框架内，马克思主义经济学的发展，时代化、中国化有很大的空间。

马克思主义中国化有个时空观。在空间上就是要求马克思主义与中国实际结合。在时间上就是要求马克思主义时代化。毛泽东思想作为马克思主义中国化的理论成果，是要回答在一个半殖民地半封建的东方大国，如何进行新民主主义革命和社会主义革命的问题。而在进入社会主义阶段以后，马克思主义时代化，是要系统回答在中国这样一个十几亿人口的发展中大国建设什么样的社会主义、怎样建设社会主义等一系列重大问题。

马克思主义经济学即马克思创立的政治经济学。研究马克思主义经济学的时代化，需要研究政治经济学的阶段性及在每个阶段的使命。就政治经济学研究的对象阶段而言，政治经济学一般区分为资本主义部分和社会主义部分。其任务是在经济特征上阐述社会性质，分清什么是资本主义，什么是社会主义。如果要研究其时代性，就需要将政治经济学区分为：处于资本主义社会的政治经济学和处于社会主义社会的政治经济学，两者均包括资本主义和社会主义部分。处于不同时代的政治经济学有不同的历史使命。与此相应，就有不同时代的马克思主义经济学中国化的内容。

马克思在他所处的资本主义时代创立的政治经济学，历史使命是推翻这个社会，因此政治经济学的基本任务是揭示资本主义经济的基本矛盾，寻找这个社会的掘墓人。他以严格的理论逻辑揭示社会主义代替资本主义的必然性，并预见代替资本主义的未来的社会主义经济的基本特征。进入社会主义社会后，政治经济学的使命就要改变，不再是推翻所处的社会，而是要建设所处的社会。其经济分析任务不是寻找社会的掘墓人，而是寻找社会的建设者。这样，政治经济学面对资本主义社会是阶级斗争的武器，而在当今的社会主义社会则是经济建设的理论指导。显然，马克思主义经济学时代化反映政治经济学历史使命的变化。

马克思主义经济学时代化，不意味着马克思主义经济学会随着所面对的时代的改变而改变指导思想的理论基础地位。不能因为马克思主义经济学产生于资本主义阶段而否认它在社会主义阶段的作用。政治经济学有明确的阶级性，有明确的世界观和社会指向。马克思主义经济学在它创立之日起就明确告示，它是代表无产阶级利益，是社会主义代替资本主义的经济学。我们国家就是根据马克思主义经济学揭示的发展规律建立起社会主义经济制度的。在这个基础上需要继续走社会主义的发展道路。因而需要马克思主义经济学继续起指导作用。而且，马克思创立的政治经济学中所使用的基本范畴、基本原理、基本方法尽管基本上是用于分析当时的资本主义经济的，但其基本的研究范式完全可以应用到现实的社会主义经济分析中来。

马克思主义经济学时代化，意味着需要以当代的实践进行理论创新。具体地说，马克思创立的政治经济学对未来社会基本特征的设想或基本规定性，对后来社会主义国家的实践起了方向性指导作用。但是有两个方面原因需要中国的创造。一方面，马克思当时预见的社会主义经济制度与现实的社会主义实践存在很大的差别。在半殖民地和半封建社会基础上建立起来的社会主义中国，在实践马克思关于社会主义的要求时，就不能教条式地搬用这些规定。另一方面，马克思当时只是规定未来社会基本特征，并没有对未来社会的经济体制作具体规定，这也需要中国创造。因此现实的社会主义经济制度和经济体制的中国创造过程，就是马克思主义关于社会主义的基本原理与中国的实践结合过程，也是马克思主义政治经济学的现代化和中国化的任务。

根据马克思主义的世界观，真理都是相对的，科学的任何发现都不能穷尽真理。面对所要分析的社会主义经济，马克思主义经济学时代化意味着需要根据时代赋予的使命研究新问题、发现新规律、概括新理论。

首先，提供增强社会主义经济竞争力和影响力理论。从时空观分析，《资本论》是在资本主义社会研究资本主义，而且当时还没有出现社会主义国家。他所预见的社会主义经济同资本主义经济是在时间上继起的两个社会。而现时代社会主义和资本主义空间中并存。这种并存空间不仅在国际，也存在于国内。两种不同性质的经济有共同的经济活动背景，因此，一方面许多经济组织、方式、规则和秩序都有趋同的趋势；另一方面不同性质的经济彼此间存在着学习和竞争。在此背景下，马克思主义经济学不仅需要阐述社会主义经济制度的优越性，更要寻求增强社会主义经济的竞争力和影响力的途径。

其次，提供发展先进社会生产力理论。生产力和生产关系的矛盾分析，是马克思主义政治经济学的基本方法论。面对资本主义经济，马克思主义经济学关注的是资本主义生产关系阻碍生产力发展的矛盾分析，由此提出社会主义取代资本主义的必然性。经济落后的国家在进入社会主义社会后，生产力和生产关系的矛盾主要表现在生产力的相对落后，需要以发展生产力来发展社会主义生产关系。因此，马克思主义经济学需要把对生产力的研究放在重要位置，以增进国民财富作为目标和归宿。事实上，马克思建立的政治经济学用了很大篇幅研究生产力，例如从简单协作到工场手工业分工再到机器大工业，马克思对每一种生产方式都进行了细致的生产力层面的分析。根据马克思的概括，社会生产力的发展来源于三个方面："归结为发挥着作用的劳动的社会性质，归结为社会内部的分工，归结为智力劳动特别是自然科学的发展。"① 显然，马克思主义的生产力理论，是研究社会主义条件下发展生产力从而推动社会主义生产关系发展的重要依据。

第三，提供合作和和谐发展理论。处于资本主义阶段的政治经济学作为推翻资本主义的指导思想所分析的劳资矛盾，社会主义和资本主义的矛盾是对抗性的。因此，政治经济学成为阶级斗争的学说。而在社会主义阶段的马克思主义经济学，虽然也要分析和界定各种所有制经济的性质，但是着眼点不是不同所有制之间的斗争，而是服从于建设新社会的使命，寻求不同所有制经济平等竞争合作发展的有效路径，寻求劳动、知识、技术、管理和资本等各种要素的所有者各尽其能，各得其所，和谐相处的路径。目的是要使一切创造社会财富的源泉充分涌流，以造福于人民。如果说传统的政治经济学理论着眼于矛盾和斗争的话，现代政治经济学则着眼于合作和和谐。

以上关于马克思主义经济学时代化所涉及的内容，反映了马克思主义经济学范式的历史演进。马克思创立的经济学对未来社会的经济制度和经济发展破了题。发展中国特色社会主义的实践则是解了这些题。正因为如此，产生于资本主义社会的马克思主义经济学在当今的社会主义社会仍然有旺盛的生命力，保持着在我国经济建设和改革开放中的指导思想的理论基础地位。

二、确认社会主义初级阶段是马克思主义经济学中国化的出发点

马克思主义经济学的中国化就是要求马克思主义经济学同中国的基本国情结

① 马克思：《资本论》第3卷，人民出版社2004年版，第96页。

合。中国的基本国情就是中国的社会主义所处的发展阶段。这是马克思主义经济学中国化的出发点。

马克思主义经济学所揭示社会主义最终取代资本主义的物质条件是其生产力水平达到并超过资本主义的水平。因此，发达的资本主义经济是社会主义的入口。与此相应马克思主义经济学所预见的社会主义经济的基本特征也是以此为基础的。例如，生产资料全社会公有制；以国家为主导的计划经济；单纯的按劳分配；等等。我国在改革开放以前的经济体制实践了这种理论模式，结果是经济效率低下，人民生活普遍贫困。改革开放一开始以邓小平理论为代表对这种超阶段的社会主义经济模式的反思牵动了对社会主义发展阶段的思考。

马克思主义经济学在说明社会主义替代资本主义必然性时有以下关于这种必然性的物质基础的论述：

首先是马克思在说明建立作为未来社会的自由人联合体经济时，特别指出："这需要有一定的社会物质基础或一系列物质生存条件，而这些本身又是长期的、痛苦的历史发展的自然产物。"[1]

其次是马克思在分析生产力和生产关系矛盾运动时指出："无论哪一个社会形态，在它所能容纳的全部生产力发挥出来以前，是决不会灭亡的；而新的更高的生产关系，在它的物质存在条件在旧社会的胞胎里成熟以前，是决不会出现的。"[2]

第三是列宁根据当时俄罗斯社会主义革命的实践指出，高于资本主义条件下的劳动生产率是社会主义战胜资本主义的条件。

以上论述都是从生产力发展水平和新的生产关系的物质存在条件来说明社会主义经济制度建立的物质基础的。达到并超过资本主义国家所达到的生产力水平，是社会主义的物质基础。

将上述经济学原理中国化，就是说，我国是在经济文化都处于落后水平的基础上建立社会主义经济制度的。虽然经济社会发展水平超过了旧中国，但与资本主义发达国家相比经济社会发展水平还相对落后。这意味着社会主义的物质基础还不完全具备。而且前资本主义的生产方式仍然存在。这就需要经过一个历史阶段，为实现成熟的完全的社会主义创造物质基础。这就是社会主义初级阶段。它不是泛指任何国家进入社会主义都会经历的起始阶段，而是特指我国在生产力落后，商品经济不发达条件下建设社会主义必然要经历的特定阶段。显然，社会主

---

[1] 马克思：《资本论》第 1 卷，人民出版社 2004 年版，第 97 页。
[2] 《马克思恩格斯选集》第 2 卷，人民出版社 1995 年版，第 33 页。

义初级阶段概念的提出及我国仍然处于社会主义初级阶段的界定，是马克思主义经济学中国化的重大成果。

依据上述界定，马克思主义经济学中国化的一个重要方面是科学认识实践中的社会主义：一是摒弃对社会主义的教条式理解；二是以实践检验过去对社会主义的认识；三是以中国的创造发展中国特色社会主义。因此，产生的中国化的社会主义界定就是邓小平所说的，贫穷不是社会主义。为了实现共同富裕，必须允许一部分地区一部分人先富起来。社会主义的本质就是解放和发展生产力，消灭剥削，消除两极分化，逐步达到共同富裕。在这里，马克思主义经济学在社会主义的规定性上的中国化取得明显进展。首先，社会主义本来属于生产关系的范畴，把发展生产力作为社会主义的本质要求和根本任务提出来，这是针对社会主义初级阶段而而言的。其次，消灭剥削、共同富裕是社会主义的基本要求，这个要求"逐步达到"，意味着可以在社会主义初级阶段允许一部分地区和一部分人先富起来。这里对实践中的社会主义的规定，可以说是马克思主义经济学中国化的重大成果。

确认社会主义初级阶段的政治经济学范式的意义就在于研究的对象明确限于社会主义初级阶段经济。社会主义初级阶段主要矛盾被明确界定为，人民日益增长的物质文化需要同落后的社会生产之间的矛盾。由此主要矛盾决定，社会主义初级阶段的根本任务是发展生产力，以满足人民群众物质文化需要，建设社会主义的物质基础。邓小平强调不能只讲发展生产力，应该把解放生产力和发展生产力两个方面讲全了。这就明确了社会主义初级阶段发展中国特色社会主义事业的两大任务：

所谓解放生产力，这就是根据我国所处的社会主义发展阶段的特征，推进改革开放，从根本上改变束缚生产力发展的经济体制。对社会主义提出中国特色不是降低社会主义的要求，而是要使现阶段的社会主义制度安排适应生产力发展水平，并有利于生产力的发展。具体地说，原有的社会主义经济制度有一部分是超越了社会主义发展阶段的，过早地实行这种经济制度不是促进而是严重阻碍生产力的发展。经济改革就是要对这一部分超阶段的经济制度进行改革，以适应社会主义初级阶段的基本国情。

所谓发展生产力，这就是根据社会主义初级阶段的主要矛盾和主要任务，党的中心工作转向经济建设，推进中国的现代化。邓小平从我国人口多、底子薄的国情出发，提出了现代化建设的三步走战略步骤。第一步，解决人民的温饱问题。第二步，到20世纪末，国民生产总值比1980年翻两番，人民生活达到小康水平；第三步，到21世纪中叶，人均国民生产总值达到中等发达国家水平，人民生活比较富裕，基本实现现代化。党的十六大报告又提出全面小康的概念，要求在 21 世纪头 20 年全面建设惠及十几亿人口的小康社会，到 21 世纪中叶基本实现的现代化。在这里，以人民的生活水平作为现代化建设各个阶段的标准，并将全面小康社会建设包含在现代化的进程中，作为现代化的具体阶段来推进，可以说是中国特色的现代化道路。

显然，社会主义初级阶段理论及与此相关的社会主义的界定，不是凭空想象出来的，源于马克思主义基本原理，立足于中国国情，是马克思主义经济学中国化的成功案例。30 多年来在改革开放的推动下基本形成的党在社会主义初级阶段的基本理论、基本路线、基本纲领、基本经验，都是马克思主义经济学中国化的重要成果。现在，充满生机和活力的中国特色社会主义的制度体系基本确立，经济现代化水平也大大提高。特别是经济总量进入世界第二大经济体。但是即便如此，我们仍然要准确把握社会主义初级阶段基本国情，继续根据社会主义初级阶段理论推进改革和发展。这就是胡锦涛总书记"七一讲话"所强调的："我国仍处于并将长期处于社会主义初级阶段的基本国情没有变，人民日益增长的物质文化需要同落后的社会生产之间的矛盾这一社会主要矛盾没有变，我国是世界上最大的发展中国家的国际地位没有变。发展仍然是解决我国所有问题的关键。"

三、经济改革推动马克思主义经济制度理论中国化

推进改革开放实际上是为了解放生产力。这也是马克思主义经济学中国化的强大动力，改革开放的成就检验马克思主义经济学中国化的成果。原因是中国所进行的改革开放是以中国化马克思主义的理论范式指导的，而不是像有些人所希望的在规范化、标准化的市场制度范式（新自由主义的范式）推进的。

改革开放的实践提出理论创新的课题，理论创新实际上就是马克思主义经济学中国化，由此产生的政治经济学研究领域的重大突破推动了改革开放。

（一）建立社会主义初级阶段的基本经济制度

我国的社会主义处于初级阶段的一个重要背景就是马克思当时发现的相对落后的国家，"不仅苦于资本主义生产的发展，而且苦于资本主义生产的不发展。除了现代的灾难而外，压迫着我们的还有许多遗留下来的灾难，这些灾难的产生，是由于古老的陈旧的生产方式以及伴随着它们的过时的社会关系和政治关系

还在苟延残喘。"① 这就是说，前资本主义的生产方式没有被资本主义生产所消灭而在社会主义初级阶段仍然存在。

社会主义的最终目的是消灭私有制，在全社会建立完全的公有制。而在社会主义初级阶段，发展社会主义经济，最为重要的是，从实际出发，寻求推动生产力发展从而推动社会主义初级阶段社会主义发展的新的动力和新的要素，使各种创造社会财富的源泉充分涌流。因此，以公有制为主体多种所有制经济共同发展，作为社会主义初级阶段的基本经济制度提了出来。公有制是社会主义的特征，但在社会主义初级阶段，生产资料公有化的程度不可能很高。不仅公有制有多种形式，各种公有制形式也有不同的实现形式和经营方式。在这方面马克思主义经济学中国化有两大理论成果：

第一个成果是，在社会主义初级阶段的基本经济制度包括的多种非公有制经济，如个体经济、私营经济、外商投资经济，被列入社会主义基本经济制度，意味着长期处于"制度外"的多种非公有制成分进入了"制度内"，成为基本经济制度的组成部分。在改革实践中，非公有制经济进入的领域越来越大，连过去认为必须由国有制经济垄断的领域也准许外资和民资进入，如零售业、外贸、金融保险、通讯业等等。发展的趋势是，只要是不影响国家安全的，不违反国家法律的领域都将允许非公有制经济进入，当然市场准入同是否占支配地位不是同一个概念。

第二个成果是，公有制经济不是指公有制企业（包括国有企业和集体企业），而是指公有资产（国有资产和集体资产），并进而承认国有资本和集体资本都属于公有制经济。国有资本和集体资本被赋予了资本属性，马克思主义经济学关于资本的价值增殖的本性同样提给了公有制经济。公有制理论的这个重大突破又牵动了一系列的理论和实践的进展，为公有制经济改革开辟了广阔的空间。

一是公有制为主体的含义的突破。过去的理论强调企业的所有制性质的纯粹性，公有制为主体被定义为公有企业在数量上为主体。现在从资产性质和归属的意义上定义公有制经济，公有制为主体也有了新的含义：公有资产在社会总资产中占优势；国有经济控制国民经济命脉，对经济发展起主导作用。按此改革思路，国有经济进行了有进有退的战略性调整，保持了国有经济对国民经济的控制力，有效地加强并改善了国家对经济的宏观调控。

二是公有制经济实现形式的突破。过去的理论强调公有资产只能在公有制企业中经营。现在明确公有制经济是资产和资本的概念。这意味着公有资产可以在

---

① 马克思：《资本论》第 1 卷，人民出版社 2004 年版，第 11 页。

各种类型的企业中经营，也可以在同一个企业中与各种非公有制资本合作和合资。这样，公有制可以有多种实现形式，包括股份制在内的混合所有制可以成为公有制的实现形式。在实践中，现有的公有制企业通过吸收私人资本改制为混合所有制企业；农业集体经济转变为混合所有制形式的合作经济，私人企业也通过吸收公有资本改制为混合所有制企业。公有制企业也同外资合资建立中外合资企业。这样，公有制为主体多种所有制经济共同发展，从企业外部发展到在同一个企业内部。这类企业发展的方向也就明确为建立产权明晰、科学管理的现代企业制度。

现在，我国以公有制为主体多种所有制形式共同发展的社会主义初级阶段的基本经济制度基本形成。在这里，公有制为主体是社会主义的制度特征，多种所有制形式的共同发展则是现阶段的中国特色。公有制为主体多种所有制经济共同发展是中国特色社会主义制度体系中的基本经济制度。坚持这个基本经济制度意味着需要毫不动摇地巩固和发展公有制经济并保证其主体地位，毫不动摇地鼓励、支持、引导非公有制经济发展。

(二) 建立社会主义市场经济体制

经济体制是建立在基本经济制度基础之上的。根据马克思当时的设想，未来社会是完全的公有制，与此相应的经济体制就是计划经济体制。现在确认了公有制为主体多种所有制经济共同发展的基本经济制度，与此相应的经济体制就是社会主义市场经济。在这方面，随着改革的深入，马克思主义经济学中国化的成果突出在以下两个方面：

首先，马克思的《资本论》可以说是市场经济论。根据马克思主义经济学原理，市场作为对资源配置起基础性调节作用的机制，通过等价交换，供求关系，竞争和风险等机制，配置资源的效率是最高的，企业个体是充满活力的。一当社会主义市场经济得到确认，《资本论》中阐述的一系列市场经济原理就可以在现阶段的经济体制安排中得到应用。商品货币理论、竞争理论、资本积累理论、资本有机构成理论、资本循环和周转理论、社会总产品实现条件理论、平均利润率规律理论、流通费用理论、地租理论、信用经济理论、经济周期理论，等等，对我国现阶段的经济研究和经济实践都有明显的指导作用。

其次，在市场经济前面冠以社会主义，这是中国特有的，也是史无前例的。解决社会主义同市场经济的对接，需要通过马克思主义经济学中国化的途径进行创造。市场经济不是没有弊病的。根据马克思主义经济学对市场经济弊端的批评，社会主义市场经济体制的制度设计是，市场在国家的宏观调控下发挥基础性的调节作用。在这里，国家宏观调控市场有两大目标，一方面是针对市场机制本身的缺陷而安排的：一是弥补市场调节的不足，如解决市场调节无力解决的宏观经济均衡问题。二是克服市场调节的负面效应，如克服市场上因垄断等原因而产生的效率下降问题。另一方面是由社会主义制度本身的要求提出的，尤其是要克服由市场调节所产生的两极分化问题，实现社会公平正义。

显然，关于社会主义市场经济理论的提出，尤其是关于社会主义同市场经济有效对接的理论和机制，可以说是马克思主义经济学中国化在经济体制方面的成功创造。既解决了经济运行的活力，又能实现社会主义的发展目标。

（三）建立按劳分配为主体多种分配方式并存的收入分配体制

分配关系是生产关系的反面，社会主义初级阶段及其基本经济制度得到确认，也就推动了马克思主义经济学在收入分配领域的中国化。

首先是收入分配体制的突破。在马克思那里，按劳分配是社会主义分配原则。而在现实中，公有制为主体多种所有制经济的基本经济制度得到了确认，按劳分配为主体多种分配方式并存的收入分配制度也就得到了确认。这种收入分配结构不只是指在公有制企业中按劳分配，在其他类型的企业中非按劳分配，更为重要的是各种生产要素参与分配。在原有的马克思主义经济学框架中，在社会主义条件下，只有劳动要素属于私人所有，因而存在劳动力所有权及相应的按劳分配。而在社会主义初级阶段，马克思主义经济学中国化的一个重大进展是，劳动以外要素如资本、知识、技术和企业家等要素的所有权（全部或部分）属于私人的现实也逐步得到了确认。与此相应的分配制度安排所要解决的，就不仅要刺激劳动效率，还要刺激资本、技术、管理等要素所有者的各种要素的投入；不仅仅要尊重劳动，还要尊重创造和创业，尊重知识和人才。相应的体制创新就是资本、技术、管理等各种非劳动要素按贡献取得报酬。在此制度下，劳动、资本、技术和管理等各种要素创造财富的活力充分迸发。

其次是公平正义和共同富裕路径的确定。公平正义和共同富裕是社会主义的基本要求。但在物质财富相对缺乏的社会主义初级阶段如何实现共同富裕，则是需要进行理论创造的。过去相当长的时期中共同富裕被理解为平均主义，其结果是共同贫困。邓小平明确提出共同贫困不是社会主义，并且提出允许一部分人先富起来的大政策。共同富裕被理解为富裕程度有先有后，以及先富帮后富的过程。各种非劳动要素按市场原则参与收入分配，也就提供了一部分人先富起来的机制。允许一部份人先富起来的大政策实际上体现效率优先兼顾公平的原则。现在这种先富政策实施了 30 年，其产生的贫富差距扩大的效应已经越来越明显。

为了扭转收入差距进一步扩大的趋势，在公平和效率的关系上，就要改变效率优先的原则，突出社会主义的公平原则和共同富裕目标，解决大多数人富起来的问题。这就是改变长期认为的初次分配讲效率，再次分配讲公平的观点，明确初次分配和再分配都要处理好公平和效率的关系，再分配更加注重公平。与此相应的收入分配体制改革需要突出解决按劳分配为主体的问题。其具体措施就是，在国民收入分配中提高居民收入在国民收入中的比重；在初次分配中提高劳动报酬在收入分配结构中的比重，同时创造条件让更多的群众拥有财产性收入。这种体制的提高效率与促进社会公平的效应正在显现。

以上三个方面实际上形成了社会主义初级阶段中国特色社会主义经济制度的基本内容。符合我国国情，顺应时代潮流，有利于保持党和国家活力、调动广大人民群众和社会各方面的积极性、主动性、创造性，有利于解放和发展社会生产力、推动经济社会全面发展，有利于维护和促进社会公平正义、实现全体人民共同富裕，有利于集中力量办大事。

四、转变经济发展方式推动马克思主义经济发展理论中国化

确认社会主义初级阶段的主要矛盾是人民日益增长的物质文化需要同落后的社会生产之间的矛盾，也就提出了发展生产力的根本任务。马克思在当时不可能对一个经济相对落后的国家提出明确的经济发展思想，但是，他的发展生产力，提高效率和富裕人民的思想，可以成为在经济发展领域马克思主义经济学中国化的基础。

在马克思主义经济学中有外延的扩大再生产和内涵的扩大再生产之分。他在分析级差地租 II 时将农业中的耕作方法区分为粗放经营和集约化耕作两种方法。由此长期以来人们把经济增长方式区分为粗放型和集约型。

进入 21 世纪，我国社会主义现代化建设进入了一个新的发展阶段，经济社会发展呈现出一系列重要特征：虽然我国经济保持平稳较快增长，农村工业化和城市化进程加快，人民生活总体上达到小康水平，但是长期积累的结构性矛盾和粗放型经济增长方式尚未根本改变：能源、资源、环境的"瓶颈"制约日益突出；农业基础薄弱、农村发展滞后、农民收入不高问题突出；自主创新能力不强；区域、城乡之间经济社会发展不平衡现象依然存在，城乡贫困人口和低收入人口尚有相当数量。针对这些矛盾和问题，需要更新发展理念、创新发展模式。这种发展理念可以在马克思主义经济学那里找到依据。

党的十六大提出转变经济增长方式。党的十七大根据科学发展观将增长方式

改为发展方式，明确提出经济发展方式的转变要求。基本原因是增长不等于发展，发展方式转变比经济增长方式转变有更为丰富的内容。"十二五"规划则进一步提出以加快转变经济发展方式为主线，走"生产发展、生活富裕、生态良好"的文明发展道路。党中央确定的转变经济发展方式的内容从不同的方面体现马克思主义经济学中国化。

（一）以人为本的经济发展

长期以来我国的经济发展基本上是以 GDP 为导向，可以说是以物为本的经济发展。我国的 GDP 总量达到世界第二大后，就有必要也有可能从根本上克服 GDP 崇拜，停止长期实施的投资推动的 GDP 赶超战略，转向以人为本的经济发展。

为什么而生产，为什么而发展？根本上取决于社会生产的性质。马克思在说明导致经济危机的资本主义生产的矛盾时明确指出："因为资本的目的不是满足需要，而是生产利润，因为资本达到这个目的所用的方法，是按照生产的规模来决定生产量，而不是相反，所以，在立足于资本主义基础的有限的消费范围和不断地力图突破自己固有的这种限制的生产之间，必然会不断发生冲突。"[①] 在马克思看来，消费范围的有限性取决于两个方面：一是对抗性的分配关系，"使社会上大多数人的消费缩小到只能在相当狭小的界限以内变动的最低限度。"二是"受到追求积累的欲望扩大资本和扩大剩余价值生产规模的欲望的限制"。因此，"生产力越发展，它就越和消费关系的狭隘基础发生冲突"。[②] 其结果是爆发生产过剩的危机。

在进入社会主义社会后，由生产的社会性质决定，社会主义生产目的是满足人民群众日益增长的物质和文化需要，也就是要克服"为生产而生产"和片面追求高积累的发展理念。现在科学发展观又明确以人为本，实际上是回到社会主义生产目的的规定。具体到转变经济发展方式，就是要求把保障和改善民生根本出发点和落脚点。"十二五"规划又明确将经济发展目标由单纯追求 GDP 转向追求人民幸福，反映人民群众的根本要求。在这里，以人为本不仅是发展的目的，还是发展的手段。人民群众能够公平地分享发展的成果，就能支持发展。

根据马克思关于生产和消费关系的理论，以人为本的经济发展更为重视扩大居民消费需求对经济增长的可靠而稳定的拉动作用，明确经济增长由主要依靠投

---

① 马克思：《资本论》第 3 卷，人民出版社 2004 年版，第 285 页。
② 马克思：《资本论》第 3 卷，人民出版社 2004 年版，第 273 页。

资、出口拉动转向消费、投资、出口协调拉动。其中消费需求成为排在第一位的经济增长拉动力，这是马克思主义经济学中国化的重要体现。

在马克思的生产力要素理论中，劳动者是起决定性作用的要素，在他的劳动价值论中复杂劳动创造的价值更高。而在现在的转变经济发展方式理论中，人才资源被明确为发展的第一资源。以人为本就明确为以人才为本。这是对马克思主义经济学关于生产力要素理论因而也是经济发展理论的重大发展。

（二）创新驱动经济增长

科技进步和创新是转变经济发展方式的重要支撑。其理论依据可以追溯到马克思所说的，"智力劳动特别是自然科学的发展"是生产力发展的重要来源，因而有科学技术也是生产力的论断。科学技术与其他生产要素的关系，就是马克思说的，"科学和技术使执行职能的资本具有一种不以它的一定量为转移的扩张能力。"① 基于马克思主义经济学的这些原理，邓小平进一步提出在现代经济发展中，"科学技术是第一生产力"。

基于科学发展观，科技进步和创新被提高到经济发展方式的高度。党的十六大明确提出转变经济增长方式的内容是由主要依靠增加物质资源消耗向主要依靠科技进步、劳动者素质提高、管理创新转变。这种转变后来又概括为由物质投入推动转向创新驱动。十七届五中全会关于"十二五"规划的建议将科技进步和创新明确为加快转变经济发展方式的重要支撑。

就转变经济增长方式来说，通常的提法是由粗放型增长方式转向集约型增长方式。所谓集约型增长方式根据马克思当时的解释为集中投入、精耕细作，后来又进一步明确为提高要素投入的效率。尽管集约型增长方式包含了技术进步的作用，但没有摆脱物质要素推动经济增长的架构。而由依靠物质资源投入创新驱动的增长方式不只是解决效率问题，更为重要的是依靠无形要素实现要素的新组合，是科学技术成果在生产和商业上的应用，是创造新的增长要素。因此，创新驱动的经济增长方式较集约型增长方式是层次更高的增长方式。

依靠科技进步的创新反映现阶段创新动力源的变化。通常的创新被称为技术创新，企业是创新主体。而将科技进步与创新连在一起，意味着创新的源头转向科学发现和突破，其成果转化为现实生产力。与此相应，就产生科技创新的路线图，涉及从知识创新到技术转移再到规模化生产能力的提升，直至形成现代产业体系。这可以说是我国缩短与发达国家科技和产业差距，占领世界制高点的路

---

① 马克思：《资本论》第 1 卷，人民出版社 2004 年版，第 699 页。

径。显然，科技进步和创新驱动经济增长不仅反映增长方式的转变，而且是经济发展领域马克思主义经济学中国化的成就。

（三）全面协调发展

经济结构战略性调整是转变经济发展方式的主攻方向，结构调整的目标是全面协调。这个思想可以从马克思的社会再生产理论那里找到理论依据。

社会再生产理论是马克思主义经济学的重要组成部分。社会再生产的中心问题是社会总产品的市场实现问题，涉及各个部门的比例关系。马克思的两大部类平衡理论就是要求部门之间在全面协调的基础上实现按比例发展。针对资本主义条件下社会再生产比例失调所产生周期性经济危机必然性，马克思特别强调在未来社会中，"社会必须预先计算好，能把多少劳动、生产资料和生活资料用在这样一些产业部门而不致受任何损害，这些部门，如铁路建设，在一年或一年以上的较长时间内不提供任何生产资料和生活资料，不提供任何有用效果，但会从全年总生产中取走劳动、生产资料和生活资料。"[①] 后来建立的社会主义社会普遍试图通过计划经济来实现这个要求，付出了效率低下的代价。现在由计划经济转向市场经济，不意味着放弃各个部门按比例发展的要求，而是需要解决在市场经济背景下实现全面协调发展的新路径。这正是马克思主义经济学中国化的重要课题。

全面协调发展的基本方法是综合平衡，统筹兼顾，体现在经济结构上就是进行经济结构的战略性调整。经济结构主要涉及产业结构、区域结构和城乡结构。作为转变经济发展方式转变的主攻方向，经济结构的战略性调整，重点是解决这三大结构的失衡问题。首先是产业结构的调整，由主要依靠第二产业带动转向依靠第一、第二、第三产业协同带动。其次是区域结构调整，在积极支持东部地区率先发展的同时，通过西部大开发等战略的实施，建立区域间良性互动协调发展机制。第三是城乡结构调整，在推进城市化基础上，实施城乡经济社会发展一体化战略，建立以工促农、以城带乡长效机制。所有这些经济结构的战略性调整思路，体现全面协调发展的要求，也是马克思主义经济发展理论的中国化。

（四）可持续发展

建立资源节约型、环境友好型社会，同马克思当年预见的剥夺剥夺者以后建立的未来社会的基本特征是一致的："科学日益被自觉地应用于技术方面，土地

---

① 马克思：《资本论》第 2 卷，人民出版社 2004 年版，第 349 页。

日益被有计划地利用，劳动资料日益转化为只能共同使用的劳动资料，一切生产资料因作为结合的、社会的劳动的生产资料使用而日益节省。"①

把建立资源节约型、环境友好型社会作为转变经济发展方式的重要着力点。其经济学意义就在于经济发展和人口、资源、环境相协调，保证资源和环境能一代接一代地永续发展。马克思在批判资本主义时指出："资本主义农业的任何进步，都不仅是掠夺劳动者的技巧的进步，而且是掠夺土地的技巧的进步，在一定时期内提高土地肥力的任何进步，同时也是破坏土地肥力持久源泉的进步。"②这意味着在进入社会主义社会后经济发展应该避免这种掠夺肥力之类的破坏生态和环境的所谓的"进步"。这就提出了通过科学发展实现可持续发展的问题。其基本要求是人与自然相和谐，发达国家是在完成工业化时提出可持续发展要求的。我国是在工业化还没有完成，特别是某些地区刚开始推进工业化时提出可持续发展要求的。由此经济发展理论需要解决在工业化进程中节能减排，减少碳排放的问题。

马克思在当时发现，"化学的每一个进步不仅增加有用物质的数量和已知物质的用途，从而随着资本的增长扩大投资领域。同时，它还教人们把生产过程和消费过程中的废料投回到再生产过程的循环中去，从而无须预先支出资本，就能创造新的资本材料。"③ 这就是现在人们所关注的依靠科技进步实施循环经济的思想。

综上所述，我国作为发展中的大国一跃成为世界第二大经济体的奇迹归结为经济发展的中国道路的成功，表明不走西方国家的发展道路不采用西方经济模式，走中国特色社会主义道路同样能取得经济上的成功。实践也证明，中国特色社会主义道路，是实现社会主义现代化的必由之路，是创造人民美好生活的必由之路。

马克思主义经济学中国化内容非常广泛，既涉及对社会主义现阶段的阶段性认识，又涉及对现阶段经济制度的认识，还涉及经济发展层面的科学认识。所有这些认识之所以称为马克思主义经济学中国化，是因为这些理论不是凭空臆造的，而是基于马克思主义经济学的基本原理和分析工具，结合当代中国社会主义经济发展的实践所形成的科学认识，既有马克思主义经济学的基本理论支撑，又能准确地反映客观现实，还同马克思主义经济学所指明的发展方向一致。

（本文原载于《经济学动态》2011 年第 10 期）

---

① 马克思：《资本论》第 1 卷，人民出版社 2004 年版，第 874 页。
② 马克思：《资本论》第 1 卷，人民出版社 1975 年版，第 552 页。
③ 马克思：《资本论》第 1 卷，人民出版社 2004 年版，第 698～699 页。

发展马克思主义政治经济学的几个问题

提要

马克思主义经济学面对资本主义经济关系的分析，是要说明其生产关系对生产力的阻碍作用，而面对社会主义初级阶段经济关系的分析，是要说明以发展生产力推动社会主义经济关系的发展问题。对生产力的研究需要突出关于推动生产力发展的动力和源泉的研究。作为生产关系现实形式的经济制度、经济体制成为政治经济学研究对象的现实载体。经济体制和与经济体制安排相关的经济运行进入政治经济学的视野。解放和发展生产力，增进国民财富，达到共同富裕，就成为政治经济学研究的使命。依据中国特色社会主义理论体系，全面总结我国社会主义建设的经验和教训，特别是改革开放以来中国特色社会主义建设的成功实践，在此基础上构建中国特色社会主义经济理论体系，是政治经济学研究的现实任务。

马克思主义政治经济学是中国特色社会主义理论的重要理论基础。中国特色社会主义理论的形成是与马克思主义政治经济学在新的历史条件和社会经济条件下的创新发展分不开的。社会主义实践、当代资本主义新变化和经济全球化都在推动着马克思主义政治经济学的发展。马克思主义政治经济学中国化的一系列重大理论创新，为建设中国特色社会主义提供了科学的理论指南。

一、关于政治经济学的研究对象

对政治经济学的研究对象迄今为止存在不同观点。以《资本论》为代表对资本主义经济的分析以生产关系为对象，应该说学术界对此是基本认可的。而在进入社会主义社会后，由于发展社会主义经济面临着发展生产力的任务，由此就提出生产力能否成为政治经济学研究对象问题。正在推进的经济改革对政治经济学提出的重大问题是，经济制度和经济体制尽管主要是生产关系问题，但作为制度和体制不可避免涉及上层建筑，而且又有大量的经济运行问题。由此提出的问题是上层建筑或者其中哪一部分成为政治经济学对象问题。

政治经济学作为一门经典的经济学科，其研究对象在创立时就是明确的。面对某个社会的社会经济关系，面对生产力和生产关系之间的社会基本矛盾，政治经济学致力于研究生产关系，研究一定社会生产关系产生发展和灭亡的规律。由于生产力对生产关系的产生发展和灭亡起着决定性作用，由此政治经济学研究生产关系必然要研究生产力。这样，政治经济学的研究对象可一般地规定为研究一定生产力水平基础上的生产关系，或者说是研究一定社会的生产力和生产关系的相互关系。马克思主义经济学面对资本主义经济关系的分析，是要说明其生产关系对生产力的阻碍作用，而面对社会主义初级阶段经济关系的分析，是要说明以发展生产力推动社会主义经济关系的发展问题。

马克思主义政治经济学以生产作为研究的出发点，原因是生产包含了生产力和生产关系，生产以及随生产而来的产品交换和分配是一切社会经济制度的基础。马克思当时所研究的生产主要限于物质资料生产，服务业也只是限于生产过程在流通领域继续的部分，如运输、包装、保管等。而经济发展到现代，服务业发展迅速，服务领域不断扩大，服务产品成为社会财富的越来越大的部分，服务也越来越多地进入劳动者的消费范围。服务业也作为第三产业与工业和农业并列进入国内生产总值的核算。这样，服务业也就进入了政治经济学研究的视野。马克思关于物质生产领域中经济关系分析的逻辑和方法同样可以用于服务领域的政治经济学研究。

政治经济学以生产关系为对象，但不排斥对生产力的研究，是在与生产关系的相互作用中研究生产力。马克思指出："不论生产的社会的形式如何，劳动者和生产资料始终是生产的因素。但是，二者在彼此分离的情况下只在可能性上是生产因素。凡要进行生产，它们就必须结合起来。"[①] 如果抽去各种社会生产的社会形式，生产就是劳动者和生产资料的自然的或技术的结合方式。政治经济学考察的是对生产关系产生决定性影响的生产力问题。现阶段对生产力的研究有两个方面值得注意：

一是关于推动生产力发展的动力和源泉。生产力要素包含劳动者、劳动资料（生产工具）和劳动对象等要素，生产力的发展水平体现在这些要素的质量上，其中劳动者是生产力中首要的、能动的和最为活跃的因素。而在现实中，又有科学技术是第一生产力的说法。这同生产力三要素的规定有无矛盾？回答这个问题

---

① 马克思：《资本论》第2卷，人民出版社2004年版，第44页。

需要区分生产力要素和发展生产力的源泉。协作、社会分工、科学技术不是生产力要素，但是推动生产力发展的源泉和动力。就如马克思所说，生产力发展"归结为发挥着作用的劳动的社会性质，归结为社会内部的分工，归结为脑力劳动特别是自然科学的发展。"① 随着社会经济的发展，对生产力发展起决定性作用的源泉的地位也会发生变化。例如，社会分工曾经对社会生产力的进步起过决定性作用，现在仍然起着重要的作用。在现阶段，科学技术对生产力发展的决定性作用越来越明显，成为第一生产力。科技的作用不仅表现为劳动者、生产资料等生产力要素质量的提高，而且作为内生的要素直接推动生产力水平的提高。

二是关于先进社会生产力。各个社会发展阶段都会存在多层次的生产力水平，生产力的发展水平存在时间和空间的差别。在时间上，生产力发展水平的每一阶段都具有相对于前一阶段的先进性，每一阶段又具有相对于后一阶段的落后性；在空间上，不同国家，不同地区生产力的发展水平会有很大差别。这就有先进生产力和落后生产力的差别。政治经济学对不同层次生产力的研究，特别关注该社会占主导的生产力，这种生产力影响该社会生产关系性质。由于每个社会都存在多种层次的生产力，一定社会生产关系必须为多层次生产力提供发展的空间，特别是要为发展先进的社会生产力提供充足空间，建立与代表先进生产力发展方向的生产关系，可以解放和发展生产力，释放先进社会生产力的发展潜力和能量。

我国的经济改革可以说是生产关系的调整和完善，作为生产关系现实形式的经济制度、经济体制就成为政治经济学研究对象的现实载体。对经济制度和经济体制的研究又会牵动政治经济学研究对象的拓展。

首先，虽然上层建筑不是政治经济学的研究对象，但是根据马克思关于经济基础和上层建筑关系的分析，政治经济学研究生产关系的总和即经济基础时也会在一定范围联系上层建筑，特别是经济制度作为反映社会性质的根本性制度，很大部分属于上层建筑。当然，经济改革所推进的经济制度的调整，虽然牵动上层建筑的变化，但从根本上说，还是反映生产关系的属性。就像我们改革中所明确的社会主义初级阶段的基本经济制度，一方面我国实行社会主义基本经济制度，反映的生产关系的基本属性没有改变。另一方面我国还处在社会主义初级阶段，并确认社会主义初级阶段基本经济制度，这可以说是适应生产力发展的生产关系的局部调整。同时，政治经济学所要研究的上层建筑主要是影响生产关系的保护产权和规范经济运行的法律制度、产业政策、公共财政和干预市场的宏观调控政

① 马克思：《资本论》第3卷，人民出版社2004年版，第96页。

策等。

　　其次，经济体制和与经济体制安排相关的经济运行进入政治经济学的视野。按照一般的理解，与生产力发展相关的经济效率的高低与生产关系相关，经济效率低就应该从生产关系的不适应来说明。实际情况是，经济效率反映资源配置的效率，反映经济运行的质量，效率高低并不完全由生产关系来说明，而是由经济体制来说明。经济体制是指某一社会生产关系的具体形式，它不完全是围绕经济制度而建立的，而主要是围绕资源配置建立的现实的经济形式。因此，经济体制的变革，既要反映经济制度的本质要求，还需要反映经济运行的效率和质量的要求。就反映经济制度的要求来说，必须根据社会主义初级阶段基本经济制度的要求改革经济体制。由于经济运行的质量和效率不完全出自经济制度，很大程度上是资源配置问题，因此，即使是建立了适应生产力发展的经济制度，但作为其现实形式的经济体制，并不一定都能适应生产力发展的要求，而需要适时调整和改革。在现阶段提高经济运行的效率和质量的有效途径是，以市场机制作为资源配置基本方式，也就是建立市场经济体制。市场经济体制要反映社会主义经济制度的本质要求，就要同社会主义经济制度相结合。这是在坚持社会主义基本制度的前提下，在经济运行机制方面寻求新的制度安排。

二、关于政治经济学的阶级性和任务

　　前一时期，受"普世价值"的影响，经济学界也产生淡化政治经济学阶级性的倾向，强调其提供超阶级的一般经济学理论的一面。实际上，以生产关系为对象的政治经济学涉及经济关系和经济利益，其阶级性是显然的。

　　马克思在创立马克思主义政治经济学时，就明确了政治经济学的阶级性。马克思指出，代表资产阶级利益的"政治经济学所研究的材料的特殊性质，把人心中最激烈、最卑鄙、最恶劣的感情，把代表私人利益的复仇女神召唤到战场上来反对自由的科学研究"[①]。马克思创立的政治经济学，公开主张和维护无产阶级利益，为无产阶级和全人类的解放事业服务。他依据劳动价值论，建立了科学的剩余价值理论，发现了资本主义剥削的秘密，由此找到资本主义社会的掘墓人，敲响了资本主义的丧钟。马克思主义政治经济学的阶级性，不仅表现在对资本主义批判，还在于为无产阶级揭示了理想社会。这就是被马克思称为"自由人联合体"的社会主义社会和共产主义社会。马克思在批判资本主义经济关系过程中，

---

　　① 马克思：《资本论》第 1 卷，人民出版社 2004 年版，第 10 页。

合乎逻辑的推导出未来社会的基本经济特征，反映无产阶级对未来社会的向往和为之奋斗的决心。在社会主义社会建立起来以后，马克思主义政治经济学又提供建设新社会的理论武器，反映广大人民群众的根本利益。

政治经济学的本质属性，在不同历史发展时期有着不同的要求。对旧社会，它是批判的武器，目标是埋葬这个社会。在新社会，它是建设的指南，目标是建设这个社会。由于现实的社会主义国家与资本主义国家并存，由政治经济学的阶级性决定，它还保留着对资本主义的批判职能。

认识政治经济学的任务必须关注马克思的一段话："无论哪一个社会形态，在它所能容纳的全部生产力发挥出来以前，是决不会灭亡的；而新的更高的生产关系，在它的物质存在条件在旧社会的胎胞里成熟以前，是决不会出现的。"① 这里有两层含义：第一，任何生产关系的产生和发展都取决于其物质条件即生产力的发展水平，这就是生产关系一定要适合生产力性质。第二，一定社会的生产关系是相对稳定的，只要它能容纳生产力的发展，就会继续存在并发挥作用。我们可以依据马克思的这个重要原理认识现代资本主义和实践中的社会主义，特别是由此出发认识社会主义初级阶段的生产关系安排。

马克思主义政治经济学是不断发展的科学。每一个时代的理论思维，都是一种历史的产物，"它在不同的时代具有完全不同的形式，同时具有完全不同的内容。"② 马克思主义政治经济学不仅随着时代的变化与时俱进，而且在不同的国家也有不同的发展。

马克思当时分析的社会主义和资本主义是时间上继起的两种社会制度。相应地，马克思所建立的政治经济学是处于资本主义社会的政治经济学，其研究对象包括他当时所处的资本主义经济和所设想的未来的社会主义经济。而在现阶段，资本主义与社会主义是在空间上并存的两种社会制度。因此，政治经济学研究的社会主义经济是实践中的社会主义经济，分析的资本主义经济也不只是前社会主义的资本主义经济，而是与社会主义并存的现代资本主义经济。

政治经济学分析资本主义的任务，是揭示资本主义经济的内在矛盾，特别是揭示其生产关系对生产力的阻碍作用，揭示资本主义被社会主义代替的历史必然性。从这一意义上说，政治经济学提供了阶级斗争的思想武器。从马克思创立政治经济学到今天，资本主义经济又发展了 100 多年，当代资本主义经济出现了许多新的现象。政治经济学对资本主义经济的分析也要与时俱进，政治经济学对于

---

① 《马克思恩格斯选集》第 2 卷，人民出版社 1995 年版，第 33 页。
② 《马克思恩格斯选集》第 4 卷，人民出版社 1995 年版，第 284 页。

资本主义的分析，不只是一般地研究其走向灭亡的历史必然性，还注重研究当代资本主义的新现象和新问题，揭示其新的规律。

首先，要对资本主义经济的继续存在和发展作出科学的解释。这同样要用生产力和生产关系的矛盾运动来说明。第一，继第一次产业革命以后，几次重大的科学技术革命都发生在发达的资本主义国家，生产力的发展水平达到了前所未有的高度。第二，资本主义为了缓和阶级矛盾，采取了一系列调整生产关系的措施，在一定程度上适应了生产力的发展。以公司制为特征的现代企业制度的建立，发达的资本市场的形成，政府对经济的适度干预，科技创新机制的完善等等，都是适应现代生产力发展的经济形式的调整。

其次，要揭示资本主义经济出现的新矛盾，坚定社会主义必然代替资本主义的信念。尽管从总体看，发达资本主义国家的生产力水平高于社会主义国家，但社会主义代替资本主义的客观趋势并没有改变。这是因为，其一，社会主义代替资本主义是一个长期的、曲折的和艰巨的过程。面对社会生产力发展的客观要求，资本主义为延缓自身的灭亡进程所进行的生产关系的调整和改良，实际上离马克思所设想的未来社会的生产关系更近。其二，尽管资本主义生产关系对现代生产力的发展还有较大的伸展和调整的空间，但是，资本主义生产方式所固有的生产的社会化与生产资料私人占有之间的基本矛盾不会改变。无论资本主义生产关系如何调整，只要它是私有制，必然会走到尽头。政治经济学不仅要研究资本主义范围内调整后的生产关系的相应的经济形式，更要关注其在资本主义私有制范围内不可调和的新矛盾。2007 年下半年以来，由美国次贷危机所引发的世界性金融危机和经济危机，就显示了资本主义所固有的制度性弊端。

第三，研究发达的资本主义国家与社会化大生产相适应的经济形式和经济组织。在资本主义与社会主义两种社会制度空间并存的条件下，许多经济活动和经济组织存在相互学习和相互融合的过程。社会主义国家的生产力要赶上并超过现代资本主义国家的水平，本身也包含学习和借鉴资本主义国家在适应社会化大生产力方面行之有效的经济形式和经济组织。这种适应和促进生产力发展的经济形式和经济组织虽然产生并成熟在资本主义国家，但这是人类社会共同的财富，完全可以为社会主义国家借鉴和利用。

三、关于马克思主义政治经济学的中国化

应该说，马克思创立的政治经济学对未来社会基本特征的设想或基本规定性，对后来社会主义国家的实践起了方向性指导作用。但是有两个方面原因需要

中国的创造。一方面，马克思当时预见的社会主义经济制度与现实的社会主义实践存在很大的差别。在半殖民地和半封建社会基础上建立起来的社会主义中国，在实践马克思关于社会主义的要求时，就不能教条式地搬用这些规定。另一方面马克思当时只是规定未来社会基本特征，并没有对未来社会的经济体制作具体规定，这也需要中国创造。因此现实的社会主义经济制度和经济体制的中国创造过程，就是马克思主义关于社会主义的基本原理与中国的实践结合过程，也是马克思主义政治经济学的现代化和中国化的任务。

首先，以发展社会生产力为目标建立建设新社会的经济学理论。过去的政治经济学教材中明确社会主义生产的目的就是最大限度地满足人民群众不断增长的物质和文化需要。这个生产目的在现阶段没有变，问题是存在着生产力发展水平满足不了人民群众的需要的矛盾。这个矛盾是社会主要矛盾，克服这个矛盾的途径就是发展生产力。发展生产力固然需要不断完善生产关系及其与之相适应的上层建筑。实践中仅仅是调整生产关系是不够的。在半殖民地半封建社会基础上进入社会主义社会后，面对的现实问题是生产力发展水平没有达到社会主义的要求。因此，实践马克思关于社会主义规定性的基本途径，是创造实现这些规定性的经济条件，特别是依靠发展生产力创造实现社会主义规定性的物质基础。这样，政治经济学的社会主义部分是经济建设的经济学，就不仅仅是改革和完善社会主义经济制度和经济体制，还要研究生产力，寻求促进发展先进社会生产力、增进国民财富的途径。与此相适应，对政治经济学的学习和研究要由以阶级斗争为纲转向以经济建设为中心。政治经济学要成为经济建设的理论指导。解放和发展生产力，增进国民财富，达到共同富裕，就成为政治经济学研究的使命。

其次，从实际出发探寻社会主义初级阶段的经济制度。经典的社会主义经济制度是在发达的资本主义社会基础上建立起来的。与此相应的社会主义政治经济学研究的是公有制为特征的社会主义经济制度。实践中的社会主义不是产生于发达的资本主义社会，还处于社会主义初级阶段，生产力水平不高，社会主义生产关系也不成熟，尤其是多种所有制经济并存。这样，政治经济学的历史任务就是以马克思主义政治经济学的基本理论和方法为指导，对社会主义初级阶段进行经济分析，任务是探求公有制为主体多种所有制经济共同发展的社会主义初级阶段的基本经济制度及其实现形式。

第三，总结我国社会主义经济建设的实践，构建中国特色社会主义经济理论体系。中国特色社会主义实践需要有中国特色社会主义理论的指导。从 1949 年算起，我国 60 年来社会主义经济发展的实践，几经波折。从 1978 年的十一届三中全会算起，我国结束阶级斗争为纲转向以经济建设为中心也有 30 多年的实践。

这 30 多年中，作为经济建设指导思想的邓小平理论、三个代表重要思想和科学发展观构成了中国特色社会主义的理论体系。这是中国化的马克思主义。依据中国特色社会主义理论体系，全面总结我国社会主义建设的经验和教训，特别是改革开放以来中国特色社会主义建设的成功实践，在此基础上构建中国特色社会主义经济理论体系，就成为政治经济学的现实任务。

政治经济学所要做的以上工作实际上是推进马克思主义经济学的中国化。在中国这样的发展中大国建设社会主义，没有现成的理论和经验。需要将马克思主义的基本理论与中国社会主义建设的实际结合，推进马克思主义的中国化，并以中国化的马克思主义来指导中国特色社会主义伟大事业。概括起来马克思主义经济学中国化的成果突出表现在以下几个方面：

首先是社会主义初级阶段基本经济制度理论。发展中国特色社会主义实际上是依据中国的基本国情建设社会主义。这个国情就是中国长期处于社会主义初级阶段。在这个阶段，人民群众日益增长的需要同落后的社会生产之间的矛盾是社会的主要矛盾。社会主义初级阶段的历史任务是逐步摆脱不发达状态，基本实现社会主义现代化，由农业人口占很大比重、主要依靠手工劳动的农业国逐步转变为非农业人口占多数、包括现代农业和现代服务业的工业化国家。建设中国特色社会主义不是改变社会主义制度，也不是降低社会主义的要求，而是要使现阶段的社会主义制度安排适应现阶段的生产力发展水平，并有利于生产力的发展，从而推动社会主义事业的发展。从我国的社会主义处于初级阶段出发，建立社会主义初级阶段的基本经济制度，也是一种制度创新。其意义是寻求推动生产力发展从而推动社会主义发展的新的动力和新的要素，动员存在于社会主义初级阶段的多元化经济和多种要素，使各种创造社会财富的源泉充分涌流。由此形成的社会主义初级阶段的基本经济制度既坚持了科学社会主义的基本原则，又根据我国的实际和时代特征赋予其鲜明的中国特色，体现了马克思主义基本原理同推进马克思主义中国化结合，坚持社会主义基本制度同市场经济的结合，提高效率同促进社会公平的结合。

其次是社会主义市场经济理论。在一个长期实行计划经济体制的国家发展中国特色社会主义需要解放思想，推进改革，创新充满活力富有效率的体制机制。与其他转型国家不同，中国的改革不是完全放弃公有制、全盘私有化。在明确社会主义初级阶段以后，改革的目标就设定在建立社会主义市场经济体制，让市场对资源配置起基础性调节作用上。与此相应牵动的改革，就是发展多种所有制经济，资本、技术、管理等要素参与收入分配，允许居民取得财产性收入，以股票市场为代表的各类要素市场得以开放并趋向完善。所有这些，不仅成为发展生产力的强大动力，而且丰富了中国特色社会主义的内容。

第三是社会主义条件下的经济发展理论。在一个经济落后的国家发展中国特色社会主义需要解决发展问题，需要以经济建设为中心，以科学发展观为指导。将全面小康社会建设包含在现代化的进程中，并作为现代化的具体阶段来推进，可以说是中国特色的现代化道路。在农业国基础上建设社会主义必然要推进以工业化、城市化为主要内容的现代化。我国的经济发展实践创造了中国特色的新型工业化道路、中国特色的农业现代化道路、中国特色的城镇化道路。在一个经济落后国家发展经济必然有个与增长速度和质量相关的发展观。我国经济发展的实践产生的科学发展观明确：发展是第一要义，以人为本是核心，全面协调可持续是基本要求，统筹兼顾是根本方法。在科学发展观的指引下，实现了经济发展方式向又好又快发展的转变。实践证明，中国特色社会主义作为当代社会发展进步的旗帜，既规定了我国发展的目标，又指引了发展的道路。我国的改革开放和全面小康社会建设是中国特色社会主义的伟大实践。

第四是社会主义条件下对外开放理论。在一个长期处于封闭和半封闭的国家发展中国特色社会主义需要建立开放型经济。发展生产力，需要利用国际资源和国际市场。服从于发展社会生产力特别是先进社会生产力的目标，社会主义国家需要借鉴资本主义发达国家的先进技术和管理经验，需要积极参与国际经济合作和竞争，以增强自身的国际竞争力。需要通过对外开放吸引外国资本的进入，需要采用一切有利于发展生产力的经济形式，哪怕是在资本主义经济中采取的经济形式。

综上所述，中国特色社会主义是马克思主义中国化的伟大成果。在它的指引下，我国的经济体制实现了向社会主义市场经济的转型，国民经济转向又好又快发展的科学发展轨道，人民生活水平正在由总体小康转向全面小康。所有这些转型产生了明显的解放和发展生产力的效应。实践证明，中国特色社会主义经济理论，是指引我国社会主义制度进一步完善和发展的指导思想和根本保障。用中国化的马克思主义政治经济学指导中国的经济建设，必将取得更加辉煌的成就。

（本文原载于《政治经济学评论》2010 年第 1 期。入选《中国马克思主义研究前沿（2010 年卷）》，中国社会科学出版社 2011 年版）

新阶段经济学的创新和发展

提要

　　十八届三中全会明确混合所有制经济是基本经济制度的重要实现形式。这意味着公有制与非公有制的共同发展不仅是企业之间的外部关系，也可以在同一个企业内部并存共同发展，为所有制结构的调整从而增强企业竞争力提供了广阔的空间。十八届三中全会明确市场决定资源配置并要求更好发挥政府作用，是社会主义市场经济理论的新突破。要使市场决定资源配置，不能一放了之，政府必须有所作为：不仅要大幅度减少政府对资源的直接配置，更要主导市场体系和市场机制建设。市场对资源配置的决定性作用也不能放大到市场决定公共资源的配置。与遵循效率原则的市场配置资源不同，公共资源配置要遵循公平原则。政府作用不但不能与市场决定资源配置的作用相冲突，还要相配合。十八届三中全会提出资本、知识、技术、管理等报酬由要素市场决定。这意味着各种生产要素按贡献取得报酬还需要同各种要素的市场配置相配合，反映要素的市场供求关系，使相对稀缺的要素得到最节约的使用，相对充裕的要素得到最充分的使用。在坚持市场决定作用的基础上促进公平正义，关键是提高劳动者收入。首先是解决好权利的公平。其次是初次分配不能只讲效率不讲公平，也要处理好公平和效率的关系。第三是针对财产占有的不公平，创造条件让更多的群众拥有财产性收入。第四是再分配更讲公平，实现基本公共服务均等化。

　　处于不同时代的政治经济学有不同的历史使命。马克思主义政治经济学在它创立之日起就明确告示，它是代表无产阶级利益，其使命是社会主义代替资本主义。进入社会主义社会后，政治经济学的使命就由推翻旧社会转向建设新社会。其经济分析任务不是寻找社会的掘墓人，而是寻找社会的建设者，寻找推动经济和社会发展的动力。马克思主义经济学与中国社会主义实践相结合，产生中国特色社会主义经济理论。根据马克思主义的世界观，真理都是相对的，科学的任何发现都不能穷尽真理。面对所要分析的实践中的社会主义经济，马克思主义经济学需要根据时代赋予的使命研究新问题，发现新规律，概括新理论，不断进行理论创新。十八大及十八届三中全会站在经济社会发展进入了全面建成小康社会并进而建设社会主义现代化国家的新的历史起点上，所作出的全面深化经济体制的改革的重要规定，体现理论创新，进一步丰富和发展了中国特色社会主义经济理论。

一、基本经济制度理论的创新和发展

在马克思主义经济学中，所有制理论是核心，所有制结构构成社会基本经济制度，社会主义的本质要求是消灭私有制。在半殖民地和半封建社会基础上建立起来的新中国在进入社会主义社会时，发展社会主义需要经过一个社会主义初级阶段。根据生产关系一定要适应和促进生产力发展的马克思主义基本原理，建立社会主义初级阶段基本经济制度的目的，是寻求推动生产力发展从而推动社会主义发展的新的动力和新的要素，使各种创造社会财富的源泉充分涌流。于是就有公有制为主体多种所有制经济共同发展的基本经济制度。在公有制成为主体后马克思主义经济学对非公有制经济的着眼点不是消灭非公有制，而是服从于建设新社会的使命，寻求不同所有制经济和谐合作发展的有效路径，寻求劳动、知识、技术、管理和资本等各种要素的所有者各尽其能，各得其所，和谐相处的路径。

十八届三中全会把公有制为主体、多种所有制经济共同发展的基本经济制度，明确为中国特色社会主义制度的重要支柱，社会主义市场经济体制的根基。这样，多种非公有制经济，如个体经济，私营经济，外商投资经济从"制度外"进入了"制度内"，与公有制经济处于同等地位。为了充分发挥其活力，基本经济制度框架要为其创造同公有制经济平等竞争的市场环境，打破国有制经济的垄断和壁垒。其重要的标志性进展在两个方面：一是在已经强调的公有制为主体和发展非公有制经济两个"毫不动摇"基础上进一步明确要求对公有制公有制经济财产权和非公有制经济财产权两个"同样不可侵犯"；二是在负面清单基础上实行统一的市场准入制度，不仅是准许非公有制经济进入竞争性领域，还允许进入过去认为必须由国有制经济垄断的特许经营领域，如外贸、金融保险、通讯业、铁路等。

在改革进程中，所有制理论的一大突破是明确公有制可以有多种实现形式，例如股份制可以成为公有制的实现形式。十八届三中全会则进一步明确国有资本、集体资本、非公有资本等交叉持股、相互融合的混合所有制经济，是基本经济制度的重要实现形式。这意味着公有制与非公有制的共同发展不仅是企业之间的外部关系，也可以在同一个企业内部并存共同发展。明确了混合所有制是基本经济制度的重要形式，就为所有制结构的调整从而增强企业竞争力提供了广阔的空间，其中包括允许更多国有经济和其他所有制经济发展成为混合所有制经济，国有资本投资项目允许非国有资本参股，鼓励发展非公有资本控股的混合所有制企业，鼓励民营企业参与国有企业改革和改制，参股和控股国有企业，允许混合所有制经济实行企业员工持股，形成资本所有者和劳动者利益共同体。

二、社会主义市场经济理论的创新和发展

经济体制是建立在基本经济制度基础之上的。多种所有制经济共同发展是发展市场经济的题中应有之义。对经济问题的研究扩展到经济运行领域是改革以来政治经济学的重大进展。经济运行的基本问题是资源配置，目标是提高资源配置效率。我国在 1992 年确认社会主义市场经济的改革目标以后，市场对资源配置起基础性作用。其明显的效应是增强了经济活力，提高了资源配置的效率。现在我国社会主义市场经济体制已经初步建立，对市场规律的认识和驾驭能力不断提高。在此基础上，十八届三中全会明确市场决定资源配置并要求更好发挥政府作用。这是社会主义市场经济理论的新突破。

与市场在国家宏观调控下对资源配置起基础性作用不同，市场对资源配置起决定性作用，意味着市场不是在政府的宏观调控下起作用，而是自主地起决定性作用。所谓市场决定资源配置是指市场规则、市场价格和市场竞争共同调节资源配置。要实现市场对资源配置的决定作用有两个必要条件：一是建设有效市场，包括市场体系一开放，市场规则公平透明，市场价格在市场上自主地形成，市场竞争充分有序。二是资本、土地、劳动力、技术等生产要素都进入市场，要素自由流动，企业自由流动，产品和服务自由流动。显然，要使市场决定资源配置，不能一放了之，政府必须有所作为：不仅要大幅度减少政府对资源的直接配置，更要主导市场体系和市场机制建设。

明确市场决定资源配置后政府要更好发挥作用。市场对资源配置的决定性作用也不能放大到市场决定公共资源的配置。与遵循效率原则的市场配置资源不同，公共资源配置要遵循公平原则。经济学的新课题是，政府作用不但不能与市场决定资源配置的作用相冲突，还要相配合。一方面政府贯彻公平分配的作用主要不是进入资源配置领域，而是进入收入分配领域；另一方面政府提供公共服务要尊重市场规律，利用市场机制；再一方面必须由政府提供的公共服务，并非都要由政府部门生产和运作，有许多方面私人部门生产和营运更有效率。政府通过向私人部门购买服务的方式可能使公共服务更为有效更有质量，如保护环境可利用排污收费和排污权交易之类的市场方式。

　　明确市场的决定性作用意味着市场不再是在国家的宏观调控下发挥作用，但不意味着放弃宏观调控。宏观调控是要解决宏观总量均衡问题。国家调控市场的初衷是要市场调节贯彻国家宏观意图，但在实际上并不成功。就如前几年国家不断调控房地产市场，房地产价格不降反涨，表明了政府调控市场的失败。因此需要明确，在市场决定资源配置的体制中，政府调节宏观经济不是直接调节市场，而是对市场调节的宏观效应即价格总水平，就业总水平进行监控，确定通货膨胀的下限和失业率的上限，达到通货膨胀的下限或失业率的上限就要实施紧缩或刺激的宏观调控政策，在没有达到这种上限或下限的范围内国家不要随意出手调控，给市场的自主作用留出更大的空间。近年来这种宏观调控思路实践的结果是成功的。

三、收入分配理论的创新和发展

　　效率不仅源于资源配置，还源于收入分配的激励。各个经济主体各种生产要素投入的效率是靠有效的收入分配机制激励的。30 多年来中国发展的成功，除了靠市场配置资源外，再就是靠打破了平均主义的分配体制，建立起了按劳分配为主体多种分配方式并存的分配体制。

　　在改革进程中，收入分配的激励作用步步深入：首先是坚持按劳分配，多劳多得，从而激励了劳动效率。其次是完善公司治理。在所有权与经营权分离的公司制中，建立经营者分享剩余索取权之类的激励机制可以克服因信息不对称所产生的各种机会主义行为。第三是建立和完善要素报酬机制，马克思预见的未来社会中只有劳动要素属于私人所有，其他生产要素都是公有的，相应的只存在按劳分配。社会主义初级阶段的基本经济制度确认后，劳动以外要素如资本、知识、技术和企业家等要素的所有权（全部或部分）属于私人的现实也得到了确认。与此相应，所要建立的收入分配制度，不仅要刺激劳动效率，还要刺激资本、技术、管理等要素所有者的各种要素的投入。相应的分配体制就是资本、技术、管理等各种非劳动要素按贡献取得报酬。目标是充分动员劳动、资本、技术和管理等各种要素创造财富的活力。根据市场决定资源配置的要求，十八届三中全会进一步提出资本、知识、技术、管理等报酬由要素市场决定。这意味着各种生产要素按贡献取得报酬还需要同各种要素的市场配置相配合，反映要素的市场供求关系，从而使相对稀缺的要素得到最节约的使用，相对充裕的要素得到最充分的使用。

　　社会主义条件下的收入分配不只是要激励效率，还要求克服两极分化。过去

30 多年的改革，提供了一部分人、一部分地区先富起来的分配机制。由此产生的发展效应是明显的。其负面效应是贫富差距扩大。这种差距扩大到现在所产生的社会矛盾开始阻碍效率的进一步提高。这表明我国到了需要通过先富帮后富，让大多数人富起来的阶段。在坚持市场决定作用的基础上促进公平正义，关键是提高劳动者收入。首先是解决好权利的公平，既要克服以权谋私，又要克服垄断收入。其次是重视初次分配环节，初次分配不能只讲效率不讲公平，也要处理好公平和效率的关系，尤其是要提高劳动报酬在初次分配结构中的比重，使劳动者报酬与劳动生产率提高同步增长。第三是针对财产占有的不公平，创造条件让更多的群众拥有财产性收入。第四是再分配更讲公平，实现基本公共服务均等化。所有这些都体现社会公平正义的要求。

总的来说，在一个经济文化都相对落后的国家中发展什么样的社会主义，如何建设社会主义，需要理论创新和创造。马克思创立的经济学对未来社会的经济制度和经济发展破了题。发展中国特色社会主义的实践则是解了这些题。十八大和十八届三中全会以来经济学理论的新进展，反映新的经济发展阶段经济学使命，指导我国新的发展阶段的改革和发展。

（本文原载于《人民日报》2014 年 5 月 25 日，
编入本书时增补了因篇幅所限删减的内容）

第五编

中国特色社会主义政治
经济学的若干重大理论

政治经济学的对象和任务

提要

　　政治经济学一般区分为资本主义部分和社会主义部分。这是根据研究对象来区分的。从所处的阶段考虑，政治经济学研究所处的阶段划分为：处于资本主义社会的政治经济学和处于社会主义社会的政治经济学。两者均可包括资本主义和社会主义部分。处于社会主义现阶段的政治经济学分析实践中的社会主义经济，所分析的资本主义经济不是前社会主义的资本主义，而是与社会主义并存的资本主义经济。以社会主义为对象的政治经济学也要分析生产力和生产关系的矛盾运动，但目的是寻求完善社会主义生产关系的途径，通过社会主义社会生产关系的自我完善和发展，进一步解放和发展生产力。当今世界的经济学有马克思主义政治经济学和西方经济学两大体系。研究这两大体系研究对象的差别，有利于进一步明确政治经济学的研究对象。这两个理论体系有着重大的差异，但它们都依据各自的研究方法、层次作经济分析，有不同的理论和现实意义，因而不能简单地以一个代替另一个，也不宜将二者合二而一。但是，政治经济学的指导思想的理论基础是一元的，这就是马克思主义政治经济学。政治经济学的基本方法是马克思主义经济学所运用的哲学方法，特别是辩证法和抽象法。政治经济学发展到现代阶段，方法论应该与时俱进。包括数学在内的科学研究方法都应该成为重要的研究方法。可以肯定，能够得到数学证明的理论是科学的理论。但不能反过来说，得不到数学证明的理论就不是科学的。现实中许多经济关系是无法量化的。如果运用不当，数学作为精密的学科对社会科学领域的创新性思维有可能会成为一种束缚。以往的社会主义政治经济学，主要限于研究社会主义经济关系的本质和规律，而撇开了社会主义经济运行及其机制方面的研究。这在社会主义经济制度产生的初期阶段是可以理解的。随着社会主义经济建设事业的发展，政治经济学仅仅限于这一层次的研究就很不够了。社会主义政治经济学作为建设性经济学，不仅需要研究什么是社会主义，还要研究如何建设社会主义。涉及经济制度的优化，经济运行的效益，经济的增长和发展。

　　政治经济学是马克思主义的三个组成部分之一。政治经济学是一门古老的经济学科。政治经济学在我国之所以能保持其主流经济学地位，根本原因是它的与时俱进，是随着实践的发展常青的经济学科。政治经济学作为一门科学，有其形成和发展的过程、特定的研究对象、特定的研究任务和特定的研究方法。

一、政治经济学的产生与发展

政治经济学，广义地说，是研究一定社会生产、交换、分配和消费等经济活动中的经济关系和经济规律的科学。在古汉语中，"经济"一词是"经邦济世"、"经国济民"的意思。在西方文化中，最先使用"经济"（Economy）一词的是古希腊思想家色诺芬。在他那里，Economy 一词是指"家庭管理"。在 19 世纪下半叶，日本学者把西方著作中的"Economy"译作现代意义上的"经济"。后来，中国也采用这种译法。

14～15 世纪，随着贸易特别是海外贸易的迅速发展，产生了重商主义思想。重商主义的研究视野集中在流通领域，研究商业和对外贸易，论证商品货币关系，对当时的资本主义原始积累起了重要的作用。法国重商主义代表人物 A. de. 蒙克莱田在 1615 年出版的《献给国王和王太后的政治经济学》一书中首先使用"政治经济学"一词，表明了他所论述的经济问题已经超出了家庭管理的范围，涉及国家的经济管理问题。

真正的近代经济科学，是在理论研究从流通领域转向生产领域的时候开始的。首先把研究对象由流通领域转向生产领域的是法国的重农主义，其代表人物是布阿吉尔贝尔和魁奈。他们的研究范围限于农业生产领域，把农业看作是创造纯产品（剩余价值）的领域。这是对资本主义生产的第一个系统的理解。

成理论体系的古典政治经济学，在英国是由 W. 配第创始，亚当·斯密集大成，大卫·李嘉图最后完成的。古典政治经济学代表处于上升时期的资产阶级的利益和要求，在一定程度上研究了资本主义生产的内部联系，提出了劳动创造价值的思想，并接触到了剩余价值问题。这是古典经济学的科学成分。但由于阶级利益的局限性，古典政治经济学没有考察剩余价值的来源和实质，把资本主义看作是自然的永恒的制度，这就不可避免地带有庸俗的成分。由于古典政治经济学具有科学和庸俗两种成分，在它以后沿着这两种成分发展便产生了马克思主义政治经济学和西方经济学两大体系。

19 世纪中叶，马克思和恩格斯批判地继承了英国古典政治经济学的科学成分，创立了马克思主义的政治经济学。马克思主义政治经济学代表当时作为独立的力量登上历史舞台的无产阶级的利益，对政治经济学作了根本的改造，主要表现在：（1）第一次明确提出政治经济学的研究对象是人与人之间的社会生产关系，创造了生产力与生产关系矛盾运动的历史唯物主义分析方法，并据此进行社会经济分析。（2）首创了生产商品的劳动二重性学说，创立了科学的劳动价值论。（3）建立了科学的剩余价值理论，发现了资本积累的一般规律和历史趋势。（4）揭示了资本主义为社会主义所代替的必然性，并预见了未来的社会主义和共产主义社会的一些基本特征。

19世纪末20世纪初，资本主义进入帝国主义阶段，列宁分析了当时帝国主义的基本经济特征，特别是帝国主义阶段经济的垄断特征，创立了帝国主义理论，揭示了发展到垄断阶段的资本主义经济的基本特征及帝国主义和无产阶级革命的时代特征。列宁亲自领导了无产阶级夺取政权后向社会主义社会过渡的实践，创造了过渡时期的理论。其基本内容包括：首先，社会主义经济基础的形成必须通过大力发展生产力和不断提高劳动生产率来实现。社会主义最终战胜资本主义的条件是其生产力水平超过资本主义。其次，资本主义向社会主义有直接过渡和间接过渡两条途径。资本主义发展程度低或殖民地半殖民地国家（特别是东方国家）向社会主义过渡需要间接过渡，即需要通过保留商品货币关系，借以形成和发展壮大社会主义经济基础。第三，1920年底至1921年初在俄国实施新经济政策，可以说是对过渡时期经济理论的最早探索。新经济政策所提出的国家资本主义，不仅包括鼓励国内发展私人资本，还包括积极引进外国资本。列宁的贡献是把马克思主义经济学发展到了新的阶段。

在列宁以后，斯大林继承列宁的事业，领导苏联人民进行社会主义经济建设。斯大林依据社会主义建设的最初实践，对社会主义建设的一系列规律作了新的概括。以斯大林所著《苏联社会主义经济问题》为基础，苏联科学院经济研究所在20世纪50年代初出版了《政治经济学教科书》，其中包括以资本主义生产关系为对象的政治经济学资本主义部分和以社会主义生产关系为对象的政治经济学社会主义部分。这本教科书阐述的社会主义社会的一个个经济规律，曾经在一段时间广泛流传于包括我国在内的各个社会主义国家。

斯大林逝世以后，各个社会主义国家先后进行了经济改革。苏联和东欧国家退回到了资本主义制度。在中国，在马列主义、毛泽东思想、邓小平理论、"三个代表"重要思想和科学发展观的指引下，依据党的解放思想、实事求是、与时俱进的思想路线，逐步摆脱了苏联斯大林模式的束缚，从20世纪70年代末开始了波澜壮阔的市场化改革，走上建设中国特色社会主义的道路。进入21世纪，中国又在科学发展观的指引下，开始了全面建设小康社会和加快社会主义现代化建设的进程。所有这些伟大的实践都大大地推动了社会主义政治经济学的完善和发展。

政治经济学一般区分为资本主义部分和社会主义部分。这是根据研究对象来区分的。从所处的阶段考虑，政治经济学研究所处的阶段划分为：处于资本主义社会的政治经济学和处于社会主义社会的政治经济学。两者均可包括资本主义和社会主义部分。处于两个不同社会阶段的政治经济学都要分析资本主义和社会主义。马克思创立的政治经济学分析了他当时所处的资本主义经济并推导出当时还不存在的未来的社会主义经济。而处于社会主义现阶段的政治经济学则是分析实践中的社会主义经济，所分析的资本主义经济不是前社会主义的资本主义，而是与社会主义并存的资本主义经济。

处于社会主义现阶段的政治经济学，在坚持马克思主义作为指导思想的理论基础的前提下，体现了两个开放：一是向实践开放，不断研究新的实践问题，丰富政治经济学的内容。不仅包括对当代资本主义发展的新实践，也包括对社会主义经济发展的新实践的新的理论概括；二是向西方经济学开放，跟踪西方经济学的发展，不断吸收其最新的反映社会化生产和市场经济规律的科学成果。政治经济学的与时俱进，使这门古老的学科在现阶段具有不断解释和说明新现象新问题的生命力。

马克思主义政治经济学是不断发展的科学。恩格斯曾经说过，"我们的理论是发展着的理论。"① 每一个时代的理论思维，都是一种历史的产物，"它在不同的时代具有完全不同的形式，同时具有完全不同的内容。"② 马克思主义政治经济学在中国既有发展的过程又有中国化过程。在新中国成立以后毛泽东思想的发展过程反映其对社会主义建设道路的艰难探索。邓小平理论创立了中国特色社会主义理论，"三个代表"重要思想和科学发展观的形成丰富和发展了中国特色社会主义理论。这是马克思主义同中国当代实际结合的产物。中国特色社会主义理论体系，始终以社会主义初级阶段社会生产力发展过程中生产关系的调整为主线，从社会的经济制度、经济运行和经济发展结合的角度，全面回答了在中国如何建设和发展社会主义的理论和现实问题。这个理论成就推进了马克思主义政治经济学的现代发展。保持了马克思主义政治经济学对中国改革开放和发展中的指导思想的理论基础地位。

概括我国改革开放以来政治经济学社会主义经济理论研究所取得的进展，突出表现在：（1）承认社会主义条件下存在商品关系，并进而确认社会主义经济也是市场经济，从而明确经济改革的方向是发展社会主义市场经济。（2）承认现阶

---

① 《马克思恩格斯选集》第4卷，人民出版社1995年版，第681页。
② 《马克思恩格斯选集》第4卷，人民出版社1995年版，第284页。

段的社会主义处于初级阶段，明确贫穷不是社会主义，社会主义初级阶段的中心任务是解放和发展生产力。研究的重点转向社会主义初级阶段的生产方式以及和它相适应的生产关系和交换关系。（3）明确社会主义初级阶段的基本经济制度是以公有制为主体、多种所有制经济共同发展，与此相应的分配制度是以按劳分配为主体、多种分配方式并存的制度。（4）承认公有制可以有多种实现形式，并进而明确公有制企业在股权多元化基础上建立现代企业制度的改革方向。（5）明确科学发展观，突出发展的质量和效益，强调走"生产发展，生活富裕，生态良好"的文明发展道路。

二、政治经济学的研究对象

关于政治经济学的研究对象，马克思曾作过不止一次的论述。在《〈政治经济学批判〉导言》中马克思指出："摆在面前的对象，首先是物质生产。"[①] 在《资本论》第 1 卷序言中马克思进一步指出："我要在本书研究的，是资本主义生产方式以及和它相适应的生产关系和交换关系。"[②] 从马克思的论述中，可以得到以下启示：

首先，生产是政治经济学的出发点。马克思主义政治经济学，既不同于以流通为对象的重商主义，也不同于仅仅以农业部门为对象的重农主义，更不同于当时以分配为出发点的经济思想。政治经济学对象以生产为出发点，反映这样的事实：物质资料的生产是人类社会存在和发展的基础。现在服务领域因其在国民经济中地位的提高而进入了政治经济学研究的范围。马克思关于物质生产领域中经济关系分析的逻辑和方法同样可以用于服务领域的政治经济学研究。

生产不仅涉及人与自然的关系，也涉及人们在生产过程中的相互关系。政治经济学研究的生产不是生产的自然属性，而是生产的社会属性。但对生产的社会属性的分析不能脱离生产的自然属性，原因是反映自然属性的生产力发展水平直接制约生产的社会属性。这就是马克思所说的："说到生产，总是指在一定社会发展阶段上的生产——社会个人的生产。"[③] 显然，政治经济学研究生产，不是研究生产的技术方面，而是研究生产的社会方面。

其次，生产关系是政治经济学的研究对象。政治经济学以生产为对象但不是一般地研究生产，而是研究人们在生产过程中的关系。任何生产都是连续不断的

① 《马克思恩格斯选集》第 2 卷，人民出版社 1995 年版，第 1 页。
② 马克思：《资本论》第 1 卷，人民出版社 1975 年版，第 8 页。
③ 《马克思恩格斯选集》第 2 卷，人民出版社 1995 年版，第 3 页。

社会再生产。社会再生产包括生产、交换、分配和消费四个环节。它们就如马克思所说，是构成一个总体的各个环节。"一定的生产决定一定的消费、分配、交换和这些不同要素相互间的一定关系。当然，生产就其单方面形式来说也决定于其他要素。"① 因此，政治经济学研究生产关系，既要研究生产、交换、分配和消费之间的相互关系，也要研究人们在社会生产、交换、分配和消费中的关系。

最后，政治经济学对生产关系的研究不可避免地要研究生产力。马克思主义政治经济学是研究一定生产力基础上的生产关系的科学。生产力是人们改造自然和控制自然界的能力，它反映人和自然界之间的关系。政治经济学是在与生产关系的相互作用中研究生产力。社会生产是生产力和生产关系的统一，这也是作为政治经济学的出发点的生产所包含的两方面内容。政治经济学研究的生产总是一定社会发展阶段上的生产。社会发展阶段归根到底是由生产力的发展水平决定的。而且，研究生产关系的目标也是要使生产关系适应和促进生产力的发展。当然，政治经济学不是一般地研究生产力，而是要研究影响和制约生产关系发展的生产力，特别注意生产力和生产关系的矛盾运动。在各个社会都会存在多种层次的生产力水平，政治经济学依据的是该社会占主导的生产力，并特别关注先进的社会生产力，因为先进社会生产力代表社会发展的方向，生产力与生产关系的矛盾运动，主要是指先进社会生产力与生产关系的矛盾运动。

生产力与生产关系的矛盾运动是社会经济发展的动力，生产关系一定要适应和促进生产力发展是客观规律。生产关系的变革总是由生产力的发展要求而提出来的。当资本主义发展到一定阶段，社会生产力和生产关系的对抗性矛盾单靠资本主义自身的力量是不能从根本上得到克服的，因而资本主义必然为社会主义所代替。而社会主义社会的这种矛盾，可以通过社会主义制度的自我完善和自我发展得到解决。因此，以资本主义为对象的政治经济学分析生产力与生产关系的矛盾运动，目的是揭示资本主义生产关系对生产力的阻碍作用，寻求改变这种生产关系的动力。除此以外，我们也要研究资本主义在其制度允许的范围内为缓解矛盾，避免社会矛盾激化而采取的调整生产关系的措施，为社会主义建设和发展所借鉴。以社会主义为对象的政治经济学也要分析生产力和生产关系的矛盾运动，但目的是寻求完善社会主义生产关系的途径，通过社会主义社会生产关系的自我完善和发展，进一步解放和发展生产力。

当今世界的经济学有马克思主义政治经济学和西方经济学两大体系。研究这两大体系研究对象的差别，有利于进一步明确政治经济学的研究对象。

---

① 《马克思恩格斯选集》第2卷，人民出版社1995年版，第17页。

经济学对某个经济体的分析可分两个层次：一是本质层次的分析，即对生产关系层次的分析；二是表层层次的分析，即对经济运行层次的分析。一般说来，西方经济学偏重于对经济现象的表层描述和分析。根据萨缪尔森的规定，其首要任务是对生产、失业、价格和类似的现象加以描述、分析、解释，并把这些现象联系起来进行系统的分析。而马克思主义政治经济学偏重于对经济关系本质的分析，它研究物与物关系背后的人与人之间的社会关系，研究经济制度的本质规定，特别是注重经济关系运动的规律性分析。它建立的各种经济范畴都反映一定的社会关系。马克思主义政治经济学与西方经济学的研究对象也可能交叉。偏重经济运行分析的西方经济学，也会涉及经济制度的分析，但这种制度分析是以资本主义基本经济制度是永恒的制度为前提的，是在这一前提下对具体制度或体制的分析，从总体上说它着重研究的是微观和宏观经济运行中各种经济变量之间的关系。偏重生产关系分析的马克思主义政治经济学也会分析经济运行，但它对经济运行分析的重点是各种生产关系在经济运行中的作用和调整。

由上述分析层面的区别决定，西方经济学更为关注的是经济变量之间的关系，马克思主义经济学则更为关注经济主体之间的关系。例如价格范畴，西方经济学根据供给、需求及各自的弹性，描述这些变量之间的关系。而马克思主义政治经济学把它界定为是价值的货币表现，价格的运动表现价值规律的作用。再如对资源配置，西方经济学强调帕累托最优，而马克思主义政治经济学把它界定为社会劳动在各个部门的分配，资源配置的效率标准是社会必要劳动时间的节约。再如对资本主义条件下的产业利润、商业利润、利息和地租等分配范畴，西方经济学把它们看作是要素报酬的形式，而马克思主义政治经济学则界定为剩余价值分割的形式，并由此确定了各自量的界限，等等。

显然，上述两个理论体系有着重大的差异，但它们都依据各自的研究方法、层次作经济分析，都有不同的理论和现实意义，因而不能简单地以一个代替另一个，也不宜将二者合二而一。但是，政治经济学研究和教学中的指导思想的理论基础是一元的，这就是马克思主义政治经济学。

马克思主义的政治经济学涉及的是本质层次的分析、制度层次的分析，由于我国目前的经济研究的重要目的是根据改革开放和现代化建设的实践需要调整经济关系以促进生产力发展，其中包括所有制结构调整、企业制度建设、分配结构和分配制度的调整、市场经济体制建设、国家与企业关系的调整等，因而，马克思主义政治经济学的原理和方法，应该是我们进行经济分析的基本指导思想和理论基础。

政治经济学研究社会生产关系，基本任务是认识和掌握所研究的社会的经济规律。经济运动在每个历史时期都有它自己的规律："由于各种机体的整个结构不同，它们的各个器官有差别，以及器官借以发生作用的条件不一样等等，同一个现象却受完全不同的规律支配……生产力的发展水平不同，生产关系和支配生产关系的规律也就不同。"① 政治经济学研究的科学价值在于阐明支配着一定社会机体的产生、生存、发展和死亡以及为另一更高机体所代替的客观规律。

经济现象纷繁复杂，政治经济学不是对经济现象的简单描述，而是要透过经济现象，揭示其经济本质和内在的必然性。马克思主义政治经济学作为研究生产方式及其与之相适应的生产关系的科学，任务是揭示经济过程的本质联系及其运动的客观必然性，也就是揭示客观的经济规律。

经济现象和经济过程本身所固有的、本质的、客观的必然联系即经济规律。同其他自然规律一样，政治经济学所揭示的经济规律具有客观性，不以人的意志为转移。就如列宁所说，社会经济形态绝不是"可按长官的意志（或者说按社会意志和政府意志，都是一样）随便改变的"，它的发展是"自然历史过程"，它的发展规律"不仅不以人们的意志、意识和愿望为转移，反而决定人们的意志、意识和愿望"。② 这意味着，人们必须按照经济规律办事。进一步说，人们的经济行为、国家制定的经济政策、做出的各种经济决策必须符合经济规律的要求，顺应经济规律发展的方向。这是经济决策、经济政策和经济行为达到预期的效果的必要保证。我国经济发展的实践已经证明，什么时候按经济规律办事，经济就发展，什么时候不按经济规律办事，脱离实际的长官意志、主观意志起作用，经济不但不能发展，反而会遭受严重的损失，受到经济规律的惩罚。国家是这样，企业也是这样。可见尊重客观经济规律、按经济规律办事的重要性。

按经济规律办事的前提是认识客观的经济规律。我们通常说的人们在经济规律面前不是无能为力的，就是说人们能够认识经济规律，并利用它来为人们服务。政治经济学的任务就是揭示客观存在的经济规律。由政治经济学揭示的经济规律，就是人们对客观经济规律的认识。它为人们提供认识问题和解决问题的依据和方法。从一定意义上说，人们所认识和利用的经济规律是由政治经济学正确地揭示的经济规律。

经济规律是在一定的经济条件基础上产生和发生作用的。这里讲的经济条件包括生产力水平、生产关系、市场条件等等。当某种经济条件不存在时，与之相关的经济规律也就随之消失。由经济规律所依存的客观经济条件所决定，经济规

---

① 马克思：《资本论》第 1 卷，人民出版社 2004 年版，第 21 页。
② 《列宁选集》第 1 卷，人民出版社 1972 年版，第 10、23 页。

律有三个层次：第一层次是各个社会形态都共有的经济规律，如生产关系一定要适合生产力性质的规律。第二层次是几个社会形态所共有的经济规律，如存在于几个社会的市场经济规律，包括价值规律、市场竞争等各种市场经济的规律。第三层次是某个社会形态所特有的规律，如在资本主义条件下起作用的剩余价值规律，在社会主义条件下起作用的按劳分配规律，等等。

三、政治经济学的研究方法

与自然科学相比，经济学作为研究现实社会经济的科学，在方法论上的一个重要特点是，经济学无法通过实验室进行实验，需要寻求科学的研究方法。迄今为止的经济学的研究方法主要有两种：一种是哲学思维方法，一种是数学分析方法。马克思主义政治经济学采用的基本分析方法是哲学思维方法，尽管它也常常用到数学方法。

唯物辩证法是马克思主义的世界观，也是科学的方法论。科学的抽象法就是这种科学方法论的运用。马克思说："分析经济形式，既不能用显微镜，也不能用化学试剂。二者都必须用抽象力来代替。"① 马克思在《资本论》序言中说明了他的科学的抽象法："在形式上，叙述方法必须与研究方法不同。研究必须充分地占有材料，分析它的各种发展形式，探寻这些形式的内在联系。只有这项工作完成以后，现实的运动才能适当地叙述出来。"② 可见马克思的抽象法包含相互联系的两个科学思维过程：

（1）从具体到抽象的研究过程。这就是依据唯物辩证法，对普遍存在的具体的经济现象进行分析，撇开次要的因素，从中找出最基本、最简单的东西，并综合它的各种发展形式及其内在的必然联系，阐明经济范畴，揭示经济规律。就像马克思在分析资本主义经济时，面对纷繁的各种具体的资本形式和经济现象，首先利用抽象力，抽象出商品价值、使用价值、抽象劳动、具体劳动等最基本的经济范畴。

（2）从抽象到具体的叙述过程。也就是依据前一过程的结果，从最简单的最基本的范畴开始，循着由简单上升到复杂的思维过程建立逻辑体系。就像马克思在《资本论》中说明资本主义经济时从商品这个最简单的范畴开始，逐步展开分析货币、资本、剩余价值等越来越复杂的经济范畴。

---

① 马克思：《资本论》第 1 卷，人民出版社 2004 年版，第 8 页。
② 马克思：《资本论》第 1 卷，人民出版社 2004 年版，第 21 页。

上述两个过程归结起来就是马克思说的:"在第一条道路上,完整的表象蒸发为抽象的规定;在第二条道路上,抽象的规定在思维行程中导致具体的再现。"① 在理解科学的抽象法时必须注意以下两个方面:

第一,运用抽象力抽象出的最简单的范畴必须符合所要说明的对象。就像对资本主义的分析只能抽象到商品,而不能进一步抽象到产品或劳动。这就是马克思所说的:"在研究经济范畴的发展时,正如在研究任何历史科学、社会科学时一样,应当时刻把握住:无论在现实中或在头脑中,主体——这里是现代资本主义社会——都是既定的;因而范畴表现这个一定社会即这个主体的存在形式、存在规定、常常只是个别的侧面。"②

第二,经济分析必须抓住占支配地位的生产关系。在同一个社会中有多种生产关系存在。根据马克思的方法,抽象分析方法的基本要求是抓住占支配地位的生产关系进行分析。这就是马克思所说的:"在一切社会形式中都有一种一定的生产决定其他一切生产的地位和影响,因而它的关系也决定其他一切关系的地位和影响。这是一种普照的光,它掩盖了一切其他色彩,改变着它们的特点。"③ 就像在资本主义社会中存在多种前资本主义的生产关系,其中起"普照之光"作用的资本主义生产关系是经济分析的对象。在社会主义初级阶段多种所有制并存,其"普照之光"作用的公有制经济就是经济分析的对象。

本教科书也力图使用科学的抽象法,特别是在分析资本主义和社会主义以前单列一篇从商品开始分析政治经济学的一般原理,而对资本主义的分析基本上采取《资本论》的从抽象到具体的逻辑。而对现阶段的社会主义社会进行经济分析,由于社会主义经济还在发展过程中,只能从社会主义初级阶段出发,采取板块式的、专题式的叙述方法。

除了抽象法之外,本教科书还注意采用实证分析和规范分析的方法。实证分析试图在不做出是好是坏的价值判断的情况下分析经济体系的行为和运行。它回答所分析的经济对象"是什么"的问题。规范分析则是考察经济行为的后果,并且提出它们是好还是坏,以及这些结果是否可以变得更好的判断。因此,规范分析包含有对所偏爱的行动路线的评判和规定,回答"应该是什么"的问题。现实的经济学因其主要采用其中的某一种方法而区分为实证经济学和规范经济学。但是人们也越来越感到将两种方法合在一起使用,可能更科学。本书从经济运行层次上分析社会主义经济时,较多地采用这两种分析方法。

---

① 《马克思恩格斯选集》第 2 卷,人民出版社 1995 年版,第 18 页。
②③ 《马克思恩格斯选集》第 2 卷,人民出版社 1995 年版,第 24 页。

现在，政治经济学遇到方法论的挑战。政治经济学的基本方法是马克思主义经济学所运用的哲学方法，也就是辩证法和抽象法。政治经济学发展到现代阶段，方法论应该与时俱进。包括数学在内的科学研究方法都应该成为重要的研究方法。许多人认为，一门学科只有在使用数学时，才称得上是科学，因而西方一些经济学文献对经济学科的地位作了高度的评价：如果说数学是自然科学的明珠，经济学则是社会科学的明珠。可以肯定，能够得到数学证明的理论是科学的理论。但不能反过来说，得不到数学证明的理论就不是科学的。这里有两种情况：一方面，现实中许多经济关系是无法量化的；另一方面，许多经济学大师最早提出的理论和思想都不是数学方式的，恰恰是后人力图用数学去证明其理论的。实际上，如果运用不当，数学作为精密的学科对社会科学领域的创新性思维有可能会成为一种束缚。

现代经济学使用较多的是模型分析方法。模型是理论的一种规范化的表述。它通常是对两个或多个变量之间的假设关系的数学表述。实际上，模型分析也是一种抽象分析的方法。所有的模型都是通过去掉一些不必要的部分而使现实经济问题简单化。就是说，模型以简明的方式展示所提出的问题的重要方面。但是，当我们使用模型这一重要的经济分析工具时，又必须注意到，由于模型作了抽象而过于简单，经济模型和产生模型的理论丢掉了大量的社会、经济和政治的现实性。当用一种经济模型来帮助制定实际的政治或制度性政策时，通常需要重新引入在建立模型时被舍弃的社会、经济和政治的现实因素，尤其是对社会主义经济的分析。

四、政治经济学的任务

政治经济学的任务是由其鲜明的阶级性决定的。任何一门经济学，只要涉及经济关系和经济利益，都有明确的阶级性。马克思主义政治经济学研究生产关系，研究人与人之间的社会关系，毫无疑问具有鲜明的阶级性。马克思在创立马克思主义政治经济学时，充分揭示了政治经济学的阶级性。马克思指出，代表资产阶级利益的"政治经济学所研究的材料的特殊性质，把人心中最激烈、最卑鄙、最恶劣的感情，把代表私人利益的复仇女神召唤到战场上来反对自由的科学研究"①。马克思创立的政治经济学，公开主张和维护无产阶级利益，为无产阶级和全人类的解放事业服务。他从创造劳动价值论开始，建立剩余价值理论，发

---

① 《资本论》第 1 卷，人民出版社 2004 年版，第 10 页。

现资本主义剥削的秘密，由此找到资本主义社会的掘墓人，敲响了资本主义的丧钟。马克思主义政治经济学的阶级性是显然的。这种阶级性也包含了其鲜明的批判性和革命性。批判性体现在对资本主义剥削的批判和对维护资本主义的资产阶级政治经济学的批判，革命性就在于给无产阶级推翻资产阶级社会提供革命的武器。马克思主义政治经济学的阶级性，不仅表现在对资本主义批判，还在于为无产阶级揭示了理想社会。这就是被马克思称为"自由人联合体"的社会主义社会和共产主义社会。因此，在社会主义社会建立起来以后，马克思主义政治经济学又提供建设新社会的理论武器，反映广大人民群众的根本利益。

政治经济学的本质属性，在不同历史发展时期有着不同的要求。对旧社会，它是批判的武器；在新社会，它对各种非马克思主义经济学仍然有批判的作用，更为重要的是建设的指南。社会主义社会的目的就是最大限度地满足人民群众不断增长的物质和文化需要。因此，不断完善生产关系及其与之相适应的上层建筑，促进生产力的发展，增进国民财富，达到共同富裕，成为政治经济学研究的目标。

政治经济学对资本主义分析的任务，是揭示资本主义经济的内在矛盾，揭示资本主义被社会主义代替的历史必然性。从这一意义上说，政治经济学提供了阶级斗争的思想武器。根据这个任务，政治经济学研究和教学关注剩余价值理论所揭示的资本主义剥削的秘密，关注资本积累理论所揭示的剥夺者最终被剥夺的历史趋势，关注再生产理论所揭示的资本主义社会再生产矛盾，关注平均利润率下降理论揭示的资本过剩和生产过剩以及由此所造成的周期性危机，关注剩余价值分割理论揭示的不同职能资本家之间的矛盾，关注资本主义总过程理论揭示的信用经济条件下的经济危机，关注在新的条件下资本主义出现的新特点及其与资本主义固有矛盾之间的关系，等等。总之，按照这个思路学习和研究政治经济学可以从深层次认识资本主义经济的运行规律和固有矛盾，坚定社会主义取代资本主义的信念。

以与时俱进的思想方法分析资本主义经济，还必须研究当代资本主义的新现象，揭示其新的规律，因为：第一，马克思在100多年前敲响资本主义丧钟以后，资本主义为了缓和其矛盾采取了一系列调整生产关系的措施。第二，20世纪30年代大危机以后至今，几次重大的科学技术革命都发生在资本主义国家。在此基础上，以公司制为特征的现代企业制度，发达的资本市场，现代银行制度，政府干预经济，科技创新机制等都成为推动现代资本主义发展的新机制。这些也是现代资本主义国家生产力突破其生产关系的束缚得以发展的主要因素。第三，2007年美国爆发次贷危机并引发了2008年世界金融危机，紧接着欧美国家又先后爆发主权债务危机，与此同时，针对引发金融危机造成高失业率的金融制度和财富分配制度的"占领华尔街"运动也在美国和欧洲国家蔓延。这种状况进一步证明资本主义基本矛盾没有变，只是有了新的表现形式。

现在的政治经济学说明这些新现象时，必须考虑到，资本主义与社会主义是在空间上并存的两种社会制度。因此，政治经济学对现代资本主义的经济分析的任务有三个方面：一是借鉴。在两种经济制度并存的条件下，许多经济活动和经济组织存在相互学习和相互融合的过程。分析现代资本主义国家与先进社会生产力相适应的经济形式和经济组织，对社会主义国家来说本身就是一种学习和借鉴，由此推动社会主义国家的生产力赶上甚至超过资本主义国家。二是竞争。两种制度并存必然包含两种制度的竞争，分析现代资本主义经济本身可以为社会主义最终在经济竞争中战胜资本主义提供对策性理论。三是信念。资本主义发展到现代阶段，单靠传统的政治经济学理论难以说明其为社会主义取代的必然性，需要用与时俱进的理论和方法来揭示其新的矛盾，从而在新的经济条件下坚定社会主义取代资本主义的信念，提高对中国特色社会主义经济理论的理论自信和理论自觉。

政治经济学对社会主义分析的任务，固然有坚定社会主义代替资本主义信念的要求，但不限于此。为适应我国改革开放和现代化建设的需要，政治经济学的任务应该以改革和完善社会主义经济制度、促进发展先进社会生产力、增加国民财富为目标。与此相适应，对政治经济学的研究和教学思路应有两个方面转变：一个方面是，要由以阶级斗争为纲转向以经济建设为中心。政治经济学面对资本主义社会是阶级斗争的武器，而在当今的社会主义社会则是经济建设的理论指导。另一方面是，要由把政治经济学理论作为教条转向作为行动的指南。马克思在100多年前批判资本主义时，合乎逻辑地推导出社会主义社会的某些特征，这些不应成为今天建设社会主义的教条，而应该成为行动的指南。我们不应固守马克思当时提出的某些个别结论，而应该根据社会主义社会发展的实践发展马克思关于社会主义的理论，推动马克思主义经济学中国化。

马克思主义政治经济学的体系以及基本立场和观点、方法是马克思的《资本论》奠定的。在今天，我们学习和研究政治经济学，一个重要而艰巨的任务，是要根据变化了的情况，区分清楚对于马克思主义政治经济学要继承什么、发展什么，要在继承马克思主义政治经济学基本原理、基本方法的基础上，摒弃原来的一些不科学的认识，发展马克思主义，实现理论的创新。

首先，对马克思在《资本论》中使用的基本范畴能否用于今天的社会主义经济分析。例如，资本范畴，过去不少教科书都认为资本是资本主义的特有范畴，在社会主义经济分析中，只能使用资产、资金等范畴，不能使用资本范畴。现在看来，这种理解是有局限性的。资本作为生产要素，是任何市场经济所少不了的，更何况资本范畴中包含的许多内涵，资金、资产是替代不了的。长期以来，我国国有资产运营效益不高，不能不说与不按资本运作规律办事有关。当然，在社会主义条件下使用的资本概念在其所反映的生产关系方面与资本主义条件下的资本概念是不同质的。

其次，某些被马克思所诅咒的有可能产生资本主义罪恶的范畴和规则，在社会主义条件下不一定要全盘否定。如竞争、积累等会造成两极分化，但其对经济和社会发展的推动作用则是需要充分肯定的。再如个人财产、私人资本在资本主义分析中，因其属于私有经济的范畴而被视为剥削的工具，财产一无所有的无产者则被作为该社会的掘墓人而得到肯定。而在社会主义经济分析中就不能固守这种理论。在社会主义社会，工人阶级作为主人翁和建设者应该也可能成为有产者，有无个人财产和个人财产的多少都不能成为政治上先进和落后的标准。

最后，马克思主义政治经济学的某些原理需要有新的发展。社会主义社会的发展实践也与马克思当时预测的状况不完全相同。这就要求政治经济学的原理适应实践的发展而发展。例如劳动价值论是马克思主义政治经济学的理论基石，但马克思创立劳动价值论时所依据的经济条件和现代资本主义的经济条件有很大的不同，因此，用劳动价值论分析现代资本主义时需要依据变化了的情况做出新的解释。对现阶段的社会主义经济来说，更要结合新的实际，深化对社会主义社会劳动和劳动价值论的认识。

五、学习政治经济学的意义

马克思主义政治经济学，不仅提供阶级斗争的思想武器，也提供经济建设的指南。当代资本主义和社会主义，都经历着新的发展和变化，出现了许多新现象、新特点和新问题。如何认识现代资本主义，如何认识实践中的社会主义，是在新的历史条件下对马克思主义政治经济学提出的新课题，对此需要由发展了的马克思主义政治经济学做出回答。

首先是对现代资本主义的认识。马克思在100多年前写《资本论》时，尚处于自由资本主义阶段，生产力发展水平处于机器大工业的初期阶段，企业制度处于工厂制阶段，股份制经济刚开始萌芽。100多年后的今天，无论是资本主义所处的阶段，还是生产力的发展水平和企业制度都发生了重大变化。自20世纪50年代以来，资本主义世界处于相对稳定和发展状态。在发达的资本主义国家首先产生新技术革命，20 世纪后期又出现以信息和网络为代表的"新经济"，由此引起了生产力的迅速发展，人民的平均生活水平也明显提高，资本主义制度所固有的各种矛盾也有不同程度的缓和。对资本主义的新发展的说明，不能简单地套用传统的马克思主义政治经济学中的某些现成结论，应该依据新的研究做出说明。但是，新的认识、新的研究，要有正确的立场、科学的世界观和方法论。应该承认，面对现代资本主义，马克思主义政治经济学的个别结论可能已经过时，但其作为一种认识社会的科学体系并没有过时。它仍然可以为认识和研究现代资本主义提供科学的世界观和方法论，成为研究现代资本主义的指导思想的理论基础。马克思主义政治经济学也因此而得到新发展。

其次是对实践中的社会主义的认识。马克思在分析资本主义经济矛盾时合乎逻辑地推导了未来社会主义社会的某些经济特征。应该说马克思在《资本论》中推导出的关于替代资本主义后的未来社会的规定是合乎逻辑的、是科学的。根据马克思的逻辑，这些规定是在发育成熟的资本主义社会的基础上建立起来的成熟的社会主义社会的经济特征。而在我国，目前所处的社会主义社会还是社会主义初级阶段，当我们在实践马克思关于社会主义的要求时，就不能教条式地对待这些规定，而应该结合我国社会主义现阶段的现实条件来研究社会主义规定性。这就提出了对《资本论》有关社会主义的理论的坚持和发展问题。所谓发展，就是要仔细研究《资本论》作这些规定所需要的经济条件，在此基础上根据《资本论》的逻辑得出在社会主义初级阶段不可能完全实现这些规定的要求的结论。所谓坚持，就是要明确，马克思的这些规定仍然可以成为建设社会主义的奋斗目标，而根据马克思的思想方法，实现这些社会主义目标的基本途径是创造实现这些规定性的经济条件，特别是依靠发展生产力创造实现其社会主义规定性的物质基础。

最后是寻求指导市场经济运行的一般经济理论。马克思主义政治经济学为现实的社会主义经济提供的指导思想，不仅是其关于社会主义经济特征的论述，更为重要的是其一般经济理论。其一般经济理论最重要的是市场经济理论。尽管《资本论》是在资本主义经济形式中阐述市场经济理论的。其中的许多理论在抽去资本主义经济关系的规定性后，对现阶段的社会主义经济的指导作用也非常明显。我国的经济体制在转向社会主义市场经济体制后，商品货币理论、竞争理论、资本积累理论、资本有机构成理论、资本循环和周转理论、社会总产品实现条件理论、平均利润率规律理论、流通费用理论、地租理论、信用经济理论、经济周期理论等，对我国现阶段的经济研究和经济实践都有明显的指导作用。

以往的社会主义政治经济学，主要限于研究社会主义经济关系的本质和规律，而撇开了社会主义经济运行及其机制方面的研究。这在社会主义经济制度产生的初期阶段是可以理解的。随着社会主义经济建设事业的发展，经济学仅仅限于这一层次的研究就很不够了。社会主义经济学作为建设性经济学，不仅需要研究什么是社会主义，还要研究如何建设社会主义。目标涉及经济制度的优化，经济运行的效益，经济的增长和发展。与此相应，研究现阶段的中国经济必然需要进行多层面的研究。首先是生产关系层次即经济制度层面的研究。其次是经济运行层面的研究。第三是经济发展层面的分析。

经济科学是一门经验科学。中国经济建设的实践要求马克思主义经济学成为指导中国经济改革和经济发展的理论经济学科。这就使这门理论经济学具有应用性特点。在西方，经济学家要给政府提出诸如以凯恩斯主义、供给主义、货币主义、新制度主义等理论为基础的政策主张，供政府选择。实践需要马克思主义经济学也具有这种功能。为此，政治经济学要以现代化建设中提出的重大理论和实践问题为主攻方向，研究经济运行机制、经济体制、宏观经济政策，研究战略性、全局性、前瞻性的重大课题，为国家和企业的经济决策提供理论依据，为社会主义物质文明和精神文明的建设作出贡献。政治经济学应该为发展中国先进社会生产力、发展中国先进文化、代表最广大人民群众的根本利益作出应有的理论贡献。

马克思主义的认识论告诉我们，真理是相对的，"我们只能在我们时代的条件下进行认识，而且这些条件达到什么程度，我们便认识到什么程度"。[1] 马克思主义经济学也不例外。就对社会主义经济关系的认识程度来说，现阶段也只能认识社会主义初级阶段的经济关系和经济规律，而且这种认识程度也是相对的。随着实践的发展，人们的认识也会进一步深入，许多经济理论也会随着实践的发展而发展。

（本文为逄锦聚、洪银兴、林岗、刘伟主编的《政治经济学》（高等教育出版社 2014 年第 5 版）的导论，由我执笔。编入本书时有删节）

---

[1] 《马克思恩格斯选集》第 3 卷，人民出版社 1972 年版，第 562 页。

先进社会生产力与科学的劳动价值论

提要

马克思在阐述劳动价值论时，对资本、价值增殖等等范畴都有否定和肯定的二重性的分析。在社会主义的现阶段，可能出现劳动者同时就是其他要素所有者的状况。劳动者不仅以劳动得到收入，还可能获取财产收入。反过来资本所有者也可能通过其管理和技术的投入而投入劳动。建设新社会，不仅需要劳动，更需要私人投资。在中国市场经济的发展进程中，不仅收入差别得到了承认，财产差别也将得到承认。劳动价值论区分了价值创造和财富创造两个方面，价值创造不能替代财富创造。非劳动生产要素没有成为价值创造的要素，但能成为财富创造的要素。资本、土地等非劳动的生产要素尽管不创造价值，但参与了社会财富的创造。在社会财富创造中，包括劳动在内的各生产要素都做出了贡献。相应的，非劳动要素需要同劳动要素一起按贡献参与收入分配。

中国市场化改革进行了 20 多年，改革的进程必然要触及到一系列新课题，其中包括：对个人财产、私人资本的价值评价，现阶段社会劳动的范围及各种性质的劳动作用的评价，对各种形式的非劳动收入的价值判断，各种生产要素的作用，按要素分配与价值创造的关系，等等。这些问题都涉及到对先进社会生产力的认识问题。对这些问题的科学判断与科学地认识马克思的劳动价值论相关。用科学的劳动价值论来说明这些新课题依赖于两个方面的思想方法：一是要在完整准确地理解劳动价值论基础上对这些问题作出科学的回答。仔细研读《资本论》，可以发现马克思在阐述劳动价值论时，对资本、价值增殖等等范畴都有否定和肯定的二重性的分析。现在特别要注意长期以来被忽略的肯定一面的分析。二是现阶段的情况与 100 多年前马克思创立劳动价值论的经济条件已大不一样，因此需要结合新的发展阶段的新的实践以发展了的劳动价值论来科学地研究和说明新课题。

一、个人财产和私人资本

马克思主义的生命力在于其随着实践的发展而与时俱进。马克思主义劳动价值论也不例外。作为社会主义的运动有两个阶段：一是以社会主义取代资本主义，二是建设社会主义。与此相应，马克思主义的劳动价值论在不同的历史时期有不同的研究目标和任务，劳动价值论本来是批判资本主义的武器，用劳动价值论揭示资本主义条件下经济运行的规律，目标是通过揭示剩余价值的来源，寻求资本主义社会的掘墓人。而在进入社会主义社会后，如果还要研究和运用劳动价值论，则是要用以寻求建设新社会的要素和途径。

在资本主义条件下，劳动者与生产条件相分离是资本主义生产方式的前提。劳动者自由得一无所有，他要同生产资料结合从事劳动就得被资本所有者雇佣。他所创造的剩余价值就得被包括资本家在内的财产所有者占有，他所得的只是相当于其劳动力价值的出卖劳动力所得。劳动者的个人消费也是资本主义再生产的一个环节。其劳动生产力也是属于资本的生产力。因此，对劳动者而言只有劳动收入，没有财产，更谈不上财产收入。正因为劳动者是无产者，这个社会就不是劳动者的。马克思就是在这种分析中发现无产者是这个社会的掘墓人，其革命也最彻底。

转向新社会后，劳动者的地位发生了根本的变化。工人阶级成为这个社会的建设者。作为建设者就不能再是一无所有的无产者，应该成为有产者，分享建设的成果。这就是马克思在《资本论》中所指出的在否定资本主义所有制以后"在协作和对土地及靠劳动本身生产的生产资料共同占有的基础上，重新建立个人所有制。"① 这里讲的个人所有制，过去许多人理解为是消费资料的个人所有。从马克思的思想分析，个人所有制应该包含个人财产。如果劳动者进入新社会后仍然是一无所有的无产者，他为什么要推翻旧社会呢？当然传统理论的解释是，劳动者成为了公有制的生产资料的主人。问题是在社会主义现阶段，没有达到全社会占有生产资料的水平，实际上仍然存在在生产资料占有上的不平等。更何况在现行的体制中，无论是在国有制还是在集体所有制中，劳动者并没有成为实实在在的生产资料的主人。在这种背景下，确认个人财产，确认私人占有生产资料，并在此基础上建立起联合劳动的关系，是符合马克思的思想逻辑的。

社会主义的根本目的是富裕人民。富民就不仅是增加人民收入，还要增加人

① 马克思：《资本论》第1卷，人民出版社2004年版，第874页。

民的财产。在此前提下，劳动者就不一定是无产者也不一定与劳动条件相分离，他可能同时以资产所有者的身份进入生产过程。这就是工者有其产。他的收入就不仅有劳动收入，也可能有资产收入。当然，确认个人财产决不等于每人都有相等的财产。在社会主义初级阶段，只可能做到人人都有获取个人财产的平等权利。

个人财产包括各种金融资产，房地产等不动产，特别是采取股票、企业债券、股权等形式的各种资产。这些涉及到对作为收入来源的财产即私人资本的价值判断。根据马克思理论，劳动者与劳动条件（资本）所有权分离，在历史上和逻辑上都是资本主义的起点。资本原始积累就创造了这种起点。这就是马克思在《资本论》中诅咒的："资本来到人间，从头到脚，每个毛孔都滴着血和肮脏的东西。"① 马克思的这个价值判断是针对资本原始积累而言的。我们不能把这种起点永恒化，也不能将这种逻辑上的抽象简单地还原为现实。在社会主义的现阶段，确实有一部分私人企业在其原始积累时有这种该诅咒的状况，但多数不是如此。现实中可能出现劳动者同时就是其他要素所有者的状况。劳动者不仅以劳动得到收入，还可能以其持有的股权、以其投入的技术、以其管理才能及不动产获取财产收入。反过来资本所有者也可能通过其管理和技术的投入而投入劳动。还有的资产者还要直接投入劳动。因此，对以合法经营和企业家精神而积累起来的资本不但不能简单地诅咒，还要给予鼓励，原因是现阶段最稀缺的生产要素不是劳动，而是资本。

针对长期以来将个人投资者打入异类的传统，江泽民同志的《七一讲话》明确提出，不能简单地把有没有财产、有多少财产当作判断人们政治上先进与落后的标准。这是对以财产增殖为目的的私人投资者是一种肯定。就建设新社会来说，不仅需要劳动，更需要私人投资。这也意味着财产收入也应该同劳动收入一样得到承认。在中国市场经济的发展进程中，不仅收入差别得到了承认，财产差别也将得到承认。

从推动经济发展的角度讲，收入与财产的意义是不一样的。在过去的体制中，不承认个人利益，劳动者没有劳动积极性。已有的改革承认劳动者的个人利益，并且将其个人利益同劳动成果和企业利益挂钩，不仅调动了劳动者劳动积极性，也调动了其关心劳动成果和企业利益的积极性。现在承认个人财产，也就促使劳动者从自己的财产利益上关心整个国民财富的增加。个人财产增值不仅是增加个人财富，也在增加国民财富。这也正是建设新社会所要求的。这里需要强调的是，承认个人财产的含义不仅仅在于个人财产的增加，还在于承认财产（资

---

① 马克思：《资本论》第 1 卷，人民出版社 2004 年版，第 871 页。

产）参与财富创造过程的增殖。我们会预见到今后不同阶层之间的差别不仅仅是收入差别，更大的是财产差别。这将是在新的层次上需要处理的公平和效率的关系问题。例如用累进的个人所得税调节收入分配差距，用遗产税调节财产差距。

二、社会劳动和先进生产要素

中国共产党要代表先进社会生产力的要求，一个重要内容是寻求先进的生产要素发展生产力。马克思主义的劳动价值论实际上也分析了先进生产要素。遗憾的是长期以来片面强调劳动创造价值问题，资本、土地、技术、管理等要素在财富创造中的作用被忽视了或者被片面化了。过去对劳动价值论的片面理解是将价值创造等同于财富创造，进而将生产要素限于劳动，由此阻碍了对先进生产要素的探索和利用。对此我们可以在对劳动价值论全面认识的基础上作出说明。

为了科学地认识各种要素对发展生产力的作用，有必要全面准确地理解马克思建立劳动价值论的科学方法。马克思运用抽象法，在纷繁的经济现象中抽象出商品，从商品中抽象出价值，从价值中抽象出劳动。由此得出劳动创造价值的理论。当我们顺着抽象到具体的逻辑还原为现实时，就有必要将其舍象掉的因素加进来。例如创造价值的劳动不只是简单的体力劳动，还包括技术、管理等脑力劳动；商品的生产不只是价值的创造，而是包括使用价值在内的财富创造，既然是财富创造，其作用的要素就不仅仅是劳动，还包括资本等非劳动的要素。

首先，关于社会劳动的范围。

在马克思的分析框架中社会劳动有生产性劳动和非生产性劳动之分。首先需要明确，生产性劳动与非生产性劳动只是同创造不创造价值相关，没有需要不需要、贵与贱之分。

生产性劳动即创造价值的劳动，非生产性劳动即不创造价值的劳动。在马克思那个时代，生产性劳动只限于物质生产领域的劳动，因此马克思当时将服务业行业的劳动列入非生产性劳动的范围，尽管马克思也认为其中的许多劳动是社会必需的。长期以来我国服务行业发展严重滞后可能与此有关。经济发展的实践已经冲破了这个理论框框，现代社会包括我国在内已经在第三产业的名下将服务业的收入计入国民生产总值。服务业的劳动也是生产性劳动已经得到确认。

当然不可能说所有的劳动都是创造价值的生产性劳动，就像公务员的劳动、教师的劳动，它们属于社会劳动的范围，但不是创造价值的生产性劳动。这决不意味着不创造价值的劳动不重要。它们是社会所必需的，也是崇高的。他们的劳动可以为创造价值的生产性劳动提供环境和条件。

就创造价值的生产性劳动来说，在许多人看来，生产性劳动仅仅是指工人的劳动，至于技术人员的劳动、管理人员的劳动不在此列。这是违背劳动价值论的。劳动价值论没有将价值源泉唯一地归结为直接劳动。在劳动价值论的框架中，管理、技术实际上都参与价值创造。马克思在《资本论》中提出了"总体工人"的概念，就是说，"随着劳动过程本身的协作性质的发展，生产劳动和它的承担者即生产工人的概念也必然扩大。为了从事生产劳动，现在不一定要亲自动手；只要成为总体工人的一个器官，完成它所属的一个职能就够了。"① 这意味着从事创造价值的劳动不只是直接劳动，还包括从事技术和管理的劳动。这就是马克思所说的，"生产劳动就是一切加入商品生产的劳动（这里所说的生产，包括商品从首要商品生产者到消费者所必须经过的一切行为）不管这个劳动是体力劳动还是非体力劳动（科学方面的劳动）"② 与此相应，管理者、工程师，只要处于其特定的分工岗位上，仍然可以成为创造价值的总体工人的一员。劳动价值论还指出复杂劳动创造的价值多倍与简单劳动。现代经济的趋势是，管理人员、工程技术人员的比重和在价值创造中的作用越来越大于直接劳动者。现在的绝大部分私营企业家也可能通过其管理、技术的投入以及市场的开拓而参与价值创造，从这个意义上说，他们也参与了价值创造。如果进一步考虑到其技术和管理的劳动是复杂劳动的话，其创造的价值可能多倍于直接劳动者的简单劳动。

其次，关于价值创造和财富创造的区别和联系。

劳动价值论区分了价值创造和财富创造两个方面，但价值创造不能替代财富创造，价值创造只是对财富创造的进一步抽象。社会产品（财富）是价值和使用价值的统一体。财富创造与各种生产要素相关，价值创造只同劳动相关。但是创造价值的劳动过程不能孤立地进行，它必须同整个财富创造过程结合进行。马克思从财富创造过程中抽象出价值创造过程，目的是要从价值关系和价值创造分析中揭示剩余价值的来源。而要研究各种生产要素的作用则要研究财富创造过程。我们在运用劳动价值理论时决不能将从财富创造中抽象出的价值创造过程代替财富创造过程。这就是马克思和恩格斯在《哥达纲领评判》中针对德国工人党哥达纲领中的"劳动是一切财富和一切文化的源泉"这句话时所说的，"劳动不是一切财富的源泉。自然界和劳动一样也是使用价值（而物资财富本来就是使用价值构成的！）的源泉，劳动本身不过是一种自然力的表现，即人的劳动力的表现。上面那句话……只是在它包含着劳动具备了相应的对象和资料这层意思的时候才

---

① 马克思：《资本论》第 1 卷，人民出版社 2004 年版，第 582 页。
② 《马克思恩格斯全集》第 26 卷Ⅲ，人民出版社 1976 年版，第 476 页。

是正确的。然而一个社会主义的纲领不应当容许这种资产阶级的说法，对那些使这种说法具有意义的条件避而不谈。"①

第三，关于财富创造的决定性因素。

非劳动生产要素没有成为价值创造的要素，但能成为财富创造的要素。财富的创造需要劳动同各种生产要素的结合，其中包括资本、土地、技术、管理等等。马克思引用过一句名言：劳动是财富之父，土地是财富之母。这意味着财富的生产需要土地等生产条件。资本、土地等非劳动的生产要素尽管不创造价值，但参与了社会财富的创造。在社会财富创造中，包括劳动在内的各生产要素都做出了贡献。这里特别指出资本在财富创造及价值形成中的作用。根据马克思的分析，包括劳动力和土地等在内的各种生产要素是被资本并入生产过程的。"资本一旦合并了形成财富的两个原始要素——劳动力和土地，它便获得了一种扩张的能力。"② 不仅如此，资本还将科学技术并入财富生产过程。"科学和技术使执行职能的资本具有一种不以它的一定量为转移的扩张能力。"③ 就像现在所讲的科学技术是第一生产力，科学技术要转化为生产力就必须要资本的介入，否则，再先进的科学技术也只能是空中楼阁。

就价值创造来说，资本也不是一点不起作用的。财富的价值构成是 C + V + M。其中 V + M 是新创造价值，C 是转移价值。这个转移价值对价值创造也不是被动的，能能动地起作用。马克思关于劳动生产率与价值论关系的分析，就指出了资本、技术等要素会通过影响在一定劳动时间中（创造价值）创造使用价值总量来影响单位产品的价值量。资本质量的提高，含有更高技术的机器设备都可能会因创造更多的产品而影响价值量，这就是马克思说的："使用一架强有力的自动机劳动的英国人一周的产品的价值和只使用一架手摇纺车的中国人一周的产品的价值，仍有大得惊人的差别。"④ 而且，劳动也不是均质的，劳动也是被资本导入价值创造过程的。资本雇佣更高质量的活劳动则可能创造更高的价值。

第四，关于先进生产部门。

既然价值是由劳动创造的，能否由此得出结论：劳动消耗多的个别劳动，从而劳动密集型部门创造的价值最高，因而这类部门最先进。回答是否定的。根据劳动价值论，劳动创造的价值有个市场实现问题。就是说，价值量是由社会必要劳动时间决定的。消耗的劳动能否形成价值有个社会（市场）承认问题，超过社会必要劳动时间的劳动消耗不被社会承认，当个别企业采用某种新的要素如新的

---

① 《马克思恩格斯选集》第 3 卷，人民出版社 1976 年版，第 5 页。
② 马克思：《资本论》第 1 卷，人民出版社 2004 年版，第 697 页。
③④ 马克思：《资本论》第 1 卷，人民出版社 2004 年版，第 699 页。

工艺或技术使劳动生产率提高后，它可以使其生产产品的个别劳动时间降低，从而获取超额利润；而当全社会都使用这种新的要素时，则全社会劳动生产率提高，便形成新的社会必要劳动时间。劳动密集型部门也是这样，不会因为其劳动密集而创造的价值最高。平均利润率规律的作用不仅会使利润平均化，还会使资本和技术密集的部门获得超额利润。因此，先进生产部门，创造的价值量更高的不是劳动密集型部门，而是资本和技术密集的部门。

劳动价值论不仅分析了劳动生产力的作用，也分析了资本生产力、土地生产力，协作和分工的生产力，管理和技术所产生的生产力。在马克思的分析中这些要素生产力在财富创造中的作用，远远高于劳动生产力的作用。因此，就创造价值的劳动来说，先进的生产要素是复杂劳动；就财富创造来说，先进的生产要素不是一般的劳动，而是技术和知识，资本的作用在于将这些先进的生产要素并入（导入）生产过程。资本是不是先进生产要素，就要看并入生产过程的生产要素的质量。

三、按劳分配和按要素分配

劳动价值论自然而然会推导出社会主义条件下按劳分配的必然性。当我们明确了各种非劳动生产要素在财富创造中的作用后同样会推导出我国现阶段的分配结构中按劳分配与按其他要素分配并存的必要性。

在这里需要明确分配结构不仅仅是被动的生产成果的分配，它对生产能起到其他机制所不可替代的作用。从效率考虑，分配机制的功能不只是提高劳动效率，还要提高资源配置效率。不仅要刺激劳动要素所有者的劳动投入，还要刺激资本、技术、管理等要素所有者的各种要素的投入。体制创新的一个重要内容就是在体制上鼓励各个要素的所有者自觉地将要素投入生产力发展过程。显然按要素投入取得报酬就显得非常必要。所谓要素报酬即：按劳动投入、按资本投入、按技术投入、按企业家要素投入取得报酬。

上述要素分配机制的理论阻力是马克思针对资本—利息、劳动—工资、土地—地租这种"三位一体"公式所作的批判。仔细分析马克思的劳动价值论，可以在两个方面说明要素分配与三位一体的区别。首先，在马克思看来，"三位一体"公式的庸俗性在于将资本、劳动、土地都同等地看作是价值的源泉。但马克思并没有否认，土地所有权、资本和雇佣劳动成为收入的源泉。① 其次，收入分配与

---

① 参见马克思：《资本论》第3卷，人民出版社2004年版，第934页。

价值创造不是同一层面问题。分配理论不一定由价值创造理论来说明。根据马克思的分析，价值创造与劳动相关，分配则与要素所有权相关。资本、劳动、土地、技术、管理等要素属于不同的所有者，分配过程也就是各个要素所有权的实现，就像马克思说的，地租是土地所有权的实现。《资本论》关于剩余价值分割的分析说明了分配中实现要素所有权对提高生产力和增加社会财富所起的积极作用。

在广义的价格理论中，人们把利息率、工资和地租分别看作是使用资本、劳动力、土地等生产要素的价格，这些价格分别在各自的要素市场上形成。这对于有效地配置和使用生产要素起的积极作用是十分明显的。而且，劳动价值论在说明劳动创造价值时，没有否认要素参与分配。可惜的是长期以来人们将劳动价值论片面理解为劳动的作用，从而进一步将社会主义条件下的分配限于按劳分配，由此导致整个要素配置效率的低下。

实践证明单纯的按劳分配的局限性非常明显：首先，马克思当年设想的按劳分配只是消费品方式，而在现实中的分配是收入分配。收入中一部分用于消费，一部分用于储蓄。这意味着收入分配超出了消费品分配的范围。为了动员居民储蓄并转化为投资，就需要有按劳分配以外的分配方式。其次，生产过程是多种生产要素的结合，劳动只是其中的一种要素。在社会主义初级阶段发展生产力的主要约束因素是资本、技术、企业家要素供给不足。单靠按劳分配不可能起到动员劳动以外的要素的作用。

我国目前实行按要素投入取得报酬的机制突出需要解决以下三方面问题：

一是激励知识和技术投入。技术投入的报酬，即技术投入的价值在分配上得到体现，技术开发所付出的成本得到相应的收益。目标是调动科技人员技术开发的积极性，推进技术进步。将技术列入生产价值的劳动，就有其报酬问题。技术人员和管理人员长期的劳动报酬偏低，其理论原因是恩格斯在《反杜林论》中的观点：复杂劳动者创造的价值固然比简单劳动者高，在资本主义条件下形成复杂劳动的教育培训费用是由私人提供的因此其报酬应该比简单劳动者高。而在社会主义条件下，教育和培训费用是由社会提供的，因此复杂劳动者不能提出更高收入的要求，其创造的更高的价值应该完全属于社会。现实中的社会主义社会不是这样。技术和管理人员的教育和培训费用固然有社会提供的部分，但其相当部分还是由私人提供的，更何况还有机会成本。因此技术和管理人员提出更高收入的要求是合理的。

二是激励资本投入。有没有个人财产、有多少财产不能成为政治上先进落后的评价标准，从推动经济增长的目标考虑，财产的来源及对财产的支配和使用的方向则成为政治上先进和落后的评价标准。按此标准，按资分配应该是合理合法，值得鼓励的。居民将一部分不用于消费的收入，购买股票取得股息，购买企业债券取得债息，居民也可通过投资举办企业的途径获取资本收益。

三是激励经营者成为企业家。企业家是一种生产要素，是对管理素质和能力的概括。在马克思的劳动价值论中，对管理有两个方面的界定：第一，它是参与创造价值的劳动；第二，它是资本的职能。这就是马克思说的："一切规模较大的直接社会劳动或共同劳动，都或多或少地需要指挥，以协调个人的劳动，并执行生产总体的运动……所产生的各种一般职能。……这种管理、监督和调节的职能就成为资本的职能。"[1] 作为资本职能，管理投入就应该参与资本收入（利润）的分配，而不是仅仅得到劳动收入。马克思在《资本论》第三卷中把资本分解为作为所有权的生息资本和执行职能的资本两个方面。与此相应资本所产生的利润就分解为利息和企业主收入。[2] 根据马克思的分析执行职能的资本可能有两种状况：一种是职能资本家同时执行监督和管理的劳动，另一种是将监督和管理职能交给别人。在前一种场合，企业主收入中包含了其监督和管理的报酬，而在后一种场合，监督和管理的报酬就同作为企业主收入的利润分离。显然，体现经营者的管理才能及其投入，企业家通过年薪、股份等分配形式参与利润分享，可以促进更多的经营者成为企业家。克服经营者腐败，并鼓励其管理创新。

根据各种要素在财富创造中的作用，在我国现阶段，资本、知识和技术是稀缺的生产要素。这些要素的所有者将会成为财富创造的中心，分配（收入和财产）向这部分要素所有者倾斜是非常自然的。

总而言之，适应批判旧社会转到建设新社会的转变，马克思主义的理论武器也由批判的武器转到建设的武器。马克思的劳动价值论的生命力在于其不是凝固不变的教条，在社会主义的发展阶段，根据建设新社会的要求，进一步认识和研究劳动价值论，仍然可以找到指导改革和发展的理论和方法。

主要参考文献：

卫兴华：《深入认识劳动价值论中的几个是非问题》，载于《学术月刊》2001 年第 7 期。

（原载于《学术月刊》2001 年第 10 期）

---

[1]　马克思：《资本论》第 1 卷，人民出版社 2004 年版，第 385 页。
[2]　参见马克思：《资本论》第 3 卷，人民出版社 2004 年版，第 426 页。

马克思的财富创造理论及其现实意义

提要

政治经济学不仅分析价值创造，而且分析财富创造。建设中国特色社会主义，需要将注意力更多地放在财富创造的分析层面，寻求建设社会、增进国民财富的各种积极力量。马克思的分析体系中包含着丰富的财富理论内容和规定性。包括"财富创造和源泉"的分析、"财富占有"的分析以及这两重关系基础上的"分享剩余"的分析，等等。如技术、管理等这些直接影响剩余增加的因素，只有在分享剩余中得到体现，才能促进财富的增进。复杂劳动创造的更高的价值。这些都可以看作是人力资本的报酬。随着社会和科技的进步，人力资本要素对增加剩余所起的作用会越来越大，与此相应，在要素按贡献取得报酬的结构中，人力资本分享的剩余份额会越来越大。这一理论发掘同时表明，马克思主义政治经济学只要始终坚持和现实的实践相结合，与时俱进地创新发展，就能够永葆生机。

在建设中国特色社会主义的条件下研究《资本论》的一个重要任务是寻求马克思主义中国化的切入点。以《资本论》为代表的政治经济学不仅提供了价值创造理论，同时也提供了财富创造理论。马克思的价值理论揭示了社会主义代替资本主义的必然性。在社会主义现阶段，经济建设成为中心任务，增进国民财富成为经济学发展的目标。服从于这个目标和任务，马克思在《资本论》中阐发的财富理论就可能成为马克思主义政治经济学现代化和中国化研究的重要切入点。可是，相比对价值理论的研究和阐发，我们对马克思的财富理论重视不够，阐发也不充分，需要我们对《资本论》中包含的财富创造理论进行充分的挖掘，从其思想体系中抽取丰富的财富理论。

一、财富和价值的理论区分

用马克思主义政治经济学理论来说明经济发展需要关注马克思的财富理论。

过去我们基本上是用价值理论来说明财富创造。仔细研究马克思主义政治经济学，可以发现，价值创造和财富创造有共同的规定，也有明显的区别。财富理论是解决创造国民财富的各种源泉充分涌流的问题。单靠价值理论是不能充分说明财富创造的。

关于财富概念的界定。古典经济学的创始人亚当·斯密的《国富论》反映处于上升阶段的新兴资产阶级的诉求，强调增进国民财富的意义和途径。他对财富作了如下规定："国民财富非由不可消费的货币财富构成，而由社会劳动每年所再生产的可消费的货物构成。"① 马克思对此规定作了肯定，并指出："有了创造财富的活动的抽象一般性，也就有了被规定为财富的对象的一般性，这就是产品一般。"② 政治经济学考察的财富是人的经济活动的成果。

马克思主义政治经济学研究的财富，不仅是指人类的财富，而且是指人类经济运动范围内的财富，即社会财富。社会财富是经济运动的成果，是具有对人有用的使用价值的人类劳动产品。就如马克思说的："财富不过表现为人的活动。凡不是人的活动的结果，不是劳动的结果的东西，都是自然，而作为自然就不是社会的财富。"③ 在市场经济中，商品是财富的社会形式。因此，《资本论》的一开头就开宗明义，提出："资本主义生产方式占统治地位的社会的财富，表现为'庞大的商品堆积'，单个商品表现为这种财富的元素形式"④。

商品是使用价值和价值的统一体。在马克思看来，"不论财富的社会形式如何，使用价值总是构成财富的物质内容。""因此，商品体本身，例如铁、小麦、金刚石等等，就是使用价值，或财物。"⑤ 这样，就把财富同价值作了区分。财富和价值都属于商品的一个要素，但财富和价值不是一个概念，财富是属于使用价值的范畴。

马克思关于价值分析的逻辑从商品开始，运用科学的抽象法将财富的商品形式区分为使用价值和价值两要素，从商品这种财富形式中抽象出价值，明确劳动是价值的唯一源泉。显然，马克思关于价值的分析是深层次、抽象层次的分析，他在创造价值理论时实际上是把与财富相关的因素一步步舍象的，最终抽象出价值范畴。根据马克思的逻辑，当我们考察财富时，则要将马克思的价值分析过程倒过来。就是说，马克思的价值分析是从具体到抽象的过程，财富分析则是从价

---

① 斯密，郭大力、王亚南译：《国民财富的性质和原因的研究》下卷，商务印书馆1974年版，第244页。
② 《马克思恩格斯选集》第2卷，人民出版社1995年版，第21~22页。
③ 马克思：《剩余价值理论》第3册，人民出版社1975年版，第473页。
④ 马克思：《资本论》第1卷，人民出版社2004年版，第47页。
⑤ 马克思：《资本论》第1卷，人民出版社2004年版，第48~49页。

值还原到现实，也就是从抽象的价值回到具体的财富范畴。

进一步分析，根据马克思关于财富和价值的定义，财富分析和价值分析实际上是同一过程的两个方面的分析。政治经济学从价值分析展开还是从财富分析展开，是服从于政治经济学的目标和任务的。马克思的政治经济学从价值分析展开，目标是最终揭示出活劳动创造的剩余价值被资本家无偿占有，从而发现劳动者即无产者是资本主义社会的掘墓人，并得出资本主义必然被社会主义所取代的科学结论。因此价值分析的过程也是资本主义社会各种矛盾的揭示过程。财富分析在马克思分析资本主义矛盾时没有充分展开，是同其研究目的相吻合的。而在今天进入了劳动者当家做主、建设新社会的时代，政治经济学的目标是增进国民财富，需要寻求这个社会的建设者和财富增进的动力。与此相应，我们有必要展开财富分析。这个分析过程虽然在马克思那里没有充分展开，但仍然可以循着马克思的逻辑，研究财富的形成和增进，从而建立起科学的马克思主义财富理论，用于指导现实经济发展。

实际上，马克思的财富分析是包含在其价值理论中的。价值创造和财富创造是同一生产过程的不同角度的考察。抽象劳动创造价值。具体劳动创造使用价值，也就是创造财富。当我们建立马克思主义财富理论时，需要循着其价值分析的思路，离析出对应的财富理论。由此可发现财富创造和价值创造的区别：

首先是价值和财富创造源泉的区别，劳动是价值创造的唯一源泉；而财富的创造尽管离不开劳动，但劳动不是财富创造的唯一源泉。包括资本、土地在内的物质要素，包括技术和管理在内的无形要素都是财富创造的源泉。因此财富分析需要研究创造财富的各种要素，研究其在财富创造中的要素组合关系，以及在生产方式变迁中的历史特性和动态结合关系。

其次是价值和财富计量的区别。就财富量来说，既包括具体劳动转移过去劳动价值（C），又包括抽象劳动所创造的新价值（V+M）。就是说，过去创造的财富通过具体劳动介入了的新的财富创造，过去劳动不形成价值，但形成财富。这意味着财富理论关注商品的整个价值，生产资料在财富理论中占据重要地位。因为劳动的物的条件对财富创造起重要作用。

第三是价值和财富分配原则的区别。由于价值和财富的源泉不尽一致，价值分配和财富分配不同。价值分配是指新创造价值在必要劳动价值和剩余价值之间的分配，以及剩余价值在资本家内部的分割；财富分配则是在参与财富创造的要素所有者之间按照各自的贡献进行分配。

第四是价值和财富的与劳动生产力成相反方向变化。这也可以从劳动二重性本身得到说明。就如马克思所说："生产力当然始终是有用的、具体的劳动的生产力，它事实上只决定有目的的生产活动在一定时间内的效率。因此，有用劳动成为较富或较贫的产品源泉与有用劳动的生产力提高或降低成正比。"而与之相反："不管生产力发生了什么变化，同一劳动在同样的时间内提供的价值量总是相同的。"① 价值量只同劳动时间相关。在同样的劳动时间内具有较高生产率的活劳动，可以创造较多的使用价值。但是，这并不意味着较高生产率的活劳动能够创造更多的价值。因为提高劳动生产力只是指同一劳动时间内创造了更多的使用价值，而在同一劳动时间中仍然凝结着相同的价值总量。劳动生产力同商品的使用价值成正比，同商品的价值量成反比。同样，由社会劳动生产力提高所引起的资本有机构成变化对价值量和财富量的影响变化方向，也是相反的。就价值形成来说，资本有机构成提高意味着活劳动比重的相对下降，因此创造的价值量呈下降趋势，直至产生一般利润率下降趋势。财富创造则相反，资本有机构成提高意味着物化劳动即劳动的物质要素比重上升，社会劳动生产力的提高，创造的使用价值即财富的增加。

马克思的价值分析理论，不仅指出了价值量与社会劳动生产力提高的反向变化，而且指出了由此引起的这种价值量变化对资本和劳动者的不同影响。所有提高劳动生产率所产生的生产力都被资本占有。原因是价值分配指的是活劳动创造的价值在必要劳动价值和剩余价值之间的分配，社会劳动生产力提高结果是劳动力价值（必要劳动价值）的下降，而"相对剩余价值的增加和劳动生产力的发展成正比"②。同时资本有机构成提高导致失业的增加。这样，价值分析的结论是，社会劳动生产力的提高是与劳动者的利益相对抗的。这符合马克思揭示资本主义社会掘墓人的价值分析的本意。

与价值量变化方向相反，财富量与社会劳动生产力成正向变化。这样，财富创造分析就会在建设新社会的理论中得到充分应用和发挥，原因是在建设新社会的条件下，财富增进同提高社会劳动生产力具有一致性。所有财富创造的参与者（要素所有者）的利益具有一致性，财富分配则是指财富在要素所有者之间的分配。建设者也就是各种要素的所有者都可能分享到社会劳动生产力提高的成果。因此财富分析的目的在于，寻求提高社会劳动生产力，从而增进国民财富的各种途径，让创造财富的活力充分迸发。

---

① 马克思：《资本论》第1卷，人民出版社2004年版，第59~60页。
② 马克思：《资本论》第1卷，人民出版社2004年版，第372页。

二、财富创造和增进的源泉

在马克思的价值分析中，价值创造的唯一源泉是劳动，只是与抽象劳动相关。价值增殖的途径，或者是延长劳动时间，或者是提高劳动强度，或者是降低必要劳动价值（依靠社会劳动生产力的提高）。显然，单靠价值理论是无法说明与财富增进相关的经济发展问题的。与寻求资本主义社会掘墓人的价值理论不同，财富理论是寻求财富增进的源泉和动力，寻求社会的建设者。在马克思看来，财富创造过程就是劳动过程本身，"是制造使用价值的有目的的活动，是为了人类的需要而对自然物的占有，是人和自然之间的物质变换的一般条件，是人类生活的永恒的自然条件"①。这样，财富增进就涉及各类生产要素的作用和动员。

首先是财富创造的源泉。马克思在《哥达纲领批判》中针对"劳动是财富的唯一源泉"的错误观点有一段精辟的论述，其基本内容是："劳动不是一切财富的源泉。自然界同劳动一样也是使用价值（而物质财富就是由使用价值构成的！）的源泉，劳动本身不过是自然力即人的劳动力的表现……'劳动只有作为社会的劳动'，或者换个说法，'只有在社会中和通过社会'，'才能成为财富和文化的源泉'。"② 这一段论述可以概括为这样两个观点：第一，除了劳动，自然界也可以成为财富的源泉。第二，劳动不能孤立地创造财富，需要同其他要素结合起来创造财富，劳动同其他要素结合的过程，就是通过社会的劳动过程，即人和自然的结合过程。

劳动之所以不是它所生产的使用价值即物质财富的唯一源泉，可以从马克思关于劳动过程的分析得到说明。财富即使用价值的创造是具体劳动过程。劳动过程要素包括劳动，劳动资料和劳动对象。进一步说，财富创造的要素不只是劳动，资本，土地，技术，管理等都是财富创造的要素。这样，与价值创造的关注点不同的是，财富创造不仅关注劳动要素的作用，更为关注劳动以外的要素的作用。根据马克思的概括，决定劳动生产力的因素包括："工人的平均熟练程度，科学的发展水平和它在工艺上应用的程度，生产过程的社会结合，生产资料的规模和效能，以及自然条件。"③ 特别是随着科技进步，劳动以外要素对财富创造所起的作用会越来越大，它们直接影响劳动生产力。

---

① 马克思：《资本论》第 1 卷，人民出版社 2004 年版，第 215 页。
② 《马克思恩格斯选集》第 3 卷，人民出版社 1995 年版，第 298～300 页。
③ 马克思：《资本论》第 1 卷，人民出版社 2004 年版，第 53 页。

关于自然力在财富创造中的作用。马克思认为，在财富创造中"人和自然，是携手并进的"①。人在劳动过程本身中"还要经常依靠自然力的帮助"，因此"正像威廉·配第所说，劳动是财富之父，土地是财富之母。"② 马克思从经济上将外界自然条件分为两大类：一类是生活资料的自然富源，例如土壤的肥力，鱼产丰富的水等等。另一类是劳动资料的自然富源，如奔腾的瀑布、可以航行的河流、森林、金属、煤炭等等。这两类自然富源在不同的发展阶段上起着不同的决定性作用。"在文化初期，第一类自然富源具有决定性的意义；在较高的发展阶段，第二类自然富源具有决定性的意义。"③ 当然，财富创造不能依赖自然，也不意味着自然越富饶，经济越发展，财富越多。恰恰是"过于富饶的自然使人离不开自然的手，就像小孩子离不开引带一样。"④ 自然资源对增进财富作用，"不是土壤的绝对肥力，而是它的差异性和它的自然产品的多样性，形成社会分工的自然基础，并且通过人所处的自然环境的变化，促使他们自己的需要、能力、劳动资料和劳动方式趋于多样化。社会地控制自然力，从而节约地利用自然力，用人力兴建大规模的工程占有或驯服自然力，——这种必要性在产业史上起着最有决定性的作用。"⑤ 马克思在这里分析的利用自然资源增进财富的方式即使在今天仍然有重要意义。

关于科技进步对财富创造的作用。由科技进步带来的社会劳动生产力的提高，对价值创造来说，可能带来价值量的下降，而对财富创造来说，则可能带来财富的增进。其作用在于以下几个方面。第一，随着劳动生产率的提高，体现一定量剩余价值的产品量也会提高。例如："使用一架强有力的自动机劳动的英国人一周的产品的价值和只使用一架手摇纺车的中国人一周的产品的价值，仍有大得惊人的差别。"第二，从机器设备的更新来说，"旧的机器、工具、器皿等等为效率更高的、从功效来说更便宜的机器、工具和器皿所代替。"第三，是从对原料等劳动对象的影响。科技的每一个进步，不仅增加有用物质的数量和用途，从而扩大投资领域，"它还教人们把生产过程和消费过程中的废料投回到再生产过程的循环中去，从而无须预先支出资本，就能创造新的资本材料。"⑥ 这也就是我们今天讲的循环经济思想。概括起来就是，科学和技术使执行职能的资本具有一种不以它的一定的量为转移的扩张能力。显然，与价值分析所突出的技术进步

① 马克思：《资本论》第 1 卷，人民出版社 2004 年版，第 696 页。
② 马克思：《资本论》第 1 卷，人民出版社 2004 年版，第 56～57 页。
③ 马克思：《资本论》第 1 卷，人民出版社 2004 年版，第 586 页。
④ 马克思：《资本论》第 1 卷，人民出版社 2004 年版，第 587 页。
⑤ 马克思：《资本论》第 1 卷，人民出版社 2004 年版，第 587～588 页。
⑥ 马克思：《资本论》第 1 卷，人民出版社 2004 年版，第 699 页。

与资本主义制度的对抗性不同，财富分析则可能突出技术进步对财富增进的支持性。

其次是财富创造要素的结合。各种要素不是孤立地发挥作用的。财富创造和增进是各种生产要素结合所产生的生产力。要素的结合性及其作用，根据马克思的分析，离不开两类要素：

一是资本要素的作用。马克思曾经用"第一推动力"来说明资本作为要素结合的粘合剂作用。根据马克思的分析，包括劳动力和土地等在内的各种生产要素是被资本并入生产过程的。"资本一旦合并了形成财富的两个原始要素——劳动力和土地，它便获得了一种扩张的能力。"① 不仅如此，资本还将科学技术并入财富生产过程。这不仅在于技术生产力可能成为资本的生产力，而且在于它能够使资本有更高的生产力。根据马克思的提示，资本在财富创造中的作用，不仅在它本身的投入所起的作用，更重要的是它作为要素的粘合剂，在不同要素之间的配置所起的提高生产力作用。资本更多的投在要素数量投入上，还是投在提高要素质量上所起的提高生产力的作用是不一样的。这反映增长方式的区别。

二是管理要素的作用。马克思指出："一切规模较大的直接社会劳动或共同劳动，都或多或少地需要指挥，以协调个人的活动，并执行生产总体的运动"；因此管理不仅是"资本的价值增殖过程"的管理活动，还是"制造产品的社会劳动过程"的管理活动②。与剩余价值生产的管理不同，财富创造的管理活动，不只是管理劳动，更为重要的是组织和配置投入生产过程的各种要素，我们现在所讲的全要素生产率就是以管理制度和由此产生的管理效率为基础的。直接影响财富的创造和增进的水平。

随着社会的进步、经济的发展，各种财富创造要素的结合呈现出两种趋势：一是随着资本的集中和社会化，"科学日益被自觉地应用于技术方面，土地日益被有计划地利用，劳动资料日益转化为只能共同使用的劳动资料，一切生产资料因作为结合的、社会的劳动的生产资料使用而日益节省"③；二是对财富增进起决定性作用的生产要素日益由有形的一般物质要素转向无形的管理、技术、知识等要素。这些要素所有者将会成为现代财富创造的中心。财富的分配（财产和收入）相应向这部分人倾斜是非常自然的，这正是现阶段最大限度地增进国民财富的内在需要。

---

① 马克思：《资本论》第 1 卷，人民出版社 2004 年版，第 697 页。
② 马克思：《资本论》第 1 卷，人民出版社 2004 年版，第 384～385 页。
③ 马克思：《资本论》第 1 卷，人民出版社 2004 年版，第 874 页。

三、财富占有和分享剩余

占有关系和收入分配关系密切相关。对收入分配的财富分析和价值分析有不同的目标。直接建立在马克思劳动价值论基础上的价值分析理论是剩余价值占有理论。财富分析是从财富增进需要各个生产要素所有者的参与出发，研究"财富在这种还是那种财产形式下能更好地发展的问题"①。这就涉及财富占有的制度安排，其核心问题是谁享有剩余。

马克思的价值分析理论把活劳动创造的价值区分为必要劳动价值和剩余价值。收入分配的实质内容是剩余价值的占有关系。剩余价值量的增加建立在绝对延长劳动时间和在社会劳动生产力提高条件下的必要劳动时间相对缩小的基础上。因此分配反映劳资对抗的关系。接下来的分配就是剩余价值在产业资本家、土地所有者、商业资本和货币资本家之间的分割。剩余价值分割理论是要说明工人阶级面对的是整个资本家阶级的剥削。显然，价值分配的研究结论不可能解决更好地实现财富增进和发展的问题。

马克思在批判斯密教条时指出了分配关系的本质："在考察分配关系时，人们首先从年产品分为工资、利润和地租这种所谓的事实出发。但是，把事实说成这样是错误的。产品一方面分为资本，另一方面分为各种收入。其中一种收入，工资，总是先要以资本形式同工人相对立，然后才取得收入的形式，即工人的收入的形式。生产出来的劳动条件和劳动产品总是作为资本同直接生产者相对立这个事实，从一开始就意味着：物质劳动条件和工人相对立而具有一定的社会性质，因而在生产本身中，工人同劳动条件的所有者之间，并且工人彼此之间，是处在一定的关系中……但是，这种分配完全不同于人们把分配关系看作与生产关系相对立而赋予它以一种历史性质时所理解的那种东西。人们谈到这种分配关系，指的是对产品中归个人消费的部分的各种索取权。相反，前面所说的分配关系，却是在生产关系本身内部由生产关系的一定当事人在同直接生产者的对立中执行的那些特殊社会职能的基础。"② 马克思的这段分析实际上指出了两种分配：一是社会生产条件（即 C + V）的分配，反映"物质劳动条件和工人相对立而具有一定的社会性质"。二是价值产品（即 V + M）的分配，指"产品中归个人消费的部分的各种索取权"。严格地说，马克思关于分配关系的这两个方面的分析

---

① 《马克思恩格斯选集》第 2 卷，人民出版社 1995 年版，第 5~6 页。
② 马克思：《资本论》第 3 卷，人民出版社 2004 年版，第 994~995 页。

是要明确："分配关系和分配方式只是表现为生产要素的背面"，"分配的结构完全决定于生产的结构"①；反过来，"分配关系赋予生产条件本身及其代表以特殊的社会的质"，"它们决定着生产的全部性质和全部运动"②。

根据马克思的上述提示，财富的分配首先要解决生产条件的分配。即"消费资料的任何一种分配，都不过是生产条件本身分配的结果；而生产条件的分配，则表现生产方式本身的性质。"③ 在资本主义条件下，生产条件的分配实际上是关于 C 和 V 的社会安排，反映劳资对立。而在马克思所设想的"生产的物质条件是劳动者自己的集体财产"的未来社会中，生产资料即 C 的分配应当是对社会总产品的直接扣除。就是说，"应当扣除：第一，用来补偿消耗掉的生产资料的部分。第二，用来扩大生产的追加部分。第三，用来应付不幸事故、自然灾害等的后备基金或保险基金。"④ 扣除下来的这部分进入生产过程就形成生产过程的分配："它是（1）生产工具的分配，（2）社会成员在各类生产之间的分配（个人从属于一定的生产关系）。"⑤ 这种包含在生产过程中的分配不是收入分配，但决定收入分配。

财富扣除了用于再生产的生产资料后，余下的部分用于收入分配。这就是分配的对象——社会总收入减去生产资料价值（或物化劳动的价值）——社会净收入，即（V＋M）。对这部分收入的分配则可以从价值分配和财富分配两种角度进行分析。

收入分配的价值分析是从价值理论出发，认为收入分配就是在 V 和 M 之间的分配。各种非劳动要素获取的收入都是剥削收入，是无偿占有工人的剩余劳动。其中 M 在产业资本家、商业资本家、借贷资本家和土地所有者之间的分配是剩余价值的分割。

收入分配的财富分析是根据增加财富的目标，认为收入分配就是按要素贡献取得报酬。各个要素所有者所得到收入总和也是新创造价值（V＋M），财富分配和价值分配的总量虽然是同一个量，但与价值分析不同。财富分析的目标是解决各个要素所有者为增进财富而提供生产要素的动力。就如马克思所说，"真正的财富就是所有个人的发达的生产力"⑥。财富增进的机制或者说制度安排就在于"财产形式"的安排，使所有要素的生产力得到充分发挥。

---

① 《马克思恩格斯选集》第2卷，人民出版社1995年版，第13～14页。
② 马克思：《资本论》第3卷，人民出版社2004年版，第995页。
③ 《马克思恩格斯选集》第3卷，人民出版社1995年版，第306页。
④ 《马克思恩格斯选集》第3卷，人民出版社1995年版，第302页。
⑤ 《马克思恩格斯选集》第2卷，人民出版社1995年版，第14页。
⑥ 《马克思恩格斯全集》第46卷下，人民出版社1980年版，第222页。

现实的生产条件是劳动、土地、资本、技术、管理等要素的集合。财富增进要求各种创造财富的要素充分涌流。由于各种要素属于不同的所有者，由此产生财富的占有。有财富的占有，就产生财产概念。财产是具有明确所有权的财富。财产从其产生之日起就表现为一定制度所保护下的权利。根据马克思的提示，财富的占有关系也就是财富以财产所有权在各种要素所有者之间进行分配的关系。这个理论解决了用价值理论无法解释的非劳动要素参与收入分配的理论和实践问题。

具体地说，要素所有权实际上是不同要素所有者的财产占有关系，如资本所有者的财产权，土地所有者的财产权等。财富就根据要素所有权进行分配。马克思在批判庸俗经济学的"三位一体的公式"时明确指出，工资、利润、地租等收入分配形式，都是相应的要素所有权的实现，如资本所有权、土地所有权、劳动力所有权的实现。这说明，从财富分配的角度分析，各个要素所有者参与财富分配有其合理性。这是实现各个要素所有权的诉求。

面对各个要素所有者，要能够形成创造财富的各个要素充分涌流的机制，就必须解决财产所有权在收入分配中的有效实现问题，使得各个要素所有者各尽其能，各得其所。这就是要素按贡献取得报酬。这种机制一旦形成，就能有效解决财富的一切源泉都充分涌流的问题。让劳动、资本、技术和管理等各种要素创造财富的活力充分迸发。

从财富分配的角度分析，收入分配不能仅限于对 V 的分配。我们一讲社会主义阶段的收入分配就只讲按劳分配，这是不完整的，至少是在社会主义初级阶段。收入分配不仅涉及对 V 的分配，还包括对剩余的分享，即对 M 的分配。M 是剩余产品价值，或者说是利润。人们通常认为 M 是资本要素的报酬。马克思关于剩余价值分割的理论就否认了这一点，土地所有者，商业资本家，借贷资本家都会参与 M 的分割，其必要性在于所有权的实现，其数量分割的比例则取决于各自的贡献。将这一理论用到要素报酬理论中就可以确认，各个要素所有者按其投入和贡献参与 M 的分配，其中不仅包括资本所有者的报酬，还包括土地所有者等一切要素所有者的报酬。

要素参与剩余 M 的分享，不能只注意资本、土地等物的要素参与的分配，更要关注人的要素参与的分配。人的要素不只是指人作为一般劳动力提供的活劳动，或者说一般的劳动，更重要的是提供技术和管理等主要体现在人身上的无形要素对增加剩余的作用，除此以外，还应包括劳动效率提高所导致的剩余 M 的增加。在马克思的价值分析中，技术和管理人员的劳动都是复杂劳动，他们创造的价值多倍于简单劳动。他们的报酬只是考虑其曾经支付的学习和培训费用而卖得更贵些，也就是在 V 上得到体现，而不在剩余价值分配上得到体现。劳动者效率的提高也是这样。所有这些增加剩余的人的要素都作为资本的生产力被资本家无偿占有，提供技术和管理的劳动者，效率高的劳动者在剩余 M 中分文不取。显然，这符合价值分析的目标，资本主义制度本身是阻碍技术进步和效率提高的。

而在财富分析中，上述收入分配制度安排是严重制约和影响财富增进的。技术、管理和劳动效率等这些直接影响剩余增加的因素，只有在分享剩余中得到体现，才能促进财富的增进。复杂劳动创造的更高的价值，应该在剩余的分配中得到回报。这些都可以看作是人力资本的报酬。这样，劳动者要素参与分配就不能仅仅限于参与 V 的分配，获得劳动者薪酬，还应该参与 M 的分配，分享剩余。如因劳动效率提高而得到的奖金，管理者的分红，技术人员的分红，以及知识产权的回报。随着社会和科技的进步，人力资本要素对增加剩余所起的作用会越来越大，与此相应，在要素按贡献取得报酬的结构中，人力资本分享的剩余份额会越来越大。①

以上分析明确了两点：第一，要素报酬是对剩余 M 的分享；第二，人的要素（人力资本）报酬在其中占越来越大的份额。现在有一部分人反对使用要素报酬的概念，其中的一个担心就是资本、土地等物的要素在要素报酬结构中占的份额太大，影响劳动者的利益。因此只要是在上述理论认识上作出相应的制度安排，不仅有利于财富的增进，"按劳分配为主"也同样能得到充分体现。

基于以上分析，为了保证创造财富的各种源泉充分涌流，促使各种创造财富的要素有效发挥作用，需要作有效的制度安排。首先是要素产权制度，寻求适合财富发展的财产制度。其次是要素配置制度，市场机制起基础性调节作用。第三是分配制度，建立起各尽所能，各得其所的分配体制。总之，只要创造财富的各种源泉充分涌流，马克思所期望的社会财富就会像泉水一样涌流出来。

劳动二重性是马克思的伟大发现，"是理解政治经济学的枢纽"②。劳动二重性不仅解释价值形成和创造，而且说明财富创造和发展。从马克思劳动价值论出发，因此通过财富与价值的概念比较及其经济运动过程和形式的比较，可以明确财富创造、价值创造以及财富占有、剩余价值占有的不同，进一步明确增进国民

---

① 财富分析层面的资本范畴和价值分析层面的资本范畴，分别承载着完全不同的理论功能。财富分析在广泛的层面上分析了经济过程中的物的要素和人的要素。根据这一分析，政治经济学意义上的"人力资本"是在马克思《资本论》的"物质资本"基础上，依据历史生产实践的新的发展形式——现代商品生产——所抽象出来的范畴，因而同样是反映了生产方式现代变迁的客观诉求的范畴形式。

② 马克思：《资本论》第1卷，人民出版社2004年版，第55页。

财富的途径和意义。

以上关于财富理论和价值理论的辩证关系的考察，凸显了政治经济学研究的二重性质。从唯物史观出发，政治经济学除了揭示社会生产性质和发展运动规律，同样以增进财富为目标。前者是批判性经济学的要求，后者是建设性经济学的要求。以建设中国特色社会主义理论为指导，社会主义市场经济实践提出构建人类总体财富发展观的科学要求。社会主义政治经济学将财富增进重新设定为经济学研究的主题，时代性地拓展了马克思主义政治经济学的研究内容和形式，从而能够成为从最广的意义上探究财富生产和发展问题的统一的社会科学，极大地焕发了前进中的生机。

主要参考文献：

1. 马克思：《资本论》第 1、2、3 卷，人民出版社 2004 年版。

2. 马克思：《剩余价值理论》，人民出版社 1975 年版。

3. 斯密，郭大力、王亚南译：《国民财富的性质和原因的研究》，商务印书馆 1974 年版。

（原载于《经济理论与经济管理》2009 年第 8 期，合作者许光伟）

社会主义条件下的私人资本及其收入的属性

提 要

根据马克思主义经济学关于资本一般和资本特殊的原理分析社会主义初级阶段的各类资本。按资本一般的功能界定，明确国有企业的资金和资产也是资本，不仅对提高国有资本效益，还对国有资本的有效流动起了明显作用。我国现阶段的私营企业主不仅仅投入资本，而且还有其他要素的投入：或者投入技术，或者投入管理，这些都是投入劳动，因而他们实际上也参与价值创造。从这一意义说，私营企业主不是单纯的剥削者，还是包括劳动要素在内的其他要素的提供者。现阶段我国发展私人资本经济，途径不只是私人投资办企业一条。私人购买股票、债券，持有企业股权都是发展私人资本的形式。从发展趋势看，随着股份制经济的发展，这部分私人投资有上升的趋势。投入企业的私人资本所取得的收入，也不能一概认定为剥削收入。只有在资本雇佣其他要素的场合所取得的收入才是剥削收入，如果资本是被其他要素利用所取得的所有权收入，就不一定是剥削收入。随着经济的发展，企业制度的演变，资本被其他要素并入经济过程，被其他要素雇佣，可能会成为趋势，由此产生的生产力不是资本生产力，而是其他要素生产力。

在社会主义现阶段深化社会劳动和劳动价值论研究的一个重要方面是深化马克思资本理论的研究。其现实意义是，对社会主义条件下存在并需要大力发展的私人资本给予正确的价值判断，对按资分配的收入的属性作出正确的价值判断。

一、资本一般和资本特殊

一百多年前马克思在《资本论》中依据科学的劳动价值论建立了科学的资本理论。用马克思的方法研究其资本理论，可以发现马克思对资本的界定有两个方面的定义。一是从资本一般下的定义，二是从资本特殊下的定义。

马克思在《资本论》中提出了资本一般的概念。资本一般是一种抽象，"不过不是任意的抽象，而是抓住了与所有其他财富形式或（社会）生产发展方式相区别的资本的特征的一种抽象。资本一般，这是每一种资本作为资本所共有的规定，或者说是使任何一定量的价值成为资本的那种规定。"① 根据马克思的分析，资本一般有两个层次的规定：

首先是生产关系的规定。马克思在《资本论》中明确界定，资本是一种生产关系。显然，这里所讲的资本是资本主义生产关系的资本。特别要注意的是马克思所界定的资本与雇佣劳动的关系相关。正因为存在资本雇佣劳动的关系，才可能产生依靠资本所有权无偿占有剩余劳动关系，资本收入才是剥削收入。其价值实体是剩余价值。

其次是功能的规定。首先，资本是能实现价值增殖的价值。只有能带来利润（剩余价值）的价值，才成为资本。企业要追求最大限度的利润，就要不断地将利润转化为资本。由此实现资本的增值，这就是资本积累。其次，资本的生命在于运动。在马克思看来，资本的运动一旦停止，资本就不是资本。这种运动根据马克思的分析，主要涉及两大运动：一是资本循环和周转的运动，即资本不间断地实现从货币资本到生产资本到商品资本再到货币资本的转化。二是资本从一个部门流向另一个部门的运动。归结起来，资本的回流和回报，增殖和增值是资本的一般规定。

至于资本特殊，在马克思那里指的是资本的具体形式。马克思关于资本一般和资本特殊的规定可以成为分析社会主义现阶段的资本规定的工具。在现阶段的资本有两类：公有资本和私人资本。对这两类资本可以分别用资本一般和资本特殊的规定来说明。这种说明对我国现阶段的资本界定具有重大的理论和实践价值。现阶段的公有资本和私人资本都是资本的特殊形式，都含有资本的一般规定，各自所包含的资本一般规定性又是有差别的。

社会主义经济中的资本界定，也就是对公有资本的界定。根据马克思关于生产关系的资本界定，资本范畴只存在于资本主义经济。因此在社会主义经济学中长期不使用资本概念，而用资产、资金等概念来代替。经济分析表明，资金、资产等概念只能说明资本某一个方面的特征，无法完整地表达其应该具有的内容。特别是在现实经济中，资金、资产都要采取价值运动的形式，但价值的运动没有资本运动的要求，不可避免地导致公有制企业不讲成本和利润，不讲价值增殖，投资不讲回报等等低效益问题。改革开放以来，社会主义经济学领域的一个重要突破是确认了资本概念，国有资本、资本市场、资本经营等现在已广泛应用于社会主义经济学中。在社会主义经济学中公有资本（包括国有资本和集体资本）概

① 《马克思恩格斯全集》第 46 卷上册，人民出版社 1972 年版，第 444 页。

念的确认，也就赋予了企业资金和资产等形成的价值运动以资本运动的要求。这是从追求资本增值、资本回报意义上使用资本概念。显然这是从马克思的资本一般的功能界定引申出来的公有资本概念。而它不包含属于生产关系界定的雇佣劳动内容，因此，它又是资本特殊，即不存在雇佣劳动关系的资本。它不是属于某个私人的资本，而是属于全民或集体的资本。

按资本一般的功能界定，明确国有企业的资金和资产也是资本，不仅对提高国有资本效益，还对国有资本的有效流动起了明显作用，突出表现在以下方面。一是进行国有经济的战略性调整时按照价值增殖的要求确定调整方向：国有资本逐步地从不能实现增殖的企业中退出，投入能实现增殖的企业（除了某些特定的行业）。二是目前企业正在推进的股权多元化及私人持股的改制实际上也是在明确了公有资本概念后进行的。三是对企业的融资结构进行调整，企业不仅通过银行进行债权融资，还进入资本市场进行股权融资。四是按资本要求建立企业治理结构，寻求资本人格化的制度安排。

社会主义条件下私人资本也有资本一般和资本特殊的界定。私人资本实际上可分为两类：一是执行雇佣劳动职能的资本，二是不执行雇佣劳动职能的资本（即进入资本市场和信用的资本）。执行雇佣劳动职能的资本的具体形式是私营企业的资本。它包含了完整的资本一般的内容，特别是生产关系的界定。在社会主义现阶段我国不仅允许还要大力发展私营经济。其中包括大量的私营企业。私营企业是指私人所有并雇佣劳动的企业。这种私人资本符合马克思关于资本关系的规定。根据资本界定，既然存在雇佣劳动关系，就存在资本无偿占有剩余劳动的关系，资本收入就是剥削收入。不能因为在现阶段需要它而否认其收入的剥削性质。当然，承认剥削不等于不允许其存在。私有制经济合法存在，其剥削收入自然也是合法的。

在私营企业中，资本与劳动等其他要素的关系，固然是雇佣与被雇佣的关系，但同时也是一种要素间的合作关系。在各种生产要素属于不同的所有者的条件下，各种要素是被资本粘合或者并入生产过程的。根据马克思的理论，资本雇佣劳动的权利是由资本的生产关系决定的。正是这种关系，资本便取得了支配和利用其他要素的地位。这就是马克思所说的，其他要素是被资本并入价值创造过程的。"资本一旦合并了形成财富的两个原始要素——劳动力和土地，它便获得了一种扩张的能力。"[①] 其他要素的生产力，如劳动的生产力、土地的生产力均成为资本的生产力。

---

① 马克思：《资本论》第 1 卷，人民出版社 1972 年版，第 663 页。

　　过去的研究在说明资本的功能时往往使用马克思在《资本论》中的表述：
"资本自行增殖"。现在看来这是一种误解。仔细研究《资本论》，可以发现马克
思只是在资本形式（G—G′）上作出这个判断。其实质和现实并非如此。一定量
的资本有多大的增殖额，主要应该由资本家的企业家素质和知识来说明，因此利
润（剩余价值）与其说是资本的自行增殖，不如说是资本家（企业家）的人力
资本的增殖，或者说是资本和企业家要素合作的结果。

　　在马克思的分析中，执行职能的资本可能有两种状况：一种是职能资本家同
时执行监督和管理的劳动，另一种是将监督和管理职能交给别人。在前一种场
合，企业主收入中包含了其监督和管理的报酬，而在后一种场合，监督和管理的
报酬就同作为企业主收入的利润分离。马克思在当时已经分析了这种状况，企业
主收入中可能包含其监督和管理的劳动报酬，这样，"他创造剩余价值，不是因
为他作为资本家进行劳动，而是因为除了他作为资本家的性质之外，他也进行劳
动。因此，剩余价值的这一部分也就不再是剩余价值，而是一种和剩余价值相反
的东西，是所完成的劳动的等价物。"① 我国现阶段的私营企业主基本上是这样。
他们不仅仅投入资本，而且还有其他要素的投入：或者投入技术，或者投入管
理，这些都是投入劳动，因而他们实际上也参与价值创造。从这一意义说，私营
企业主不是单纯的剥削者，还是包括劳动要素在内的其他要素的提供者。

　　相对于资本主义条件下的私人资本，社会主义条件下的私人资本又有特殊
性。虽然在雇佣劳动场合的资本收入都属于剥削收入，但对社会主义条件下的私
人资本的价值判断不能简单地套用马克思当年对私人资本的诅咒。根据马克思理
论，劳动者与劳动条件（资本）所有权分离，在历史上和逻辑上都是资本主义的
起点。资本原始积累就创造了这种起点。针对当时"羊吃人"之类残酷剥夺生产
者的行为，马克思诅咒："资本来到世间，从头到脚，每个毛孔都滴着血和肮脏
的东西。"② 不可否认我国现阶段确实有这样的私营企业在其资本原始积累时期
有这种应该诅咒的剥削行为。但是从总体上说，不是所有的私人资本都具有这种
特征。观察现有的许多私营企业，就企业主的资本来说，有的是依靠自己的诚实
劳动和合法经营起步；有的是靠买断工龄、集资或银行贷款，有的是靠技术和专
利入股，逐渐实现资本积累的；有的是国有企业改制时通过购买企业股权而成为
企业主的。就雇佣劳动者来说，有的是国有单位的下岗职工，有的是离开土地的
农民，有的是在原国有企业改制时买断了工龄后转变身份成为雇佣劳动者的。在

---

① 马克思：《资本论》第 3 卷，人民出版社 1972 年版，第 430 页。
② 马克思：《资本论》第 1 卷，人民出版社 1972 年版，第 829 页。

这里无论是资本还是雇佣劳动者都不是剥夺的结果，而是改革的结果。不仅如此，这些私营企业在解决就业和增加社会福利方面起着越来越大的作用。因此在私营企业虽然存在剥削关系，但其对社会福利的贡献不能抹杀。

二、执行职能的资本和不执行职能的资本

在现代经济中，信用与资本的关系非常密切。马克思在信用与资本关系的分析中区分了执行职能的资本与不执行职能的资本，并进而对这两类资本的收入性质作了判断。

根据马克思的规定，所谓执行职能的资本是指在再生产过程中执行职能的资本。而生息资本"不是以雇佣劳动为自己的对立面，而是以执行职能的资本为自己的对立面。"[1] 这种不执行职能的资本，马克思称为单纯作为所有权的资本。所谓不执行职能是指不直接雇佣劳动。

单纯作为所有权的资本，产生于所有权与经营权的分离，但不是所有的与经营权相分离的资本都不执行资本职能。只有居民在资本市场购买的股票、债券和银行储蓄单等，才能称作单纯所有权的资本。它们之所以不执行资本职能，就是马克思所认为的，它们实际上被信用所利用，进一步说是作为社会资本被企业经营者（或大股东）所利用。"信用为单个资本家或被当作资本家的人，提供在一定界限内绝对支配别人的资本，别人的财产，从而别人的劳动的权利。对社会资本而不是对自己资本的支配权，使他取得了对社会劳动的支配权。"[2] 可见社会资本就是由这种股份形式的私人资本组成的。由此产生马克思所描述的情况："很大一部分社会资本为资本的非所有者所使用。"[3]

单纯作为所有权的资本包括马克思定义的虚拟资本："人们把虚拟资本的形成叫作资本化。人们把每一个有规则的会反复取得的收入按平均利息率来计算，把它算作是按这个利息率贷出的资本会提供的收入，这样就把这个收入资本化了。"[4] 这部分虚拟资本主要由债券和股票构成。它们作为所有权证书存在，并进入市场流通。

虚拟资本（不执行职能的资本）运动与现实资本（即执行职能的资本）运动相分离，反映在其价值运动的分离。就是马克思说的，投入股票的资本价值不

---

① 马克思：《资本论》第 3 卷，人民出版社 1972 年版，第 426 页。
② 马克思：《资本论》第 3 卷，人民出版社 1972 年版，第 496 页。
③ 马克思：《资本论》第 3 卷，人民出版社 1972 年版，第 498 页。
④ 马克思：《资本论》第 3 卷，人民出版社 1972 年版，第 528~529 页。

能有双重存在，"一次是作为所有权证书即股票的资本价值，另一次是作为在这些企业中实际已经投入或将要投入的资本。"① 资本价值运动只存在于后一种形式。作为所有权证书存在的股票和债券的流通，不是现实的资本价值的流通，是虚拟资本的运动，是收入索取权的转让。

股票作为所有权证书，不执行资本职能的原因是：股票持有者"不能去支配这个资本。这个资本是不能提取的。有了这种证书，只是在法律上有权索取这个资本应该获得的一部分剩余价值。……现实资本存在于这种复本之外，并且不会由于这种复本的转手而改变所有者。"②

债券的市场流通也是这样，在一定期限内，债权人不能要求债务人解除契约，只能卖掉他的债权，即所有权证书。国债券"代表已经消灭的资本的纸制复本，在它们是可卖商品，因而可以再转化为资本的情况下，对它们的所有者来说，就作为资本执行职能。"③

不执行职能的资本虽不执行雇佣劳动的职能，但作为资本总还是要执行增殖的职能。与现实资本运动相区别，股票、债券作为所有权证书的价值有独特的运动和决定方法："一方面，它们的市场价值，会随着它们有权索取的收益的大小和可靠程度而发生变化。"另一方面"这种证券的市场价值部分地有投机的性质，因为它不是由现实的收入决定的，而是由预期得到的、预先计算的收入决定的。"④ 市场上各种因素的变化，例如，利息率变化，进入市场的证券数量。投机心理，虚假信息，操纵市场等等都会导致虚拟资本的市场价值远远脱离其现实资本的价值。这些纸制复本的价值额和它们有权代表的现实资本的价值变动无关，而取决于证券交易所中的行情。获取信息的能力，敢于冒风险的能力，理性预期的能力，资产组合的水准便成为这些不执行职能的资本的增殖能力的主要说明因素。

虚拟资本不是虚无资本。它只是表明私人资本与直接的雇佣劳动关系相分离，由此扩大了私人资本作用的范围。进入资本市场，持有有价证券都可以视为私人投资和私人资本。私人资本无须直接通过举办企业雇佣劳动来实现价值增殖，可以通过投资于资本市场来实现价值增值。马克思和恩格斯在当时都发现了这种趋势。马克思的分析是：由于一般利润率下降规律的作用，最低资本限额提高，使大量资本进入股票投资等投机领域。这样小额资本是直接在资本市场上作为投机资本运作，而不是作为创业资本运作。这意味着在股票交易市场上运作的

---

① 马克思：《资本论》第3卷，人民出版社1972年版，第529页。
②③ 马克思：《资本论》第3卷，人民出版社1972年版，第540页。
④ 马克思：《资本论》第3卷，人民出版社1972年版，第530页。

相当大数量的资本可以说完全没有作为现实资本进入现实的资本运动过程。恩格斯在修订《资本论》第 3 卷时依据当时的发现——市场上出现了单纯为了买卖某种有息证券而成立的金融公司，指出："资本这种增加一倍和两倍的现象，例如，已由金融信托公司大大发展了。"① 这些金融公司单纯投资于股市，而不是投资于实体经济。

经济发展到现在这个阶段，虚拟资本的范围大大扩大，收入可以资本化的不仅包括马克思当时所指出的债券、股票，还有外汇和金融衍生工具，如金融期货、股票指数、期权等。虚拟资本的数量也大大增加，据有关资料显示，每天在各类资本市场上交易的虚拟资本是现实资本的数十倍。单纯以运作虚拟资本为业的机构也远远超过了当时恩格斯所发现的金融信托公司。

虚拟资本模糊了企业中的所有者。由于现在的投资大都采取在资本市场购买股票和银行储蓄的方式，因此企业的融资基本上采取股权融资和债权融资方式。在现代公司中，不仅股东分散，企业中的出资者也不是固定的，就像托宾说的，投资者可以借助股票市场迅速地将其持有的铁路公司的股权转变为航空公司的股权，而且根据投资组合理论，一个投资者往往持有多家公司的股权。对于投资者来说，他最为关心的是资产价格，并不关心成为哪个企业的所有者，是否在企业中执行资本职能。因此在股权分散的企业资本所有者越来越模糊。

私人资本与雇佣劳动关系分离的理论的现实意义在于，现阶段我国发展私人资本经济，途径不只是私人投资办企业一条。私人购买股票、债券，持有企业股权都是发展私人资本的形式。从发展趋势看，随着股份制经济的发展，这部分私人投资有上升的趋势。

三、剥削收入和所有权收入

依据上述执行资本职能的资本和不执行资本职能的资本的理论分析，可以对股份制公司中私人资本的收入是否剥削收入作出判断。在前面的分析中已经将私营企业中执行雇佣劳动职能的资本收入认定为剥削收入，因此这里的分析撇开了这种类型的资本收入。

马克思依据当时出现的股份公司指出了资本所有权与资本职能的分离："实际执行职能的资本家转化为单纯的经理，即别人的资本的管理人，而资本所有者

---

① 马克思：《资本论》第 3 卷，人民出版社 1972 年版，第 533 页。

则转化为单纯的所有者。"后者得到的收入（利息）是"作为资本所有权的报酬获得的。"①

　　根据要素报酬理论，资本收入同其他要素收入一样，都是所有权收入。至于资本收入是否剥削收入则是对其性质的判断。执行资本职能和不执行资本职能的资本的区别表明资本可以同雇佣劳动关系脱钩，进一步的分析将说明资本收入并不都具有剥削性质。

　　马克思在《资本论》第 3 卷中说明剩余价值分配时将产业资本家得到的利润分割为利息和企业主收入两部分："利息对他来说只是表现为资本所有权的果实，表现为抽掉了资本再生产过程的资本自身的果实，即不进行'劳动'，不执行职能的资本的果实；而企业主收入对他来说则只是表现为他用资本所执行的职能的果实，表现为资本的运动和过程的果实。"② 这种区分对我们区分资本收入是否剥削收入有方法论的启示。

　　根据马克思的资本理论，资本收入是否剥削收入，与其是否执行资本职能相关。执行雇佣劳动职能的资本收入显然具有剥削性质，但居民将其闲置的暂时不消费的收入作为生息资本交给银行使用，其本身没有执行资本职能，因而不具有剥削性质。马克思说：假定职能资本家为资本的非所有者，代表资本所有权的是贷出者，因此，职能资本家支付给贷出者的利息，表现为资本所有权的果实，而属于职能资本家的那部分利润即企业主收入，"表现为用资本单纯执行职能的果实，表现为处在过程中的资本的果实。"③ 显然，在马克思的定义中，利息是单纯的资本所有权的果实，虽然其归根到底是职能资本运动的结果，但对资本贷出者来说，不能算作是剥削收入。资本主义条件下是如此，更何况在现阶段居民提供储蓄所取得的收入呢？我们注意到马克思在这里讲的不执行职能的生息资本的提供者指的是借贷资本家。而在现阶段提供生息资本的基本上是居民。

　　研究现阶段居民的财富持有方式，可以发现，不同的人是按照其对持有的财富的风险程度，以及对经济前景的不同估计来选择财富持有方式的。"对于那些主要关注资金是否能够及时而确定地获得以便应付不时之需的人们而言，可以持有银行存款或者能够在市场上轻易出售的证券；对于那些甘愿冒些风险追求长期资本增值的人们来说，则可以持有特定的有形资产。"④ 据国家统计局公布的数字，截至 2001 年 10 月，我国个人金融资产总量超过 10 万亿元，其中个人拥有

---

①　马克思：《资本论》第 3 卷，人民出版社 1972 年版，第 493、494 页。
②　马克思：《资本论》第 3 卷，人民出版社 1972 年版，第 420 页。
③　马克思：《资本论》第 3 卷，人民出版社 1972 年版，第 421 页。
④　托宾等：《货币、信贷与资本》，东北财经大学出版社 2000 年版，第 6 页。

的储蓄超过 7 万亿元，个人拥有的外币储蓄接近 800 亿美元，个人购买的各种债券、股票也超过 1 万亿元。居民持有的银行存款、国库券、保险单、债券、股票以及在企业中持有股权都可以看作是居民财富的持有方式，因此产生的利息、债息、股息以及股票转让收入都是财富收入或资本收入。这些收入也可以看作是不同风险等级的风险收益。如果像有人所定义的只要是资本收入就是剥削收入，岂不是人人都是剥削者了吗？

现在最为活跃的是居民在资本市场的投资。居民在股市上的投资大都不是直接投资于企业，属于虚拟资本的运动，而不是现实资本的运动。居民在证券市场购买股票所取得的收入有两类：一是获得股息；二是获得转让股票所取得的收入。投资股票参与分红获取股息，实际上就同银行储蓄一样，投资者仅仅是以单纯的资本所有者的身份获取资本收入。而股票转让收入则同资产价格相关。证券收入不是由现实的收入，而是由预期收入决定的，因而其收入具有投机性。就如马克思所说，"信用使这少数人越来越具有纯粹冒险家的性质。因为财产在这里是以股票的形式存在的。"① 资产价格反映资本市场资产的供求。供求关系取决于个人对资产的偏好。与这些偏好相关的不是具体的资产，而是这些资产所具有的前景和风险。显然证券转让的收入与其说是剥削收入，不如说是风险收入。

进一步分析投入企业的私人资本所取得的收入，也不能一概认定为剥削收入。只有在资本雇佣其他要素的场合所取得的收入才是剥削收入，如果资本是被其他要素利用所取得的所有权收入，就不一定是剥削收入。

在每个发展阶段，各种要素的作用不可能是等量齐观的，其中必定有某一种要素起决定性作用，其他要素依附于其发挥作用。例如，资本是经济增长诸要素中的一种。在不同的增长阶段，资本在诸要素组合中的地位和作用是不一样的。它可能将其他要素组合进经济过程，也可能被其他要素组合，依附于其他要素发挥作用。

经济发展到现在这个时代，各种生产要素在经济发展中的作用发生了根本的变化。知识、技术、管理和企业家越来越成为经济增长的决定性要素。在许多方面，资本不再是起主动性作用的要素，它可能被其他要素所利用或雇佣，而不是它利用和雇佣其他要素。特别是构成企业股权结构的不仅仅是投入的资本，还有技术股、经营者股权。在这里资本收入与其他要素收入一样，仅仅是要素所有权收入而已，不存在谁剥削谁的问题。

在以股份公司为代表的现代企业中，出资者和法人财产权分离，出资者在投

① 马克思：《资本论》第 3 卷，人民出版社 1972 年版，第 497 页。

入企业资本后既不能抽出资本，也不能处置资本。对资本具有处置权和控制权的是企业经理。这些企业经理可能不持有企业股权，但可以支配和处置数量可观的出资者的资本。钱德勒在 1977 年出版的著作《看得见的手——美国企业的管理革命》中描述了现代公司中"企业的管理和它的所有权分开"的状况：企业所有权变得极为分散，股东无法参与或影响企业决策。企业完全被支薪的经理人员所控制。公司对于所有者来说只是收入的来源，而不再是可管理的企业了。① 显然，它与传统的企业不同，不是资本利用和雇佣企业家，而是企业家雇佣和利用资本。在这种公司中资本所有者得到的收入，与其说是剥削收入，不如说是风险收入，或者说是机会收入。原因是：第一，由于企业投资者不参与管理和控制企业，它对企业的投资是有风险的。第二，对投资者来说，将资本投入企业还是投入银行本身就是一种风险选择，如果说银行利息是其投资的机会成本的话，在企业中的资本收入就是机会收入。

在马克思的分析中，不执行资本职能的资本收入和执行资本职能的收入都属于剩余价值分割（因而是剥削收入的分割），产业资本家在其中起主导作用。对社会主义条件下私人资本收入是否也要以此为依据进行判断。这需要研究现代企业制度的特征。

在现代经济中，投入企业的资本、技术、企业家等要素实际上都会作为企业股权结构的组成部分参与分配。因此，企业就是各种要素的集合，企业中的收入分配是根据企业中投入要素的比例及相应的作用安排的。这就是美国经济学家尤金·法马说的："在企业中，每种要素都是由某个人拥有的。企业只是一个合同集，而这些合同不过是规定投入品的联合方式以创造产出以及从产出中获得的收入在投入品间的分配方式。"② 从这种合同关系中，各种要素的收入均是要素所有权收入。资本收入也不例外。制度经济学理论把企业看作是"合同订立关系的连接，它的特征是在组织的资产和现金流上存在着可分割的剩余索取权。这些剩余索取权一般无需其他订约人的同意即可出售。"③ 这意味着这里的分配比例是由合同安排的，代理人（经营管理者）对资本可得收入起着实际的决定性作用。

当然，企业家（经营者）利用资本一般是指股权分散的公司制企业中的状况。而在股权集中或一股独大的公司中，可能谈不上企业家雇佣资本，但仍然可

① 钱得勒：《看得见的手——美国企业的管理革命》，商务印书馆 1987 年版，第 580～581 页。

② 尤金·法马：《代理问题和企业理论》，引自《企业的经济性质》，上海财经大学出版社 2000 年版，第 387 页。

③ 迈克尔·詹森等：《企业理论：经理行为代理成本和所有权结构》，引自《企业的经济性质》，上海财经大学出版社 2000 年版，第 412 页。

以发现大资本雇佣和利用小资本的情况。在目前我国的上市公司中，持有公司股票的私人投资实际上都是被大股东所利用的，而大股东基本上是国有资本。在这里将私人资本收入称为剥削收入，更是没有道理的。

再看推动高科技产业化的风险投资。在现代经济中，科技企业的创办者往往有专利等科技成果，但缺乏创业资本，于是风险投资应运而生。与高科技产业化相关，风险投资作为创业投资具有如下主要特征：一以科技企业孵化高新技术为投资对象，二采取股权投资形式，三不以长期作企业股东为目标，而是在科技企业进入成熟阶段后就要退出，以便进行新的风险投资。从风险投资与科技企业的关系来说，究竟是谁雇佣谁？明显的事实是，风险企业不同于物质资本雇佣劳动和技术的传统企业，是知识和技术雇佣资本，是知识资本家雇佣货币资本家。高科技的投资具有高风险高收益的特点，即使在美国成功几率一般只有20%。因此风险投资收入实际上是风险收入。而且，风险投资者与其他投资不同，他不只是为科技企业提供资金，还要为之提供有关管理方面的咨询和服务。这样，风险投资收入作为创业利润是科技企业给予的投资回报，其中包括其提供管理服务方面的收入，对于风险和不确定性的承担者的补偿。这种收入也不是剥削收入。更何况，现在的风险投资一般采取基金形式。其来源多元，政府、居民和企业将资金交给专业投资者理财。

在现阶段的多种分配方式并存的结构中，收入分配的基本原则是要素报酬，企业的股权结构发生了根本性变化。形成股权的不仅有投入资本的股权，还有技术股，企业家股，以及各种无形资产所形成的股权。物质资本股权在企业股权中的比例明显下降。在这种股权结构中所形成的收入，很难明确区分其中的哪一种收入为剥削收入。

随着经济的发展，企业制度的演变，资本被其他要素并入经济过程，被其他要素雇佣，可能会成为趋势，由此产生的生产力不是资本生产力，而是其他要素生产力。如人力资本生产力，知识资本生产力。收益的更大份额不是归物质资本，而是归人力资本、归知识资本，这正是社会进步的表现。

综上所述，依据与时俱进的思想方法研究马克思资本理论得出如下有现实意义的结论：私营企业主不仅仅获取剥削收入，他们对社会福利的贡献是不可忽视的；私人投资的范围不限于雇佣劳动，购买股票等有价证券也属于私人投资的范围；在资本被其他要素利用和雇佣时所取得的收入不属于剥削收入，仅仅是所有权收入。基于这些规定，现阶段可以理直气壮地动员更多的私人资本进入经济过程。

（本文原载于《中国社会科学》2002年第4期）

适应现阶段基本经济制度的所有制转型

提要

在公有制为主体、多种经济成分共同发展的基本经济制度中，非公有制已经成为现阶段基本经济制度的重要组成部分，非公有制是制度内的，而不是制度外的，公有制与非公有制是竞争与合作的关系，而不是对立的你死我活的关系。公有制经济不是指公有制企业，而是指国有资本和集体资本。与此相应，公有制为主体不再体现在公有制企业数量上，而体现在公有资本的数量上。公有制的实现形式可以有多种形式，特别是包含了私人产权的各种类型的混合所有制企业也可成为公有制的实现形式。根据混合所有制经济的思路，国有企业市场化改革的基本途径是在企业中引入私人产权，并在此基础上重建治理结构，通过新的产权制度安排来形成其竞争力。民营企业竞争力的增强同样需要制度创新。对民营企业来说同样需要以股份制作为其主要实现形式。股份制不仅可以成为公有制的实现形式，同样可以成为私有制的实现形式。

根据确认的社会主义初级阶段的基本经济制度，完善社会主义市场经济体制的重要方面是深化所有制改革。在所有制改革中既要发展多种所有制经济，又要完善公有制的实现形式，建设现代产权制度。

一、所有制结构的转型

根据马克思主义理论，所有制结构应该服从于生产力的发展水平。过去我们所制定的某些路线、方针和政策没有取得成功，主要是超越了当时的生产力水平。以生产力为标准研究发展阶段，每个社会都有其物质基础，手工劳动不可能产生资本主义，只有机器大工业才能产生资本主义。社会主义物质基础必须达到或超越资本主义的物质基础，而现实的问题是社会主义国家都没有达到其物质基础，在这种背景下我们提出了社会主义初级阶段。社会主义初级阶段是指社会主义建立起来以后，其生产力水平还没有达到资本主义阶段的生产力水平的情况下，需要有一个阶段完成其他国家在资本主义条件下完成的工业化和现代化的任务。因此，社会主义初级阶段还不可能提出消灭私有制的任务，根本任务是发展生产力。

对社会主义初级阶段的根本任务已经明确是发展生产力，实践证明这是不完整的。还需要提出富民的任务。尽管富民要建立在生产力发展的基础上，但在许多场合生产力的发展并不一定同时带来富民，现实中往往出现为发展而发展，人民生活水平不能随生产力发展而同步提高的问题。党的十六大提出全面小康社会建设所包含的内容就是要求在生产力发展的每一个阶段都能使人民群众分享经济增长的成果。就富裕人民来说，不仅需要增加人民收入，还要增加人民的财产。

富裕人民的要求同样提出了发展非公有制经济的要求。从地区居民收入水平的比较看，在有的地区，居民的收入增长速度很快，有的地区则相对较慢，究其原因就在于发展非公有制经济的差距上。再从允许一部分人先富起来来说，先富起来的主要不是靠劳动收入，而是靠非劳动收入，这也同发展非公有制经济相关。

基于对社会主义初级阶段根本任务的认识，需要深化对现阶段基本经济关系的认识。过去我们认为社会主义的基本经济制度是公有制，现阶段的基本经济制度是公有制为主体、多种经济成分共同发展。这意味着非公有制已经成为现阶段基本经济制度的重要组成部分，非公有制是制度内的，而不是制度外的，公有制与非公有制是竞争与合作的关系，而不是对立的你死我活的关系。

所有制结构转型的关键是明确公有制经济和公有制为主体的科学内涵。过去，公有制为主体被界定在公有制企业数量上。经济改革的实践突破了这个界定，公有制经济不是指公有制企业，而是指国有资本和集体资本。与此相应，公有制为主体不再体现在公有制企业数量上，而体现在公有资本的数量上。只要公有资本在社会总资本中占优势，国有经济占主导，就是以公有制为主体。这种主体地位突出体现在公有资本的控制力上，特别是国有经济能控制国民经济命脉。

对公有制经济和公有制为主体作上述界定对经济改革的意义在于：如果说改革初期发展多种非公有制经济的主要路径是在公有制企业以外发展非公有企业的话，那么现在发展多种非公有制经济的主要路径是在不需要保持公有制的企业中公有资本的退出。首先，在不关系国民经济命脉的经济领域，国有经济可以大踏步地退出。在不关系国民经济命脉的部门，民营经济要为主体。其次，即便是关系国民经济命脉的部门，国有经济要实现控制，但不一定是全资的，只要控股就可以，可以让出一部分股权给非公有制经济。第三，一些国家垄断行业也会通过股份制等形式吸纳更多的民间资本进入。过去由国家独家经营的基础设施和公用事业都可以推进市场化改革。这些部门中的国有制垄断将会被打破，民间资本、外来资本等将会进入这些行业。公有制是指企业的资产，而不是指企业。既然公有制经济不是指企业，公有企业拍卖和出售也是自然的。从马克思主义政治经济学的基本理论来看，任何商品都有价值和使用价值二因素，国有企业拍卖和出售让出的是使用价值，而收回的是价值，收回的价值可以进行重新投资。国有企业拍卖和出售是国有资本物质承担者的改变，这意味着拍卖和出售国有资产只是国有资产的流动，国有与私有的数量并不是重要的，重要的是要看其资产的质量，国有经济为主导是看国有资产在控制力上是否能控制国民经济命脉。

二、公有制实现形式的转型

过去公有制的实现形式是国有企业和集体企业。现在已经明确，公有制经济不是指公有制企业，而是指国有资本和集体资本。与此相应，公有制的实现形式可以有多种形式，特别是包含了私人产权的各种类型的混合所有制企业也可成为公有制的实现形式。例如，现实中存在的中外合资企业、股份制企业和股份合作制企业等，体现公有资本和非公有资本在同一企业内部共同发展。

公有制在混合所有制经济中实现，其关键是含有私人产权的多元股权结构的产权结构是最有竞争力的。就是说，包含了私人资本的混合所有制企业成为公有制实现形式，较单纯的国有企业和集体企业更有活力。这里，一个含有私人产权，一个多元股权道出了混合所有制经济的实质。私人产权经济与私营经济不同，私人产权经济是指包含了多种私人产权的混合所有制经济，为什么包含了私人产权的混合所有制经济具有经济竞争力呢？这是因为：一是解决了产权问题，在产权明晰的基础上明确了各种有关的责权利关系，促进了产权的流动性和增值性。二是有效避免了政企不分。国有企业引入私人产权之后，可以有效避免政企不分的状况。三是私人产权可以解决负亏问题。过去国有企业讲自负盈亏，实际上只能负赢不能负亏，有了私人产权进入就能真正解决负亏。产权经济学家还以公地的悲剧以及在产权交易中，同样数量的公有产权与私有产权在市场交易公有产权往往被低估等例子说明企业包含私人产权的重要性。

产权改革的核心是引入私人产权，发展混合所有制经济，以现代企业制度为方向，把国有企业改制为公司制。马克思在《政治经济学批判导言》中指出，研究一个社会的经济关系要抓普照之光的经济关系，在经济转型时期这个"普照之光"的经济关系是以股份制为主体的混合所有制经济。根据混合所有制经济的思路，国有企业市场化改革的基本途径是在企业中引入私人产权，并在此基础上重建治理结构，通过新的产权制度安排来形成其竞争力。

目前有三大活力经济：私人经济、外资经济和上市公司。这三大活力经济的重要性都在于包含了私人产权经济。因此国有经济改革的方向是与三大活力经济相接轨，具体途径包括以下三个方面：第一，国有企业吸收私人股权。其中包括公司上市进入资本市场吸收私人股权，本企业职工持股，经营者持股等形式。这些私人投资进入国有企业，不仅可以使之获得更多的扩大资本规模的渠道，也可以使之因包含私人产权而得以改制。第二，国有企业与私人企业相互融合。国有企业与私营企业在产权结构上相互融合的途径包括国有企业吸收私营企业股权，私营企业吸收国有企业股权。在相互参股的过程中，没有必要都追求国有控股。第三，国有企业与外资的合资和合作。在经济全球化和中国加入 WTO 的背景下，外商进入中国的新特点是，并购中国企业或购买企业的产权。对此，国有企业应该采取积极的态度，主动接受并购。

上述国有企业吸收私人股权的各种途径，实际上是国有资本退出的几个方面。可以料想，今后的企业股权结构调整和整合，各类公有资本与各类非公有资本之间的相互参股，企业之间的收购和兼并，企业内控股者的变化将是市场上的一种常态。虽然在这些过程中难以避免秩序的混乱，但从整体上说企业结构的整合有利于形成高效率的企业结构。

混合所有制企业的组织形式最为典型的是股份制。上述国有企业通过吸收各种非公有产权进行改制也要依赖股份制。正是从这一意义上说，股份制将成为公有制的主要实现形式。股份制是一种产权组织形式。它可以包容多元投资，形成多元股权的结合。公有资本进入股份制企业，意味着公有制在其中实现，不论公有资本在其中是否控股。如果公有资本在其中没有控股，那就是实现收益权，即剩余索取权；如果控股，那就是享有对企业的控制权。公有制在股份制企业中实现，并不要求都控股。是否需要控股，是相对控股还是绝对控股则要区别不同情况。在涉及国民经济命脉的行业和部门就要控股，不涉及国民经济命脉的则不一定要控股。但是，在非国民经济命脉部门中，有些国有企业效益很好、资产质量好，它有能力吸收其他资本进入组成股份制，就没有必要放弃自己的控股地位。

实行股份制只是解决企业的组织形式问题，绝不意味着"一股就灵"。股份制企业要能成功关键还在于产权制度的完善。产权是所有制的核心和主要内容。规范的股份制必须建立在现代产权制度基础上。所谓产权，涉及物权、债权、股权和知识产权等各类财产权。所有这些产权都要在股份制经济中得到尊重和保护。十六届三中全会对现代产权制度的内涵作了明确的表述。这就是"归属清晰、权责明确、保护严格、流转顺畅的现代产权制度"①。这一提法是全新的，提出"产权是所有制的核心和主要内容"是一个突破，对现代产权制度的明确界定，是对现代产权制度的进一步细化的解释。过去将公司制称之为现代企业制度，其内涵有四句话，叫"政企分开、产权明晰、权责分明、科学管理"。现在进一步明确现代产权制度的内涵，对股份制经济做出明确的产权组织规范，对现在的企业改制，无论是对公有制企业的改制，还是对非公有制企业的制度建设都有意义。解决归属问题，就是要求产权明晰。明确权责，就是要求无论是出资者还是法人都有明确的权利和责任，保护严格是指无论是对公用产权还是私人产权都应该严格保护，不得随意侵犯，投入企业的资本也不是静态的，可以在顺畅的流转中实现保值、增值。建立起这样的产权制度，既可以保障公有制的主体地位，又可以支持各种类型的非公有制经济发展。需要指出的是，现在许多企业都已改为股份制，但是，建立起来的股份制是不是都是现代企业制度呢？就要用这种现代产权制度的要求来评价。

三、民营经济的提升

民营经济概念的基本特征是私人产权为主体的经济，或者说，凡是非公有制经济和非外资经济都属于民营经济的范围。对其外延，人们往往限于私营企业和个体户，这将低估民营经济对我国经济发展的贡献。根据民营经济的内涵，民营经济的形式不仅指私营企业、个体户，同时也包含私人投资、私人股份。原有的国有和集体企业改制为私人控股的企业和私人持股的企业都可列入民营经济的范围。正在推进的国有股减持，会使相当部分上市公司不再是公有资本控股，这种上市公司明显属于民营经济。

我国目前发展私人经济已经不是数量问题，而是企业规模和质量问题。私人企业质量不高的问题突出表现在三个方面：一是大企业（集团）不多；二是具有国际竞争力的私人企业不多；三是私人企业集中的产业领域等级低。因此扩大私人企业规模、增强企业实力、提高企业所处的产业等级，是现阶段发展多种所有制经济的主题。

十六届三中全会精神为民营企业的做大做强提供了全方位的政策支持。其基本思想是全面清理和修订限制非公有制经济发展的法律法规和政策，消除体制性

---

① 《中共中央关于完善社会主义市场经济体制若干问题的决定》，载于《光明日报》2003 年 10 月 15 日第 1 版。

障碍。具体内容涉及两个方面：一是市场准入，放宽国内民间资本的市场准入的领域，拆除私人企业进入领域的各种政策壁垒，准许非公有资本进入法律法规未限制的领域。二是同等待遇，其内容包括在投融资、税收、土地使用等方面与其他企业（国有企业、外资企业）享受同等待遇，平等地进入各类生产要素市场，无歧视地获得各类生产要素。

做大私人企业，绝不是说私人企业个个成为大型企业，而是说私人企业要达到具有规模经济的"大"。企业规模依赖于投入的资金。民营企业单靠内源融资，难以在较短时间形成规模经济，民营企业扩大规模的最大障碍是融资约束。研究浙江初期发展民营经济经验可以发现，私营企业的迅速发展在很大程度上靠"地下钱庄"所提供的民间贷款。而在其他地区没有这种"钱庄"，银行又不愿或不敢给民营企业贷款，势必使企业只能依靠内源融资，靠自有资本及其积累，这种融资结构成为其规模扩大的障碍。三中全会提出要全面清理和修订限制非公有制经济发展的法律法规和政策，其内容包括在投融资、税收、土地使用等方面民营企业与其他企业（国有企业、外资企业）享受同等待遇，平等地进入各类生产要素市场，无歧视地获得各类生产要素。这就在很大程度上解决了民营经济发展的要素制约问题。

民营企业竞争力的增强同样需要制度创新。目前私营企业有三大弊端：一是达不到规模经济；二是单一所有制企业建立不了现代企业制度；三是家族制管理。企业制度决定了其本身不具有延续性。因此不能简单地把私营企业作为改革的方向，而是要以包含了私人产权的混合所有制经济作为经济转型的方向。对民营企业来说同样需要以股份制作为其主要实现形式。股份制这种产权组织形式，不仅可以成为公有制的实现形式，同样可以成为私有制的实现形式。对许多私营企业来说，可以通过吸收其他产权主体的股权进入而建立多元股权的产权结构。现代企业制度是公司制的企业，它是包含了多个私人产权的经济，不论是公有制经济还是非公有制经济，其发展都是殊途而同归，将来都要向公司制这一现代企业制度的组织形式迈进。"条条改革通公司制"，所有企业都走公司制道路，这一制度形式应该是世界大同的。私营企业的制度创新还涉及职业经理人问题，私营企业主要是通过家族制发展起来的，发展到现在就是要解决由谁来经营的问题。凯恩斯主义经济理论解决了国家干预问题，熊彼特的创新理论解决了由企业家去发展经济的问题。私营企业的发展趋势是要由职业经理人（企业家）去经营企业。

进入 21 世纪后，私营企业发展进入新的阶段，即主要不是靠自身的积累扩大规模，而是借助资本运作和企业重组迅速扩大规模。如果说前一阶段私人企业扩大规模主要靠自身资本的积累的话，那么现在则主要靠资本运作和企业资产重组。民营企业民间资金参与国有企业改制可以达到一举两得的效果，一方面使相当部分国有企业由死变活，资产质量得到优化，另一方面私人企业的规模可以得到迅速扩大。而且这也是私人企业做大做强的捷径。国有企业本来有技术、设备和人力的优势，没有体制的优势，具有体制优势的私人企业控股国有企业，便使企业优势得到充分发挥。这是先进社会生产力的结合。民营经济成分进入国有企业、集体企业，这也是壮大民营经济、推进国企改革的有益之举。

私营企业并购国有企业基本形式有：一是国有及国有控股企业可以通过出售国有产权或国有资产，实现产权主体多元化。条件成熟的企业，可以整体出让；整体出让有困难的，可以分块出让。鼓励私人资本、外商资本和法人资本通过整体购买、部分购买、先租后买或租一块买一块等多种形式，受让国有企业产权或国有资产。二是对于国有资本控股的上市公司，要积极向外商和其他法人资本转让国有股权，降低国有股权比重。通过资产置换、股权置换等方式，调整上市公司股权结构，恢复和提高其再融资能力。三是对于资产质量好、主业突出、有持续赢利能力的国有重点企业，按照国家的相关规定，向外商资本、国内自然人资本、法人资本招商，采取产权转让、增资入股、合资合作等方式实现产权主体多元化。

发展民营经济的另一个重要方面是生产要素按贡献取得报酬问题。本来这属于分配问题，但是要素参与分配的基础是要素的私人所有权。非劳动要素如资本、技术和信息相当部分存在于要素所有者即私人手中。过去我们对要素的所有权关注不够，只关心生产资料的所有制，现在要关注生产要素的所有权。马克思之所以强调劳动，是因为到了共产主义社会只有劳动是私人的，其他生产要素都是公有的。在现阶段，教育培训费用大部分是个人自己提供的，这样要素的私有或部分私有就被提了出来。因此收入分配就要按照要素的所有权进行分配。对资本来说，经济增长不仅要依靠社会投资，而且要依靠私人投资，这也就决定了在制度上解决两个方面问题：一是承认和包含要素的私人所有权，二是在分配上要依据要素的贡献进行分配。

要素分配涉及贡献的评价。按照经济增长理论，在经济发展的不同阶段上，不同生产要素的权重是不同的，在经济发展的资源经济阶段，对经济发展起关键作用的要素是自然资源；在简单协作与工场手工业阶段对经济发展起关键作用的是劳动要素；在机器大工业阶段对经济发展起关键作用的要素是资本，关键是要看机器设备的作用，而在知识经济阶段起关键作用的要素是管理和知识。在我国社会主义初级阶段的经济发展中，上述几大阶段同时并存，在不同的经济形式中，不同要素的地位和作用也不同。在社会主义初级阶段的市场经济中，先进的生产要素是资本、技术和管理三大要素。因此，在分配中这些先进生产要素的贡献要得到充分的体现。

收入分配不仅有公平效应，而且有激励资源配置效率的功能。过去我们强调按劳分配，按劳分配也有激励功能，但只是对劳动要素配置效率的激励，在现阶段我们不仅要激励劳动要素的配置效率，而且要激励资本、技术、信息和知识等先进生产要素的配置效率。在我国当前市场经济发展中，对先进生产要素的激励有三种：一是对资本要素的激励。要承认按资本要素进行分配，私人办企业的收益、股票收益和利息收益都是按资分配的形式和表现。在发展中国家，对经济增长起关键作用的是资本要素，财富的多少不应是衡量个人阶级属性的标准。二是对知识和技术要素的激励。知识和技术要素是创新的结果，也是现代经济发展的关键要素，要通过收入分配制度激励知识和技术创新。三是对企业家要素的激励。企业家自身是一种生产要素，他代表了一种精神：创新和敢冒风险。在我国国有企业的发展中，关键的问题是要让经营者成为企业家，要由企业家经营企业。要使企业家经营企业就必须解决创新问题，而解决创新问题的关键又在于解决创新的收益和创新的风险问题，国有企业的厂长经理竞争不过私营企业主的关键不是素质和能力问题，而是国有企业的厂长经理缺少创新精神和冒险精神。私营企业主冒风险的收益和成本都由自己承担，而由于国有企业厂长经理的人力资本不能参与企业的收入分配，所以冒风险的成败与自己无关。要使国有企业的经营者成为企业家就必须解决制度安排，关键是要形成合理的收入分配制度，发挥分配制度在资源配置中的激励作用。同时国有企业的反腐败也要靠收入分配，如国有企业出现的"58岁现象"就是分配制度的问题。为此在收入分配上要解决经营者股权，要使经营者成为企业家就必须解决股权，这一制度有两大职能：解决风险和解决经营者腐败。另外可以分享企业剩余索取权。队生产理论认为，在团队生产的状态下会产生偷懒行为，而要解决偷懒行为，防止监督者腐败，应通过经营者股权，使经营者享有剩余索取权，建立经营者的激励机制。

要素报酬的实现形式主要是研究解决要素报酬如何实现和通过什么途径来实现的问题。在要素分配问题上，要处理好生产要素分配与劳动价值理论的关系，马克思的劳动价值理论说明新价值是劳动创造的，但是劳动价值理论也表明新价值是分配的对象，在 $c + v + m$ 中，分配的是 $v + m$，而不是总产品的价值。要素贡献是按生产要素分配的依据，要素贡献并不是指要素在新价值中的贡献，而是指要素在总价值中的贡献，即按要素在 $c + v + m$ 中的贡献进行分配。

在现实中实现按生产要素分配时，需要注意的问题是：（1）劳动要素的分配。劳动要素的分配是在 $v + m$ 中对 v 进行分配，劳动能否参与 m 的分配，关键是看劳动者是否持有了企业的股份，是否拥有了自己的财产。当代资本主义之所以稳定发展，主要是解决了劳动者的财产问题。（2）技术、资本和企业家要素的分配。技术和管理要素的所有者是劳动者，又是企业人力资本的所有者，作为劳动者技术、管理要素要参加 v 的分配。作为企业人力资本的所有者，又要参加 m 的分配。技术要素和管理要素参与 m 分配的关键是要强调要素的股权化。（3）要素股权比例的确定。要素股权化之后要解决股权的分割比例问题，要素股权比例确定的前提是要素的市场化，在市场中通过市场供求关系确定各种要素的价格，把要素的股权化与市场化结合起来进行评价，市场化衡量的是要素的稀缺性，要素股权化则要考虑要素的投入和贡献。

（本文原载于《陕西师范大学学报》2004 年第 1 期）

虚拟经济及其引发金融危机的政治经济学分析

提要

　　通过对马克思关于信用经济和虚拟资本运行的内在机理的分析，探求虚拟资本与泡沫经济的边界。马克思指出虚拟资本有两种形式：一种是信用形式上产生的虚拟资本；另一种是收入资本化形式上产生的虚拟资本。2007 年美国次贷危机表明，虚拟资本还有第三是形式，即金融衍生工具形式产生的虚拟资本。虚拟资本不是虚无资本，它在现实资本基础上产生，其运动有独立性。虚拟资本运动与现实资本运动分离的最终后果是导致货币和信用危机。信用经济和虚拟资本既有扩张经济的正效应，又有导致宏观经济失控的负效应。现代金融危机产生于虚拟经济。其实质还是实体经济的危机。美国最近几次爆发金融危机的事实不仅一次次宣告市场自我调节的失败，而且对作为政府干预理论基础的宏观经济理论提出挑战，从而牵动宏观经济理论的突破。首先是宏观经济的范围扩大到资本市场上的资产价格总水平；其次是虚拟经济领域成为市场失败的主要方面，从而成为政府监管的重点。

　　由美国次贷危机引发的这场全球性金融危机是 20 世纪 30 年代大危机以来最为严重的一次经济危机。政治经济学考察经济过程本质。对这场危机作政治经济学分析，可以从本质上明确这场金融危机产生的原因，从经济规律上了解危机产生的周期性特征，并从根本上寻找防止和克服危机的路径。

一、现代金融危机产生于虚拟经济

　　过去所讲的经济危机基本上都是实体经济领域的危机，表现为生产过剩的危机。而从 20 世纪 90 年代以来在资本主义世界发生的危机基本上都表现为金融危机。这里面有没有客观性。可以从马克思的货币理论分析起。

　　马克思在《资本论》中指出了货币执行流通手段和支付手段时包含着危机的

可能性：流通手段能够打破产品交换的时间、空间和个人的限制。纸币流通量超过自己的限度不仅有信用扫地的危险，还可能产生通货膨胀。货币执行支付手段职能可能形成债权债务的链条。当这个链条被打乱时就可能产生货币支付的危机。马克思明确指出这种危机产生的可能性要成为现实性是有条件的，"必须有整整一系列的关系"①，"这种货币危机只有在一个接一个的支付的锁链和抵消支付的人为制度获得充分发展的地方，才会发生。"② 根据马克思的逻辑，我们可以从"人为制度"和"整整一系列的关系"等方面寻求导致金融危机的制度性原因。

所谓"人为制度"，根据马克思的分析，首先是资本主义制度。由资本主义制度产生的资本主义基本矛盾是危机产生的根本原因。这已为资本主义世界产生的一次次经济危机所证实。这一次由美国次贷危机引发的全球性金融危机也不例外。现在我们需要在此基础上研究产生金融危机的机理。

马克思指出由货币的流通手段产生危机的可能性成为现实性，需要"整整一系列的关系"。根据马克思的逻辑和经济运行的实践，这一系列关系可以归结为市场经济关系。商品经济和货币经济都可以说是对市场经济特征的概括，但最能概括市场经济现代特征的是信用经济。根据马克思的分析，在发达的市场经济中，再生产过程的全部联系以信用为基础。从现代企业的融资结构来说，内源融资即自有资本只占其很小的比重，占最大比重的是外源融资，即包括银行贷款和资本市场的股权融资。从这一意义上说市场经济就是信用经济。信用经济的实质是金融经济，金融问题也就成为全局性的宏观经济问题。信用（金融）危机就成为经济危机的主要表现形式。"一旦劳动的社会性质表现为商品的货币存在，从而表现为一个处于现实生产之外的东西，独立的货币危机或作为现实危机尖锐化的货币危机，就是不可避免的。"③ 这已从 1997 年开始的东南亚金融危机和其他国家的金融危机所证明。

马克思当时就发现"随着投机和信用事业的发展，它还开辟了千百万个突然致富的源泉。"④ 这种突然致富的基础就是利用信用这种人为制度的种种投机行为。这可以说是现代各次金融危机产生的主观因素。投机的机制就发生在虚拟经济领域。

首先是在信用形式上产生的虚拟资本，这是指同一笔货币资本可以反复使用

---

① 马克思：《资本论》第 1 卷，人民出版社 2004 年版，第 135 页。
② 马克思：《资本论》第 1 卷，人民出版社 2004 年版，第 161 页。
③ 马克思：《资本论》第 3 卷，人民出版社 2004 年版，第 585 页。
④ 马克思：《资本论》第 1 卷，人民出版社 2004 年版，第 685 页。

而产生虚拟资本。信用包括商业信用和银行信用。商业信用的作用是使经济的扩张、交易的扩张突破现有资本的限制，这就是马克思所分析的，商业不能够用自有的资本把全国的产品买去并且再卖掉。但借助商业信用，就使这种状况成为可能。其机制是：商品买卖采取汇票形式，汇票是一种有一定支付期限的债券。这种汇票直到它们期满，支付之日到来之前，本身又会作为支付手段来流通。① 这种商业票据的流通便代替了货币流通。这时"真正的信用货币不是以货币流通（不管是金属货币还是国家纸币）为基础，而是以汇票流通为基础。"② 通过这种单纯流通手段的创造，产生出虚拟资本。

银行信用的作用同样能使经济扩张，它使同一些货币可以充当不知多少次存款的工具，同一货币能够执行多少次借贷资本的职能。其形式有：汇票、支票、发行银行券，以有息证券、国家证券、各种股票作抵押的贷款，存款的透支，未到期汇票的贴现等。同一笔货币资本反复使用，就产生虚拟资本。这种在信用流通上产生虚拟资本在现实中就表现为信贷膨胀。这种状况在 20 世纪 80 年代末日本产生的泡沫经济表现得最为明显。当时盛行所谓的低成本扩张和负债经营导致日本出现信贷泡沫，在无限制贷款而资本无法回流的情况下，导致信用无法持续，最终因泡沫经济被打破而经济出现了持续十年左右的衰退。

其次是在收入资本化形式上产生虚拟资本。就如马克思所说："人们把虚拟资本形成叫作资本化，人们把每一个有规则的会反复取得收入按利息率计算，把它算作是按这个利息率贷出的资本会提供的收入，这样就把这个收入资本化了。"③ 债券、股票等证券的收入都可依据利息率资本化，从而都可成为虚拟资本。这些证券所筹集的资本进入企业运行，形成实体经济的运行。但它们作为所有权证书存在，实际上代表对于未来收益的索取权，因此可以进入市场流通。用于投资的房地产也有这种特征。在证券和房地产流通市场上，股票、债券和房地产的价格有独特的运动和决定方法："一方面它们的市场价值会随着它们有权索取的收益的大小和可靠程度而发生变化。"另一方面他们的"市场价值部分地有投机性质，因为它不是由现实的收入决定的，而是由预期得到的、预先计算的收入决定的。"④ 利息率变化、进入市场的证券数量、投机心理、虚假信息、操纵市场等等因素都会导致其市场价值远远脱离其现实资本的价值。因此证券市场实际上是投机性市场，投机过度就产生泡沫经济。1997 年爆发的东南亚金融危机

① 马克思：《资本论》第 3 卷，人民出版社 2004 年版，第 450 页。
② 马克思：《资本论》第 3 卷，人民出版社 2004 年版，第 451 页。
③ 马克思：《资本论》第 3 卷，人民出版社 2004 年版，第 528 页。
④ 马克思：《资本论》第 3 卷，人民出版社 2004 年版，第 530 页。

基本上就是由证券和房地产市场上投机过度造成的。2001 年美国华尔街出现的信用危机，就是安然、世通等公司利用证券市场上的投机机制，弄虚作假，操纵股价，导致了华尔街信用危机。

最后是金融衍生工具形式产生的虚拟资本。马克思当时从股票债券等虚拟资本中发现，一切资本具有了倍数增加的能力。这样，"在一切进行资本主义生产的国家，巨额的所谓生息资本或货币资本都采取这种形式。货币资本的积累，大部分不外是对生产索取权的积累，是这种索取权的市场价格即幻想资本价值的积累。"① 虚拟资本这种使货币资本倍数增加的机制就产生了强烈的创造虚拟资本的诱惑。后来的金融创新可以说基本上都是围绕着创造虚拟资本进行的。恩格斯在修订《资本论》第三卷时依据当时现实发现，市场上出现了单纯为了购买某种有息证券而成立的金融公司："资本这种增加一倍和两倍的现象，例如已由金融信托公司大大发展了。"② 这些金融公司单纯投资于证券，而不是投资于实体经济，由此使虚拟资本进一步膨胀。它使虚拟资本的市场价值越来越看不到现实资本的影子。特别是从 20 世纪 90 年代起，随着信息化的发展，以美国为首的西方国家的金融创新速度大大加快。创造出一系列的金融衍生工具，如金融期货、股票指数、期权等。虚拟资本的数量也大大增加，据有关资料显示，每天在各类资本市场上交易的虚拟资本是现实资本的数十倍。

在现代，金融工具创新的主要方式是创造金融衍生工具。金融衍生工具从一定意义上说是投机工具，衍生工具交易也就是转嫁风险。2007 年美国次贷危机产生的直接原因是金融创新过度，衍生工具创造过度。当时的金融创新实际上把实体经济也虚拟经济化了。例如房地产供给增加时为刺激需求，金融机构进行抵押贷款，即使是对信用能力弱的也提供贷款。金融机构再将这些债权证券化后出售。购买的这些债权又都要利用银行信贷。因此形成的证券买卖的链条不仅长，尤其因带有投机性而产生数额巨大的虚增部分。这样一旦其中某个环节（支付债务和还贷）中断，由此爆发危机就是全局性的，而且因其虚增部分太大而导致整个金融系统的破坏。2007 年发生次贷危机一年后雷曼兄弟破产从而爆发全球性金融危机，就说明这一点。

美国这场在房地产金融领域中产生的次贷危机迅速蔓延到整个金融系统，不仅同金融机构的无节制放贷相关，也同银行的资本结构相关。马克思当时就发现："银行家资本的最大部分纯粹是虚拟的，是由债权（汇票），国家证券（它

---

① 马克思：《资本论》第 3 卷，人民出版社 2004 年版，第 531 页。
② 马克思：《资本论》第 3 卷，人民出版社 2004 年版，第 533 页。

代表过去的资本）和股票（对未来收益的支取凭证）构成的。……它们所代表的资本价值也完全是虚拟的。"① 这也可以说明，为什么美国的次贷危机一发生就迅速向银行蔓延，并使花旗银行等大银行濒临破产。银行资本结构以虚拟资本为主，银行对虚拟经济领域中的过度投机不但没有抗风险能力，甚至能与其同流，产生整个金融领域的危机就是必然的了。

这次发生在美国的金融危机很快就蔓延到全世界，即使是经济一直健康发展的国家都无一幸免。这要从金融全球化的趋势说起。早在19世纪末20世纪初资本主义进入帝国主义阶段时，列宁就发现，"帝国主义是金融资本和垄断的时代，金融资本和垄断到处都带有统治的倾向而不是自由的倾向。"② 金融资本对其他一切形式的资本的优势，"表明少数拥有金融实力的国家比其余一切国家都突出。"③ 经过接近一个世纪的发展，经济进入全球化阶段，其特征就是金融全球化，表现为：货币的自由兑换及货币的全球化，金融市场（货币和资本市场）的全球化，虚拟经济的全球化，资本的自由流动，由贸易全球化产生的全球性支付关系。由于美国是拥有金融实力的国家，其一旦发生危机，必然通过金融全球化的通道，迅速向全世界蔓延。

二、现代金融危机的实质还是实体经济的危机

以上从虚拟经济领域中难以避免的投机过度和欺诈性来说明金融危机的引发因素。现在需要进一步研究产生金融危机的更深层次的原因，也就是说明其本质。马克思对资本主义经济危机有一个明确的判断，即生产相对过剩。其根本原因是由资本主义私人占有和社会化大生产这个基本矛盾。这个基本矛盾导致了生产的无限扩张和人民群众消费需求相对缩小的矛盾。这个矛盾发展到一定程度就爆发经济危机。根据我们的观察，现在在资本主义国家在金融领域爆发的一次次危机，其根本原因仍然没有超出马克思当时的判断。

首先，从虚拟经济与实体经济的关系分析，金融危机产生的直接原因是虚拟经济过度背离实体经济。信用产生虚拟资本的量是有边界的，超出这个边界就可能产生危机。由信用形式产生虚拟资本不只是产生商品的生产和流通突破流通手段量而实现扩张的正效应，也可能产生泡沫经济的负效应。由于信用形式的虚拟经济的存在，"市场的联系和调节这种联系的条件，越来越采取一种不以生产者

① 马克思：《资本论》第3卷，人民出版社2004年版，第532页。
② 列宁：《帝国主义是资本主义的最高阶段》，人民出版社1974年版，第111页。
③ 列宁：《帝国主义是资本主义的最高阶段》，人民出版社1974年版，第53页。

为转移的自然规律形式，越来越无法控制。"① 资本主义生产的规模"取决于这种生产的规模和不断扩大生产规模的需要，而不取决于需求和供给、待满足的需要的预定范围。"在大量生产中，产品只要卖出，在生产者看来，一切都正常。而实际上直接的购买者只能是借助信用的大商人，而不一定是消费者。"只要再生产过程不断进行，从而资本回流确有保证，这种信用就会持续下去和扩大起来。"② 一旦由于回流延迟，市场商品过剩，信用将会收缩。"只要信用突然停止，只有现金支付才有效，危机显然就会发生。"③ 这次美国次贷危机的产生就是这样。次贷之类的信用造成了房地产市场的虚假繁荣，一当超出实体经济支持的界限，信用停止，危机就爆发。

其次，从金融创新的动机分析，尽管金融创新有适应现代市场经济发展的一面，但金融创新的基本目标是金融资本为了谋求垄断利润。就如列宁所描述的："集中在少数人手里并且享有实际垄断权的金融资本，由于创办企业、发行有价证券、办理公债等等而获得大量的、愈来愈多的利润，巩固了金融寡头的统治，替垄断者向整个社会征收贡税。"④ 现在谋求高额利润的途径还有无节制的放贷和创造金融衍生工具。马克思当时研究了 19 世纪发生在英国的几次经济危机的起因，发现大都同银行信用相关：诱人的高额利润，使人们远远超出拥有的流动资金所许可的范围来进行过度的扩充活动，不过，信用可加以利用，它容易得到，而且便宜。而且，用未售的商品作担保得到的贷款越是容易，这样的贷款就越是增加。在这种信用条件下，谁都不会放过这种大好机会，"结果必然造成市场商品大量过剩和崩溃。"⑤ 金融创新不仅给金融资本提供谋求高额利润的机会，也会被某些经营者所利用。例如为刺激经营者金融创新设计了期权刺激，将经营者报酬与公司的市场价值挂钩，由此就产生安然、世通等公司的 CEO 做假、虚报利润，人为抬高股价等行为，造成股票市场上的危机，给普通股民造成重大损失。

最后，从生产和消费需求的关系分析，生产和消费在时间和空间上是分开的。现实中两者发生冲突的原因就同生产目的相关。"因为资本的目的不是满足需要，而是生产利润，因为资本达到这个目的所使用的方法，是按照生产的规模来决定生产量，而不是相反，所以，在立足于资本主义基础的有限消费范围和不

① 马克思：《资本论》第 3 卷，人民出版社 2004 年版，第 273 页。
② 马克思：《资本论》第 3 卷，人民出版社 2004 年版，第 546 页。
③ 马克思：《资本论》第 3 卷，人民出版社 2004 年版，第 555 页。
④ 列宁：《帝国主义是资本主义的最高阶段》，人民出版社 2004 年版，第 47 页。
⑤ 马克思：《资本论》第 3 卷，人民出版社 2004 年版，第 459 页。

断地力图突破自己固有的这种限制的生产之间，必然会不断发生冲突。"① 在资本主义经济中，生产只受社会生产力的限制，大工业生产方式具有一种跳跃式地扩张的能力。市场实现则受社会生产比例和社会消费力的限制。就社会消费力来说，马克思认为，它"既不是取决于绝对的生产力，也不是取决于绝对的消费力，而是取决于以对抗性的分配关系为基础的消费力；这种分配关系，使社会上大多数人的消费缩小到只能在相当狭小的界限以内变动的最低限度。这个消费力还受到追求积累的欲望的限制。"生产的条件和实现的条件的矛盾表明，生产的无限扩张要求市场不断扩大，但"市场的联系和调节这种联系的条件越来越采取一种不以生产者为转移的自然规律的形式，越来越无法控制。"因此，"生产力越是发展，它就越和消费关系的狭隘基础发生冲突。"② 其结果是爆发生产过剩的危机。

金融创新可以从生产和消费两个方面加剧生产无限制扩张和人民群众消费需求相对缩小的矛盾。在生产方面，"信用每当遇到特殊刺激会在转眼之间把这种财富的非常大的部分作为追加资本交给生产支配"③。面对生产的无限制扩张，为防止和克服可能的经济危机，可能的途径就只能是扩大消费。从理论上讲，扩大消费的最为可靠的途径是改变对抗性的分配关系，提高劳动者收入，从而提高社会消费力。但资本主义制度下是不可能这样做的。如果能这样做就不是资本主义了。这些国家能够做的是通过金融创新来创造市场需求。以下的分析将发现，金融创新从消费方面缓和生产和消费矛盾的同时也在积累矛盾，催生破坏性更大的危机。

由对生产的信贷扩大到对消费的信贷，可能大大提高消费力，从而使生产的扩张突破现有的消费能力的限制。其中发行信用卡，可以说是鼓励提前消费的一种金融创新。其意义是当前的消费不受当前收入水平的限制，可以把明天的收入用于今天的消费。在房地产供给迅猛增加，超出有支付能力的消费需求出现泡沫时，银行和金融机构提供购房贷款，即使是信用能力低的次贷申请人也能得到购房贷款。这就在表面上提高了市场购买力。发放房贷的金融机构再将这些债权证券化，把债务组合分割，衍生出多种金融产品，卖给一个个投机者（主要是银行等金融机构），由此又释放出数额巨大的流动性（流通中货币）。所有这些金融创新活动创造了短时期的市场的虚假繁荣。同时也积累各种风险。随着越来越多的购房者无力还贷，次贷风险日益加剧，次贷危机的爆发就是必然的了。发行次

---

① 马克思：《资本论》第 3 卷，人民出版社 2004 年版，第 286 页。
② 马克思：《资本论》第 3 卷，人民出版社 2004 年版，第 273 页。
③ 马克思：《资本论》第 1 卷，人民出版社 2004 年版，第 729 页。

贷并出售次贷之所以能推行，就是以为这种金融创新能够刺激起市场需求，繁荣房地产市场。其实质还是华尔街的贪婪，为追求高额利润而不惜一切，丧失道德。但是经济规律是不以人的意志为转移的，最终还是虚拟经济抵挡不住实体经济，爆发实体经济领域的危机。就如马克思所描述的："在再生产过程处于非常繁荣状态时，商品的一大部分只是表面上进入消费，实际上是堆积在转卖者的手中没有卖掉，事实上仍然留在市场上。这时，商品的潮流一浪接一浪地涌入市场。于是市场上形成激烈竞争。后涌入的商品为了卖掉只好降低价格出售，以前进入市场的商品尚未变成现金，支付期限已经到来，商品持有者不得不宣告无力支付。"这种出售同需求的实际状况无关。同它有关的，只是支付的需求，只是把商品转化为货币的绝对必要。于是危机爆发了。"①

最后，美国爆发的这次危机，是马克思所揭示的平均利润率下降规律及其影响的最好说明。所谓平均利润率下降，指的是资本边际收益递减。反过来就是增加每一单位利润所需要的资本递增。就如马克思指出，平均利润率下降，就会产生资本过剩。其突出表现是进入实体经济部门的资本最低限额提高了。因此，"大量分散的小资本被迫走上冒险的道路：投机、信用欺诈、股票投机、危机。"② 20 世纪 80 年代起美国产生了以信息技术为代表的新经济，使美国经济有持续 20 多年的经济增长。进入 21 世纪，经济衰退已见端倪，表现在 21 世纪初的 IT 泡沫破灭。这本身反映平均利润率下降规律的作用。为阻止平均利润率的下降，从政府到金融资本家都是借助投机和信用机制。美联储实施放松货币的政策，金融机构推行一系列的从虚拟经济方面创造需求的金融创新，大量发行消费信贷，鼓励举债消费，发行各种金融衍生工具，造成资本市场的巨大泡沫，企图延缓经济衰退，阻止平均利润率下降。所有这些行为所产生的后果就是马克思说的："会削弱资本的那种和资本一同发展起来并以这些预定的价格关系为基础的支付手段职能，会在许多地方破坏一定期限内的支付债务的链条，而在和资本一同发展起来的信用制度因此崩溃时会更加严重起来，由此引起强烈的严重危机。"③ 马克思在这里所揭示的正是这次金融危机爆发的机理。

三、以有效的政府干预和制度调整克服市场失败

经济危机的产生暴露了生产力和生产关系的矛盾，因此，政府介入的反危机

---

① 马克思：《资本论》第 2 卷，人民出版社 2004 年版，第 89 页。
② 马克思：《资本论》第 3 卷，人民出版社 2004 年版，第 279 页。
③ 马克思：《资本论》第 3 卷，人民出版社 2004 年版，第 283 页。

措施不仅涉及各种解救经济的应急性调控措施，也会涉及针对暴露出的矛盾所作的制度调整。对资本主义国家来说，恰恰是靠危机中的制度调整，资本主义经济制度得以继续生存和发展。研究这次世界金融危机爆发以后，各个国家政府所采取的一系列措施，可以发现在现代经济条件下克服市场失败的路径。

20 世纪 30 年代的大危机就证明了长期占统治地位的依靠市场机制自我调节的自由主义理论的破产。凯恩斯理论被认可也就是认可了国家干预宏观经济的必要性。根据凯恩斯理论美国政府采取国家干预的措施才使美国乃至世界经济摆脱这场大危机。但在此以后的几十年里，资本主义国家进入相对稳定阶段，由此反对国家干预信奉市场自我调节的新自由主义又流行起来，甚至在我国的经济学界也有很大影响。进入 21 世纪后，美国及其他西方国家的经济衰退的压力越来越明显，此时美国所进行的一系列在虚拟经济领域中的金融创新实际上是力图利用市场的自我调节机制来克服宏观经济的不均衡问题并阻止经济衰退，甚至直到2007 年美国发生次贷危机，政府也没有迅速反应及时干预，酿成 2008 年全球性金融危机。这次金融危机的爆发再次宣告了单纯信奉市场自我调节的新自由主义的破产，证明了依靠市场的自我调节不能解决宏观经济和经济衰退问题。

面对自我调节的市场机制的失败，在世界金融危机产生后，各个国家的政府迅速采取了大力度救市的政府干预的措施。如美国政府实施 7000 亿美元的刺激经济计划，对濒临破产的大银行推行国有化计划，西欧各国中央银行普遍降息的计划，等等。应该肯定各国政府及时大力度救市可能阻止经济下滑，不至于产生20 世纪 30 年代大危机那样进入长期萧条阶段。从各个国家实施政府救市的干预政策的效果看，政府干预宏观经济是必要和有效的。在这次危机中美国政府干预经济的一个重要方式是对某些濒临破产的金融机构和公司实行国有化，例如美国政府收购花旗银行的股权，或者说持有其股权。对这种国有化有人认为是"社会主义化"。其实不然。这是利用国家资本挽救濒临破产企业的一种方式。当这些企业被救过来后，政府还会通过出售股权的方式进行"非国有化"。其实质还是国家垄断资本主义。就如当年列宁所揭示的："国家的垄断不过是提高和保证某个工业部门快要破产的百万富翁的收入的一种手段罢了。"① 显然，美国政府这次所推行的"国有化"虽然有控制金融危机蔓延和深化的效果，不可否认也有保证快要破产的金融资本家的收入的作用。

美国最近几次爆发金融危机的事实不仅一次次宣告市场自我调节的失败，而且对作为政府干预理论基础的宏观经济理论提出挑战，从而牵动宏观经济理论的

---

① 列宁：《帝国主义是资本主义的最高阶段》，人民出版社 1974 年版，第 33 页。

突破。

　　首先是宏观经济的范围扩大到资本市场上的资产价格总水平。

　　20 世纪 90 年代以来在世界上发生的经济危机都表现为金融危机，这一现实对传统的宏观经济理论和政府干预政策提出了挑战。在此以前的经济危机，特别是 30 年代大危机都直接在实体经济领域中产生，表现为生产过剩。与此相应的宏观经济理论也是从实体经济的三大市场（商品市场、就业市场和货币市场）来分析宏观经济的总量均衡问题。政府干预理论也主要限于在实体经济中的总供给和总需求的均衡，政府所要调节的总量指标主要是商品市场上的价格总水平，就业市场上的就业总水平，货币市场上的利率总水平。即使是所涉及的金融问题也主要分析货币市场上的货币供给和货币需求，其研究视角也限于其对商品价格总水平和就业总水平的影响。

　　而现在世界上特别是在资本主义世界发生的经济危机基本上是在虚拟经济领域产生的。影响宏观经济均衡的市场不仅是商品市场上的价格总水平，就业市场上的就业总水平，货币市场上的利率总水平，更是有资本市场上的资产价格总水平。资本市场上资产价格总水平不仅有相对独立的决定因素，而且能独立地影响宏观经济的均衡，过度投机造成的资产价格膨胀，形成没有实体经济支持的泡沫经济，通货膨胀随之而来。泡沫经济一被打破，资产价格迅速缩水，通货紧缩和经济衰退随之而来。因此，资本市场和虚拟经济必须进入宏观经济分析的范围，资产价格水平必须成为宏观监测的指标，虚拟经济必须成为政府监控的对象，特别是要控制在虚拟经济领域金融创新的度。

　　其次是虚拟经济领域成为市场失败的主要方面，从而成为政府监管的重点。

　　过去我们所说的市场失灵都反映在实体经济领域，如外部性和垄断等。因此政府干预所要关注的也在实体经济领域。近年来所发生的几次经济危机都在虚拟经济领域中引发，反映在虚拟经济领域中的失信和过度投机。这些问题不但不可能靠市场的自我调节所能克服，而且市场机制的运行还可能有自我增强的功能。其原因就是虚拟资本的价值在马克思看来是"幻想资本价值的积累。"[1] 首先问题不仅仅是过度投机所导致的虚拟资本脱离实体资本，还在于流通中的证券和衍生的金融工具中"有惊人巨大的数额，代表那种现在已经败露和垮台的纯粹欺诈营业；其次，代表利用别人的资本进行的已告失败的投机；最后，还代表已经跌价或根本卖不出去的商品资本，或者永远不会实现的资本回流。"[2] 马克思在 100

　　[1]　马克思：《资本论》第 3 卷，人民出版社 2004 年版，第 531 页。
　　[2]　马克思：《资本论》第 3 卷，人民出版社 2004 年版，第 555 页。

多年前揭示的这些问题在现代的虚拟经济领域中比比皆是，因此提出了政府加强金融监管的必要性。在过去相当长的时间中，虚拟经济领域可以说是金融监管的盲区。

早在 2002 年美国出现的安然公司造假并破产导致股市濒临崩溃事件，表明虚拟经济领域中的许多问题可以归结为诚信缺失和道德风险。资本市场的诚信机制不能仅依靠自律，必须突出他律。他律，就是要政府介入，加强法制约束和监管力度，由此促使美国出台了《萨班斯奥克斯利法》，其基本内容是以较为严格的会计审计制度，对市场各个主体行为进行监控，加强对资本市场失信行为的惩处力度。这个法律出台，恰逢美国金融体系竞争力下降之时，再加上美国一直信奉市场自我调节的自由主义，又促成了美国放松金融监管的决心并于 2006 年出台了《金融服务管制放松法》。2007 年美国次贷危机的爆发并引发 2008 年全球性金融危机，从一定意义上说是对美国放松金融监管的惩罚。

这次全面危机的爆发迫使美国政府在 2009 年 6 月发布《金融监管改革——新基础：重建金融监管》法案。该法案确立了政府在危机处理中的核心地位，试图实施无盲区的全面监管，着力解决金融监管机构之间的协调和制衡问题。从美国金融创新失控和过度的实践看，金融监管的重点，应该规范金融衍生工具的创造。金融衍生工具的创新对虚拟资本的创造具有明显的杠杆效应。这也是对虚拟经济脱离实体经济的支持的杠杆效应。这次次贷危机所引发的世界性金融危机就同此直接相关。因此国家特别要规制金融衍生工具的创造，使之严格控制在可控范围，控制在实体经济支持能力的范围。

最后是利用虚拟经济的机制反危机。

虽然这场世界性金融危机的直接导火线是虚拟经济领域的过度投机，但这种机制的存在又可被国家对宏观经济的调控加以利用。

金融危机从虚拟经济领域产生，其后果是打击实体经济，造成经济衰退。危机到来后，政府毫无疑问要着力挽救实体经济，以保增长来阻止经济衰退，以保就业来减少失业。需要指出的是，在现代经济中已经存在虚拟经济的机制。这个机制导致了经济危机，同样也可以被利用来反危机。面对危机阶段市场需求的加剧下降，政府的重要干预是在财政上实施减税和增加政府需求两个方面措施。企业和居民在危机阶段或者缺乏投资和消费信心，或者因收入下降而缺乏投资和消费能力。政府实施这种积极的财政政策，既是直接增加投资和消费需求，也是作为示范和导向带动社会需求，从而起到保增长和保就业的作用。在 20 世纪 30 年代大危机中，面对市场有效需求的严重不足，凯恩斯甚至开出了赤字财政的药方。在实际的操作中，政府无论是实施积极的财政政策还是宽松的货币政策，都需要利用包括虚拟经济在内的金融机制。

一是对信贷机制的利用。在马克思的经济周期分析中，信用对经济周期起着关键性作用。"通货的大调节器是信用"①。繁荣阶段，信用扩张，借贷资本相对宽裕；危机爆发，信用突然停止，借贷资本绝对缺乏。因此，在经济衰退时，与其说是需求不足，不如说是信用不足。基于这种周期性特征，作为反危机措施的扩大需求的主要途径就是扩大信用，就是马克思说的，"只要银行的信用没有动摇，银行在这样的情况下通过增加信用货币就会缓和恐慌，但通过收缩信用就会加剧恐慌。"② 加大信贷投放、活跃信用、启动闲置的产业资本就是推动经济走出危机阶段的主要路径。这次金融危机骤然而至，市场需求骤减，流动性严重不足，许多企业的资金链断裂。在这种情况下放松信贷管制，扩大信贷投放，就可挽救一批企业，而且政府扩大需求也需要信用提供资金支持。

二是对虚拟资本市场的利用。在现实的市场机制运行中，资本市场机制与商品市场机制的方向不完全一致。由于商品的需求是用于消费，因此商品市场价格同需求呈反向变化。而资本需求是用于增值，因此资本市场价格变动与其需求呈正向变化，就是说，股票、房地产等是买涨不买跌。现在属于虚拟经济的金融资产在企业和居民的资产组合中已占越来越大的比重，虚拟经济的市场状况会产生明显的财富效应。从一定意义上说，虚拟经济是信心经济，正因为存在这样的机制，资本市场对实体经济市场的反应最为敏感，甚至对实体经济的周期性变化具有明显的推波助澜作用。实体经济市场趋好时，资本市场的过度投机可能造成泡沫经济，从而导致虚假的市场繁荣，而一旦泡沫被打破，资产价格就一泻千里，由此通过投资者的资产严重贬值和缩水而直接影响实体经济市场需求的锐减。而在经济处于危机阶段，商品市场需求低迷时，最为重要的是在虚拟资本市场上提振信心，活跃房地产和股票市场，通过财富效应刺激消费和投资需求、带动实体经济的市场活跃。从我国近几次经济周期的实践看，在实体经济市场处于低迷时，刺激房地产市场需求，对实体经济的好转有明显的带动作用。

最后需要指出，美联储前主席格林斯潘在十年前声称"西方特别是美国运行的资本市场是一种优越模式"然而21世纪初美国华尔街爆发诚信危机，2007年美国爆发次贷危机并引发2008年世界金融危机打破了这个神话。与此同时中国经济的国际影响力大大增强，经济制度的中国模式也受到了广泛的重视。这将进一步引发我们对经济制度的政治经济学思考。

---

① 马克思：《资本论》第3卷，人民出版社2004年版，第590页。
② 马克思：《资本论》第3卷，人民出版社2004年版，第585页。

主要参考文献：

1. 马克思：《资本论》1~3卷，人民出版社 2004 年版。

2. 列宁：《帝国主义是资本主义的最高阶段》，人民出版社 1974 年版。

3. 中国社科院金融研究所课题组：《美国金融监管改革最新进展》，载于《金融论坛》2009 年第 26 期。

（本文原载于《经济学家》2009 年第 11 期）

市场对资源配置起决定性作用后政府作用的转型

提要

明确市场对资源配置的决定性作用，实际上是回归到了市场经济的本义，但不能放大到不要政府作用，也不能把市场决定资源配置放大到决定公共资源的配置。为了使市场对资源配置起决定性作用，政府不仅要通过自身的改革退出市场作用的领域，还要承担起完善市场机制建设市场规范的职能。这是市场有效发挥决定性作用的基础。在分清政府与市场作用的边界时不能以为强市场就一定是弱政府。政府要更好配置公共资源，发展任务和克服市场失灵都需要政府公共资源的配置来推动和实现。在市场对资源配置起决定性作用后，政府作用机制要同市场机制衔接。政府配置公共资源同市场配置市场资源应该结合进行。

党的十八届三中全会确认市场在资源配置中起决定性作用。这是我国社会主义市场经济理论的重大突破，也是马克思主义经济学中国化的重要成果。这个理论突破涉及政府和市场关系的重大调整。这种资源配置机制的实现，不仅需要政府通过自身的改革使市场对资源配置起决定性作用，还要求政府在市场决定资源配置新格局中更好发挥应该发挥的作用。

一、市场由基础性作用到决定性作用的转变

研究我国改革开放的轨迹可以发现，每一次重大改革都是市场经济理论取得重大突破以后产生的，而且每一次重大突破的改革取向都是调整和优化政府和市场的关系。

我国从1992年党的十四大提出使市场在国家宏观调控下对资源配置起基础性作用的突破性理论，经过十五大、十六大、十七大直到2013年的十八大，一直是指导我国经济体制市场化改革的指导思想的理论基础。这次十八届三中全会

明确提出市场对资源配置起决定性作用。这表明我国的社会主义市场经济理论又取得了突破性进展。对市场作用的新定位将成为在经济体制中处理政府作用和市场作用的新指南。

十八届三中全会作出的关于全面深化改革的决定明确提出，经济体制改革的核心问题是处理好政府和市场的关系，使市场在资源配置中起决定性作用和更好发挥政府作用。这是社会主义市场经济理论的重大突破，预示着我国的经济体制将迎来重大的改革。这里的关键是明确"基础性"作用和"决定性"作用的内涵区别。

首先，在原来的市场的"基础性作用"定义中，实际上存在两个层次的调节，即国家调节市场，市场调节资源配置。市场在这里起基础性调节作用。而现在提的市场的"决定性作用"，意味着不再存在两个层次的调节，市场不再是在政府调节下发挥调节作用，而是自主地起决定性作用。

其次，原来的市场起基础性作用的初衷，是通过国家调控市场来实现宏观和政府目标，在这里市场实际上起不到决定性作用。而在市场起决定性作用时，政府所调控的不再是对资源配置起决定性作用的市场机制，而是调控影响宏观经济稳定的价格总水平、就业总水平和利率总水平。在这里，政府是在没有干预市场调节资源配置的前提下，对其产生的宏观结果进行调控。

第三，在原来的市场起基础性作用定义中，政府需要预先调控市场，并时时调控市场，而在市场起决定性作用时，宏观调控是在反映宏观经济的失业率和通货膨胀率超过上限或下限时才进行，当然不排斥必要的微调。这就给市场作用在宏观经济领域留下了很大的空间。

国家宏观调控市场的本意，主要有两个方面：一是要求市场调节资源配置能够贯彻社会主义的公平目标。二是贯彻宏观经济总量平衡的目标。而实际效果呢？一方面市场难以贯彻公平目标的，另一方面宏观经济依然屡屡失控。再加上国家调控市场所带有明显的主观性和有限理性缺陷，反而使市场调节资源配置受到各种干扰而达不到效率目标。面对这种政府失灵，与其达不到宏观调控市场目标，不如放开市场作用。

明确市场对资源配置的决定性作用，实际上是回归到了市场经济的本义。经济学不仅研究效率目标，更为重要的是研究实现效率目标的机制。无论是马克思主义经济学还是西方经济学，共同的结论是，在市场经济条件下，只有市场机制才能实现资源的有效配置，马克思对此的说明是：社会劳动时间在各个部门的有效分配的标准是每个部门耗费的劳动时间总量是社会必要劳动。其实现依赖于价值规律的充分作用，市场机制是价值规律的作用机制。"竞争，同供求比例的变动相适应的市场价格的波动，总是力图把耗费在每有着商品的总量归结到这个标准上来"。① 西方经济学对此的说明是福利经济学的定律，即：每一个竞争性经济都具有帕累托效率，每一种具有帕累托效率的资源配置都可以通过市场机制实现。市场按效率原则竞争性地配置资源，能促使资源流向效率高的地区、部门和企业。我国经济已经过了依靠资源投入阶段，资源和环境供给不可持续问题已经非常突出，确确实实到了向效率要资源的阶段，因此，将资源配置的重任交给市场就显得更为迫切。

市场决定资源配置有两大功能：一是优胜劣汰的选择机制，二是奖惩分明的激励机制。市场配置资源的基本含义是依据市场规则、市场价格、市场竞争配置资源，实现效益最大化和效率最优化。其现实表现是市场决定生产什么、怎样生产、为谁生产。前提是消费者主权、机会均等、自由竞争、自由企业经营、资源自由流动。显然，转向市场决定资源配置的体制和机制会牵动一系列的改革。

所谓市场决定生产什么，是指生产什么东西取决于消费者的货币选票。市场要起到决定作用，不仅要求生产者企业自主经营和决策，还要求消费者主权，消费者自由选择。生产者按消费者需求，按市场需要决定生产什么，才能真正提供社会所需要的产品。与此相应，就要取消各种政府对企业生产什么的审批。

所谓市场决定如何生产，是指企业自主决定自己的经营方式，自主决定自己的技术改进和技术选择。在充分竞争的市场环境中，生产者会选择最先进的技术，最科学的经营方式，最便宜的生产方法。竞争越是充分，资源配置效率越高。与此相应的体制安排是打破各种保护和垄断，优胜劣汰，生产者真正承担经营风险。

所谓市场决定为谁生产，是指生产成果在要素所有者之间的分配，取决于各种生产要素市场上的供求关系。市场配置的资源涉及劳动、资本、技术、管理和自然资源。各种资源都有供求关系和相应的价格，相互之间既可能替代又可能补充。由此就提出资源配置效率的一个重要方面：最稀缺的资源得到最节约的使用并且能增加有效供给，最丰裕的资源得到最充分的使用。这种调节目标是由各个要素市场的供求关系所形成的要素价格所调节的。要素使用者依据由市场决定的生产要素价格对投入要素进行成本和收益的比较，以最低的成本使用生产要素，要素供给者则依据要素市场价格来调整自己的供给。与此相应的体制安排是各种要素都进入市场，各种要素的价格都在市场上形成，并能准确地反映各种生产要素的稀缺性，并能调节要素的供求。与此相应的制度安排是生产要素都进入市场。

---

① 马克思：《资本论》第 3 卷，人民出版社 2009 年版，第 214 页。

市场决定资源配置突出的是市场的自主性。这种自主性不仅表现为市场自主地决定资源配置的方向，同时也表现为市场调节信号即市场价格也是自主地在市场上形成，不受政府的不当干预。关于价格在市场上形成马克思主义经济学有过明确的规定。价格只有在竞争性的市场上形成，才能形成准确反映市场供求的价格体系，才能反映价值规律的要求。当年马克思就指出，市场上"不承认任何别的权威，只承认竞争的权威"①。因此，政府就没有必要再直接定价。改革以来，竞争性领域价格基本上已经放开，由市场定价。现在需要进一步推进水、石油、天然气、电力、交通、电信等垄断性领域的价格改革。经济学的一般理论都指出，垄断严重削弱市场的活力，从而降低资源配置的效率。垄断价格，垄断收入，以及垄断部门的服务质量问题，本质上都是体制问题。根据政府规制理论，自然垄断部门不是所有环节都需要政府规制，其中作为网络型自然垄断环节的前向和后向环节都可以作为竞争性环节，其价格应该放开在市场上形成。政府定价范围就主要限定在重要公用事业、公益性服务、网络型自然垄断环节。凡是能由市场形成价格的都交给市场，政府不进行不当干预。这样，市场价格信号就更为准确，市场调节范围就更为广泛。而且，市场价格形成不只是指商品价格，还涉及各种生产要素的价格体系。按照上述市场要求作为市场调节信号的价格、利率和汇率都应该在市场上形成，反映市场对各种要素的供求关系。

显然，为了保证资源配置的效率，政府更好发挥作用的首要方面是通过自身的改革使市场对资源配置起决定性作用。

二、完善决定资源配置的市场机制

市场是以包含市场价格、市场竞争和市场规则的市场机制来决定资源配置的。显然，市场配置资源是否有效，前提是市场机制是否完善。

根据新古典经济学的界定，市场机制有效配置资源要以完全市场为基础。完全市场的标准就是经典的阿罗－德布鲁模型假设的：对于任何商品，在任何时间、任何地点、任何自然状态下（任何风险状态）都处于完全竞争的市场中，大量的追逐利润（或价值）最大化的厂商与理性的追逐效用最大化的消费者之间相互影响、相互作用。该模型对完全市场有几个最基本的规定：（1）各种商品都要进入市场；（2）各个市场是完全竞争的；（3）市场主体（厂商和消费者）都是

---

① 马克思：《资本论》第 1 卷，人民出版社 2004 年版，第 412 页。

理性的追求最大化。① 这就是说，经济学所认定的市场配置资源最为有效是以这种完全市场为标准的。应该说，在现实中这种完全市场并不存在，但它是建设和完善市场的标准。

现实的市场达不到完全竞争的条件。市场不完全包括竞争不完全，市场体系不完全，信息不完全。在这种不完全的市场调节下，整个经济难以达到效率。已有的市场经济理论依据包含发达的市场经济在内的市场经济实践证明，现实的市场体系并不是完善的。非均衡市场理论指出了价格刚性、供求对价格缺乏弹性、竞争不充分会导致市场不均衡。信息不完全理论指出市场信息不完全既可能导致逆向选择，道德风险，免费搭车，欠债不还等等机会主义行为，也可能导致市场劣币驱逐良币的现象。我国的市场经济是由计划经济转型的，市场体系和市场秩序的混乱现象比此更为严重。现实中存在的市场上过度的"血拼式竞争"会导致社会资源的严重浪费和社会的不稳定。指出上述市场的不完全和不完善，不是不要市场决定资源配置，而是要求通过一系列的制度安排建设和完善市场，使市场更为有效地对资源配置起决定性作用。

市场配置资源的有效性，最为重要的取决于市场秩序。从亚当·斯密开始一直到哈耶克都是信奉自然秩序。其基本思想是，充分竞争的结果自然形成一种秩序。与此相应，建立市场秩序的基本途径是促进竞争。只要竞争是充分的，市场秩序就自然形成。现代制度经济学理论则强调，竞争要有秩序，市场秩序不完全是自我调节自我实现的。秩序不是自发形成的，需要自觉建立起竞争秩序，从而形成有秩序的竞争。这就是无形的手要在有形的秩序中指挥。这就成为政府更好发挥作用的重要方面。就我国现阶段来说，市场秩序建设突出在以下几个方面。

首先是规范和保护产权。产权界定是市场交易的前提。任何商品只有在产权界定清楚的情况下才能进行交易。市场秩序应该建立在有效的契约制度和产权制度基础上。保护市场参与者的合法权益，从根本上说就是保护其产权。就如马克思所说，交易双方"是作为自由的、在法律上平等的人缔结契约的。契约是他们的意志借以得到共同的法律表现的最后后果。""他们必须承认对方是所有者。这种具有契约形式的（不管这种契约是不是用法律固定下来的）法权关系，是一种反映着经济关系的意志关系。"② 显然，所有权是市场经济的前提和根本。没有所有权，也就没有契约形式的法权关系。在中国特色社会主义基本经济制度框架内建立的产权制度，必须明确公有制经济财产权不可侵犯，非公有制经济财产权

---

① 参见斯蒂格利茨：《社会主义向何处去》，吉林人民出版社1998年版，第5页。
② 马克思：《资本论》第1卷，人民出版社2004年版，第103页。

同样不可侵犯。产权界定和保护是国家职能。国家不只是要保护国有资产，还要保护各种所有制经济产权和合法利益。尤其是从法律和制度上对经济主体的产权归属进行明晰的界定和产权保护。其中包括规范产权流转和交易，保障市场坚持等价交换、平等竞争等。在创新驱动成为经济发展的主要方式后，产权保护不只是保护物质资产产权，还要保护知识产权。

其次是建立公平开放透明的市场规则。任何游戏都有规则，市场交易也不例外。建立市场规则也就是规范市场秩序。这是提高市场调节效果，降低市场运行成本的重要途径。市场机制之所以具有有效配置资源的功能，就在于其坚持市场公平的原则。包括权利平等，机会均等，公平交易，规则公平。在这种公平竞争的市场上，企业自由进出市场，消费者自由选择，要素自由流动，交易等价交换。市场在这样的公平竞争的市场环境下配置资源，就能达到效率目标。我国目前市场竞争的不公平突出表现在三个方面：一是不同所有制经济的不平等待遇，非公有制经济实际上受到各种形式的歧视。二是存在市场垄断，相当多的属于计划经济残余下来的行政垄断，处于垄断地位的企业可以操纵市场，获得垄断收益。三是国家和地方出台的各种优惠和倾斜政策。有优惠就有歧视，政策不一视同仁，部分地区部分企业获得某种优惠和照顾，造成竞争机会不公平，由此弱化市场机制的调节效应。建设公平竞争的市场，突出需要建设法治化的营商环境，实行统一的市场准入和市场化退出制度，在制定负面清单基础上，各类市场主体可依法平等进入清单之外领域。这里的关键是政府对负面清单的制定要真正体现公平开放透明的要求。市场的公开透明要求建立市场信息披露制度。市场信息不完全，独享信息的一方可能垄断和操纵市场，市场交易就达不到双赢。信息的经济价值也就凸显出来。市场参与者为此需要支付信息成本获取信息。从社会来讲就需要通过一定的制度安排来强制市场参与者披露信息，政府也要建立市场信息披露制度，为市场参与者提供产能过剩、技术水准、市场需求等信息，由此从社会范围降低信息成本。

第三是建立统一开放的市场。统一市场可以从多角度作出规定：一是从产品和要素的流动性规定，统一市场意味着在市场上要素自由流动，企业自由流动，产品和服务自由流动。二是从各类市场主体的市场地位规定，统一市场是指各类市场主体平等地进入各类市场并平等地获取生产要素。三是从市场规则规定，各个地区的市场体制和政策统一，各个地区市场按照统一的规则运作。我国是从自然经济直接进入计划经济，又从计划经济向市场经济转型的。因此，我国的统一市场一直没有形成。在改革进程中已有的财政税收制度的改革和地区发展政策又强化了地方利益，由此产生的地方保护主义的市场壁垒，阻碍要素在自由流动中实现有效配置。现阶段建设统一开放的全国市场突出在三个方面：一是打破地方保护，地方政府对本地处于劣势的产业和企业保护，使处于竞争劣势的企业和产品因保护而不能退出市场，造成了资源配置缺乏效率，不能实现资源最优配置。二是要打破市场的行政性垄断和地区封锁，实现商品和各种生产要素在全国范围自由流动，各个市场主体平等地进入各类市场交易。三是打破城乡市场分割，建设统一的城乡市场。其路径涉及提升农村市场化水平，完善农产品价格在市场上形成的机制，建设城乡统一的要素市场。

第四是完善市场体系。市场体系是资源有效配置的载体。转向市场决定资源配置的特征性要求是，资本、土地、劳动力、技术等生产要素都要进入市场，只有在各种要素都进入市场系统并在市场上自由流动，才可能有现实的市场决定资源配置。各个要素市场上的供求调节各种要素的价格，从而调节各种生产要素所有者得到的报酬，才可能有效配置各种资源。

市场经济是信用经济，资源基本上是通过信用渠道配置的，因此完善金融市场体系尤为重要。马克思当年在《资本论》中就明确提出市场充分竞争的必要条件是，资本有更大的活动性，更容易从一个部门和一个地点转移到另一个部门和另一个地点。这个条件的前提除了社会内部已有完全的商业自由外，"信用制度的发展已经把大量分散的可供支配的社会资本集中起来。"在现阶段完善金融市场体系，就如十八届三中全会所指出的，主要涉及三个方面，一是各种所有制经济平等获取金融资源，允许具备条件的民间资本依法发起设立中小型银行等金融机构。二是完善金融市场调节信号，其路径是利率市场化，使利率反映资本市场供求并调节其供求。三是鼓励金融创新，丰富金融市场层次和产品。四是以金融市场作为对外开放的通道，实现国内市场和国际市场的对接。

以上四个方面市场机制的完善实际上都是政府更好作用的内容。这是使市场有效发挥决定性作用的基础。在这些方面政府的更好作用必然会提出改革市场监管体系的要求。市场监管就是维持市场秩序，保障公平交易，从而保障市场在资源配置中有效发挥决定性作用。现阶段改革市场监管体系，重点是解决政府干预过多和监管不到位问题。在监管过程中，政府所要遵守的规则就是，政府必须退出运动场，不当"运动员"，公正执法不吹"黑哨"。

三、政府配置公共资源要尊重市场规律

以上实际上指出政府在使市场对资源配置起决定性作用的两个方面的作用，即：一是通过自身的改革使市场对资源配置起决定性作用，二是政府推动建设和

规范市场秩序。在社会主义市场经济中，政府的作用不只是这些。明确市场对资源配置的决定性作用不能放大到不要政府作用，也不能把市场决定资源配置放大到决定公共资源的配置，更不能像新自由主义认为的那样不要政府。

对政府与市场的作用不能以为强市场就一定是弱政府。政府作用和市场作用不一定是此消彼长的对立。以前一时期的苏南地区为例，这里既有政府的强力推动又有市场的强大作用。原因就在于，政府和市场不在同一层面发挥作用，政府没有过多干预市场作用的领域。政府强在为市场有效运行创造好环境，如法制、人和的软环境，重要基础设施的硬环境；政府强在自身财力，没有与民争利；政府强在对各级政府的全面小康和基本现代化的指标导引和考核。这种政府的强力推动实际上是支持市场充分发挥作用。因此，这里强市场的重要标志是：世界500强企业和规模型民营企业蜂拥而至高度集聚。当然，随着市场对资源配置起决定性作用的理论被确认，这种强政府和强市场的合作方式也需要转型。

面对市场对资源配置的决定性作用，凡是市场能做的，比政府做得更好的都交给市场。但不意味着不要政府对经济的干预。全社会的资源除了进入市场的市场资源外，还有公共资源。公共资源是未明确私人所有的资源，涉及没有明确私人所有权的自然资源，政府的法律和政策资源，公共财政提供的公共性投资和消费需求等。公共资源的配置不能由市场决定，原因是公共资源配置是要满足公共需求，遵循公平原则，只能由政府决定。

在市场决定资源配置的场合所需要的政府作用，在不同的经济学家那里有不同的规定。新古典经济学认为，需要政府在市场失灵的领域发挥作用。其中包括克服贫富两极分化，克服环境污染之类的外部性。制度经济学则指出，政府（国家）作为制度变迁的重要基石，其基本功能是保护有利于效率的产权结构。宏观经济学明确指出，市场决定资源配置基本上是解决微观经济效益，宏观经济的总量均衡，克服高失业和高通货膨胀之类宏观失控，则要靠政府的宏观调控。

综合上述理论界定，在市场对资源配置起决定性作用的条件下，政府要更好配置公共资源，需要政府和市场有明确的边界。大致可作如下界定：市场决定不了的，如涉及国家安全和生态安全的由政府决定；市场失灵的，如公平分配，环境保护方面政府干预；市场解决不了的，如涉及全国重大生产力布局、战略性资源开发和重大公共利益等项目由政府安排；市场调节下企业不愿意进入的，如公共性、公益性项目由政府安排。在这样一些领域政府不只是进入，而且应该充分并且强有力的发挥作用。政府配置公共资源主要是政策路径，其中包括利用收入分配政策促进社会公平主义；通过产业政策和负面清单引导产业结构转型升级；通过财政和货币政策调节宏观经济运行。

对于我们这样的仍然处于社会主义初级阶段发展中国家来说，发展仍然是硬道理。推动发展理应是政府的重要职能。但政府推动发展的效率和质量不高。究其原因，主要就在于对各级政府的 GDP 考核和片面追求 GDP 的增长，促使政府利用行政手段配置资源，没有充分发挥甚至压制了市场在配置资源方面的效率功能。现在国家明确纠正单纯以经济增长速度评定政绩的偏向，同时要求取消优惠政策、大幅度减少审批项目，这就为各级政府摆脱原有发展方式的束缚，充分发挥市场配置资源的决定性作用提供了空间。在此前提下，各级政府还需要承担必要的推动发展的任务。例如：推动城乡发展一体化和城镇化，发展创新驱动型经济，经济结构调整，生态和环境建设，发展开放型经济，等等。以上发展任务和克服市场失灵都需要政府公共资源的配置来推动和实现。

在市场对资源配置起决定性作用后，更好发挥政府作用的一个重要标志是政府行为本身也要遵守市场秩序。政府职能的错位，政府权力的滥用都会引起市场秩序的混乱。政府超越了所应该拥有的权限，直接介入了企业的微观经营活动，可能造成企业行为机制的扭曲。而且政府也会失灵。官僚主义、寻租、行政垄断可以说是对政府失灵的主要说明。除此以外，"由于政策制定者个人主观认知的困难也会造成政府的失灵。"[①] 针对这些问题，政府更好发挥作用的基本路径是政府作用机制要同市场机制衔接，政府配置公共资源同市场配置市场资源应该结合进行。

首先，在推动发展方面，政府作用不能孤立进行，需要同市场机制结合作用。现阶段的经济发展突出在两个方面：一是结构调整，二是创新驱动。经济结构尤其是产业结构调整主要依靠市场来调节。我国产业结构的突出问题是产能过剩越来越严重。市场有效配置资源的一个重要机制是优胜劣汰。只要打破地方保护，利用市场机制调节产业结构就能有效淘汰落后的和过剩的产能。但是对我们这样的发展中大国来说，经济结构的调整不能只是靠市场，产业结构的转型升级需要国家的产业政策来引导，尤其是前瞻性培育战略性新兴产业还是需要政府的引导性投资。再就创新驱动来说，市场竞争能够提供创新的压力，技术创新也需要市场导向。但市场配置的是已有资源，而创新驱动需要驱动非物质资源的创新要素，需要创造新的要素，仅仅是靠市场不能完全解决创新驱动问题。需要国家推动创新驱动：一是国家实施重大科学创新计划，二是国家要对技术创新与知识创新两大创新系统进行集成，三是国家要对孵化新技术提供引导性投资，四是国

---

① 哈米德·豪斯赛尼：《不确定性与认证欠缺导致欠发达国家的政府失灵》，载于《经济社会体制比较》2004 年第 2 期。

家要建立激励创新的体制和机制。

其次，在克服市场失灵方面，政府作用要尊重市场决定的方向。市场决定资源配置必然是资源流向高效率的地区，高效率的部门，高效率的企业。坚持公平竞争的市场规则运行能够保证结果的效率，但不能保证结果的公平。由此产生的贫富分化反映市场失灵。① 社会主义市场经济的运行既有效率目标又有公平目标，政府有责任促进社会公平正义，克服这种市场失灵，以体现社会主义的要求。为了保证市场配置资源的效率，政府贯彻公平目标的作用主要就是不同市场进入同一个层面，也就是不进入市场起决定作用的资源配置领域，而是进入收入分配领域，依法规范企业初次分配行为，更多的通过再分配和主导社会保障解决公平问题。即使要协调区域发展，政府也是在不改变资源在市场决定下的流向的前提下利用自己掌握的财政资源和公共资源按公平原则进行转移支付，或者进行重大基础设施建设，为吸引发达地区企业进入不发达地区创造外部条件。

第三，在提供公共服务方面，政府作用要尊重市场规律，利用市场机制。必须由政府提供的公共服务，并非都要由政府部门生产和运作，有许多方面私人部门生产和营运更有效率。政府通过向私人部门购买服务的方式可能使公共服务更为有效更有质量。例如，推进城乡发展一体化的重要方面是推进基本公共服务的城乡均等化，在广大的农村城镇所要提供的基本公共服务不可能都由政府包揽，也可采取购买服务都方式。筹集公共资源也是这样。城市建设的资金可以由政府为主导建立透明规范的城市建设投融资机制，其中包括地方政府通过发债等多种方式拓宽城市建设融资渠道，允许社会资本通过特许经营等方式参与城市基础设施投资和运营。再如保护环境的政府干预行为也可利用排污收费和排污权交易之类的市场方式。

第四，在维持市场秩序方面，政府要加强社会信用体系建设。建立市场秩序必须高度重视道德规范建设，解决好市场秩序的道德基础即诚信问题。只有当交易者建立在诚信基础上，所有各种市场规范才能起作用。社会信用体系建设涉及两个方面，一方面是制度性信用，即通过各种法定的和非法定的方式建立健全征信体系，通过法律手段严厉打击欺诈等失信行为。另一方面是道德性信用，即褒扬诚信，鞭挞失信，形成全社会共同遵守道德观和价值观。这两方面相辅相成，克服机会主义行为，使诚信成为自觉的行为，也就是自觉的遵从市场秩序。

总结以上分析，在市场对资源配置起决定性作用的社会主义市场经济体制

---

① 斯蒂格利茨在近期出版的论著中指出："已为共知的市场经济最黑暗的一面就是大量的并且日益加剧的不平等，他使得美国的社会结构和经济的可持续受到了挑战：富人变得愈富，而其他人却面临着与美国梦不相称的困苦。"（《不平等的代价》第3页，机械工业出版社2013年版）。

中，需要分清政府与市场作用的边界，在此基础上，政府和市场都有充分而有效地发挥作用。不能将政府作用和市场作用对立起来。不能以为强市场就一定是弱政府，强政府一定是弱市场。关键是，两者不是作用于同一个资源配置领域，同一个层面，政府和市场不会冲突，因而不会有强政府和强市场的此消彼长的对立。当然，随着市场对资源配置起决定性作用的理论被确认，一方面，为了使市场对资源配置起决定性作用，政府要通过自身改革尽可能退出直接配置资源，还要推动市场体系的完善并建立市场规范，以保证市场配置资源的效率。另一方面政府的所有这些作用，应该与市场机制衔接并注意利用市场机制。

主要参考文献：

1. 洪银兴：《市场秩序和规范》，上海三联书店 2007 年版。
2. 斯蒂格利茨：《不平等的代价》，机械工业出版社 2013 年版。
3. 斯蒂格利茨：《社会主义向何处去》，吉林人民出版社 1998 年版。

（本文全文以《关键是厘清市场与政府作用的边界》发表于《红旗文稿》
2014 年第 3 期，简写稿以《论市场对资源配置起决定性作用后的
政府作用》发表于《经济研究》2014 年第 1 期）

非劳动生产要素参与收入分配的理论辨析

提要

在现阶段实行的生产要素参与收入分配分配制度，一是与劳动价值论相容；二是与社会主义初级阶段的基本经济制度相容。由于资本、知识、技术、管理等等要素属于私人所有，需要建立有效的激励机制。各种生产要素参与分配是参与整个新创造价值（v+m）的分配。在市场配置资源的条件下，要素价格分别在各自的要素市场上形成，不仅对有效地配置和使用各种生产要素起调节作用，而且可以对各种要素报酬作市场评价。在生产要素参与分配的条件下需要贯彻社会主义的社会公平正义和按劳分配分配的原则。从表面上看，分配的不平等在很大程度上由要素参与分配导致。但深层次分析，产生收入差距的根本原因是，不同的个人所拥有的要素存在很大差别。因此解决收入不平等的关键在缩小不同个人所拥有的参与分配的要素差别，其中包括财产和知识。劳动报酬不只是指生产一线的劳动者报酬，还包括技术和管理人员的劳动报酬。提高劳动报酬的关键在各尽所能和体现劳动还是谋生手段的要求。这些要求在初次分配阶段就要实现。

收入分配制度是经济社会发展中的一项基础性的制度安排。效率不仅源于资源配置，还源于收入分配的激励。30多年来中国发展的成功，除了靠市场配置资源外，再就是靠打破了平均主义的分配体制，建立起了按劳分配为主体多种分配方式并存的分配体制。所谓的多种分配方式就是指非劳动要素参与收入分配。对此，中央的提法越来越清晰：党的十四大，与确认社会主义市场经济同步，提出：允许属于个人的资本等生产要素参与收益分配。党的十五大提出，允许和鼓励资本、技术等生产要素参与收益分配。这里增加了技术要素。党的十六大提出，确立劳动、资本、技术和管理等生产要素按贡献参与分配的原则。这里增加了管理要素。党的十七大报告和十八大报告都提出，健全劳动、资本、技术、管理等生产要素按贡献参与分配的制度，这里突出了相应的制度建设问题。十八届三中全会在坚持上述生产要素按贡献参与分配基础上，又提出了新的要求：各种生产要素的报酬由各自的生产要素市场决定。

自从非劳动的属于个人的生产要素参与分配被提出以来，理论界对此问题的研究和争论一直没有停止过。焦点是：生产要素参与收入分配与马克思的劳动价值论是否矛盾？私人所有的生产要素参与收入分配是否同社会主义分配原则相矛盾？生产要素的贡献如何衡量？是否是克拉克的各种生产要素的边际生产力理论的翻版？自从生产要素参与分配以来，贫富差距越来越大，因此出现的新问题是，如何贯彻各种要素市场供求决定要素报酬？在此分配制度中如何实现公平正义？特别是如何提高劳动报酬。这些问题不论清楚，分配制度的改革就难以深入推进，其客观存在的弊端也难以有效克服。对所有这些与分配制度相关的研究，既需要依据马克思的分配理论，同时要结合现阶段的中国实际，体现马克思的分配理论的中国化。

一、生产要素参与分配的理论和制度相容

生产要素参与收入分配首先涉及对企业的理解。2013 年度诺贝尔经济学奖得主尤金·法马（Eugene Fama）有个明确的表述："在企业中，每种要素都是由某个人拥有的。企业只是一个合同集，而这些合同不过是规定投入品的联合方式以创造产出以及从产出中获得的收入在投入品间的分配方式。① 这就是说，生产要素参与收入分配是一种客观存在。但是在社会主义现阶段实行这种分配制度在理论和制度上涉及三个方面的相容性：一是与劳动价值论的相容性；二是与社会主义分配制度的相容性；三是与公平目标的相容性。

（一）生产要素参与分配与马克思的劳动价值论的相容性

有的学者根据马克思批判的劳动—工资，资本—利息，土地—地租为由，认为生产要素参与分配违背了劳动价值论。我们完全可以根据马克思的理论对此进行辨析②。这里有两个层面的问题。

首先是明确区分价值分配和价值创造，劳动以外的各个要素参与收入分配，毫无疑问是参与新创造价值的分配，但不能以为它们参与了价值的分配就成为价

---

① Eugene F. Fama, 1980, Agency Problems and the Theory of the Firm, *The Journal of* Political Economy, 88（2），pp. 288 – 307.
② 我在 2001 年发表的《先进社会生产力与科学的劳动价值论》（《学术月刊》2001 年第 10 期）一文中曾经对此作过辨析。

值创造的源泉。有人借承认要素参与收入分配就进而承认生产要素创造价值论。[①]这就是马克思所批判的：在所谓的资本——利息，劳动——工资，土地——地租的三位一体公式中，"资本、土地和劳动分别表现为利息（代替利润）、地租和工资的源泉，而利息、地租和工资则是它们各自的产物，它们的果实。"[②] 马克思认为，这些作为社会生产过程的各种特殊因素所分得的收入的不同形式，源泉仍然是劳动创造的价值。[③] 显然，把价值分配的形式等同于价值创造的源泉的混淆，是违背劳动价值论的。而明确生产要素参与收入分配丝毫没有承认非劳动的生产要素成为价值创造源泉之意。

其次是区分价值创造和财富创造。劳动是创造价值的唯一源泉，但不是创造财富的唯一源泉。就如马克思在批判《哥达纲领》时所说的："劳动不是一切财富的源泉。自然界和劳动一样也是使用价值（而物资财富本来就是使用价值构成的！）的源泉，劳动本身不过是一种自然力的表现，即人的劳动力的表现。"[④] 生产过程是多种生产要素的结合，劳动只是其中的一种要素。财富的创造需要劳动同各种生产要素的结合，其中包括资本、土地、技术、管理等等。马克思引用过一句名言：劳动是财富之父，土地是财富之母。这意味着财富的生产需要土地等生产条件。资本、土地等非劳动的生产要素尽管不创造价值，但参与了社会财富的创造，都对财富的增进作出了贡献。例如资本要素。根据马克思的分析，包括劳动力和土地等在内的各种生产要素是被资本并入生产过程的："资本一旦合并了形成财富的两个原始要素—劳动力和土地，它便获得了一种扩张的能力。"[⑤]再如技术要素，"劳动生产力是随着科学和技术的不断进步而不断发展的。"[⑥] 再如管理要素，"一切规模较大的直接社会劳动或共同劳动，都或多或少地需要指挥，以协调个人的活动，并执行生产总体的运动。"[⑦] 既然各种生产要素对财富创造分别作出了贡献，各种生产要素就要参与财富的分配，由此形成资本家的收入、土地所有者的收入和工人的收入。当然在马克思的分配理论中，参与财富创造的各个要素所分配的不是全部财富的分配，而是新创造价值的分配。他把资本家的收入，土地使用者的收入都归于剩余价值的分割，把技术在很多场合作为复杂劳动而归于劳动报酬。这样就把生产要素参与财富创造同其参与分配劳动创造

---

① 如蔡继明教授的《基于广义价值论的功能性分配理论》（载于《经济研究》2010 年第 6 期）就有这种观点。
② 马克思：《资本论》第 3 卷，人民出版社 2004 年版，第 924 页。
③ 马克思：《资本论》第 3 卷，人民出版社 2004 年版，第 931 页。
④ 《马克思恩格斯选集》第 3 卷，人民出版社 1976 年版，第 5 页。
⑤ 马克思：《资本论》第 1 卷，人民出版社 2004 年版，第 697 页。
⑥ 马克思：《资本论》第 1 卷，人民出版社 2004 年版，第 698 页。
⑦ 马克思：《资本论》第 1 卷，人民出版社 2004 年版，第 384 页。

的价值一致起来了。这说明生产要素参与分配在马克思那里同劳动价值论是相容的。

（二）生产要素参与分配与社会主义初级阶段基本经济制度的相容性

有的学者根据按劳分配的社会主义制度规定性，认为非劳动要素参与收入分配与社会主义制度不相容。对此观点的辨析需要从马克思的生产和分配关系的分析说起。马克思认为，"分配的结构完全决定于生产的结构，分配本身就是生产的产物，不仅就对象说是如此，而且就形式说也是如此。就对象说，能分配的只是生产的成果，就形式说，参与生产的一定方式决定分配的特殊形式，决定参与分配的形式。"[①] 生产结构的核心是所有制结构。在社会主义初级阶段，基本经济制度已明确为公有制为主体多种所有制经济共同发展。这种所有制结构反映在分配制度上就是多种分配方式并存。按劳分配为主是公有制为主体在分配上的体现，资本、技术、管理等要素参与分配则体现多种所有制经济的共同发展，也就成为社会主义初级阶段分配制度的重要组成部分。

根据马克思经济学的界定，所谓要素参与分配，实际上是要素所有权在经济上的实现，也就是新生产的价值在不同要素所有者之间的分配。这就是他说的："这个价值的一部分属于劳动力的所有者，另一部分属于或归于资本的所有者，第三部分属于或归于地产的所有者。因此，这就是分配的关系或形式，因为它们表示出新生产的总价值在不同生产要素的所有者之间进行分配的关系。"[②] 显然，工资、利息、地租分别是劳动力、资本和土地所有权在经济上的实现。

在马克思的设想中，未来社会的生产资料公有，只有劳动力是劳动者所有的，其他要素如资金、劳动、技术、企业家等都是公有的。相应的就只存在按劳分配。在这样的单一的公有制社会中，其他生产要素如果还要参与收入分配，显然是不相容的。

而在现实中的社会主义初级阶段，不仅是劳动力属于私人所有，而且资本、技术、管理等要素都属于不同的所有者（包括私人）所有。收入分配就是各种要素的所有权的实现。为了足够地动员各种要素投入经济发展过程并迸发出创造财富的活力，就要在收入分配体制上承认要素报酬，所要建立的收入分配制度，不仅要刺激劳动效率，还要刺激资本、技术、管理等要素所有者的各种要素的投入。其路径就是根据资本、劳动、资源、技术和企业家等要素在生产过程中的投

---

① 《马克思恩格斯选集》第 2 卷，人民出版社 1995 年版，第 13 页。
② 马克思：《资本论》第 3 卷，人民出版社 2004 年版，第 993 页。

入和贡献取得相应的报酬。

有人认为，生产要素参与收入分配是只讲效率不讲公平，因此与社会主义的公平目标相对立。对此需要根据马克思对公平与效率关系的分析进行辨析。一般说来，效率的提高依赖于两个方面的公平原则。一是资源配置领域中，市场经济是天生的平等派；二是收入分配领域中的公平原则。按劳分配，按要素贡献取得报酬都是促进效率的公平原则。在这方面，公平与效率是同一的。这可以从马克思关于按劳分配的分析中作出这种判断。按劳分配之所以能促进效率提高，就在于它的公平。"平等就在于以同一尺度——劳动——来计量。"多劳多得，少劳少得。"通行的是调节商品交换（就它是等价的交换而言）的同一原则。"① 同样，按要素贡献分配，计量的尺度也是公平的。那种要素投入多就多得，那种要素贡献大就多得，反之则少得。这是权利的公平。

当然，公平只可能是相对的，公平权利隐含着不平等。马克思看到，按劳分配，"这种平等的权利，对不同等的人来说是不平等的权利。"原因是以同一尺度去计量不同的个人，就会产生不同的结果。不同的劳动者的体力和能力有差别，不同劳动者赡养的人口有差别。"因此，在提供的劳动相同，从而由社会消费基金中分得的份额相同的条件下，某一个人事实上所得到的比另一个人多些，也就比另一个人富些。"② 马克思对按劳分配这种形式上的公平实际上的不公平，虽然称为"资产阶级权利"，但他仍然归结为符合社会主义公平原则的分配方式。根据此分析方法，在现阶段所进行的除按劳分配以外的按要素贡献取得报酬的分配原则也有类似的这种不公平。要素报酬对不同天赋不同机会的个人是照顾不到的，特别是多种要素报酬可能叠加在同一个人，收入分配结果不公平会更为显著。由于"权利永远不能超出社会的经济结构以及由经济结构所制约的社会的文化发展。"③ 社会主义经济制度的公平目标与社会主义初级阶段的公平原则由层次上的差别。要素报酬的公平权利虽然相比按劳分配的制度性公平权利层次要低，但它毕竟还是与社会主义初级阶段的经济结构和文化相适应的公平权利。

二、生产要素参与分配的制度安排

各种生产要素参与收入分配如何实现？党的十六大、十七大和十八大分别提

---

① 马克思：《哥达纲领批判》，引自《马克思恩格斯文集》第4卷，人民出版社2009年版，第434~435页。
②③ 马克思：《哥达纲领批判》，引自《马克思恩格斯文集》第4卷，人民出版社2009年版，第435页。

出，确立劳动、资本、技术和管理等生产要素按贡献参与分配的原则和制度的要求。党的十八届三中全会又进一步提出：健全资本、知识、技术、管理等由要素市场决定的报酬机制。这些分配制度的实施，需要有正确的理论指导。

（一）生产要素投入的激励机制

在社会主义初级阶段，发展生产力的主要约束因素是资本、技术、企业家要素供给不足。单靠按劳分配不可能起到动员劳动以外的要素的作用。由于信息不完全等原因，这些因素的投入，也会存在机会主义、搭便车和偷懒。因此需要建立有效的激励机制激励非劳动生产要素的投入。

一是激励资本投入。发展经济需要足够的资本投入，投入资本主体不仅有国家，还有企业，还有私人。现在理论上明确了有没有个人财产、有多少财产不能成为政治上先进落后的评价标准，私人的财产收入也就得到了相应的确认。私人资本投入有两种类型。一类是私人直接办企业雇佣劳动，作为私营企业主获得资本收入。另一类是居民将一部分不用于消费的收入，购买股票取得股息，购买债券取得债息，也可通过持有企业（包括私人企业）股权的途径获取资本收益。承认所有这些不同途径的资本所有权收入，并且提供不同风险和收益程度的私人投资渠道，也就提供了足够的激励私人资本投入的机制。

二是激励技术投入。技术投入不仅包括技术人员的直接的研发活动，这本身属于创造价值的劳动，也包括其物化的或者信息化的专利之类的知识产权及产业化的科技成果。因此，激励技术投入涉及两个方面：一方面技术人员直接的研发属于复杂劳动，理应得到较简单劳动更高的价值。另一方面科技人员投入的专利等创新成果的价值应该得到科学的评价，现实中科技成果的价值往往被低估，就如马克思所说的，"对脑力劳动的产物——科学——的估价，总是比它的价值低得多，因为再生产科学所必要的劳动时间，同最初生产科学所需要的劳动时间是无法相比的，例如学生在一小时内就能学会二项式定理。"[1] 要解决这个问题关键是建立严格的知识产权保护制度，保证知识产权的收入得到体现。从而在要素报酬上使技术投入的所有权在分配上得到体现，技术开发所付出的成本得到补偿并得到相应的收益。

三是激励经营者成为企业家。管理是一种生产要素，是对管理素质和能力的概括。管理所投入的不仅是直接投入的管理劳动，更重要的是管理者的企业家精神和能力，可以归结为管理者的人力资本。根据熊彼特的界定，企业家与创新相

---

[1] 《马克思恩格斯全集》第 26 卷（Ⅰ），人民出版社 1972 年版，第 377 页。

联系。只有不断地进行产品创新、技术创新、市场创新和组织制度创新的经营者才能成为企业家。经营者要能成为企业家除了有充分的经营自主权外，关键是在分配机制上承担创新的风险和收益，也就是独立的管理报酬。长期以来，为什么国有企业的经营者的创新精神不如私营企业主。其中的一个重要的制度原因就是经营者没有相对独立的经济利益，既不能获得创新成功的收益，也不承担创新失败的风险。如果在分配制度上实行经营者股权，企业家通过年薪、股份等分配形式参与利润分享，体现经营者的管理才能及其投入，鼓励管理创新就可以促进更多的经营者成为企业家。

（二）生产要素按贡献取得报酬

在马克思的分配理论中，收入分配过程涉及两个方面，首先是新创造价值（v＋m）在劳动者收入（v）和剩余价值（m）之间的分配，然后是剩余价值（m）的分割，也就是劳动以外的生产要素参与 m 的分配。马克思在分析 m 的分割时不仅指出资本和土地所有者参与分配所形成的利润和地租，还加上了利润在企业主收入和利息之间的分割。企业主收入作为执行资本职能的收入最终成为管理的收入。这样，在马克思那里就有除了劳动以外的资本、土地、管理等要素参与收入分配的路径。马克思的这种分析方法对我们研究现阶段生产要素按贡献取得报酬有重要的指导价值。但要注意马克思在这里用的抽象法：假定劳动者只劳动，一无所有；资产者不劳动。

人们一般认为，所谓生产要素参与收入分配，指的是劳动者得到劳动报酬（v），其他要素所有者则是分享剩余（m）。其前提是劳动者不持有资产，其他要素所有者不是劳动者。这与社会主义初级阶段的现实是不相符的。现阶段劳动者可能有资产，包括资本和知识产权；资产者也可能通过管理参加劳动。这样，生产要素参与分配是参与整个新创造价值（v＋m）的分配。

首先是按劳分配所取得的劳动报酬（v）。根据马克思的"总体工人"的概念，参与按劳分配的劳动投入不仅涉及直接生产过程中的劳动者的劳动，也包括不在生产现场但对生产过程起作用的技术人员，管理人员的劳动，也包括企业经营者的劳动。这样，技术和管理都可能与劳动报酬的途径参与收入分配。由于技术人员和管理人员提供的是复杂劳动，因此可能有更高的报酬。

其次是分享剩余（m）。通常，m 是资本的收入，企业的股权结构就是投入企业的资本结构，现实中，企业是各种要素的集合。m 的增加，不仅有物质资本要素的作用，还有技术、管理等要素的作用。对技术和管理投入的卓有成效的激励，是技术和管理要素分享剩余，参与 m 分配。其路径是技术和管理要素同资本要素一起股权化，从而在股权结构上体现要素所有权，按股权结构分享剩余就体现要素所有权在分配上的实现。在企业股权结构以资本为单位的情况下，技术、管理分别按贡献折合为资本份额，因此形成企业股权结构中除物质资本股权外，技术股权和企业家股权，或者确定一定的比例让技术人员和管理人员出资购买股权。相应的报酬就是资本收入、技术人员收入和企业家收入。在此基础上还需要进一步研究劳动者参与 m 的分配问题。劳动者除了通过投入劳动取得相应的报酬（v）外，还可以通过企业员工持股的方式，参与 m 的分配，从而真正形成劳动者对企业的所有者利益的激励。[①] 如果劳动者对企业有技术投入，当然有另外的技术股分红。

（三）生产要素市场决定要素报酬

知识、技术和管理按贡献参与上述 v 的分配和 m 的分配时应该还原为多大的份额？关键是贡献如何评价。在市场配置资源的条件下，可行的途径是要素贡献的市场评价。所谓市场决定资源配置，不只是指市场决定资源流向哪里，还决定各种要素（资源）流向的最为有效的组合。在这里起作用的是各个要素市场上供求决定的价格，在广义的价格理论中，人们把利息率、工资和地租分别看作是使用资本、劳动力、土地等生产要素的价格，要素价格就是要素报酬。十八届三中全会指出，健全资本、知识、技术、管理等由要素市场决定的报酬机制，就是这种机制。由市场决定的要素报酬机制主要有以下功能：

首先，要素价格分别在各自的要素市场上形成，对有效地配置和使用各种生产要素起调节作用。在市场上形成各种要素的价格，反映各种要素的市场供求关系。准确地反映各种生产要素的稀缺性，体现在要素报酬比例上。企业依据由市场决定的生产要素价格对投入要素进行成本和收益的比较，以最低的成本使用生产要素，要素供给者则依据要素市场价格来调整自己的供给。其效果是最稀缺的资源得到最节约的使用并且能增加有效供给，最丰裕的资源得到最充分的使用。

其次，各种要素市场对要素的评价成为要素报酬的依据。在这里起作用的是某种要素的稀缺性和优质优价。尤其是技术要素和管理要素，既可作为投入劳动给予报酬，也可能分享剩余。现实中，技术要素和管理要素都不是均值的，各个企业对这些要素的需求也是有差别的，相应地就会有不同的报酬。客观的评价标准只能由竞争性的要素市场提供。对技术要素，最为可靠的是技术市场对知识资

---

① 十八届三中全会提出：允许混合所有制经济实行企业员工持股，形成资本所有者和劳动者利益共同体。

本和知识产权价值的评价。对管理要素，最为可靠的是企业家市场对职业经理人所拥有的人力资本存量的评价。这些评价就会成为企业对技术和管理人员提供劳动报酬或分割剩余的市场标准。

市场决定的要素报酬，不仅要依据各种要素的供求关系，还要依据各种要素贡献的质的评价，这涉及各种要素在经济增长中的权重，相应的影响收入分配的权重。在一般情况下，尤其是在资本推动型增长阶段，各种要素是被资本推动并集合进生产过程的，资本（物质资本）对经济增长起支配作用，因此分配向资本所有者倾斜。而在现代经济中，知识资本和人力资本的作用越来越大，相应的在收入分配中所占份额也会增大。在创新驱动型经济中，知识资本和人力资本比物质资本的增殖能力更强。资本增殖与其说是资本的增殖，不如说是知识资本和人力资本的作用结果。这个结论将直接影响分配的方式，收入分配明显向知识和技术要素倾斜。这种状况在科技创新和创业中更为明显。

三、生产要素参与分配条件下社会主义分配原则的贯彻

马克思明确指出：在未来的社会主义制度中，"社会生产力的发展将如此迅速……生产将以所有人的富裕为目的"①。这意味着共同富裕是社会主义的本质要求。我国在实施生产要素参与收入分配以后，效率提高财富增加的效应非常明显，各个阶层的收入都有不同程度的提高，但随之而来的是不同阶层居民之间收入差距的明显扩大。据中国国家统计局公布的基尼系数，2010 年为 0.481，2012 年为 0.474，2013 年为 0.473。追求共同富裕的社会主义中国收入差距接近或者超过发达资本主义国家的水平，这个问题不能不引起我们的重视。在此背景下，需要深入研究生产要素参与分配条件下社会主义分配原则的贯彻问题。

根据马克思主义经济学经典作家的规定，社会主义分配原则主要是两个，一是促进社会公平正义，二是各尽所能按劳分配。

（一）社会公平正义的贯彻

在一段时间中，人们一般用西蒙·库兹涅茨的倒"U"型曲线来说明收入差距的趋势：收入不平等程度在人均 GDP 达到中等收入水平时达到最高点，接着基尼系数便开始下降，收入不平等程度就开始收敛。最近出版的法国经济学家托马斯·皮凯蒂在《21 世纪资本论》中对库兹涅茨的倒"U"型曲线做了修正，他把

---

① 《马克思恩格斯全集》第 46 卷下，人民出版社 1980 年版，第 222 页。

库兹涅茨曲线截止的时间段（1949 年）进一步延伸到 2010 年。根据他所掌握的数据，无论是美国还是欧洲，前 10% 的富人家庭收入水平均呈明显的上升趋势，由此收入的不平等明显加剧。根据该书的解释，收入差距持续扩大的原因主要是两个：一是资本收益率显著高于经济增长率，"相对于劳动一生积累的财富，继承财富在财富总量中将不可避免地占绝对主导地位，并且资本的集中程度将维持在很高的水平上。"[①] 二是大公司的高管收入激增。"一个可能的解释是，这些高级管理者的技能和生产率较其他人有了突飞猛进的增长。另一个解释是，这些高级管理者拥有制定自己收入的权力。"[②]

我国现阶段的情况是，人均收入 2013 年接近 7000 美元，已高于中等收入国家的平均水平，但没有出现收入不平等程度缩小的迹象。这种状况确实可以以上述解释来说明。我国收入差距扩大是在城乡居民收入都有较大幅度增长的基础上产生的。虽然按劳分配本身也存在分配结果的不平等，但仅仅是按劳分配不至于会产生如此大的差距，排除某些行业的垄断因素，按要素贡献取得报酬是产生的较大收入差距的主要说明因素。不同的人由于拥有的要素存在很大差别，储蓄能力强的，技术水平高的，经营能力强的，致富能力也强。再加上改革开放提供的发展机会也很多，就如《资本论》所说"随着投机和信用事业的发展，它还开辟了千百个突然致富的源泉。"[③] 能够抓住机会的主要也只是这些人。因此，富的更富的效果也非常明显。

从公平正义角度研究我国的收入差距扩大问题，收入差距有个容忍度问题。在低收入阶段为了谋求发展，人们也可能容忍收入差距的扩大。而且经济发展达到中等收入国家的水平后，不断扩大的收入差距不仅发生在不同地区间，也发生在不同阶层间。人们对改革成果的分享存在明显的差异。与此同时，公民的维权意识也明显增强，对公平性发展的诉求也更为强烈。人们不可能继续容忍由权利的不公平所产生的越来越大的收入差距。经济的增长会受到处于相对贫困地位的集团和阶层的抵触。随之产生的社会矛盾会影响效率，从而影响整个社会经济持续健康发展的进程。人民不能够公平合理地分享经济发展的成果，就不会继续支持改革和发展。这样，在新的发展阶段所要提出的公平分配，就是指的公平合理的分享经济发展的成果。

针对上述导致收入差距扩大的原因，同时又基于共同富裕的社会主义原则，人们往往会提出弱化甚至放弃各种非劳动要素参与收入分配的要求。也有人针对

---

① 托马斯·皮凯蒂：《21 世纪资本论》，中信出版社 2014 年版，第 27 页。
② 托马斯·皮凯蒂：《21 世纪资本论》，中信出版社 2014 年版，第 26 页。
③ 马克思：《资本论》第 1 卷，人民出版社 2004 年版，第 685 页。

过去的效率优先兼顾公平的提法倒过来提出公平优先的要求。对这些理论观点也有个辨清是非的问题。

平均主义不是社会主义，贫富两极分化也不是社会主义。这就是邓小平所明确指出的："我们允许一部分人先好起来，一部分地区先好起来，目的是更快地实现共同富裕。正因为如此，所以我们的政策是不使社会导致两极分化，就是说，不会导致富的越富，贫的越贫。坦率地说，我们不会容许产生新的资产阶级。①

共同富裕不等于均贫富。公平不等于收入的平等。做大蛋糕是分配基础。生产要素参与收入分配的目的是做大蛋糕，缩小收入差距不是回到过去的吃"大锅饭"的平均主义分配，而是要在做大蛋糕的基础上使蛋糕分得更合理。虽然我国的 GDP 总量达到世界第二，但人均 GDP 还处于世界的中等水平，人民日益增长的物质文化需要同落后的社会生产之间的矛盾仍然是社会的主要矛盾。社会财富还没有像泉水一样涌流。要使劳动、资本、技术、管理等创造财富的活力充分迸发，唯有靠各种生产要素参与收入分配的体制安排。

面对收入差距的扩大，人们一般重视结果的平等，并且从现实存在的结果的不平等质疑要素报酬的必要性。从表面上看，分配的不平等在很大程度上由要素参与分配导致。但深层次分析，生产要素参与收入分配产生收入差距的根本原因是，不同的个人所拥有的要素存在很大差别。因此解决收入不平等的关键在缩小不同个人所拥有的参与分配的要素差别。其结果，既能做大蛋糕，又能推进结果的平等。这可以从起点公平和过程公平两个方面去推进。

首先是起点公平。核心是财产占有的公平。根据马克思的积累理论，收入差距的扩大不至于会出现两极分化，只有在私人投资和积累的背景下才会产生两极的积累：一极是财富的积累，一极是贫困的积累。根据这个思路，克服两极分化的根本途径是财产占有的公平权利。私人所有的财产参与收入分配所产生的收入可以归结为财产性收入。劳动以外的生产要素参与收入分配可以归结为财产权利的公平。但是，财产占有的差距以及由此产生的财产性收入的差距，又成为收入分配差距扩大的一个重要原因。解决财产占有上的公平权利，在社会主义初级阶段，不能走剥夺私人财产的老路，可行的是在体制上提供增加居民财产从而增加居民财产性收入的途径。其中包括：为居民提供更多的私人投资机会和渠道；鼓励私人创业；保护知识产权及其收入；完善企业股权结构，允许员工持股，鼓励企业家持股和科技入股。农民也可以通过宅基地和土地承包权流转获取土地收

---

① 《邓小平文选》第 3 卷，人民出版社 1993 年版。

入。不仅是资本，知识、技术和管理等要素都可归结为财产。在知识和技术成为参与收入分配的要素，而且在收入分配中具有较高的权重的情况下，需要为居民提供平等的积累知识资本和人力资本的机会。基本途径是推进教育公平尤其是高等教育的大众化，增加对低收入人群的人力资本投资。其意义就在于克服由起点不公平造成的结果不公平。就如《21世纪资本论》所说："在很长一段时间内，推动更进一步平等的主要力量仍是知识和技能的扩散。"①

其次是过程公平，核心是机会公平。主要涉及两个方面的机会：一是发展机会的均等，如投资的机会、就业的机会均等。二是竞争机会的均等，如公平竞争的环境，规范的市场秩序，公平获取的市场资源和信息。我国正在推进的市场经济体制的改革，明确了市场决定资源配置，这意味着各个生产者可以平等的获取市场资源。在此基础上需要建设和完善统一开放竞争有序的市场体系。尤其是反垄断，既要反市场垄断，又要反行政垄断。这些改革到位就能提供公平的机会均等的市场环境。

以上两个方面的公平得到贯彻，肯定会影响分配的结果。由于各个分配主体所拥有的要素的差异的缩小，以及机会的公平，分配结果的差距就可能缩小。在此前提下，承认由要素报酬所造成的分配结果的不平等，"其意义在促使人们投资于教育和物质资本、促使人们去工作、促使人们冒险方面起到重要的作用。"②

（二）各尽所能、按劳分配的贯彻

在各种生产要素参与收入分配的情况下，尽管仍然包含以劳动报酬存在的按劳分配方式，但是劳动报酬在收入分配中所占比重有明显下降的趋势。据中国社会科学院《社会蓝皮书：2013年中国社会形势分析与预测》显示，中国劳动者报酬占GDP的比重偏低且呈现出下降趋势，劳动者报酬占GDP的比重由2004年的50.7%下降到2011年的44.9%。与劳动报酬下降趋势相应的是其他生产要素的报酬所占比重的上升。劳动报酬比重呈明显的下降趋势从表面上看同劳动对收入增长的贡献下降相关，但在本质上亟须解决按劳分配为主体的社会主义分配原则在多种要素参与收入分配结构中的贯彻问题。

首先是按劳分配本身的实现问题。在我国所处的阶段，按劳分配不可避免打上社会主义初级阶段的烙印。按劳分配不可能是完全的，表现在以下三个方面：第一，按劳分配不能完全解决同工同酬问题。在马克思的设想中，在未来社会，

---

① 托马斯·皮凯蒂：《21世纪资本论》，中信出版社2014年版，第22页。
② 《2006年世界发展报告：公平与发展》，清华大学出版社2006年版。

每个人提供给社会的劳动可以直接计算出来。而在商品经济条件下，每个人提供的社会劳动是不可能直接计算的，提供的劳动是否社会劳动还有个通过市场交换的社会承认过程。由于市场上价值规律的作用，个人提供的劳动并不一定都被市场接受或者说社会承认，由此产生在不同行业、不同企业提供等量劳动得不到等量报酬，同工不同酬的状况。现实中存在的市场秩序的混乱还可能进一步扩大这种差距。第二，按劳分配不能完全解决劳动效率问题。按劳分配的"劳"有多种形态。按劳动的流动形态即劳动时间分配不能避免有人在劳动时间内偷懒和"搭便车"，出工不出力。按劳动的凝固形态即劳动成果进行分配，虽能弥补上述缺陷，但在现实的社会化生产中不是所有劳动都可以计件的。按劳动的潜在形态即劳动能力进行分配，复杂劳动的价值可以得到正确评价，但在现实中无法克服拿高收入者与其劳动贡献不相称的状况。这说明以任何一种劳动标准衡量劳动往往是不完全的。第三，在集体劳动的场合不可能完全做到"各尽所能"。在社会化生产，集体劳动的条件下难以准确衡量每个劳动者的劳动贡献，也无法克服集体劳动中的偷懒现象，一个人偷懒，其他人也好跟着偷懒，导致集体劳动的低效率。上述按劳分配的不完全表明按劳分配作为分配制度需要完善和改革。例如，针对以哪一种"劳"作为分配依据效率更高，可以将劳动的流动形态、凝固形态和潜在形态三种标准结合起来作为分配依据。针对集体劳动中的偷懒问题，可以实行生产单位的经济责任制，在准确评价集体劳动成果基础上按集体劳动成果进行分配。如班组、车间的经济责任制，承包制等。

其次是各尽所能的实现问题。按劳分配的前提是各尽所能。现在人们所讲的劳动报酬一般指的是在生产第一线的劳动者的报酬，或者说是简单劳动者的劳动报酬。如果只是指这些，劳动报酬占比下降是自然的。根据马克思对生产劳动的定义："为了从事生产劳动，现在不一定要亲自动手；只要成为总体工人的一个器官，完成他所属的某一个职能就够了"[1] 按此定义，技术人员和管理人员的劳动都是生产劳动，他们得到的收入也是劳动报酬。也正是在这一意义上马克思把经理的薪水作为管理和监督劳动的报酬从利润中分离出来。[2] 基于这种分析，在生产要素参与收入分配的结构中，技术要素、管理要素的报酬也可以看做是劳动报酬，而且是复杂劳动的报酬。如果是这部分劳动报酬得到承认，现在所计算的劳动报酬占比下降的结论就不完全准确了。由此就提出对各尽所能的理解问题，各尽所能不只是一般所认为的劳动中不偷懒的问题，更是在提高劳动能力的基础

---

[1] 马克思：《资本论》第1卷，人民出版社2004年版，第582页。
[2] 马克思：《资本论》第3卷，人民出版社2004年版，第431页。

上，充分发挥才智获取更高的报酬。这种状况也会反作用于生产一线的劳动者的各尽所能。由于技术和管理要素的作用，生产率的提高，经济结构的变革，都可归结为劳动过程的组织和技术的巨大成就，最终还是要落实到劳动效率的提高。生产一线的劳动者也应公平合理的分享到增长的成果。其具体表现是劳动报酬增长与劳动生产率提高同步。马克思当年揭示的资本主义对抗性分配关系的特征就在于压低劳动报酬来增加剩余价值，其中包括提高的劳动生产率表现为资本的生产力而被资本家所占有。社会主义国家必须保障劳动者的权益，保护劳动所得，尤其是保护在效率提高中的劳动所得。

第三是劳动作为谋生手段的实现。马克思在规定社会主义社会按劳分配的原则的前提是，劳动还是谋生的手段。[1] 作为谋生手段，劳动报酬的增长不只是限于劳动者的劳动贡献，还应该包含体现谋生要求的内容。其内容就是马克思在比较国民工资时所指出的，决定工资水平的因素包括："自然的和历史地发展起来的首要的生活必需品的价格和范围，工人的教育费用、妇女劳动和儿童劳动的作用，劳动生产率，劳动的外延量和内涵量。"[2] 劳动报酬的这个要求不能只是靠政府的再分配来解决，在初次分配阶段就要实现。

长期以来分配理论中的一个误区是把公平和效率的实现路径相割裂，认为初次分配讲效率，再次分配讲公平；相应的分配机制是初次分配靠市场调节，再次分配靠政府调节。这样一来，在初次分配领域就没有公平可讲了。十七大和十八大报告指出："初次分配和再分配都要处理好效率和公平的关系，再分配更加注重公平。"国民收入的初次分配形成劳动者报酬、企业收入和国家税收三大收入。由于生产要素参与收入分配基本上都是在初次分配领域进行的，因此劳动报酬偏低的问题不能等到再分配阶段再去解决，需要在初次分配领域建立提高劳动报酬比重的机制。尤其是资本、管理和技术都参与收入初次分配，这些要素所有者的谈判能力强，在分配中其主导作用。在企业中安排收入分配时劳动者总是处于被安排方，劳动报酬往往被人为压低。不用说私人企业中劳资差距扩大，连国有企业（尤其是中央企业）中高管与工人之间的收入差距也大得惊人。这意味着提高劳动报酬在初次分配中的比重，不能只是市场调节，需要其他方面的制度安排，其中包括维护劳动权益的法律规范，企业内工资集体协商机制等，工资正常增长机制，最低工资和工资支付保障制度等。除此以外，对高管的限薪制度也是必要的。劳动报酬占比下降的一个重要原因是对高管作用贡献的高估及其收入的过高

---

① 马克思：《哥达纲领批判》，引自《马克思恩格斯文集》第 4 卷，人民出版社 2009 年版，第 435 页。

② 马克思：《资本论》第 1 卷，人民出版社 2004 年版，第 644 页。

增长。

至于在由国家起主导作用再次分配领域，更加讲公平，主要不是在初次分配领域所要解决的劳动报酬问题，更为重要的是从社会角度解决收入分配差距过大的问题，除了通过累进的所得税制度合理调节高收入外，主要是针对欠发达地区、农村的低收入者以及城镇困难行业职工和失业者的收入问题解决低收入问题。这个问题不是本文所要解决的。

主要参考文献：

1. 卫兴华：《论社会主义共同富裕》，载于《经济纵横》2013 年第 1 期。

2. 逄锦聚：《论劳动价值论与生产要素按贡献参与分配》，载于《南开学报（哲学社会科学版）》，2004 年第 5 期。

3.《2006 年世界发展报告：公平与发展》，清华大学出版社 2006 年版。

4. 托马斯·皮凯蒂：《21 世纪资本论》，中信出版社 2014 年版。

5. 斯蒂格利茨：《不平等的代价》，机械工业出版社 2013 年版。

（本文原载于《经济学家》2015 年第 4 期）

改革新阶段需要进一步研究的新课题

提要

十八大以来，经济改革和发展的深入不断提出新的深层次问题，这些问题有些是需要依据新情况新问题作出回答的。其中包括：在基本经济制度方面，混合所有制成为基本经济制度的基本实现形式，在这种实现形式中，如何坚持公有制为主体？在经济运行方面，市场对资源配置起决定性作用，政府如何更好发挥作用？在收入分配制度方面各种要素按贡献和供求参与收入分配，如何实现按劳分配为主体？在拉动经济增长方面，如何在需求侧和供给侧共同发力。这些问题的理论说明体现中国特色社会主义政治经济学的新进展。

我国的改革和发展，实际上是在中国特色社会主义政治经济学取得重大理论成果基础上推进的。其中最为明显的是：确认社会主义初级阶段；确认社会主义的本质是发展生产力，贫穷不是社会主义；确认公有制为主体多种所有制经济共同发展的基本经济制度；确认社会主义市场经济及相应的改革方向。确认公有制可以有多种实现形式；确认按劳分配为主体多种分配方式补充，等等。这些重大理论突破推动了中国特色社会主义的伟大事业。对这些在理论和实践得到确认的理论，虽然还有进一步完善的必要，但可以成为研究中国特色社会主义政治经济学的基本理论前提。

中国特色社会主义事业还在进行中，中国特色社会主义政治经济学建设还在路上。十八大以来，经济改革和发展的深入不断提出新的深层次问题，这些问题有些是需要依据新情况新问题作出回答的。有些是在进入新的发展阶段后对已经熟知的理论进行重新认识。根据认识论，这些问题都不是孤立的，处于一定的相互关系中。这意味着中国特色社会主义政治经济学的创新和发展还需要回答并处理好以下几个重大的经济关系。

一、公有制为主体和混合所有制的关系

公有制为主体多种所有制经济共同发展已被确认为社会主义初级阶段基本经济制度。在基本经济制度框架内，所谓公有制为主体，不是指公有制企业为主体，而是指公有资本在社会总资本中占优势。国有经济控制国民经济命脉。社会主义公有制理论的这一重大突破，对发展非公有制经济和国有经济进行有进有退的战略性调整起到了重要作用。

十八届三中全会进一步提出，国有资本、集体资本和私人资本相互融合所形成的混合所有制是基本经济制度的实现形式。这个论断应该说是中国特色社会主义政治经济学的新突破。过去人们会把基本经济制度解释为公有制企业与多种非公有制企业的外部并存。现在则是在同一个企业中公有资本同非公有资本的内部融合。在这种基本经济制度框架内的改革，包括允许更多国有经济和其他所有制经济发展成为混合所有制经济。国有资本投资项目允许非国有资本参股，而且鼓励发展非公有资本控股的混合所有制企业。与此相应，对基本经济制度中公有制为主体如何实现就面临着新课题。前一时期着力于研究公有制在多种所有制经济共同发展的框架内如何实现主体地位，现在则需要研究在混合所有制的框架内公有制为主体如何体现？

现在的公有资本大都进入了混合所有制企业。对公有制在混合所有制中的主体地位需要区分两个层面进行分析。现在对国有企业分为两类。一类是商业类，一类是公益类。不同类型的公有制企业的主体地位有不同的要求。

商业类企业主要身处竞争性领域，同其他所有制性质的资本一样，在这里的公有资本追求价值增殖。哪里能增殖，资本就流向那里。这意味着进入混合所有制企业的公有资本并不追求在所在企业中控股，但要追求所在企业的增殖能力。这样，总体数量仍然较大的公有资本分布在增殖能力强的企业中，哪怕在所在企业不控股，总体上还是居主体地位。

公益类企业保证公共利益，一般都是公有制企业经营。但公有资本也不可能独霸天下。公益类国有企业也可建立混合所有制，允许非国有资本参股入股，公益性项目也要吸引非公有资本参与。公有制在这里的主体地位就表现在混合所有制中控股地位。只要保持公有资本在混合所有制经济中的控制力，实际上它所支配的资本就不只是自己的资本，还能支配参股和入股的非国有资本。其控制力和支配力不只在其控股地位，更重要的是以平等对待其他所有制经济并共享利益的吸引力。在这里公有制的主体地位是显然的。

二、市场和政府的协同关系

经济体制改革的核心问题是处理好政府和市场的关系。新自由主义理论把政府和市场对立起来，以为搞市场经济就不能有政府作用，政府作用强大就不会有充分作用的市场。中国特色社会主义政治经济学依据中国的实践创造了强市场和强政府协同作用的理论。

已经建立的社会主义市场经济理论解决了社会主义经济制度同市场经济的结合问题。十八届三中全会又进一步确认使市场在资源配置中起决定性作用和更好发挥政府作用。这是社会主义市场经济理论的重大突破。明确市场对资源配置的决定性作用，实际上是回归到了市场经济的本义。市场决定资源配置突出的是市场的自主性。这种自主性不仅表现为市场自主地决定资源配置的方向，同时也表现为市场调节信号即市场价格也是自主地在市场上形成，不受政府的不当干预。

在市场决定资源配置的场合所需要的政府作用，在不同的经济学家那里有不同的规定。新古典经济学认为，需要政府在市场失灵的领域发挥作用。其中包括克服贫富两极分化，克服环境污染之类的外部性。制度经济学则指出，政府（国家）作为制度变迁的重要基石，其基本功能是保护有利于效率的产权结构。宏观经济学明确指出，市场决定资源配置基本上是解决微观经济效益，宏观经济的总量均衡，克服高失业和高通货膨胀之类宏观失控，则要靠政府的宏观调控。

明确市场对资源配置的决定性作用也就明确了在资源配置领域市场作用的"强"，但在社会主义经济中，不但不能像新自由主义认为的那样不要政府作用，而且还要求更好发挥作用，其前提是政府作用和市场作用有明确的边界。凡是市场能做的，比政府做得更好的都交给市场。现实中推进的大幅度减少和取消政府审批，有效地保证了市场的自主作用。

明确市场作用的强，不等于政府作用的弱。强市场可以和强政府搭配。所谓强政府作用是指在应该发挥政府作用的领域政府作用必须"强"。首先是营造经济有效运行的环境。不仅需要政府提供法治化的营商环境，还需要政府强有力的宏观调控，使宏观经济运行处于合理区间。其次是公共资源的配置。不能把市场决定资源配置放大到决定公共资源的配置，公共资源的配置不能由市场决定，原因是公共资源配置是要满足公共需求，遵循公平原则，只能由政府决定。第三，克服市场失灵。涉及国家安全和生态安全的，涉及环境保护方面的，涉及全国重大生产力布局、战略性资源开发和重大公共利益等项目政府不只是进入，而且应该充分并且强有力的发挥作用。第四是推动发展。对于我们这样的仍然处于社会主义初级阶段的发展中国家来说，发展仍然是硬道理。推动发展理应是政府的重要职能。例如，推动城乡发展一体化和城镇化，发展创新驱动型经济，经济结构调整，生态和环境建设，发展开放型经济，等等。都需要政府公共资源的配置来推动和实现。政府配置公共资源主要是政策路径，其中包括利用收入分配政策促进社会公平主义；通过产业政策和负面清单引导产业结构转型升级；通过财政和货币政策调节宏观经济运行。

明确在市场对资源配置起决定性作用后政府作用的范围后，进一步的问题是如何更好发挥政府作用。其基本要求是政府行为本身也要遵守市场秩序。政府更好发挥作用的基本路径是政府作用机制要同市场机制衔接，政府配置公共资源同市场配置市场资源应该结合进行。在这种协同中政府强不会限制市场的强。

三、按劳分配为主体和要素按贡献及供求参与收入分配的关系

按劳分配是社会主义分配原则。公有制为主体多种所有制经济共同发展的社会主义初级阶段基本经济制度确立以后，按劳分配为主多种分配方式并存的基本分配制度也就得到了确认。这是中国特色社会主义政治经济学的重大理论突破。

生产要素参与收入分配是基于生产要素私人（或不同的所有者）所有的背景下提出的。目的是要让一切劳动、知识、技术、管理、资本的活力竞相迸发，让一切创造社会财富的源泉充分涌流。就多种生产要素参与收入分配来说，改革是不断深入的。从党的十四大到党的十六大明确提出，确立劳动、资本、技术和管理等生产要素按贡献参与分配的原则。党的十七大报告和十八大报告都提出，健全劳动、资本、技术、管理等生产要素按贡献参与分配的制度。十八届三中全会在坚持上述生产要素按贡献参与分配的基础上，又提出：各种生产要素的报酬由各自的生产要素市场决定。这些提法表明，包括劳动在内的各种生产要素参与收入分配不再完全按其投入分配，而是按各种要素的"贡献"，并且还要按各自要素市场的供求来决定。由此提出的问题是，按劳分配如何在这种收入分配体制中实现主体地位。

就要素市场供求对分配的影响来说，各个要素按贡献取得参与分配，资本、劳动力、技术、管理等生产要素的报酬分别在各自的生产要素市场上决定，各种要素的市场供求关系，客观地体现在要素价格比例上。其效果是最稀缺的要素得到最节约的使用并且能增加有效供给，最丰裕的要素得到最充分的使用。对于有效地配置和使用生产要素起的积极作用是十分明显的。显然，要素参与分配，从总体上说是符合发展社会生产力这个社会主义本质要求的。由于多种要素充分发

挥作用而增加了社会财富，劳动者绝对收入也较前明显增加。这也是符合劳动者利益的。

再就不同要素的贡献来说，在各种生产要素参与收入分配的情况下，不同的人拥有的要素存在很大差别。允许一部分人先富起来意味着储蓄能力强的、技术水平高的、经营能力强的，致富能力也强。再加上这些要素的叠加，非劳动要素收入和劳动报酬的差距明显扩大。因此提出的理论问题是，如何体现按劳分配为主体。先需要澄清，不是像有的学者认为的，在公有制企业中实行按劳分配，而在非公有制企业中实行按非劳动要素投入分配。而是要明确，所谓按劳分配为主体指的是在可分配收入中劳动报酬在数量上为主体，还是在多种分配方式中收入的较大部分用于按劳分配？这种状况在公有制企业和非公有制企业中都存在。

按劳分配的社会主义性质表现为消灭了对劳动者的剥削。在确定当前阶段按劳分配为主体时需要明确，正如生产资料所有制可能混合一样，生产要素也是混合的。就是说，劳动投入不仅涉及直接生产过程中的劳动者的劳动，也包括不在生产现场但对生产起作用的技术人员，管理人员的劳动，其中也包括企业经营者从事的经营活动，即使是直接劳动者，也不完全只是简单的劳动力支出，也可能拥有技术要素。通常讲的人力资本在马克思主义经济学中就是指的这种复杂劳动。基于这种考虑，坚持按劳分配为主体就要坚持两个原则，一是复杂劳动得到更高的报酬，以体现劳动贡献。二是劳动报酬增长与劳动生产率提高同步。就能在收入分配总量上体现按劳分配为主体。

在现实中不能把按劳分配为主体同缩小收入差距混为一谈。实际上，大家关注的是生产一线的劳动者的报酬在收入中所占比重呈明显的下降趋势的问题。严格地说，这主要不是坚持不坚持按劳分配问题，而是体现社会公平正义的要求，缩小收入差距问题。在这方面需要明确的是，首先，在初次分配阶段就要根据社会主义要求处理好公平和效率的关系。不能忽视劳动的复杂程度不高的劳动者在企业效率提高中的贡献。其次，根据马克思经济学原理，社会主义社会之所以实行按劳分配，原因是劳动还是谋生的手段。[1] 作为谋生手段，劳动报酬的增长不只是限于劳动者的劳动贡献，还应该包含体现谋生要求的内容。谋生的范围就是必要劳动的范围。必要劳动的范围有历史的和道德的因素。随着社会的进步，文化的发展，劳动者的必要劳动范围也扩大，相应的劳动报酬也有增长的趋势。第三，从社会主义的公平观考虑，劳动收入的差距主要由各自拥有的包括技术等方面的要素差异所致。因此通过教育公平等途径缩小各个分配主体所拥有的要素差

---

[1]　参见《马克思恩格斯选集》第3卷，人民出版社2012年版，第365页。

异，坚持机会的公平，分配结果的差距也可能缩小。

四、需求侧和供给侧的关系

在经济学中供给和需求是不可分割的两个方面。两者不只是平衡问题。在供给和需求两侧有不同的运行规律和机制，因此政治经济学对这两侧都需要分别进行研究。

在我国不同的发展阶段，改革的侧重点会有不同。30多年来，转向市场经济体制的改革，侧重点在需求侧。其内容包括：强化市场竞争机制，突出市场需求导向，取消指令性计划等，并且在进入买方市场背景下宏观经济转向消费需求、投资需求和出口需求"三驾马车"拉动增长，宏观调控也转向财政和货币政策的总量需求调控。

实践证明，在发展中国家，即使转向市场经济，只是靠需求并不能有效地拉动经济增长。在多年的需求侧改革并取得明显成效基础上，要从规模速度型发展方式转向质量效率型发展方式，实现可持续的增长。就需要在供给侧推动经济增长。突出在两个方面。首先是供给侧提高有效供给。结构性供给短缺是发展中国家的特征。产品的质量问题，技术档次问题，效率问题，服务问题，食品卫生问题，产品安全问题都反映这种结构性短缺。与此同时又存在无效的和低端的供给。这些供给侧的问题需要通过供给侧的结构性改革来解决。尤其是需要通过去产能去库存腾出被低端和无效供给占用的资源增加有效供给。其次是供给侧提供增长的动力。不能以为转向市场经济相应的经济增长的动力就由供给推动力转换为需求推动力。因而供给侧的动力作用被轻视。增长的动力，不仅有需求要素，也有供给要素。在供给要素中，除了物质要素投入外，还有技术，结构，效率等要素。在物质资源和低成本劳动力方面的供给推动力消退时，不至于在供给侧就没有其他动力。创新驱动，结构调整，提高效率都可以成为新的供给推动力。尤其是在需求拉动没有充分的力量阻止经济下行的压力，更要供给侧形成推动经济增长的动力。

坚持解放和发展社会生产力，坚持调动各个方面积极性。这是中国特色社会主义政治经济学的重大原则，也是供给侧结构性改革的重大原则。按此要求，供给侧结构性改革的着力点还在于发展，即增强供给侧市场主体的活力。无论是增加有效供给，提高供给体系的质量和效率，增强供给结构对需求变化的适应性和灵活性，还是提高全要素生产率，都需要调动供给侧各个主体的积极性，增强其活力。相应的改革包括：降低企业税负等各种负担，减少行政干预，培育企业家和工匠，加强精细化管理等方面的制度建设。

强调供给侧的结构性改革决不否认需求侧的作用。需要两侧共同发力。针对无效供给和低端供给，去产能、去库存、去杠杆、降成本，需求侧靠的是优胜劣汰的市场机制，供给侧则采取化解和优化重组的方式。再如对速度下行压力，需求侧采取的是扩张性货币政策，供给侧则是采取给实体经济企业减税减负，调动积极性的办法。如果市场没有需求，供给侧能力再强，也无济于事。

这样中国特色社会主义政治经济学对供给侧和需求侧的研究，前者突出发展动力研究，后者突出发展压力研究；前者突出激励机制研究，后者突出选择机制研究。

基于以上关于中国特色社会主义政治经济学重大进展的分析，可以发现中国特色社会主义事业在进行中，其理论也在发展中。新的实践产生新的理论，新的理论说明新的实践。由此形成的理论成果，是适应当代中国国情和时代特点的政治经济学，不仅有力指导了我国经济发展实践，而且开拓了马克思主义政治经济学新境界。

（本文原载于《南京大学学报》2016 年第 2 期。编入本书时有删改）

结束语：构建中国特色社会主义政治经济学体系的逻辑

习近平总书记在全国哲学社会科学工作座谈会上就构建中国特色哲学社会科学提出的要求是：按照立足中国、借鉴国外，挖掘历史、把握当代，关怀人类、面向未来的思路，着力构建中国特色哲学社会科学，在指导思想、学科体系、学术体系、话语体系等方面充分体现中国特色、中国风格、中国气派。

本书根据上述要求，构建中国特色社会主义政治经济学体系的逻辑。全书在逻辑上分为五编。第一编为总论：全面阐述中国特色社会主义政治经济学理论体系的创新和建设，明确中国特色社会主义政治经济学的学科定位和当代价值。第二编为社会主义经济理论溯源，挖掘马克思主义经典作家关于社会主义经济的理论史。完整准确地理解经典作家对社会主义经济的设想对构建中国特色社会主义政治经济学非常重要。本书所选择的经典理论对构建中国特色社会主义政治经济学的发展方向和话语体系建设起着指导思想作用。第三编为中国特色社会主义经济的实践。主要是对改革开放 30 年和党的十八大以后全面深化改革的实践进行理论说明，反映中国特色社会主义政治经济学形成和发展的实践依据。第四编为马克思主义经济学中国化的研究成果，从立足中国、把握当代的视角研究马克思主义政治经济学的时代化和中国化。第五编为中国特色社会主义政治经济学的若干重大理论的研究成果。涉及中国特色社会主义政治经济学的研究对象，马克思资本理论、劳动价值论的当代应用，基本经济制度和基本分配制度理论，社会主义市场经济理论等。这些理论可以说是中国特色社会主义政治经济学学术体系中的核心内容。

笔者的最终目标是要写一本系统的中国特色社会主义政治经济学著作和教材，但需要进一步的研究和积累。作为理论准备先采取论文汇编形式编写本书。这反映本书所阐述的中国特色社会主义政治经济学理论是作者多年积累的成果。需要说明的是，编入本书的论文除了早期的几篇论文外，大多数是我参与中央马克思主义理论研究和建设工程工作中的研究成果，其中包括 2005 ~ 2010 年间

《马克思主义政治经济学概论》的编写，2009～2012年间《〈资本论〉导读》的编写，2013年中标马克思主义理论研究和建设工程通俗读物《政治经济学》的编写。尤其是2015年由我牵头的《中国特色社会主义政治经济学研究》被立项为马克思主义理论研究和建设工程重大项目和国家社科基金重大项目。第一编的论文均为2015年11月习近平总书记主持政治局学习马克思主义政治经济学后，在《人民日报》《光明日报》《经济研究》等重要报刊上发表的论文。

本书是论文汇编，但又不完全是。首先，汇集的论文不完全按发表时间，而是按上述逻辑排列，实际上是再创造的过程。其次，在编写本书的过程中对其中一些论文的观点根据新的认识进行了改写。其中有些发表在报刊上的论文有删节，编入本书时补上了被删去的部分。对编入本书的某些早期的论文，除了所用的数据旧一点外，其中的观点完全可以看做是笔者的最新认识。第三某些论文在编入本书时服从于逻辑的需要，论文题目也做了修改。大部分论文的提要也是根据中国特色社会主义政治经济学的逻辑重新写的。由于本书以论文形式汇编，难免会出现个别论文的某些地方有重复之处，虽然在本书出版时做了一些处理，但考虑到文章的连贯性，不能完全消除，敬请读者原谅。